쉽게, 더 쉽게! KIT와 예제로 배우는

AVR ATmega128

제5판

MCU100A
KIT 별매

윤왕철 저

http://cafe.naver.com/suwonhrd

D.B.Info

PREFACE

항상 준비하는 자에게 기회가 온다!

이제 완성되었다.
ATmega128 공학을 배우는 사람 모두에게 도움을 주고 싶다.

1. ATmega128을 활용하여 쉽고 더 쉽게 처음 접하는 학생이나 관련학과를 전공한 학생 모두 쉽게 이해하는데 목적을 두고 준비를 했다.

2. ATmega128을 활용하여 기본개념을 가지고 쉬운 예제를 천천히 따라하면 응용단계까지 쉽게 접할 수 있다.

3. ATmega128은 어려운 CPU가 아니다.
   산업현장에서 응용할 수 있도록 교육기회도 부여한다.

교재 편찬을 도와주신 신지윤, 손기철, 한윤경, 유현기, 김화영 위원님께 감사드린다.

※ 참고자료
국비무료 근로자 수강지원금과정 ATmega128 교육기회를 부여합니다.

2015년 12월

저자 **윤 왕 철**

CONTENTS

CHAPTER 05 인터럽트(interrupt)

CHAPTER 06 타이머/카운터(Timer/Counter)

CHAPTER 07 LCD 제어

CHAPTER 08 STEPPING MOTOR

CHAPTER 09 DOT MATRIX

- 쉽게 배울 수 있도록 구성하였습니다.
- 고용보험가입자는 **국비지원**교육을 받을 수 있습니다.
- MCU KIT는 교육생에 한해 저렴한 가격에 판매합니다.
- AVR ATMEGA128은 누구나 쉽게 교육 후 응용할 수 있습니다.
(응용제어분야 : MP3, 세탁기, 런닝머신, 로봇제어, 센서제어 등)

- ATMEGA128 kit
http://cafe.naver.com/suwonhrd

AVR 공부 요령

1. 많은 예제를 통해 하나씩 하나씩 따라서 실습해본다.
2. 교육을 받고 실습할 경우 속도가 매우 빨라진다.
3. 응용예제를 통해 직접 프로그램을 수정, 입력해본다.
4. led 하나를 내 마음대로 프로그램 코딩해본다.

AVR 공부를 하기 위한 기본자료 준비

1. 교재
2. KIT(가급적 교재와 동일한 키트)
3. 컴파일러(codevision)-(가급적 교재와 동일한 것)
4. 소스자료 준비(프로그램 예제)

사용하던 키트가 있는 경우

1. 프로그래밍 내용을 보고 각 포트, 레지스터 값을 변경해주면 됨
2. 입력전원단지 주의
3. 스테핑 모터는 +12V 주의

AVR을 공부하고 싶은 엔지니어링의 마음은 제일 먼저 로봇 팔부터 구동하고 싶다. 하지만 기술이라고 하는 것은 그렇지 못하다. LED, 스위치, FND 등을 구동하다보면 조금씩 개인의 기술이 향상됨을 알 수 있다. 기초를 중시하고 쉬운 것부터 혼자의 힘으로 프로그램을 코딩해 보자. 인내심을 가지고 접근하자. ·*·

CHAPTER

01

AVR ATmega128

1. AVR의 개요
2. ATmega128의 package pin 구조
3. ATmega128 CPU CORE
4. ATmega128 Memory
5. Clock Options
6. 시스템 리셋(system reset)
7. Prescaler(분주기)
8. Watchdog Timer
9. 입출력 I/O 레지스스터

1. AVR의 개요

1) AVR 기본개념

Atmel사가 개발한 AVR은 AVR(Advanced Virtual RISC)의 뜻을 가진 RISC 마이크로컨트롤러들을 말하는 것으로서 크게 ATtiny family, AT90S family, ATmega family로 분류된다.(진보적이고 실질적인 RISC 구조)

[표 1-1] ATmel사 AVR Family의 간략 비교

구 분	Flash(KB)	EEPROM(Byte)	RAM(Byte)
ATtiny family	1 ~ 2	64 ~ 128	128
AT90S family	1 ~ 8	64 ~ 512	128 ~ 512
ATmega family	8 ~ 256	512 ~ 4KB	1K ~ 4KB

※ AVR(alf and vegard's RISC)는 1990년에 norwegian 공과대학의 컴퓨터 일렉트로닉스/컴퓨터 사이언스과에 재학 중인 alf egilbogen과 vegard wollan 두 사람이 연구한 RISC CPU임.
ATMEL(Advanced Technology for memory enhanced logic), Norwegian [nɔ: rwí: dʒ-ən] 노르웨이
1997년 미국의 ATMEL(www,atmel.com)회사에서 제작된 RISC 구조의 프로세스

2) 동작전압

(1) ATmega128은 4.5V~5.5V의 공급전원에서 동작가능
(2) ATmega128L은 2.7V~5.5V의 공급전원에서 동작가능
(3) ATmega128A는 2.7V~5.5V의 공급전원에서 동작가능

3) 동작속도

(1) ATmega128은 1~16MHz의 클록에서 동작
(2) ATmega128L은 1~8MHz의 클록에서 동작
(3) ATmega128A는 1~16MHz의 클록에서 동작

4) 전력소비

(1) 정상 동작모드 : 5.5mA
(2) Idle 모드 : 1.6mA

5) RISC와 CISC의 구분

(1) RISC : Reduced instruction set computer(간단한 명령어들의 집합 컴퓨터)

① 명령어들이 간단한 반면, 적은 수의 명령어로 프로그램을 짜다보니 프로그램이 길어짐

② 저장 공간이 많이 차지하고 레지스터수가 많고 속도가 빠름

(예) motorola 88000, MIPS Rseries(R3000,R4000) : 가전이동통신, 전자제품,
IBM RISC system 6000 : UNIX server

(2) CISC : Complex instruction set computer(복잡한 명령어들의 집합)

① 명령어 개수가 많다.

② 프로그램 길이가 작고 레지스터 수가 적다.

③ 개인용 컴퓨터(pc)

6) 시스템 구성

ATmega128은 8비트 RISC(Reduced Instruction Set Computer) 구조의 AVR Core를 가지는 마이크로컨트롤러로써 대부분의 명령어를 Single cycle에서 수행한다. 칩 내부에는 발진회로, GPIO 입출력 포트, Timer/Counter, RTC(Real Time Clock), USART(Universal Synchronous Asynchronous Receiver and Transmitter)와 SPI(Serial Peripherial Interface), PWM(Pulse Width Modulation), ADC(Analog to Digital Converter), Analog 비교기, Watchdog Timer, I^2C가 있으므로 CPU chip 하나로 시스템을 구성할 수 있다.

7) 향상된 RISC 구조

- 실행 속도를 높이기 위해 가능한 복잡한 처리는 소프트웨어에서 처리하는 방법

(1) 133개의 명령어 : 대부분 1사이클에 동작하는 명령어

(2) 32개의 8-bit 범용 레지스터 및 주변장치 제어 레지스터

(3) 완전 정적인 동작 지원

(4) 16MHz의 공급 클록에서 최대 16MIPS의 성능

(5) 2사이클에 동작하는 하드웨어 곱셈기 내장

8) 비휘발성 프로그램 메모리와 데이터 메모리

(1) 128KB의 Flash 메모리 ISP(In-System Programmable)

① 프로그램의 실행 코드 저장 영역

② 최소 10,000번 이상 read/write 가능

(2) 4KB의 EEPROM
   ① 비휘발성 데이터 저장 영역
   ② 최소 100,000번 이상의 read/write 가능
(3) 4KB의 내부 SRAM
(4) 최대 64KB까지의 외부 데이터 메모리 확장 가능
(5) 소프트웨어 보안성을 위한 프로그램 잠금(lock) 기능
(6) ISP(In-System Programming)를 위한 SPI 인터페이스 제공

9) 주변장치

(1) 분주기와 비교기 모드가 분리된 2개의 8-bit 타이머/카운터
(2) 분주기와 비교기 모드 및 capture 모드가 분리된 두 개의 확장 가능한 16-bit Timer/Counter
(3) 발진회로와 분리된 실시간 계수기(Real Time Counter)
(4) 2개의 8-bit PWM 채널과 2개의 16-bit의 분해능 가진 PWM 채널
(5) 출력 비교 변조기(Output Compare Modulator)
(6) 8채널의 10-bit ADC(Analog to Digital Converter)
   ① 8개의 single-ended 채널
   ② 7개의 differential 채널
   ③ 2개의 프로그램 가능한 입력 gain(1×, 10×, 200×)을 갖는 채널
(7) Byte 정렬된 Two-wire 직렬 인터페이스
(8) 두 개의 프로그램 가능한 USART(Universal Synchronous Asynchronous Receiver and Transmitter)
(9) Master/Slave SPI 시리얼 인터페이스
(10) 내장된 발진 회로와 프로그램 가능한 Watch-dog 타이머
(11) 내장된 Analog 비교기

10) 특별한 마이크로 컨트롤러 기능

(1) Power On Reset 기능과 프로그램 가능한 Brown out 검출 기능
(2) 조율된 내부 RC 발진회로
(3) 외부 및 내부 인터럽트 소스
(4) 6가지의 슬립 모드

(5) 소프트웨어로 선택 가능한 클록 주파수

※ Brown out 검출기능 : 기준전압 이하로 떨어지면 cpu core 내부의 register가 본질기능을 할 수 없게 되므로 강제로 시간 타임을 주어 reset 되게 하는 기능

※ Watchdog Timer : 일정시간 동안 대기상태이거나 무한 loop시 정상동작 되지 않으면 시스템 인터럽트를 발생시켜 프로세서를 초기화시킴

11) 인터럽트

(1) 외부 및 내부 인터럽트

(2) 35개의 인터럽트 소스

(3) 단순화한 인터럽트 벡터(vector) 및 우선순위

cf. vector는 크기와 방향을 가지고 있음

12) Sleep 모드

Idle ADC 잡음제어, 전력절약, power down, 대기, 확장대기 등 6개의 Sleep 모드

13) I/O와 Package

(1) 53개의 프로그램 가능한 입/출력 선

(2) 64핀의 TQFP 또는 64개의 Pad를 갖는 MLF 패키지

참고자료

(1) Flash Memory란? 전원이 없는 상태에서도 메모리에 데이터가 계속 저장되어질 수 있는 메모리를 말함. 또한, 데이터의 저장/삭제가 가능

(2) Flash Memory는 내부방식에 따라 노어(NOR)형과 낸드(NAND)형으로 구분

(가) 노어(NOR)형(MMC카드나 Compact flash 메모리, 핸드폰이나 셋톱박스)셀이 병렬로 연결된 방식

(나) 낸드(NAND)형(SD카드나 Memory stick, 디지털카메라나 MP3)셀이 직렬로 연결된 방식

(3) NAND와 NOR 비교

(가) 낸드(NAND)형은 NOR형에 비해 제조단가가 싸고, 대용량이 가능

(나) 노어(NOR)형은 낸드(NAND)형에 비해 데이터의 access 타임이 짧고(so fast) data의 안정성이 우수한 장점을 가지고 있음

2. ATmega128의 package pin 구조

[그림 1-1] ATmega128 CPU

1) ATmega128 16AI

(1) 가격 4,000원(2008), 6,000원(2009), 5,500원(2010), 6,800원(2010.9), 8,700원(2011.9), 12,000원(2011.12), 8,600원(2012.1), 6,800원(2012.6), 5,600(2013), 5,200(2014), 4,500원(2015.12)

(2) pin package PA~PF = PA~PF(48의 핀) + PG(5개의 핀) = 53개의 핀

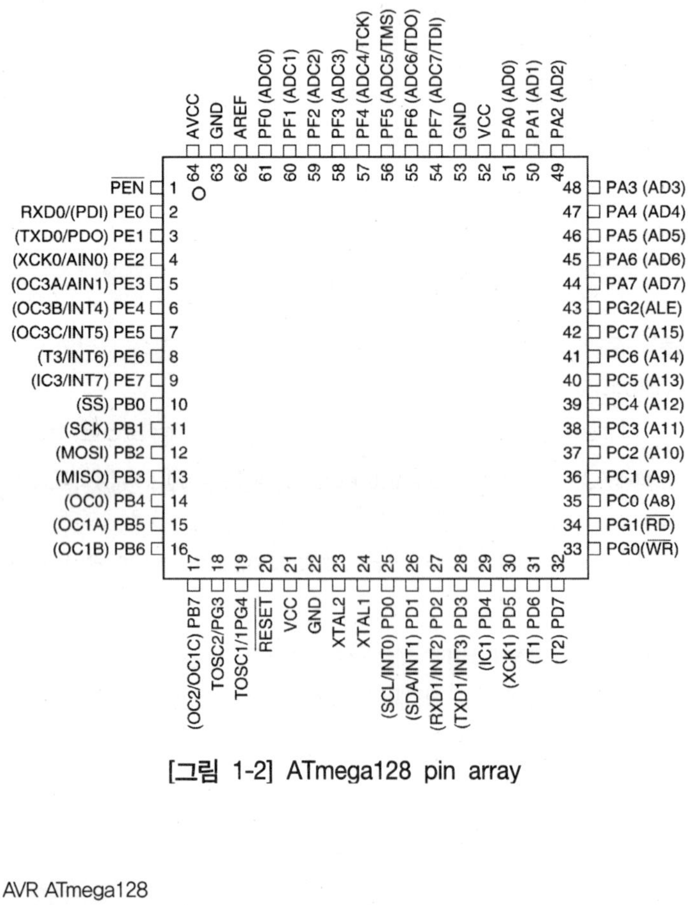

[그림 1-2] ATmega128 pin array

2) ATmega128 pin 설명

[표 1-2] ATmega128 Pin 설명 Table

핀 이름	핀 번호 (MCU 100A)	설 명
VCC	21, 52	전 원
GND	22, 53, 63	접 지
AVCC	64	ADC 및 포트 F 전원전압
AREF	62	ADC 참조 전압
PORTA (PA0~PA7)	44~51 (스테핑 모터)	8비트 양방향성 I/O포트. 비트 별 내부 풀업 저항 연결가능. 외부 메모리를 둘 경우에는 주소버스의 하위 8비트(A0~A7)과 데이터버스 8비트(D0~D7)로 멀티플렉스 되어 동작.
PORTB (PB0~PB7)	10~17 (FND)	내부 풀업 저항이 있는 8비트 양방향성 I/O포트. 여러 별도의 기능을 가진 핀
PORTC (PC0~PC7)	35~42 (LED)	내부 풀업 저항이 있는 8비트 양방향성 I/O포트. 외부 메모리를 둘 경우에는 주소버스의 상위 8비트(A8~A15)로 동작.
PORTD (PD0~PD7)	25~32 (LCD)	내부 풀업 저항이 있는 8비트 양방향성 I/O포트. 여러 별도의 기능을 가진 핀.
PORTE (PE0~PE7)	2~9 (스위치, AIN0, 스피커, RS232통신)	내부 풀업 저항이 있는 8비트 양방향성 I/O포트. 외부 인터럽트 요청 등 여러 별도의 기능을 가진 핀
PORTF (PF0~PF7)	54~61 ADC (FND 제어)	8비트 양방향 I/O 포트, 주로 ADC에 대한 아날로그 입력에 사용
PORTG (PG0~PG4)	18, 19, 33, 34, 43 (clock, external memory(ALE, R/W))	내부 풀업 저항이 있는 5비트 양방향성 I/O포트. 여러 별도의 기능을 가진 핀
/RESET	20	리셋 입력
XTAL1	24	클럭 입력1
XTAL2	23	클럽 입력2
TOSC1	19	반전 타이머/카운터 발진증폭기에 대한 입력
TOSC2	18	반전 타이머/카운터 발진증폭기에 대한 입력
/WR	33	외부 메모리 기록(쓰기) strobe
/RD	34	외부 메모리 판독(읽기) strobe
ALE	43	외부 메모리가 ENABLE 될 때 사용되는 Address Latch Enable
/PEN	1	저 전압 직렬 프로그래밍 모드에 대한 프로그래밍 enable 핀

cf. Resistor(저항) TR : Trans Resistor = Transistor, Registor(기억)

3) ATmega128 내부 구조

[그림 1-3]은 ATmega128 내부 Diagram 전체 구성도를 보여주고 있다.

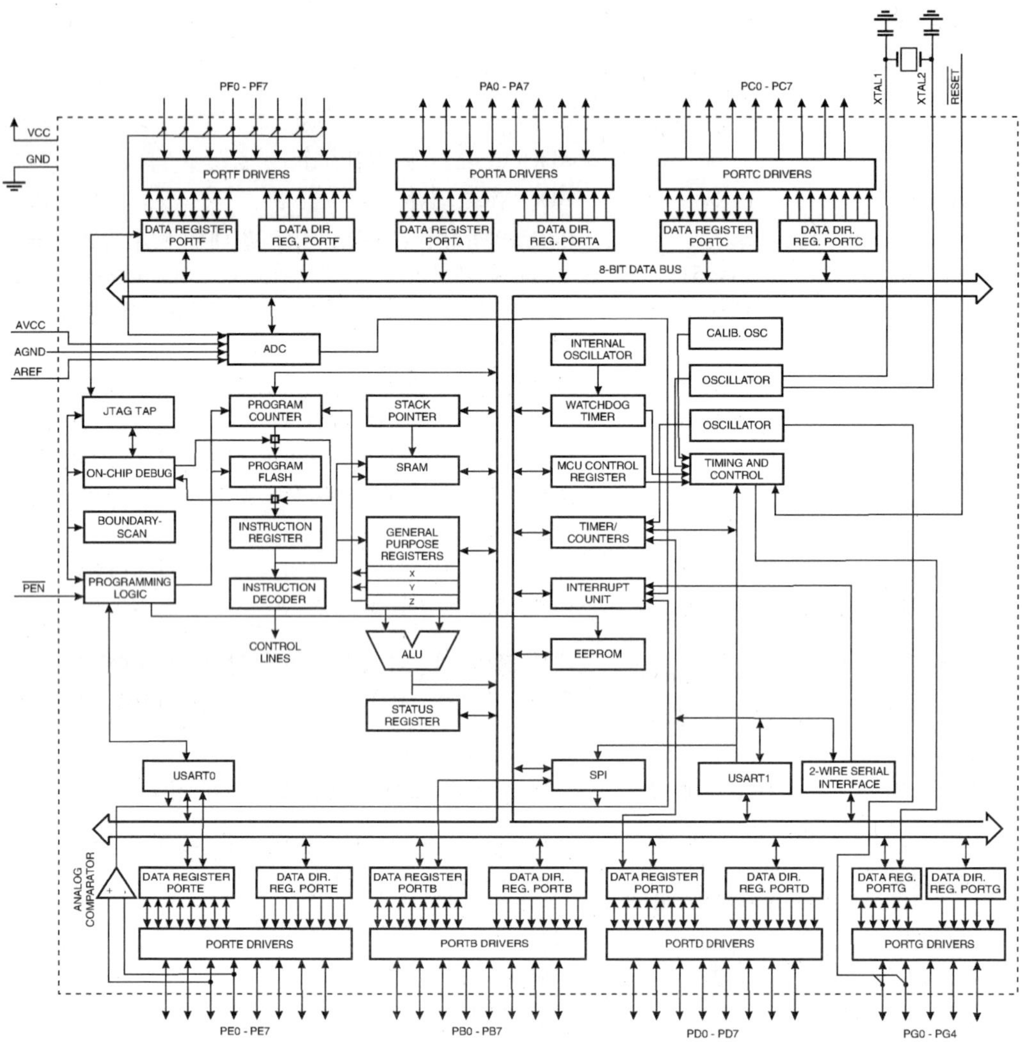

[그림 1-3] ATmega128 내부 Diagram

※ Flash memory, SRAM, EEPROM, ALU가 어디에 있는지 알고 가자.

※ CPU의 3대 구성요소는?

연산장치(ALU), 제어장치(Control unit), 기억장치(범용 레지스터)

4) ATmega128 Port별 부가기능 설명

가) PORTA 부가기능

[표 1-3] PORTA Pin 부가 기능 설명

Port	Pin#	기 능
PA7	44	AD7(데이터 비트 7 & 외부 메모리 어드레스 인터페이스)
PA6	45	AD6(데이터 비트 6 & 외부 메모리 어드레스 인터페이스)
PA5	46	AD5(데이터 비트 5 & 외부 메모리 어드레스 인터페이스)
PA4	47	AD4(데이터 비트 4 & 외부 메모리 어드레스 인터페이스)
PA3	48	AD3(데이터 비트 3 & 외부 메모리 어드레스 인터페이스)
PA2	49	AD2(데이터 비트 2 & 외부 메모리 어드레스 인터페이스)
PA1	50	AD1(데이터 비트 1 & 외부 메모리 어드레스 인터페이스)
PA0	51	AD0(데이터 비트 0 & 외부 메모리 어드레스 인터페이스)

나) PORTB 부가기능

[표 1-4] PORTB Pin 부가 기능 설명

Port	Pin#	기 능
PB7	17	OC2(타이머/카운터2 출력 비교와 PWM 출력) OC1C(타이머/카운터1 출력 비교와 PWM 출력 C)
PB6	16	OC1B(타이머/카운터1 출력 비교와 PWM 출력 B)
PB5	15	OC1A(타이머/카운터1 출력 비교와 PWM 출력 A)
PB4	14	OC0(타이머/카운터0 출력 비교와 PWM 출력)
PB3	13	MISO(SPI 버스 Master 입력 / Slave 출력)
PB2	12	MOSI(SPI 버스 Master 출력 / Slave 입력)
PB1	11	SCK(SPI 버스직렬 클록)
PB0	10	SS(SPI Slave 선택입력)

다) PORTC 부가기능

[표 1-5] PORTC Pin 부가 기능 설명

Port	Pin#	기 능
PC7	42	A15(데이터 비트 7 & 외부 메모리 상위주소)
PC6	41	A14(데이터 비트 6 & 외부 메모리 상위주소)
PC5	40	A13(데이터 비트 5 & 외부 메모리 상위주소)
PC4	39	A12(데이터 비트 4 & 외부 메모리 상위주소)

PC3	38	A11(데이터 비트 3 & 외부 메모리 상위주소)
PC2	37	A10(데이터 비트 2 & 외부 메모리 상위주소)
PC1	36	A9 (데이터 비트 1 & 외부 메모리 상위주소)
PC0	35	A8 (데이터 비트 0 & 외부 메모리 상위주소)

라) PORTD 부가기능

[표 1-6] PORTD Pin 부가 기능 설명

Port	Pin#	기 능
PD7	32	T2(타이머/카운터2 클록 입력)
PD6	31	T1(타이머/카운터1 클록 입력)
PD5	30	XCK(USART 외부클록 입력/출력)
PD4	29	IC1(타이머/카운터1 입력 캡쳐 트리거)
PD3	28	INT3/TXD1(외부 인터럽트3 입력 or UART1 송신 핀)
PD2	27	INT2/RXD1(외부 인터럽트2 입력 or UART1 수신 핀)
PD1	26	INT1/SDA(외부 인터럽트1 입력 or TWI 직렬 데이터)
PD0	25	INT0/SCL(외부 인터럽트0 입력 or TWI 직렬 클록)

마) PORTE 별도기능

[표 1-7] PORTE Pin 부가 기능 설명

Port	Pin#	기 능
PE7	9	INT7(외부 인터럽트7 입력) IC3(타이머/카운터3 입력캡쳐 트리거)
PE6	8	INT6(외부 인터럽트6 입력) T3(타이머/카운터3 클록 입력)
PE5	7	INT5(외부 인터럽트5 입력) OC3C(타이머/카운터3 출력비교 및 PWM 출력 C)
PE4	6	INT4(외부 인터럽트4 입력) OC3B(타이머/카운터3 출력비교 및 PWM 출력 B)
PE3	5	AIN1(아날로그 비교기 마이너스 입력) OC3A(타이머/카운터3 출력비교 및 PWM 출력 A)
PE2	4	AIN0(아날로그 비교기 플러스 입력) XCK0(USART0 외부클록 입력/출력)
PE1	3	PD0/TXD0(프로그래밍 데이터 출력/UART0 송신 핀)
PE0	2	PD1/RXD0(프로그래밍 데이터 입력/UART0 수신 핀)

바) PORTF 별도기능

[표 1-8] PORTF Pin 부가 기능 설명

Port	Pin#	기 능
PF7	54	ADC7/TDI(ADC 입력 채널 7/JTAG 테스트 데이터 입력)
PF6	55	ADC6/TDO(ADC 입력 채널 6/JTAG 테스트 데이터 출력)
PF5	56	ADC5/TMS(ADC 입력 채널 5/JTAG 테스트 모드 선택)
PF4	57	ADC4/TCK(ADC 입력 채널 4/JTAG 테스트 클록)
PF3	58	ADC3(ADC 입력 채널 3)
PF2	59	ADC2(ADC 입력 채널 2)
PF1	60	ADC1(ADC 입력 채널 1)
PF0	61	ADC0(ADC 입력 채널 0)

사) PORTG 별도기능

[표 1-9] PORTG Pin 부가 기능 설명

Port	Pin#	기 능
PG4	19	TOSC1(RTC 발진 타이머/카운터0 핀1)
PG3	18	TOSC2(RTC 발진 타이머/카운터0 핀2)
PG2	43	ALE(외부 메모리 주소 래치 enable)
PG1	34	RD(외부 메모리 read strobe)
PG0	33	WR(외부 메모리 write strobe)

5) ISP 회로도(MCU 100 kit와 컴퓨터 프린트 port interface)

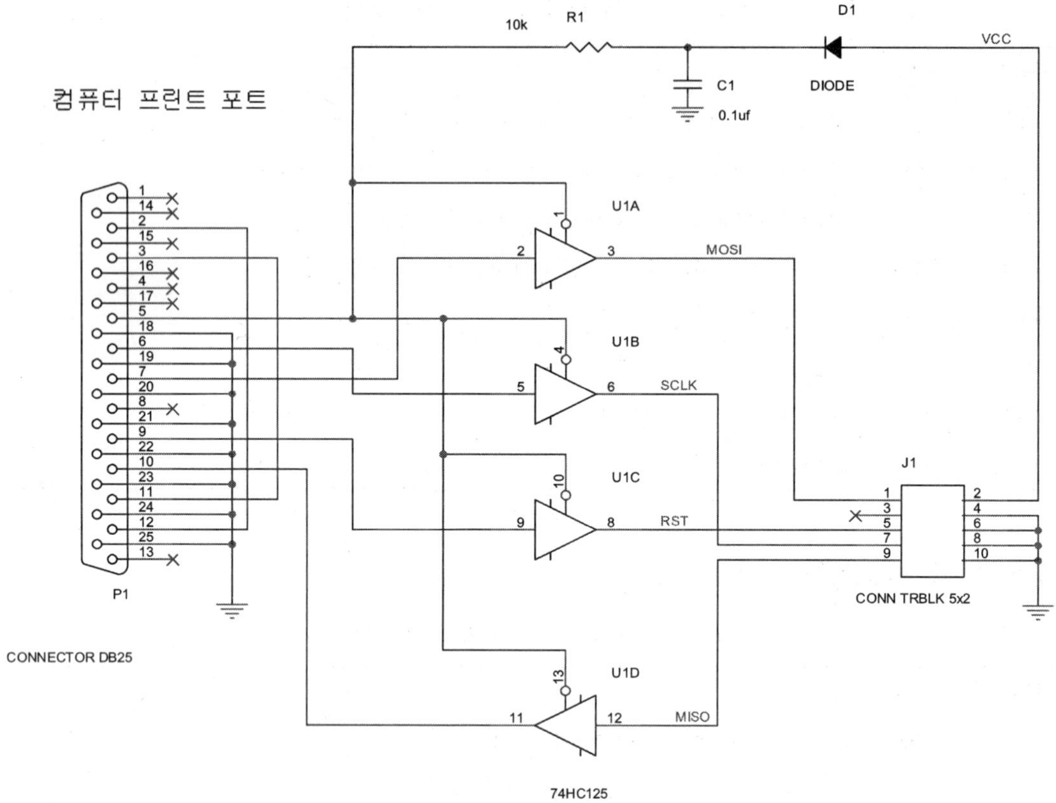

[그림 1-4] ISP 회로

- Master: 컴퓨터　　Slave: MCU 100A kit
  MOSI = 핀 12, SCLK = 11, RST = 20, MISO = 13

가) MOSI(Master Output/Slave Input)

PC에서 데이터출력 → ATmega128 memory로 들어가는 DATA 입력신호

나) MISO(Master Input/Slave Output)

MCU KIT로 DATA 출력되어 → PC에 데이터 입력

다) MOSI나 MISO가 Master, Slave 중 어느 쪽에 의해 활성화 되었느냐에 따라 기능상의 차이가 있지만 보통 MOSI는 타깃에 Download, MISO는 호스트에 Uploading을 하는 핀으로 사용(Rxd, Txd와 같이)

라) SCK(Serial Clock)

해당 serial 신호가 전송되기 위한 clock pin

마) SPI(Serial Peripheral Interface) 통신을 위한 pin으로 ISP 기능을 SPI로 구현하는 것

SPI는 두 개의 주변 장치 간에 직렬 통신으로 데이터를 교환할 수 있게 해주는 인터페이스로서, 그 중 하나가 주(master)가 되고 다른 하나가 종(slaver)이 되어 동작한다. SPI는 전이중방식으로 동작하는데, 이는 데이터가 양방향으로 동시에 전달될 수 있음을 의미한다. SPI는 대부분 CPU와 주변장치들 간에 통신을 하는 시스템에 주로 사용되지만 두 개의 마이크로프로세스들 사이를 SPI의 형태로 연결하는 것도 가능하다. 직렬 인터페이스는 병렬 인터페이스에 비해 몇 가지 장점이 있다. 그 중 가장 큰 장점은 배선이 간단해진다는 것이다. 그 외에 직렬 인터페이스용 전선을 병렬 인터페이스용 전선에 비해 더 길게 만들 수 있는데, 이는 전선내부의 도선들 간에 누화 등과 같은 간섭이 훨씬 덜하기 때문이다. SPI에 의해 제어될 수 있는 주변장치들로는 shift 레지스터, 메모리 칩, 포트 확장기, 디스플레이 드라이브, 데이터 변환기, 프린터, 데이터 저장장치, 센서, 마이크로프로세서 등 여러 가지 형식들이 있다. 데이터가 전선을 통해 shift 레지스터에 직렬방식으로 들어가면, 각 부시스템에는 병렬처리의 형식으로 전달된다.

바) computer print port ARRAY

[표 1-10] PC 병렬 Port Pin 설명

pin	SPP signal	ECP signal	방향	동 작
1	strobe	HOST CLK	OUT	pc에서 외부로 출력되는 신호
2~9	data 0~7	data 0~7	IN/OUT	data bus
10	ack	periph clk	IN	외부에서 pc로 들어오는 신호
11	busy	periph ack	IN	외부 디바이스가 현재 진행
12	paper out end	n ack reverse	IN	디바이스가 반대 요구
13	select	x-flag	IN	확장 flag
14	auto linefeed	host ack	OUT	host ack와 반대 작용
15	error fault	periph request	IN	외부디바이스가 요구
16	initialize	nreverse request	OUT	초기화
17	select printer	1284 active	OUT	low면 종료
18~25	GND	GND	GND	GND

사) CodevisionAVR - 무료 인터넷 S/W down 홈피

http://www.hpinfotech.ro/html/download.htm

http://www.roboblock.co.kr

http://www.ohm.co.kr

6) AVR-usb ISP 회로도

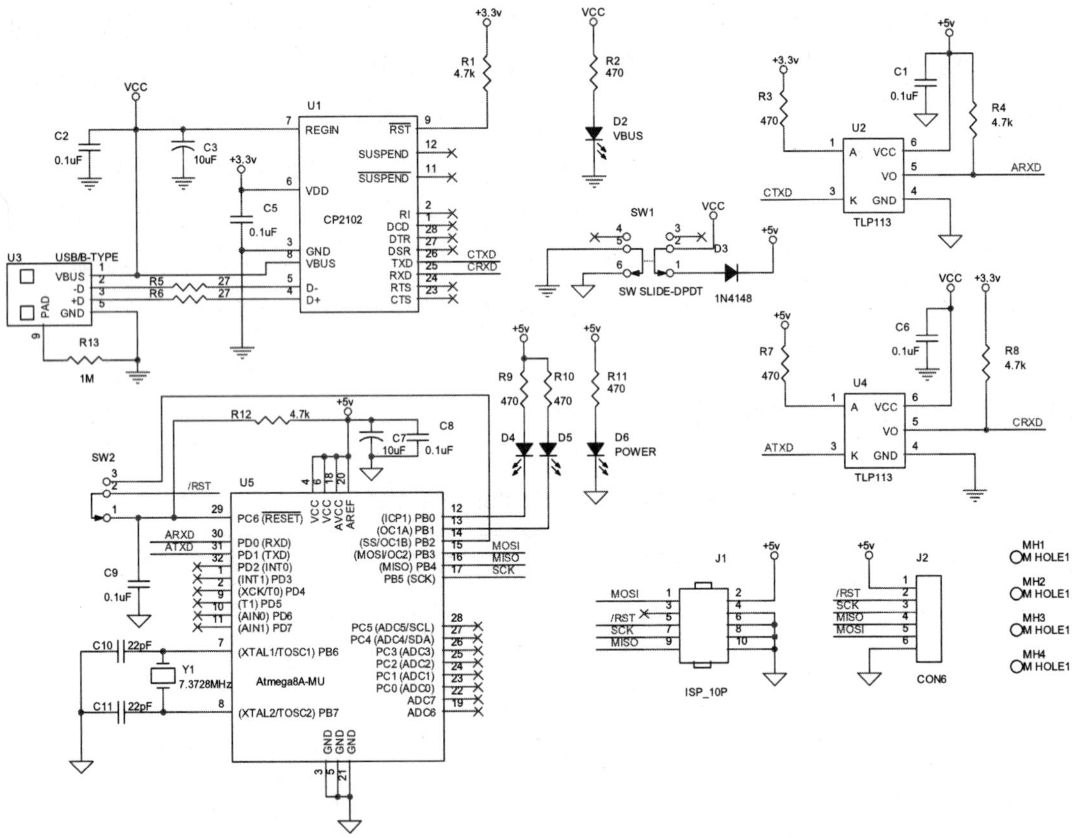

[그림 1-5] AVR USB ISP 회로도

※ usb isp 사용시 드라이브를 반드시 설치하고 [제어판 - 장치관리자 - 포트(COM & LPT)]에서 COM* 단자와 컴파일러에서 usb port 설정을 해 주어야 한다.

7) AVR ATmega128 기본 회로도

AVR ATmega128를 구동하기 위한 가장 기본적인 회로이다.

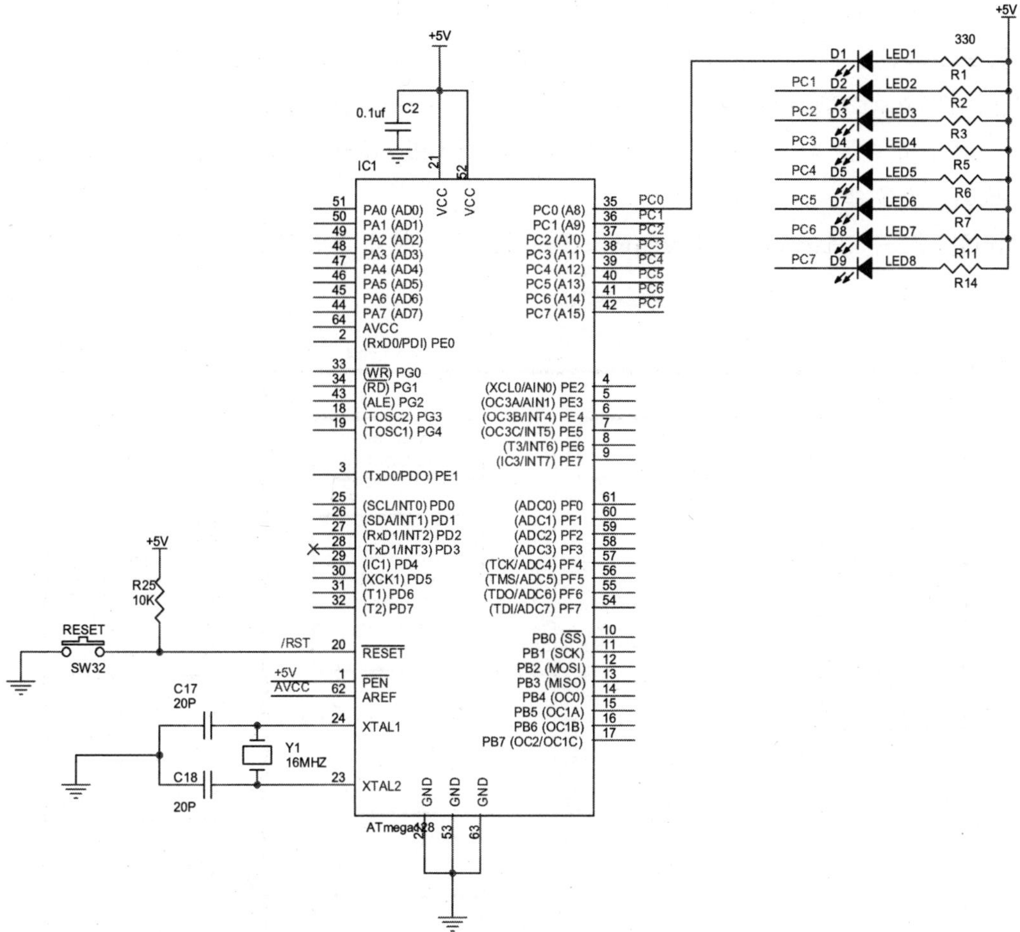

[그림 1-6]

- AVR ATmega128 기본 회로도의 구성을 알아보자.
  ① 전원부 - VCC, GND
  ② Clock 발진회로 - 16MHZ, C17, C18
  ③ 출력회로 - LED1 ~ LED8 회로
  ④ Reset회로 - RESET 스위치와 pull up 저항(R25)

3. ATmega128 CPU CORE

1) ATmega128 내부구조

[그림 1-7]은 ATmega128의 내부구조에 대한 블록도이다.

즉, 프로그램과 데이터 영역에 대하여 메모리와 버스를 분리하여 사용하고 있다. 그림에서 보듯이 ATmega128의 내부 구조는 Flash Program Memory와 Data SRAM 메모리로 메모리가 분리되어 있고 이들 각각에 연결된 버스 또한 Data Bus와 Addressing Bus로 나뉘어 각 메모리에 연결된 것을 볼 수 있다.

이러한 구조는 Harvard Architecture 구조(참고자료)에서 흔히 볼 수 있는 구조이다.

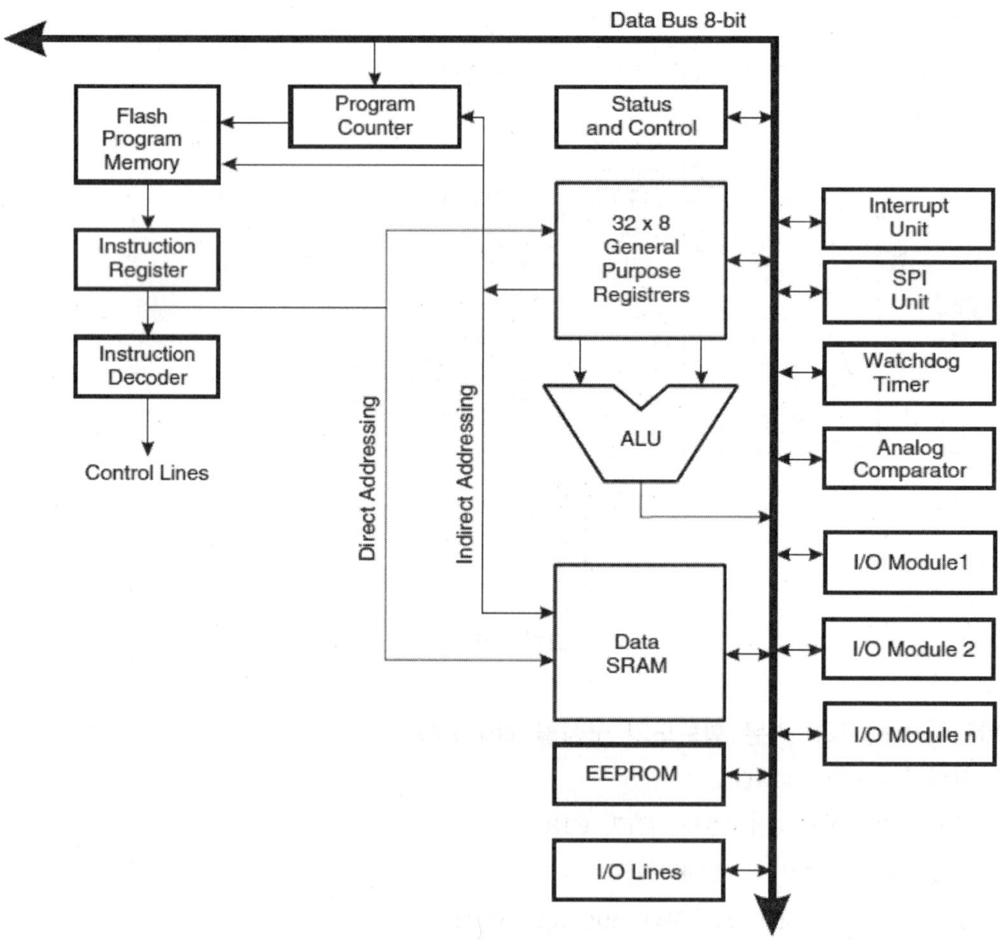

[그림 1-7] CPU CORE 구조 Diagram

(1) ALU : 산술과 논리 연산을 담당
(2) Flash Memory : 사용자가 작성한 프로그램이 기록
(3) Instruction Register 및 Instruction Decoder
(4) 32개의 General Purpose Register(범용 레지스터)
(5) SRAM과 EEPROM : 데이터메모리를 구성한다.
(6) Interrupt Unit : AVR에서 사용하는 다양한 종류의 인터럽트를 처리
(7) I/O 모듈 : I/O 관련 레지스터들이다. ATMega128에 내장된 각종 I/O 디바이스를 제어하기 위한 레지스터들이다. 병렬 I/O 포트, 타이머/카운터, USART, SPI, TWI, A/D 컨버터, 아날로그 비교기 등을 제어한다.

참고자료

Von Neumann Architecture와 Harvard Architecture

- Von Neumann architecture

컴퓨터 아키텍처의 한 종류로서 데이터는 메모리에서 읽거나 메모리에 쓰기도 하는 반면, 명령어는 메모리에서 읽기만 하는 구조를 말한다. 이를 처음 고안한 폰노이만의 이름을 따서 폰노이만 아키텍처라고 부르며 현대 컴퓨터는 거의 대부분 이 방식을 따른다.

- ▶ 프로세서에게 메모리 특정 지점부터 실행하도록 지시할 수 있다. 이때 데이터와 명령어 사이에 뚜렷한 구분이 없어서 주어진 내용을 무조건 실행한다.
- ▶ 데이터 자체에 고유 의미가 없다. 즉, 이를 해석하는 프로그램에 의해 의미가 달라진다.
- ▶ 데이터와 명령어는 메모리를 공유한다. 특정 프로그램에서 명령어인 내용은 다른 프로그램에서 데이터일 수 있다.

- Harvard architecture

하바드 아키텍처는 명령어와 데이터 통로를 저장공간과 물리적으로 분리한 컴퓨터 아키텍처를 말한다. 이 용어는 릴레이를 기반으로 한 하바드 마크1이란 초기 컴퓨터에서 나온 것이다. 마크1은 명령어를 펀치 테이프에 데이터를 relay latche에 저장한다.

폰 노이만 아키텍쳐와 다르게 CPU는 메모리로부터 명령어를 읽거나 데이터를 읽기/쓰기가 동시에 가능하다. 그러나 명령어와 데이터가 같은 신호 통로와 메모리를 동시에 사용하지 않는다.

- ▶ 하바드 아키텍쳐 컴퓨터에서는 CPU는 메모리로부터 명령어와 데이터를 동시에 사용할 수 있다.
- ▶ 현재 명령을 마치는 것과 동시에 다음 명령을 가져올 수 있기 때문에 속도가 더 빠를 수 있다.

cf. FND(Flexible Numeric Display)

flexible

1. 구부리기[휘기] 쉬운, 나긋나긋한
2. 〈사람 · 성격 등이〉 유순한, 다루기 쉬운, 시키는 대로 하는
3. 융통성 있는, 적응성 있는, 탄력적인

2) ATmega128의 내부 구조

(1) ALU : 논리연산, 수학연산, 비트연산
(2) 범용레지스터
(3) 제어레지스터
(4) 상태레지스터 : SREG 레지스터 이름을 가짐
(5) 프로그램 카운터(PC)
(6) Interrupt 관련 레지스터
(7) GPIO 레지스터로 구성
(8) 플래시 메모리(128KByte) : 프로그램 메모리
(9) SRAM 및 EEPROM : 데이터 저장용 메모리
(10) SPI
(11) Watchdog Timer : 일정시간 동안 대기상태이거나 무한 loop 시 정상동작 되지 않으면 시스템 인터럽트를 발생시켜 프로세서를 초기화시킴
(12) Analog Comparator
(13) I/O Modules

3) 상태 레지스터(SREG) status register

Bit	7	6	5	4	3	2	1	0
	I	T	H	S	V	N	Z	C
Read/Write	R/W	R/W	R/W	R/W	R/W	R/W	R/W	R/W
Initial Value	0	0	0	0	0	0	x	0

[표 1-11] SREG에 대한 설명

BIT7	Global Interrupt Enable	인터럽트가 활성화되기 위해서 이 비트가 셋 상태여야 한다. 그런 다음 각각의 인터럽트는 독립된 제어 레지스터에 의해 수행된다.
BIT6	Bit Copy Storage	비트 카피 명령인 BLD(Bit LoaD)와 BST(Bit STore)는 T-bit를 동작 비트의 입력이나 출력으로 사용한다.
BIT5	Half Carry Flag	Half Carry는 BCD 수치연산에서 사용된다. 가산기에서 carry, 감산기에서 borrow 발생 시 사용 BCD 연산에 유용하다.
BIT4	Sign Bit	네거티브 플래그 N과 2의 보수 오버플로우 플래그 V의 XOR 연산이다. 부호 있는 정수 부호 없는 정수이다.
BIT3	2's Complement Overflow Flag	2의 보수 overflow 플래그 발생 시 사용한다.
BIT2	Negative Flag	산술, 논리연산의 결과가 최상위 비트가 1일 때 연산결과가 음수임을 나타낸다.
BIT1	Zero Flag	산술연산이나 논리연산의 결과가 0 임을 나타낸다.
BIT0	Carry Flag	산술연산이나 논리연산시 carry 또는 borrow가 발생함을 나타낸다.

4) 범용 레지스터

[그림 1-8]은 32개의 ATmega128 범용 레지스터로 8-bit로 구성되어 있으며, 이들 중 R26~R31은 X, Y, Z 레지스터로 사용될 수 있으며 이들은 데이터 영역에 **16-bit의 간접 주소 지정방식에 사용**된다.

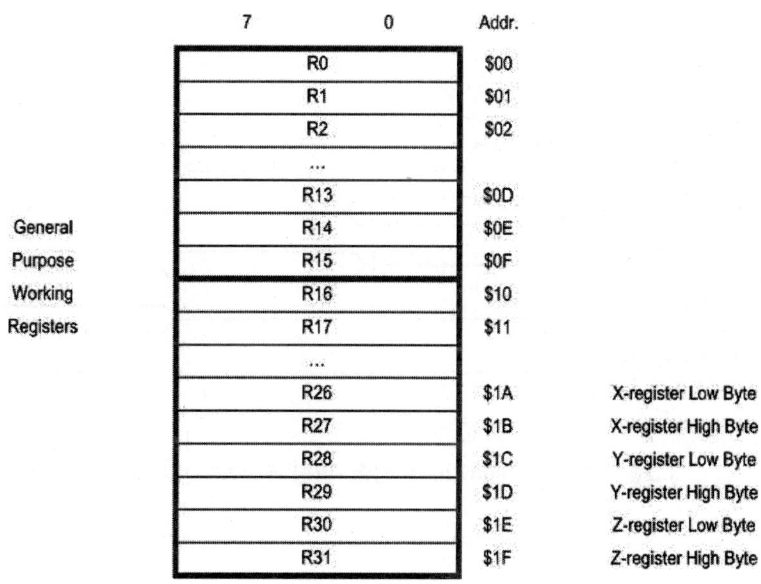

[그림 1-8] 범용 레지스터 내부 구조

레지스터 파일의 대부분의 명령은 모든 레지스터와 직접 연결되어 있고 단일 사이클 내에 처리된다.

- R26 ~ R31: 16비트 X(R26, R27), Y(R28, R29), Z(R30, R31) 레지스터는 주로 데이터 메모리의 16비트 어드레스를 간접주소 지정하는 어드레스 포인터로 사용된다. Z 레지스터는 LPM/ELPM/SPM 명령어에서 프로그램 메모리 영역의 상수를 access 하는데 사용된다.
- 자동변위, 자동감소, 자동증가로 사용가능

5) 명령실행 타이밍

[그림 1-9]는 ATmega128의 령실행 및 Fetch의 병렬처리방식에 대한 Timing Diagram이다. CPU clock에 대해 각각 4개의 명령이 4개의 클록 T1, T2, T3, T4 동안 처리되는 과정을 보이고 있다.

명령을 처리하기 위해서는 명령 Fetch와 명령 Execute 과정이 필요하므로 2 클록이 필요하지만 ATmega128은 병렬 Pipeline 구조를 가지고 있어 전체적으로 1클록에 1명령을 처리할 수 있다.

이것은 한 명령이 실행되는 동안 다음에 실행될 명령이 Fetch 되기 때문에 가능한데, 첫 번째 명령과 두 번째 명령이 실행되는 시간차는 1클록이 된다.

따라서 클록 당 하나의 명령이 실행되므로 1MHz의 클록에서는 1MIPS(million instructions per second)의 성능을 가진다.

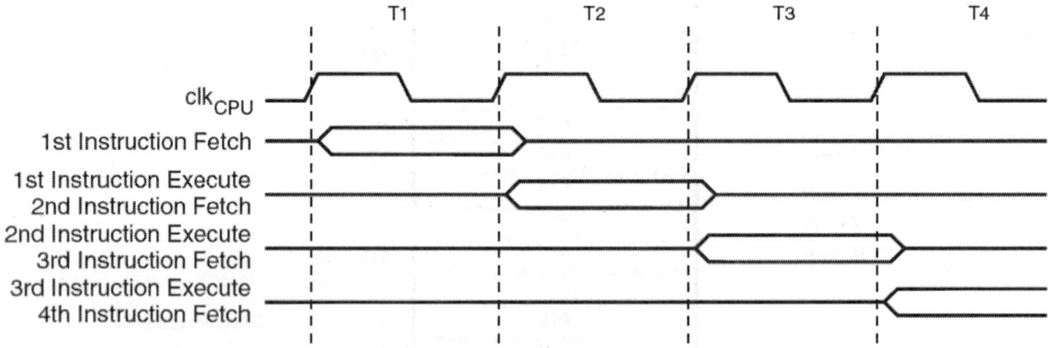

[그림 1-9] ATmega128의 병렬 명령어 Fetch 및 실행 사이클

MIPS[Million Instructions Per Second]는 CPU가 1초 동안 처리할 수 있는 명령수를 말하는 것이다.
즉, 1MIPS는 1초 동안 100만개의 명령을 처리한다는 의미이다.
MIPS의 계산은 CPU가 1클럭당 처리하는 명령개수(IPC)×클럭(MHz)으로 계산한다.

[example]

A CPU는 2GHz로 동작하고 하나의 명령을 처리하는데 2클럭이 걸린다.
B CPU는 3GHz로 동작하고 하나의 명령을 처리하는데 4클럭이 걸린다.
동작 클럭만으로 본다면 B CPU가 빠른 것처럼 보이지만 MIPS로서 계산하면 다른 결과가 나온다.

A는 2GHz×1/2=1000[MIPS]
B는 3GHz×1/4=750[MIPS]

이렇게 되어 결론적으로 A CPU가 더 빠르다.

6) ATmega128 I/O ADDRESS

I/O ADDRESS (SRAM영역)	레지스터	비트							
		7	6	5	4	3	2	1	0
0x00(0x20)	PINF	PINF7	PINF6	PINF5	PINF4	PINF3	PINF2	PINF1	PINF0
0x01(0x21)	PINE	PINE7	PINE6	PINE5	PINE4	PINE3	PINE2	PINE1	PINE0
0x02(0x22)	DDRE	DDRE7	DDRE6	DDRE5	DDRE4	DDRE3	DDRE2	DDRE1	DDRE0
0x03(0x23)	PORTE	PORTE7	PORTE6	PORTE5	PORTE4	PORTE3	PORTE2	PORTE1	PORTE0
0x04(0x24)	ADCL	AD 변환 결과 레지스터 하위							
0x05(0x25)	ADCH	AD 변환 결과 레지스터 하위							
0x06(0x26)	ADCSRA	ADEN	ADSC	ADFR	ADIF	ADIE	ADPS2	ADPS1	ADFS0
0x07(0x27)	ADMUX	REFS1	REFS0	ADLAR	MUX4	MUX3	MUX2	MUX1	MUX0
0x08(0x28)	ACSR	ACD	ACBG	ACO	ACI	ACIE	ACIC	ACIS1	ACIS0
0x09(0x29)	UBRR0L	USART0 통신 속도 설정 레지스터 하위							
0x0A(0x2a)	UCSR0B	RXCIE0	TXCIE0	UDRIE0	RXEN0	TXEN0	UCSZ02	RXB80	TXB80
0X0B(0x2b)	UCSR0A	RXC0	TXC0	UDRE0	FE0	DOR0	UPE0	U2X0	MPCM0
0X0C(0x2c)	UDR0	USART0 송 수신 레지스터							
0X0D(0x2d)	SPCR	SPIE	SPE	DORD	MSTR	CPOL	CPHA	SPR1	SPR0
0X0E(0x2e)	SPSR	SPIE	WCOL	-	-	-	-	-	-
0X0F(0x2f)	SPDR	SPI Data Register							
0x10(0x30)	PIND	PIND7	PIND6	PIND5	PIND4	PIND3	PIND2	PIND1	PIND0
0x11(0x31)	DDRD	DDD7	DDD6	DDD5	DDD4	DDD3	DDD2	DDD1	DDD0
0x12(0x32)	PORTD	PORTD7	PORTD6	PORTD5	PORTD4	PORTD3	PORTD2	PORTD1	PORTD0
0x13(0x33)	PINC	PINC7	PINC6	PINC5	PINC4	PINC3	PINC2	PINC1	PINC0
0x14(0x34)	DDRC	DDRC7	DDRC6	DDRC5	DDRC4	DDRC3	DDRC2	DDRC1	DDRC0
0x15(0x35)	PORTC	PORTC7	PORTC6	PORTC5	PORTC4	PORTC3	PORTC2	PORTC1	PORTC0
0x16(0x36)	PINB	PINB7	PINB6	PINB5	PINB4	PINB3	PINB2	PINB1	PINB0
0x17(0x37)	DDRB	DDRB7	DDRB6	DDRB5	DDRB4	DDRB3	DDRB2	DDRB1	DDRB0
0x18(0x38)	PORTB	PORTB7	PORTB6	PORTB5	PORTB4	PORTB3	PORTB2	PORTB1	PORTB0
0x19(0x39)	PINA	PINA7	PINA6	PINA5	PINA4	PINA3	PINA2	PINA1	PINA0
0x1A(0x3a)	DDRA	DDRA7	DDRA6	DDRA5	DDRA4	DDRA3	DDRA2	DDRA1	DDRA0
0X1B(0x3b)	PORTA	PORTA7	PORTA6	PORTA5	PORTA4	PORTA3	PORTA2	PORTA1	PORTA0
0X1C(0x3c)	EECR	-	-	-	-	EERIE	EEMWE	EEWE	EERE

I/O ADDRESS (SRAM영역)	레지스터	비트							
		7	6	5	4	3	2	1	0
0X1D(0x3d)	EEDR	EEPROM 데이터 레지스터							
0X1E(0x3e)	EEARL	EEAR7	EEAR6	EEAR5	EEAR4	EEAR3	EEAR2	EEAR1	EEAR0
0X1F(0x3f)	EEARH	-	-	-	-	EEAR11	EEAR10	EEAR9	EEAR8
0X20(0x40)	SFIOR	TSM	-	-	ADHSM	ACME	PUD	PSR0	PSR321
0x21(0x41)	WDTCR	-	-	-	WDCE	WDE	WDP2	WDP1	WDP0
0x22(0x42)	OCDR	IDRD/ OCDR7	OCDR6	OCDR5	OCDR4	OCDR3	OCDR2	OCDR1	OCDR0
0x23(0x43)	OCR2	Timer/Counter2 Output Compare Register							
0x24(0x44)	TCNT2	Timer/Counter2(8bit)							
0x25(0x45)	TCCR2	FOC2	WGM20	COM21	COM20	WGM21	CS22	CS21	CS20
0x26(0x46)	ICR1L	Timer/Counter1- Input Capture Register Low Byte							
0x27(0x47)	ICR1H	Timer/Counter1- Input Capture Register High Byte							
0x28(0x48)	OCR1BL	Timer/Counter1- Output Compare Register B Low Byte							
0x29(0x49)	OCR1BH	Timer/Counter1- Output Compare Register B High Byte							
0x2A(0x4a)	OCR1AL	Timer/Counter1- Output Compare Register A Low Byte							
0X2B(0x4b)	OCR1AH	Timer/Counter1- Output Compare Register A High Byte							
0X2C(0x4c)	TCN1L	Timer/Counter1- Counter Capture Register Low Byte							
0X2D(0x4d)	TCN1H	Timer/Counter1- Counter Capture Register High Byte							
0X2E(0x4e)	TCCR1B	ICNC1	ICES1	-	WGM13	WGM12	CS12	CS11	CS10
0X2F(0x4f)	TCCR1A	COM1A1	COM1A0	COM1B1	COM1B0	COM1C1	COM1C0	WGM11	WGM10
0x30(0x50)	ASSR	-	-	-	-	AS0	TCN0UB	OCR0UB	TCR0UB
0x31(0x51)	OCR0	Timer/Counter0 Output Compare Register							
0x32(0x52)	TCNT0	Timer/Counter0(8 Bit)							
0x33(0x53)	TCCR0	FOC0	WGM00	COM01	COM00	WGM01	CS02	CS01	CS00
0x34(0x54)	MCUSR	JTD	-	-	JTRF	WDRF	BORF	EXTRF	PORF
0x35(0x55)	MCUCR	SRE	SRW10	SE	SM1	SM0	SM2	IVSEL	IVCE
0x36(0x56)	TIFR	OCF2	TOV2	ICF1	OCF1A	OCF1BT OV1	TOV1	OCF0	TOV0
0x37(0x57)	TIMSK	OCIE2	TOIE2	TICIE1	OCIE1A	OCIE1B	TOIE1	OCIE0	TOIE0
0x38(0x58)	EIFR	INTF7	INTF6	INTF5	INTF4	INTF3	INTF2	INTF1	INTF0

I/O ADDRESS (SRAM영역)	레지스터	비트							
		7	6	5	4	3	2	1	0
0x39(0x59)	EIMSK	INT7	INT6	INT5	INT4	INT3	INT2	INT1	INT0
0x3A(0x5a)	EICRB	ISC71	ISC70	ISC61	ISC60	ISC51	ISC50	ISC41	ISC40
0X3B(0x5b)	RAMPZ	-	-	-	-	-	-	-	RAMPZ0
0X3C(0x5c)	XDIV	XDIVEN	XDIV6	XDIV5	XDIV4	XDIV3	XDIV2	XDIV1	XDIV0
0X3D(0x5d)	SPL	SP7	SP6	SP5	SP4	SP3	SP2	SP1	SP0
0X3E(0x5e)	SPH	SP15	SP14	SP13	SP12	SP11	SP10	SP9	SP8
0X3F(0x5f)	SREG	I	T	H	S	V	N	Z	C
(0X60)	NC	사용안함	-	-	-	-	-	-	-
(0x61)	DDRF	DDF7	DDF6	DDF5	DDF4	DDF3	DDF2	DDF1	DDF0
(0x62)	PORTF	PORTF7	PORTF6	PORTF5	PORTF4	PORTF3	PORTF2	PORTF1	PORTF0
(0x63)	PING	-	-	-	PING4	PING3	PING2	PING1	PING0
(0x64)	DDRG	-	-	-	DDG4	DDG3	DDG2	DDG1	DDG0
(0x65)	PORTG	-	-	-	PORTG4	PORTG3	PORTG2	PORTG1	PORTG0
(0x66)	NC	사용안함	-	-	-	-	-	-	-
(0x67)	NC	사용안함	-	-	-	-	-	-	-
(0x68)	SPMCR	SPMIE	RWWSB	-	RWWSRE	BLBSET	PGWRT	PGERS	SPMEN
(0x69)	NC	사용안함	-	-	-	-	-	-	-
(0x6A)	EICRA	ISC31	ISC30	ISC21	ISC20	ISC11	ISC10	ISC01	ISC00
(0X6B)	NC	사용안함	-	-	-	-	-	-	-
(0X6C)	XMCRB	XMBK	-	-	-	-	XMBK2	XMBK1	XMBK0
(0X6D)	XMCRA	-	SRL2	SRL1	SRL0	SRW01	SRW00	SRW11	-
(0X6E)	NC	사용안함	-	-	-	-	-	-	-
(0X6F)	OSCCAL	Oscililator calibratiom register							
(0X70)	TWBR	2-WIRE SERIAL INTERFACE BIT RATE REGISTER							
(0x71)	TWSR	TWS7	TWS6	TWS5	TWS4	TWS3	-	TWS17	TWS0
(0x72)	TWAR	TWA6	TWA5	TWA4	TWA3	TWA2	TWA1	TWA0	TWPS0
(0x73)	TWDR	2-WIRE SERIAL INTERFACE DATA REGISTER							
(0x74)	TWCR	TWINT	TWEA	TWSTA	TESTO	TWWC	TWEN	-	TWIE
(0x75~77)	NC	사용안함	-	-	-	-	-	-	-
(0x78)	OCR1CL	T/C 1 OUTPUT COMPARE REGISTER C HIGH Byte							
(0x7A)	TCCRC1	FOC1A	FOC1B	FOC1C	-	-	-	-	-

I/O ADDRESS (SRAM영역)	레지스터	비트							
		7	6	5	4	3	2	1	0
(0X7B)	NC	사용안함	-	-	-	-	-	-	-
(0X7C)	ETIFR	-	-	ICF3	OCF3A	OCF3B	TOV3	OCF3C	OCF1C
(0X7D)	ETIMSK	-	-	TICIE1	OCIE3A	OCIE3B	TOIE3	OCIE3C	OCIE1C
(0X7E~7F)	NC	사용안함	-	-	-	-	-	-	-
(0X80)	ICR3L	T/C 3 INPUT CAPTURE REGISTER LOW Byte							
(0x81)	ICR3H	T/C 3 INPUT CAPTURE REGISTER HIGH Byte							
(0x82)	OCR3CL	T/C 3 OUTPUT COMPARE REGISTER C LOW Byte							
(0x83)	OCR3CH	T/C 3 OUTPUT COMPARE REGISTER C HIGH Byte							
(0x84)	OCR3BL	T/C 3 OUTPUT COMPARE REGISTER B LOW Byte							
(0x85)	OCR3BH	T/C 3 OUTPUT COMPARE REGISTER B HIGH Byte							
(0x86)	OCR3AL	T/C 3 OUTPUT COMPARE REGISTER B LOW Byte							
(0x87)	OCR3AH	T/C 3 OUTPUT COMPARE REGISTER A HIGH Byte							
(0x88)	TCN3L	T/C 3 COUNTER REGISTER LOW Byte							
(0x89)	TCN3H	T/C 3 COUNTER REGISTER HIGH Byte							
(0x8A)	TCCR3B	ICNC3	ICES3	-	WGM33	WGM32	CS32	CS31	CS30
(0X8B)	TCCR3A	COM3A1	COM3A0	COM3B1	COM3B0	COM3C1	COM3C0	WGM31	WGM30
(0X8C)	TCCR3C	FOC3A	FOC3B	FOC3C	-	-	-	-	-
(0X8D~8F)	NC	사용안함	-	-	-	-	-	-	-
(0X90)	UBRR0H	-	-	-	-	USART0 통신속도 설정 레지스터 상위			
(0x91~94)	-								
(0x95)	UCSR0C	-	UMSEL0	UPM01	UPM00	USBS0	UCSZ01	UCSZ00	UCPOL0
(0x96)	-	-	-	-	-	-	-	-	-
(0x97)									
(0x98)	UBRR1H	-				USART1 통신속도 설정 레지스터 상위			
(0x99)	UBRR1L	USART1 통신속도 설정 레지스터 하위							
(0x9A)	UCSR1B	RACIE1	TXCIE1	UDRIE1	RXEN1	TXEN1	UCSZ12	RXB81	TXB81
(0X9B)	UCSR1A	RXC1	TXC1	UDRE1	FE1	DOR1	UPE1	U2X1	MPCM1

4. ATmega128 Memory

AVR ATmega128의 Flash memory는 ISP가 가능한 프로그램 메모리로 128[KByte]의 크기를 가지고 있다. AVR의 명령은 16비트 또는 32비트이므로, ATmega128의 128[KByte]의 플래시 메모리는 64[KByte]×16bit(2Byte)로 구성된다. 플래시 메모리는 크게 어플리케이션 섹션과 부트 섹션으로 나누어 사용될 수 있다. 사용자는 어플리케이션 섹션이 프로그램영역이 되고, 부트 섹션은 사용하지 않아도 된다.

1) Memory Map

[그림 1-10]은 ATmega128의 Program Memory Map으로 PC(Program Counter) 레지스터의 크기가 16-bit로 접근 가능한 주소공간은 64KB의 크기인 0~0xffff로 되어 있으며, 이 공간에 대해 JTAG나 SPI 모드를 통해 ISP로 접근할 수 있다. ATmega128의 플래시 메모리는 10,000번의 쓰기/삭제가 가능하다.

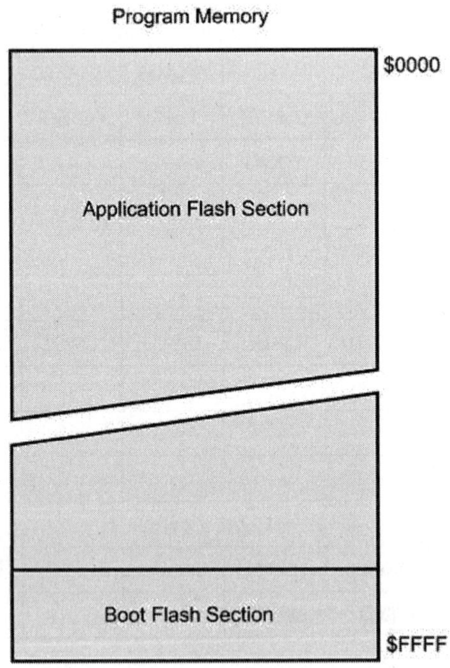

[그림 1-10] Program Memory Map

0 ~ 0xffff(0 ~ 65,535번지) (flash memory 64KB + 64KB = 128KB)

Memory Configuration

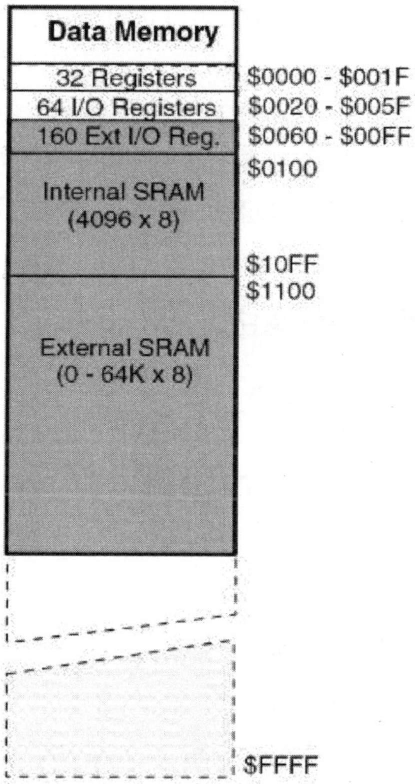

[그림 1-11] ATmega128 mode

[그림 1-11]은 ATmega128의 Data memory map으로 4.096[KB]의 SRAM을 가지고 있으며 SRAM은 외부에 추가하여 모두 64[KB]의 공간을 확장 사용할 수 있다.

내부 메모리 공간에는 32개의 범용 레지스터, 64개의 입/출력 레지스터와 160개의 확장 입/출력 레지스터의 주소공간이 포함되어 있다.

[그림 1-11]에서 보듯이 외부 SRAM은 0x1100 또는 0x1000 번지 이후의 주소공간부터 사용자가 임의로 사용 가능하며 그 이하의 주소 공간은 칩 내부의 레지스터에 접근하게 된다.

2) EEPROM 메모리

ATmega128은 칩 내부에 4[KB]의 EEPROM을 가지고 있으며 이는 데이터 영역과는 분리되어 있다. EEPROM은 Byte 단위로 읽고 쓸 수 있는 구조를 가지고 있으며 100,000회의 기록/삭제 수명이 가능하다.

ATmega128에서 EEPROM에 접근하기 위해서는 EEPROM Address Register, Data Register, Control Register를 사용해야 하며, Address Register는 EEARH(하위 4비트 사용)와 EEARL(8비트) 레지스터를 조합하여 12비트의 크기를 가지고 4[KB] 공간에 대한 주소영역을 표현할 수 있다.

EEPROM Data Register인 EEDR은 8비트 크기를 가지고 EEPROM에 데이터를 기록할 때 기록할 데이터를 보관하고 있고, 읽을 때 읽혀진 데이터를 가지고 있다. EEPROM 제어 레지스터인 EECR 레지스터는 EERIE, EEMWE, EEWE, EERE의 4개의 유효한 제어비트를 가지고 있다.

3) EEPROM 제어 레지스터-EECR

Bit	7	6	5	4	3	2	1	0
	-	-	-	-	EERIE	EEMWE	EEWE	EERE
Read/Write	R	R	R	R	R/W	R/W	R/W	R/W
Initial Value	0	0	0	0	0	0	x	0

가) EERIE : EEPROM 인터럽트 대기 활성화

EEPROM의 사용이 가능해졌을 때(SREG의 I-bit가 1로 되어 있을 때) 인터럽트 발생을 활성화 시키는 비트로서, 1의 값일 때 활성화 되며 0일 때 비활성화 된다. EEWE 비트가 clear 되었을 때 인터럽트가 발생된다.

나) EEMWE : EEPROM 마스터 쓰기 활성화

EEPROM에 기록 가능한 상태를 지정하는 비트로 EEMWE가 '1'로 설정되고 EEWE가 '1'일 때 지정된 EEPROM 주소영역에 CPU의 4클록 사이클 이내에 데이터 기록된다.

만약 EEMWE가 '0'으로 설정되어 있다면 EEWE의 값과는 무관하게 EEPROM에는 데이터를 기록하지 않는다.

EEMWE를 소프트웨어에서 '1'로 기록하면 CPU의 4사이클 이후에 하드웨어에서 '0'으로 이 비트의 값을 기록한다.

다) EEWE : EEPROM 쓰기 활성화

EEWE는 EEPROM의 Write Strobe 신호로 기록될 공간의 주소, 데이터가 유효한 상태에서 EEWE가 '0'으로 지정되면 EEPROM에 실제 데이터를 기록하게 된다. 단, ATmega128은 CPU에서 내부 플래시 메모리에 기록하는 동안에 EEPROM에 데이터를 기록할 수 없으며, EEPROM에 데이터를 기록하는 도중 Interrupt 신호가 인가될 경우 기록이 실패할 수 있다.

라) EERE : EEPROM 읽기 활성화

EERE는 EEPROM의 Read Strobe 신호선으로 동작한다. EEPROM에 유효한 주소를 지정한 후 EERE가 '0'으로 되면 지정된 주소공간으로부터 데이터를 읽어오게 된다.

4) 외부 메모리 사용법

ATmega128은 프로그램 메모리와 데이터 메모리가 분리된 Harvard architecture를 가지고 있으며 외부 메모리는 데이터 메모리 영역으로만 사용할 수 있다. 외부 메모리 영역에는 SRAM 뿐만 아니라, I/O 장치, ADC 및 DAC 등을 Mapping 하여 사용할 수 있다.

외부 메모리를 사용하기 위해서는 **XMEM(eXternal MEMory)이 활성화**되어 있어야 하며, 이 경우 내부 4[KByte] SRAM 밖의 주소 공간에 대해 접근하게 되면 ATmega128의 Address Bus, Data Bus를 통하여 외부에 부착된 소자들에 접근할 수 있게 된다.

ATmega128의 외부 메모리 공간은 몇 개의 섹터로 나눌 수 있도록 구성되어 있다. 각 섹터별로 4가지의 서로 다른 wait state를 지정할 수 있어 액세스 속도가 상이한 소자들을 붙여 사용하는데 유리하도록 구성되어 있다.

단, ATmega128의 외부 메모리를 사용할 경우에는 앞의 [그림 1-10]의 Memory Map에서 보듯이 0x1100 ~ 0xffff(ATmega103 호환 모드 사용 시 0x1000 ~ 0xffff)의 영역에 대해서만 외부 메모리를 액세스 할 수 있으며, 0x0000 ~ 0x1100(ATmega103 호환모드 사용시 0x0000 ~ 0x1000)의 영역에 접근할 경우 외부 메모리가 아닌 ATmega128 내부의 레지스터 혹은 내부 SRAM에 접근하게 되므로 주의하여 사용해야 한다.

ATmega128의 포트 A는 어드레스 하위바이트 버스와 데이터 버스는 MUX 되어 칩 외부에서 ALE 신호에 따라 Address와 Data를 분리해야 한다.

[그림 1-12]에서와 같이 AVR ATmega128로부터 AD[7:0]의 신호를 받아 이를 **ALE (Address Latch Enable)** 신호에 의해 Address와 Data로 분리해주는 장치가 외부 메모리와 AVR 사이에 필요하다.

이러한 소자들로 일반적으로는 TTL을 사용하며 **74LS373** 또는 **74LS573, 74LS574** 등을 사용한다.

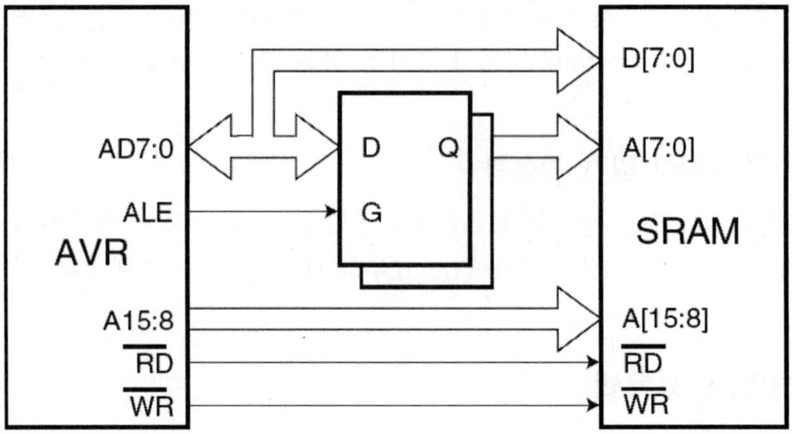

[그림 1-12] AVR과 외부 SRAM과의 인터페이스

ATmega128에서 외부 메모리에 접근하려면 MCUCR, XMCRA, XMCRB의 레지스터를 제어해야 한다.

MCUCR 레지스터에서는 상위 두 비트가 외부 메모리 액세스에 관련된 것이며 그 나머지는 외부 메모리 이외의 다른 사항에 관련되어 MCU(Micro Control Unit)를 제어하는 비트들이다.

MCU Control Register인 MCUCR 레지스터는 다음과 같이 구성되어 있다. 이들 중 외부 메모리 액세스에 관련되는 bit는 6, 7이다.

☞ AVR과 외부 SRAM 확장 방법 실습

- SRAM (KM62256) next page 참조
- OCTAL D-TYPE F/F WITH 3-STATE OUTPUT (74LS574) next page 참조

가) ATmega128 확장메모리 설계(KM62256A 사용)

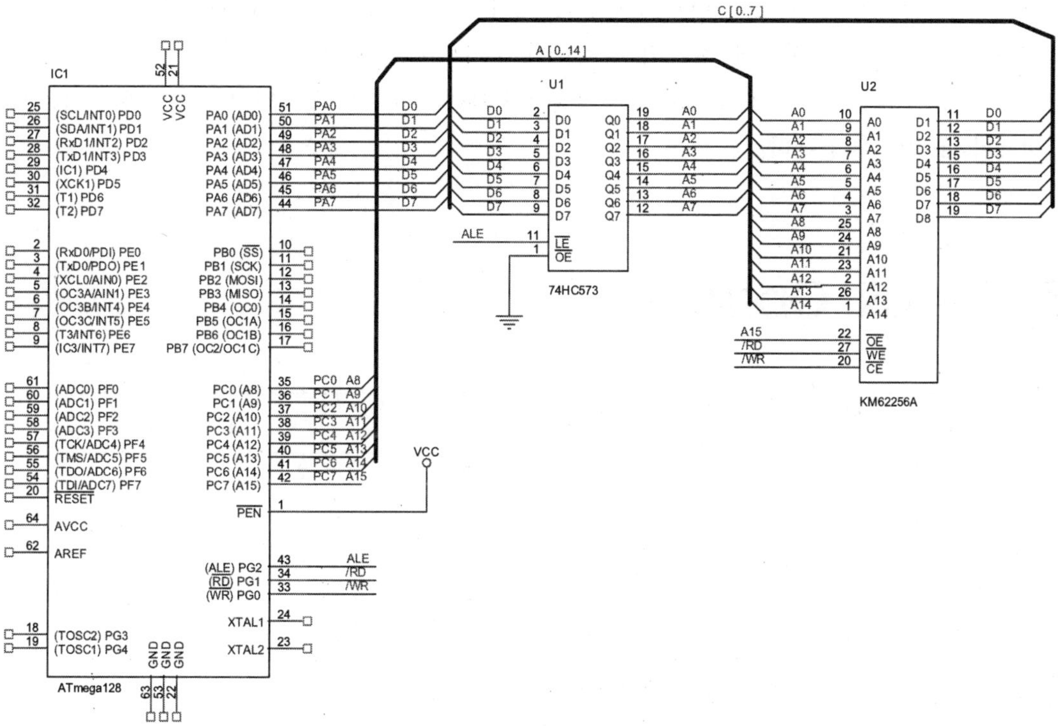

[그림 1-13] 확장 메모리 인터페이스 회로

나) MCUCR(MCU Control Register)

Bit	7	6	5	4	3	2	1	0
	SRE	SRW10	SE	SM1	SM0	SM2	IVSEL	IVCE
Read/Write	R/W	R/W	R/W	R/W	R/W	R/W	R/W	R/W
Initial Value	0	0	0	0	0	0	0	0

(1) SRE : 외부 SRAM/ XMEM 활성 비트

SRE의 비트가 0이 기록되면 외부 메모리 액세스를 사용하지 않는 모드로 동작하며, 메모리 인터페이스에 사용되는 핀 AD[7:0]. A[15:8], ALE, /RD, /WR은 일반 I/O 핀으로 사용된다.

SRE에 1을 기록하면 AVR은 외부 메모리를 액세스 할 수 있으며 AD[7:0]. A[15:8], ALE, /RD, /WR은 일반 I/O가 아니라 메모리 액세스에 필요한 동작을 한다.

(2) SRW10 : 대기-상태 선택 비트

ATmega128의 이전 모델인 ATmega103과의 호환성을 유지하기 위해 MCUCR 레지스터에 존재하는 비트로서 Configuration bit에서 103 호환 모드를 선택할 경우 SRW10에 '1'이 기록되면 외부 메모리 액세스에 하나의 사이클이 추가되어 One Wait State로 동작하게 한다.

그러나 ATmega128 단독 모드로 동작시킬 경우에는 XMCRA 레지스터와 함께 Wait State의 미세한 조정에 사용된다.

5. Clock Options

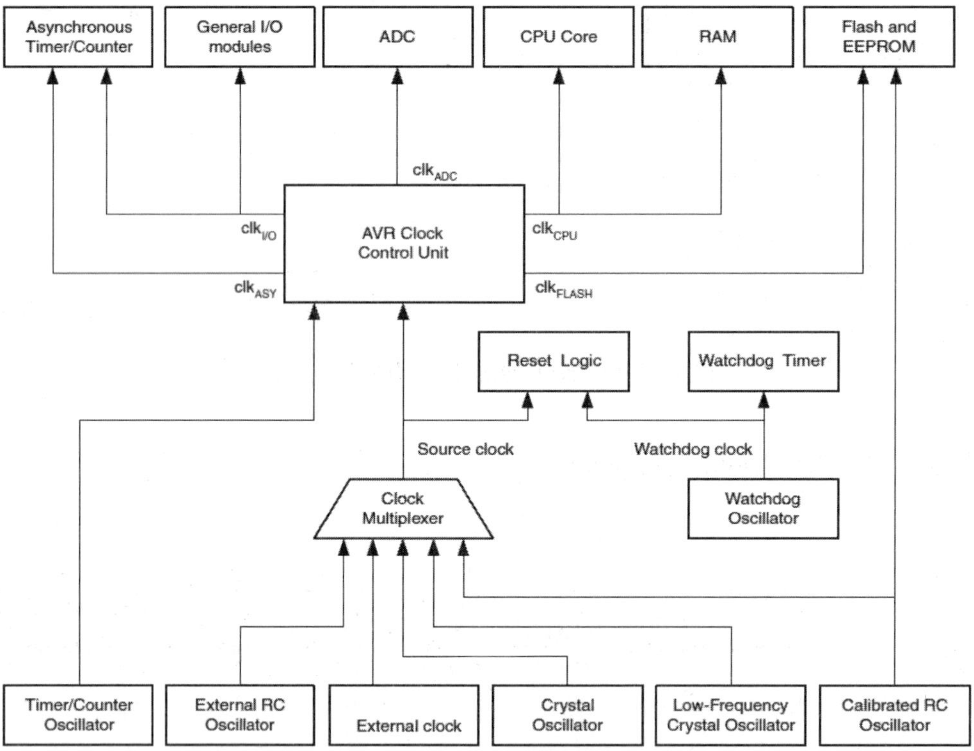

[그림 1-14] AVR의 클록 시스템과 분배 체계

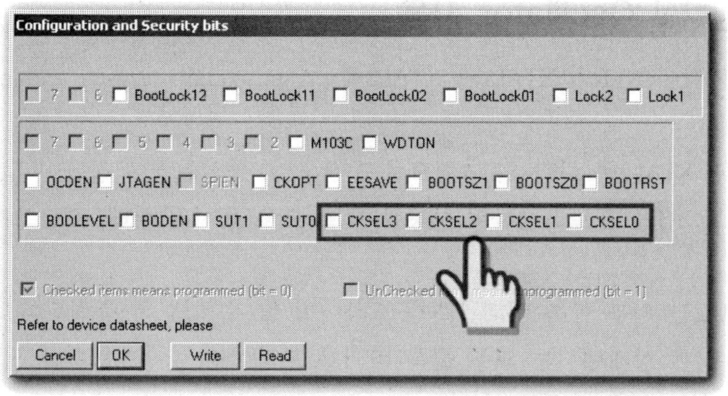

[그림 1-15] AVR의 클록 설정 부분(PonyProg2000)

AVR의 클록은 내부 RC 발진, 외부 RC 발진, 외부 클록, 크리스털, 저주파 크리스털 발진들 중에 하나를 선택하여 공급받을 수 있다. AVR의 Fuse Bit을 설정함으로 어떤 클록 발진회로를 사용할 것인지 지정할 수 있다.

이렇게 공급된 클록은 AVR Clock Control Unit에 의해 CPU Clock, I/O Clock, Flash Clock, Asynchronous Timer Clock, ADC Clock로 만들어지며 각 모듈에 공급된다. 여기에서 중요한 것은 Fuse Bit의 클록 설정과 실제 클록 입력 회로가 다르게 되면 CPU Core에 클록이 전달이 되지 않기 때문에 AVR이 동작하지 않게 된다는 것이다. 따라서 Fuse Bit를 설정할 때 주의해야 한다.

ATmega128의 클록은 CKSEL3..0의 4비트를 설정함으로 내부 RC 발진, 외부 RC 발진, 외부 클록, 크리스탈, 저주파 크리스탈 중에 선택할 수 있도록 되어 있다. AVR의 내부는 각 Fuse Bit의 설정에 따라 해당되는 공급 클록 방식에 따른 적절한 발진 회로가 선택되어 클록을 발생시킬 수 있도록 구성되어 있다.

단, 외부 클록을 공급 받도록 설정되면 어떠한 발진 회로도 선택되지 않고 XTAL1 핀이 직접 클록 공급 회로에 연결된다.

[표 1-12] ATmega128 Fuse Bit에서 Clock 설정 값

Device Clocking Option	CKSEL3..0
외부 크리스탈 / 세라믹 공진기	1111 - 1010
외부 저주파 크리스탈	1001
외부 RC 발진기	1000 - 0101
내부 RC 발진기	0100 - 0001
외부 클럭	0000

1) 외부 Crystal Oscillator 사용

[그림 1-16]과 같이 AVR의 XTAL1과 XTAL2에 crystal, quartz crystal, ceramic resonator를 연결할 수 있다.

이때 XTAL1과 XTAL2은 각각 입/출력으로 동작하며, 동작환경이 잡음이 많은 경우에는 칩 설정 비트 중 CKOPT를 프로그램하여 사용한다("0"으로 표시된 상태, 프로그래머에서 체크해 놓은 상태).

이 경우 XTAL2는 외부 클록 버퍼 1개를 드라이빙 할 수 있도록 출력된다. CKOPT 비트가 프로그램 되지 않은 상태에서는 외부 클록 버퍼를 드라이빙 할 수 없으나 칩의 소모 전력을 줄일 수 있다. Resonator를 사용할 경우 CKOPT가 프로그램 되지 않으면 최대 8MHz까지 프로그램 된다면 16MHz까지 동작시킬 수 있다.

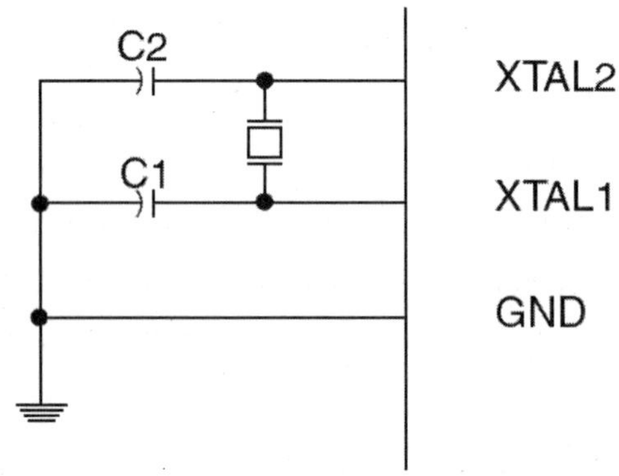

[그림 1-16] Crystal Oscillator

[표 1-13] 수정 발진기 Clock Option

CKOPT	CKSEL3..1	MHz	C1, C2
1	1011	0.4 ~ 0.9	-
1	110	0.9 ~ 3.0	12pF ~ 22pF
1	111	3.0 ~ 8.0	12pF ~ 22pF
0	101, 110, 111	1.0 ~	12pF ~ 22pF

CKOPT = 0인 경우 최대 16MHz의 주파수를 사용할 수 있다.

CKSEL0 비트는 SUT1..0 비트와 함께 사용되어 Start-Up Time을 지정하는데 사용된다.

Crystal Oscillator를 사용하는 경우 일반적으로 CKSEL0 = 01, SUT1..0 = 11로 가장 긴 Start Up Time을 지정하여 사용한다. SUT(Start-Up Time)

일반적으로 노이즈 환경에 외부 크리스털을 사용할 경우 다음과 같이 설정한다.

CKOPT	SUT1	SUT0	CKSEL3	CKSEL3	CKSEL3	CKSEL3
0	1	0	1	1	1	1

Ceramic Resonator를 사용하는 경우와 Fast Rising Power 모드를 사용할 경우에는 ATmega128 데이터 시트를 참고하기 바란다.

2) 외부 RC 발진기 사용

외부 RC 발진은 [그림 1-17]과 같이 연결하고, 발진 주파수는 표 [1-14]와 같다.

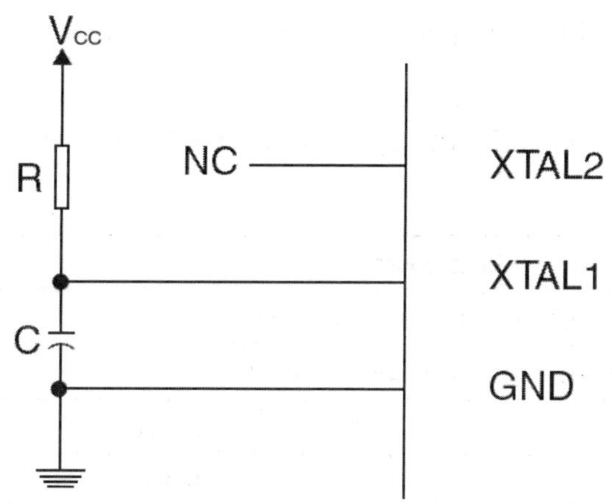

[그림 1-17] 외부 RC 발진

[표 1-14] 외부 RC발진을 위한 Option

CKSEL3..0	MHz
0101	0 ~ 0.9
0110	1 ~ 3
0111	4 ~ 8
1000	9 ~ 12

C는 최소 22pF 이상은 되어야 하며, CKOPT 비트를 프로그램 할 경우 XTAL1과 GND 사이에 36pF의 capacitor가 연결되며 외부 C는 연결하지 않아도 된다. SUT1..0 비트는 10으로 설정한다.

3) 내부 RC 발진기 사용

내부 RC 발진은 5V의 공급전원과 25℃ 환경에서 1.0, 2.0, 4.0과 8.0MHz로 고정되어 있으며 CKSEL3..0의 비트들에 의해 선택되며, 이 모드를 사용할 경우에는 CKOPT 비트는 프로그램 되어서는 안된다. CKSEL3..0의 비트 값이 "0001", "0010", "0011", "0100"인 경우 각각 1.0, 2.0, 4.0과 8.0MHz에 해당되며 칩이 만들어질 때는 "0001"로 설정된다. 내부 RC 발진을 선택한 경우에는 칩 외부에 어떤 발진 소자도 연결할 필요가 없다. 즉, XTAL1과 XTAL2는 연결되지 않은 상태로 놓아두어야 한다.

칩이 리셋 되는 동안 5V의 25℃ 환경에서 발진 회로의 RC 값이 OSCCAL 레지스터에 로드되고 이 값에 의해 자동으로 발진회로가 조율된다. 이 값은 발진회로가 ±1%의 범위 안에서 동작할 수 있도록 보장한다.

단, RC 발진회로는 R과 C의 값이 주변 온도에 따라 변하는 값이므로 회로에서 아무리 정확히 보상을 하여도 발진주파수를 항상 일정하게 유지하기 힘들다. 따라서 Timer를 사용하여 정확한 시간간격으로 동작을 시키거나 시계와 같은 Real Time 기능을 사용할 경우에는 RC 발진은 권장하지 않는다.

이는 내부 RC 발진회로나 외부 RC 발진회로를 사용할 경우 모두에 해당한다.

clock source		CKSEL 3~0
external crystal/ceramic resonator		1111-1010
external low frequency crystal		1001
external RC oscillator	8 ~ 12MHz	1000
	3 ~ 8MHz	0111
	0.9 ~ 3MHz	0110
	0.1 ~ 0.9MHz	0101
calibrated internal RC oscillator	8MHz	0100
	4MHz	0011
	2MHz	0010
	1MHz	**0001**
external clock		0000

외부에 32.768KHz 낮은 주파수를 사용할 경우에는 CKSEL3..0를 1001로 설정하여야 한다.

external low frequency crystal(32.768KHz)	**1001**

■ 내부 오실레이터 1MHz를 사용할 경우 설정방법

내부 오실레이터 1MHz를 사용할 경우 다음과 같이 설정한다.

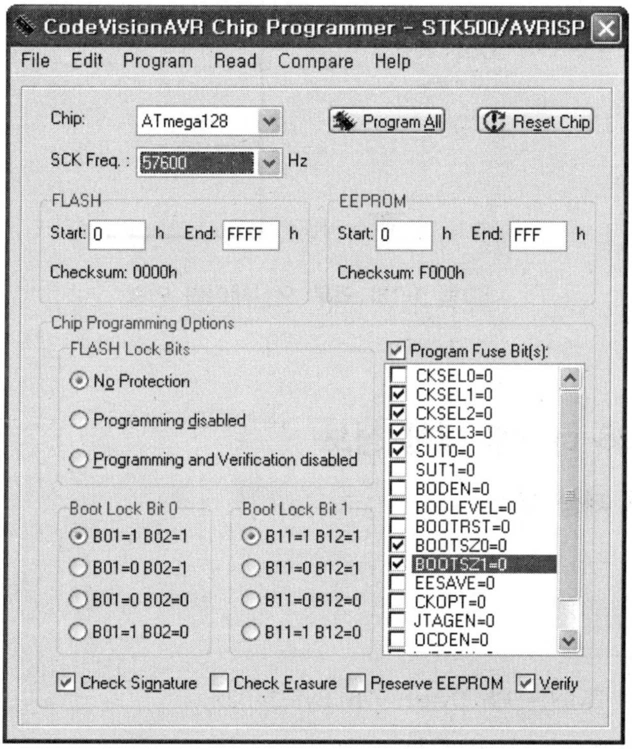

Program Fuse Bit(s)를 체크하고 메뉴의 Program → Fuse Bit(s)를 클릭한다. 프로그램이 완료되면 Program Fuse Bit(s)를 해제한다. 이것은 Fuse Low Byte에 있는 4개의 비트 CKSEL3..0을 사용하여 설정하는 것이다.

LED on/off 상태로 동작 속도를 확인할 수 있다.

4) 외부 발진기

외부 오실레이터에 의한 클록 공급을 받을 경우에는 CKSEL3..0 비트의 값은 "0000"으로 설정되어야 하며, CKOPT 비트가 프로그램 될 경우에는 XTAL1과 GND 사이에 36pF의 capacitor가 연결된다. [그림 1-18]은 외부에서 오실레이터나 기타 클록 발생 장치를 사용하여 ATmega128에 클록을 공급할 경우의 그림이다.

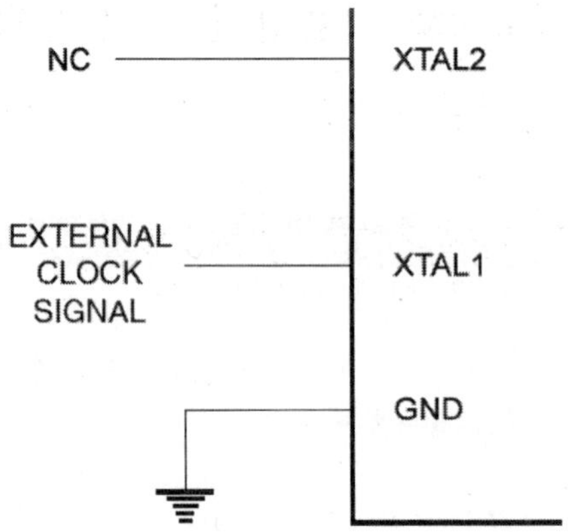

[그림 1-18] 외부 오실레이터 연결

■ ATmega128 cpu에 대한 정보

(1) ATmega128 제품 표시

Information

Chip Signature: Byte0=1Eh Byte1=97h Byte2=02h.

Chip: ATmega128 or ATmega128L.

OK

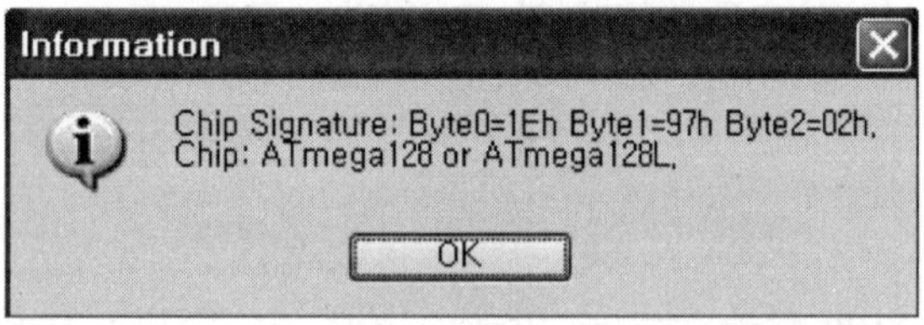

제품표시 바이트 확인

- 메모리 lock 비트는 3Byte로 특별한 메모리 영역에 저장됨

Byte 0번지	Byte 1번지	Byte 2번지
1Eh	97h	02h(01h)
ATmel 社 제품	128KB flash	ATmega128(ATmega103)

(2) ATmega128 프로그램 보호기능

가) No Protection(비보호)

프로그램을 개발 중에 있거나 프로그램 보호가 필요하지 않은 경우 “No Protection”을 설정한다.

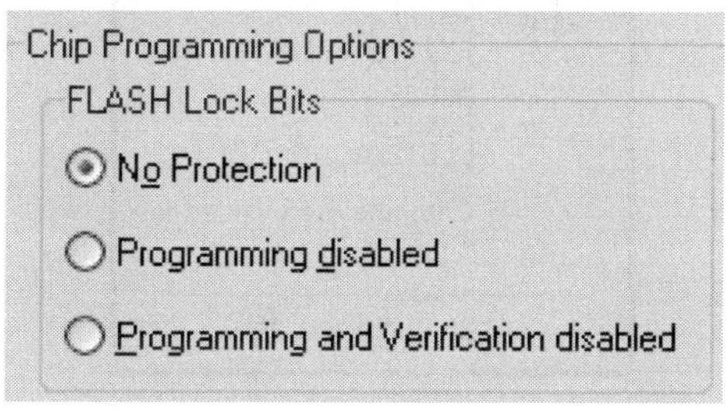

Read - Lock Bits를 읽기 해보면 다음과 같이 LB1 = 1, LB2 = 1로 설정되어 있다.

나) Programming disabled(프로그래밍 쓰기금지)

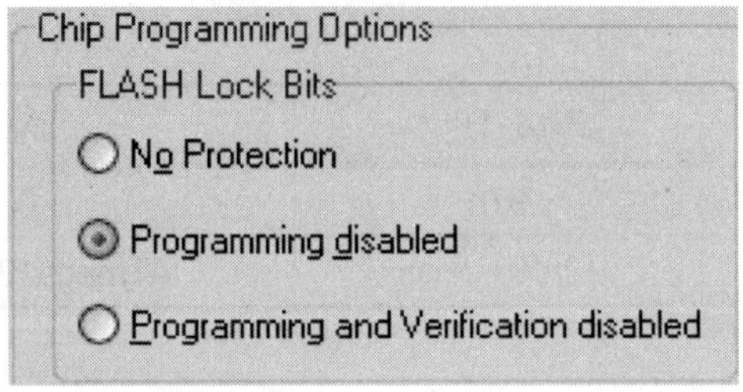

Programming disabled을 선택하고 Program - Lock Bits를 선택하여 쓰기를 한다. 쓰기 금지된 Lock Bits를 읽어보면 **LB1 = 0, LB2 = 1**로 되어 있다.

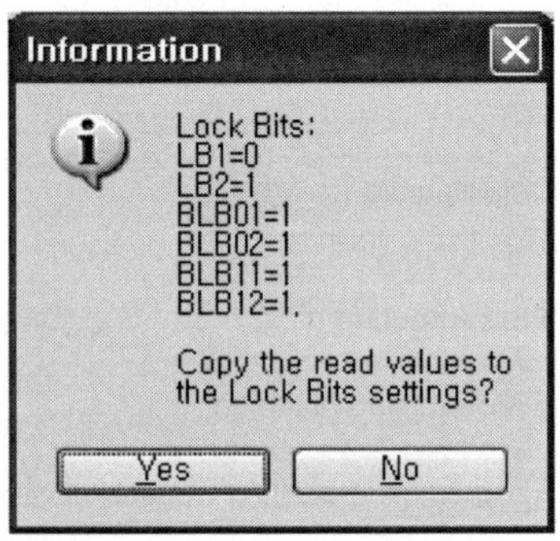

다) Programming and verification disabled(프로그래밍 쓰기/읽기금지)

개발이 완료된 프로그래밍은 읽기/쓰기 금지를 해두면 데이터를 보호할 수 있다.

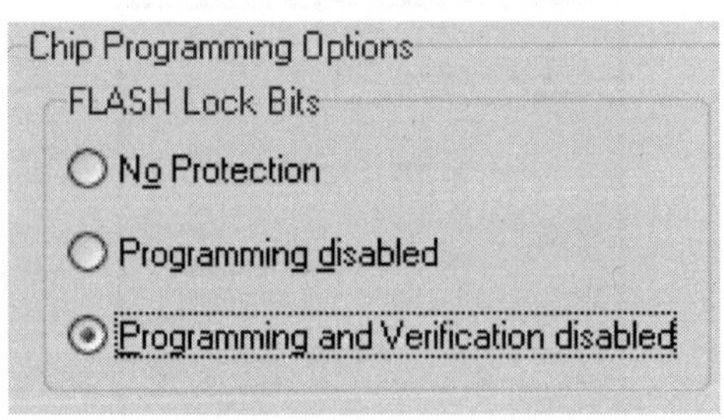

Programming and verification disabled로 설정한 후 Program - Lock Bits를 선택하여 쓰기를 한다. 쓰기/읽기 금지된 Lock Bits를 읽어보면 **LB1 = 0, LB2 = 0**로 되어 있다.

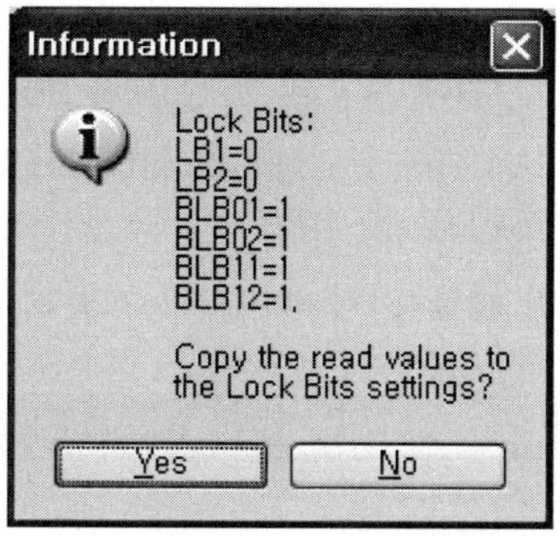

Edit - FLASH를 선택한 후 FLASH Buffer의 내용을 확인한 후 모두 0으로 초기화 시킨다.

- Edit FLASH Buffer의 내용

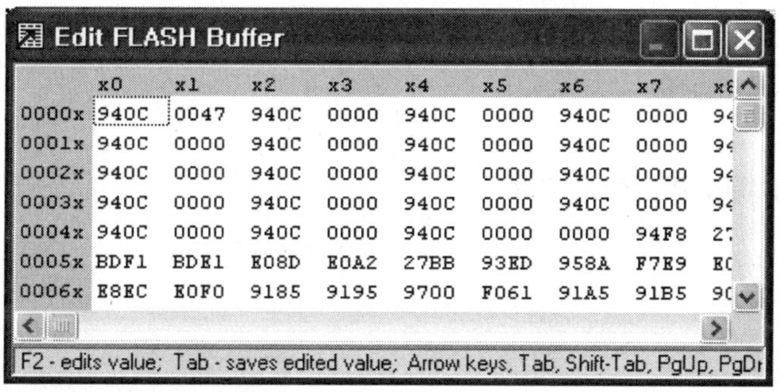

- Edit FLASH Buffer 0으로 초기화

오른쪽 마우스를 클릭하면 Fill Memory Block가 나타나면 Fill Value 값을 0으로 입력하고 OK를 누른다. 모두 값이 0으로 되어 있다.

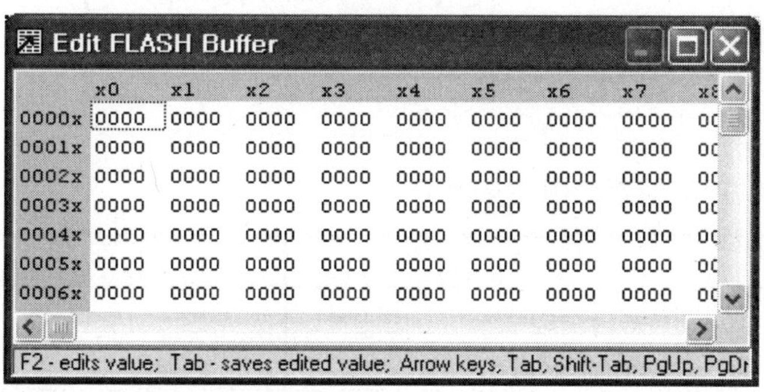

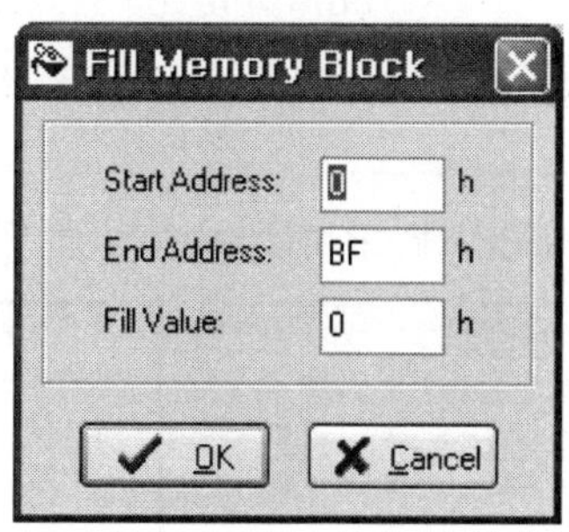

- 읽기가 금지된 FLASH 메모리 값 확인

Read_FLASH를 클릭하면 FLASH에 저장된 프로그램을 FLASH Buffer로 읽어온다. FLASH Buffer로 읽어온 값을 Edit_FLASH를 클릭하여 Edit FLASH Buffer의 메모리 값을 확인하면 엉뚱한 값을 읽어온 것을 확인할 수 있다.

즉 FLASH 메모리에 저장된 값을 읽기 금지되어 개발된 프로그램을 보호할 수 있다

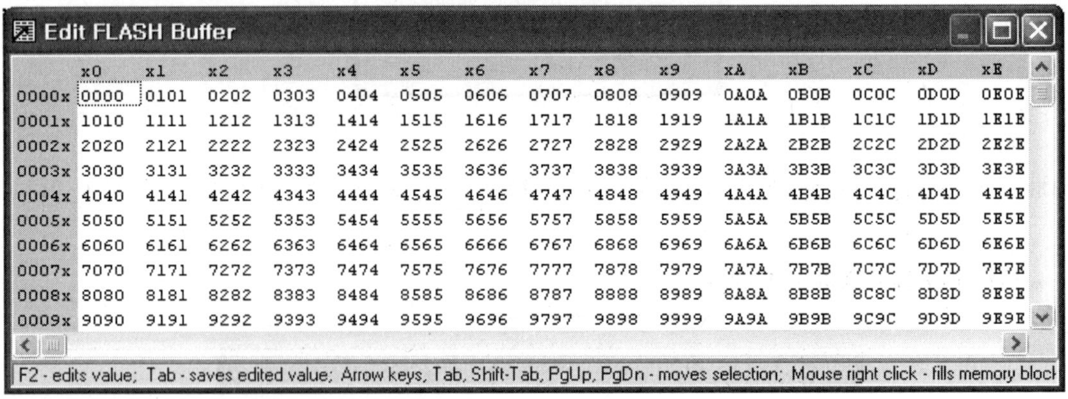
Edit FLASH Buffer

	x0	x1	x2	x3	x4	x5	x6	x7	x8	x9	xA	xB	xC	xD	xE
0000x	0000	0101	0202	0303	0404	0505	0606	0707	0808	0909	0A0A	0B0B	0C0C	0D0D	0E0E
0001x	1010	1111	1212	1313	1414	1515	1616	1717	1818	1919	1A1A	1B1B	1C1C	1D1D	1E1E
0002x	2020	2121	2222	2323	2424	2525	2626	2727	2828	2929	2A2A	2B2B	2C2C	2D2D	2E2E
0003x	3030	3131	3232	3333	3434	3535	3636	3737	3838	3939	3A3A	3B3B	3C3C	3D3D	3E3E
0004x	4040	4141	4242	4343	4444	4545	4646	4747	4848	4949	4A4A	4B4B	4C4C	4D4D	4E4E
0005x	5050	5151	5252	5353	5454	5555	5656	5757	5858	5959	5A5A	5B5B	5C5C	5D5D	5E5E
0006x	6060	6161	6262	6363	6464	6565	6666	6767	6868	6969	6A6A	6B6B	6C6C	6D6D	6E6E
0007x	7070	7171	7272	7373	7474	7575	7676	7777	7878	7979	7A7A	7B7B	7C7C	7D7D	7E7E
0008x	8080	8181	8282	8383	8484	8585	8686	8787	8888	8989	8A8A	8B8B	8C8C	8D8D	8E8E
0009x	9090	9191	9292	9393	9494	9595	9696	9797	9898	9999	9A9A	9B9B	9C9C	9D9D	9E9E

F2 - edits value; Tab - saves edited value; Arrow keys, Tab, Shift-Tab, PgUp, PgDn - moves selection; Mouse right click - fills memory bloc

(3) ATmega128 메모리 lock bit

메모리 보호 용도로 lock bit는 1Byte로 설정되어 있다.

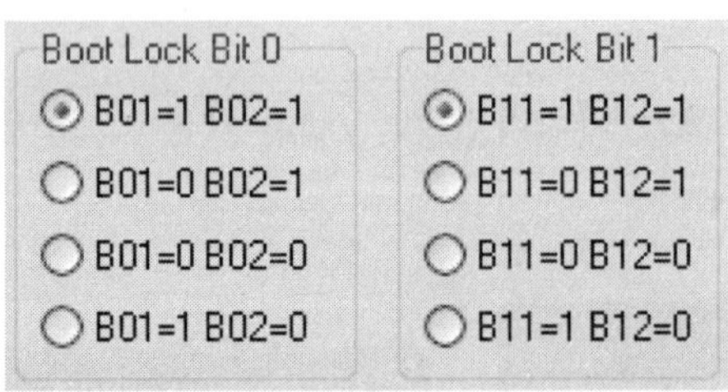

- 메모리 lock 1Byte(default 값은 모두 1로 되어 있음)

bit 7	6	5	4	3	2	1	0
-	-	BLB12	BLB11	BLB02	BLB01	LB2	LB1
		boot lock bit				lock bit	

- 메모리 lock 기능

모드			기능
LB mode	LB2	LB1	flash memory protection
1	1	1	lock 기능 해제
2	1	0	programing 쓰기 금지
3	0	0	programing 쓰기 및 verify 금지
BLB0	BLB02	BLB01	Application program 영역 protection
1	1	1	lock 기능 해제
2	1	0	application program 쓰기 금지
3	0	0	응용 프로그램 쓰기/ 읽기금지
4	0	1	bootload 영역에서 응용프로그램 읽기금지
BLB1	BLB12	BLB11	Bootload 영역 protection
1	1	1	lock 기능 해제
2	1	0	bootload 영역 쓰기금지
3	0	0	bootload 영역 쓰기/ 읽기금지
4	0	1	bootload 영역 읽기금지

(4) ATmega128 fuse bit setting

가) Extended Fuse Byte bit map

bit 7	6	5	4	3	2	1	0
-	-	-	-	-	-	ATmega103	WDT
						default 0	**default 1**

나) Fuse High Byte bit map

bit 7	6	5	4	3	2	1	0
OCDEN	JTAGEN	SPIEN	CKOPT	EESAVE	BOOTSZ1	BOOTSZ0	BOOTRST
default 1	0	0	1	1	0	**0**	**1**

OCDEN - on_chip debug 사용

JTAGEN - JTAG enable

SPIEN - SPI enable

CKOPT - 오실레이터 option

EESAVE - chip data 삭제시 EEPROM 내용 삭제금지

BOOTSZ1,0 - boot size 선택

BOOTRST - boot vector 선택

다) Fuse Low Byte bit map

bit 7	6	5	4	3	2	1	0
BODLEVEL	BODEN	SUT1	SUT0	CKSEL3	CKSEL2	CKSEL1	CKSEL0
default 1	1	1	0	0	0	**0**	**1**

BOD(Brown out detector)

BODLEVEL - BOD 트리거 레벨 사용

BODEN - BOD 기능 허용

SUT1,0 - start 시간 선택

CKSEL3,2,1,0 - 클럭소스 선택

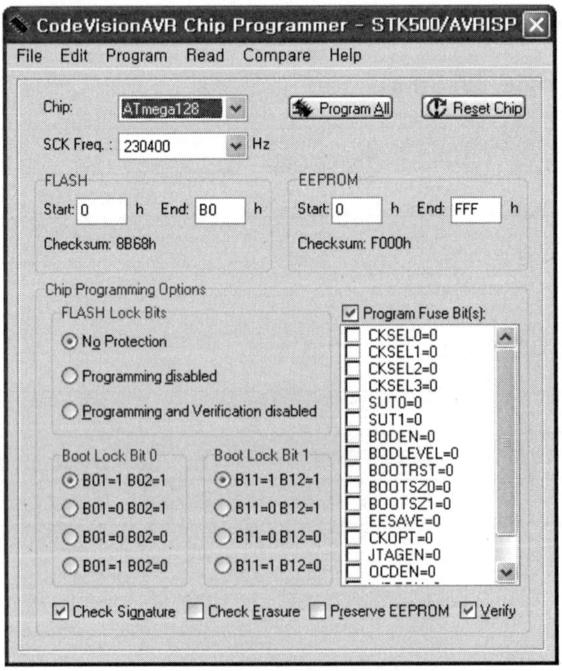

ATmega128 Chip을 처음 사용할 경우에는 Program Fuse Bit를 설정하고

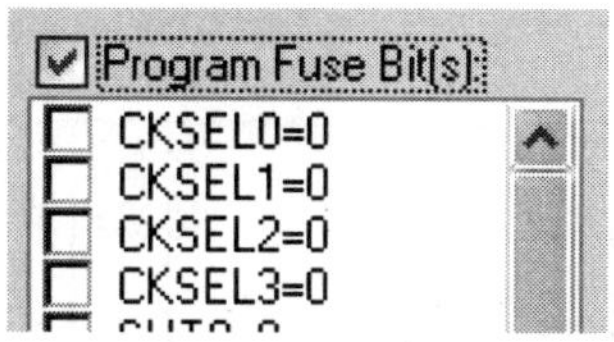

사용 중인 경우에는 Program Fuse Bit를 설정하지 않는다.

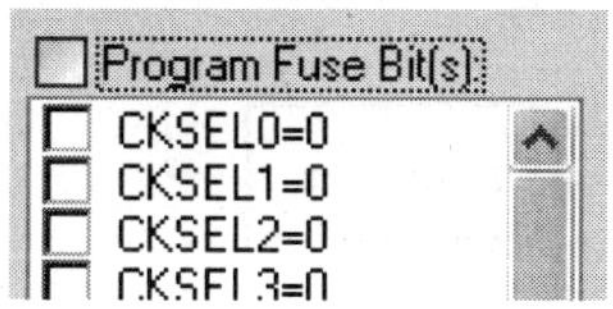

6. 시스템 리셋(system reset)

ATmega128에는 다음과 같은 **5가지의 리셋 소스**가 있으며 이들 리셋 로직에 대해서는 [그림 1-19]에 나타나 있다.

[표 1-15] Reset의 종류 및 의미

Reset의 종류	Reset의 의미
Power-on Reset	공급 전압이 Power-on Reset Threshold(1.4V) 이하일 때 발생한다.
External Reset	외부 리셋으로 /RESET 핀이 최소시간 이상 low로 되면 발생한다.
Watchdog Reset	Watchdog이 활성화 되어 있을 때, Watchdog 타이머에 의해 발생한다.
Brown-out Reset	Brown-out 검지기가 활성화 되어 있을 때 공급전압이 Brown-outReset Threshold(VBOT) 이하일 때 발생한다.
JTAG AVR Reset	JTAG에 의해 리셋 레지스터가 설정된 경우 발생한다.

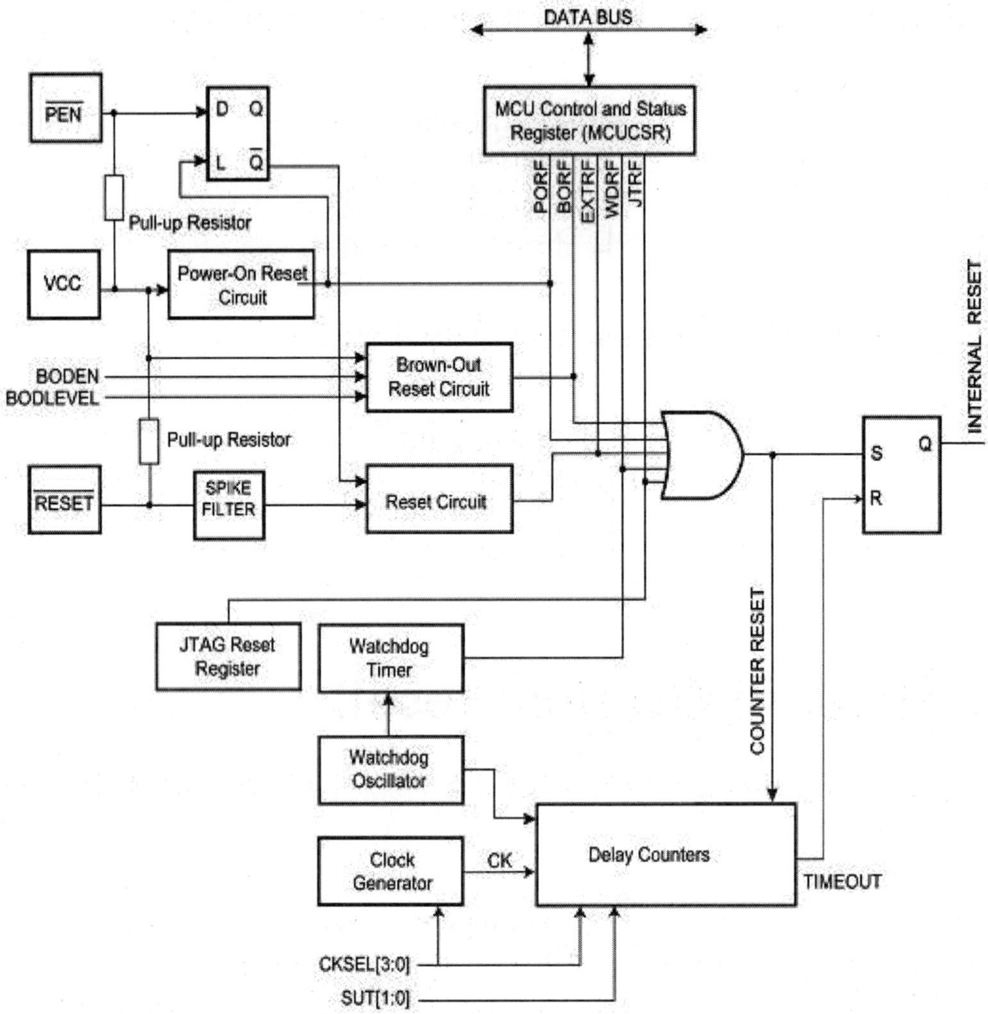

[그림 1-19] ATmega128의 Reset Logic

리셋구간 동안 I/O 레지스터는 모두 초기값으로 설정되며 프로그램은 Reset Vector라고 불리는 주소공간에서 시작한다.

Reset vector에는 JMP 명령(절대 번지 점프)이 존재해야 한다. I/O 포트는 리셋 후에 초기값으로 설정된다.

MCUCSR 레지스터는 MCU의 제어와 상태를 나타내는 레지스터로 리셋이 발생하면 해당되는 비트가 1로 설정되므로 어떠한 이유에 의해 리셋이 발생했는지 확인할 수 있다.

1) MCU Control and Status Register-MCUCSR

Bit	7	6	5	4	3	2	1	0
	JTG	-	-	JTRF	WDRF	BORF	EXTRF	PORF
Read/Write	R/W	R	R	R/W	R/W	R/W	R/W	R/W
Initial Value	0	0	0					

(1) JTRF : JTAG Reset Flag
(2) WDRF : Watchdog Reset Flag
(3) BORF : Brown-out Reset Flag
(4) EXTRF : External Reset Flag
(5) PORF : Power-On Reset Flag

프로그램에서 강제로 리셋을 시키는 동작이 필요할 경우에는 프로그램 카운터 레지스터를 Reset Vector인 0x0000로 강제로 설정해주면 된다.

아래의 코드는 AVR-Gcc를 사용한 경우 인라인 어셈블러를 이용하여 프로그램에서 강제로 reset을 발생시키는 코드이다. 프로그램 내부의 원하는 위치에 아래의 구문을 삽입하면 reset의 효과를 얻을 수 있다.

```
asm("JMP 0x000"); // 프로그램 카운터 레지스터를 0x0000으로 강제 설정하여
                     리셋을 발생시키는 코드 //
```

7. Prescaler(분주기)1)

전치 분주기라는 말로 설명을 자주하고 있는 이것은 8개의 스케일을 가지고 있다. (시스템 클럭/4)을 프리스케일러가 분주하고 나온 클럭을 타이머 클럭으로 사용하는 것이다. 분주비가 1 : 4일 경우 시스템 클럭이 4번 들어올 때 프리스케일러를 통과한 클럭은 1번 클럭이 발생하고 타이머는 1번 클럭으로 인식하는 것이다. 다시 말해 시스템 클럭이 4[MHz]라고 한다면 타이머 클럭은 1[MHz]가 되는 것이다.

---

1) 타이머에 공급하는 입력 클럭의 속도를 조절하는 분주기

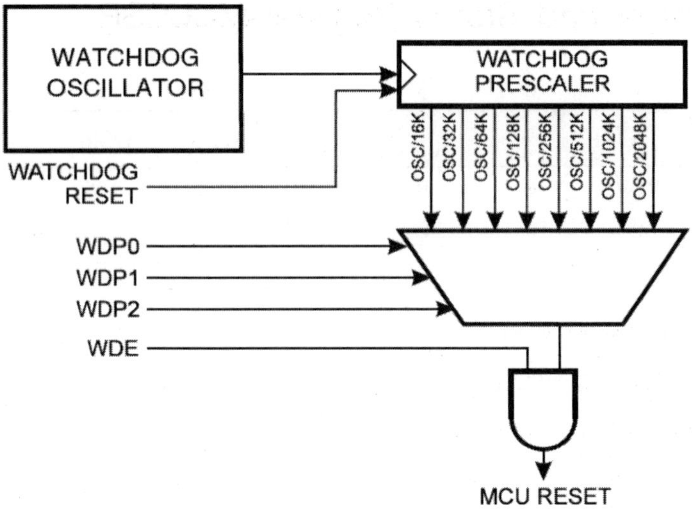

[그림 1-20] Watchdog Timer

8. Watchdog Timer

Watchdog Timer는 "Watchdog"이라는 이름과 같이 마이크로 컨트롤러의 동작을 감시하여 비정상적인 동작을 할 때 System reset 신호를 발생시켜 마이크로 컨트롤러를 초기화함으로써 시스템의 오동작을 막는 역할을 한다.

Watchdog Timer는 ATmega128 내부의 다른 타이머들과는 달리 독립적인 클록을 공급 받아 동작하며 Watchdog Timer가 Overflow 될 때 Reset Signal을 발생한다.

따라서 ATmega128의 타이머를 동작시켜 타이머 인터럽트 루틴 내부에서 Watchdog Timer의 값이 Overflow 되기 전에 Clear 시켜야 정상적인 동작을 시킬 수 있다.

이와 같은 동작 메커니즘으로 일정 시간 간격으로 Watchdog Timer를 Clear 시키는 동작을 하지 않을 경우 마이크로컨트롤러의 동작이 비정상적이라 판단하고 Reset Signal을 발생함으로써 마이크로 컨트롤러를 초기화하여 시스템 전체의 오동작을 방지할 수 있다.

Watchdog Timer는 별도로 분리된 1[MHz]의(공급 전원이 5[V]일 경우) 클록을 공급받아 동작하며, 이 Watchdog 클록은 Watchdog Prescaler에 의해 분주되어 Watchdog 타이머에 공급된다. [표 1-16]은 Watchdog 타이머를 나타내며 공급 클록과 Watchdog timer control register인 WDTCR 레지스터의 각 비트들의 의미를 보이고 있다.

1) Watchdog Timer Control Register-WDTCR

Bit	7	6	5	4	3	2	1	0
	-	-	-	WDCE	WDE	WDP2	WDP1	WDP0
Read/Write	R	R	R	R/W	R/W	R/W	R/W	R/W
Initial Value	0	0	0	0	0	0	0	0

(1) WDCE : Watchdog Change Enable

WDE를 '0'(Watchdog disable)으로 설정한 경우, WDCE는 반드시 '1'로 설정해야 한다.

(2) WDE : Watchdog Enable

WDE가 '1'일 경우 Watchdog 기능이 활성화되며 '0'일 경우 비활성화 된다.

(3) WDP2, WDP1, WDP0 : Watchdog Timer Prescaler

[표 1-16] Watch Dog Timer의 Time Out

WDP2	WDP1	WDP0	Number of WDT OscillatorCycles	Typical Time-out at VCC = 3.0V	Typical Time-out at VCC = 5.0V
0	0	0	16K (16,384)	14.8 ms	14.0 ms
0	0	1	32K (32,768)	29.6 ms	28.1 ms
0	1	0	64K (65,536)	59.1 ms	56.2 ms
0	1	1	128K (131,072)	0.12 s	0.11 s
1	0	0	256K (262,144)	0.24 s	0.22 s
1	0	1	512K (524,288)	0.47 s	0.45 s
1	1	0	1,024K (1,048,576)	0.95 s	0.9 s
1	1	1	2,048K (2,097,152)	1.9 s	1.8 s

ATmega128 아래 그림과 같이 "WDTON" 비트에 대해 프로그램 함으로써 Watchdog Timer를 On 시킬 수 있으며 이 경우에는 WDTCR 레지스터의 설정과 상관없이 항상 Watchdog Timer가 On 되어 있으므로 사용자는 일정 시간간격으로 Watchdog Timer를 Clear 해주어야 한다.

AVR-Gcc 컴파일러에서 Watchdog Timer를 사용하려면 헤더 파일에 "#include <avr/wdt.h>"을 포함시키고 아래와 같이 Timer Interrupt 루틴에서 "wdt_reset();" 함수를 호출하여 Clear 시킬 수 있다.

단, Watchdog Timer의 Overflow가 발생하기 이전에 반드시 Timer Interrupt에서 Watchdog

Timer를 Clear 시켜야 시스템이 정상 동작하며 그렇지 않을 경우에는 시스템은 주기적인 Reset 동작을 반복하게 됨을 유의하기 바란다.

```
SIGNAL(SIG_OVERFLOW0)
{
  wdt_reset();
}
```

위 예제는 Timer0을 사용하여 일정 주기로 타이머 인터럽트가 발생할 경우 동작하는 인터럽트 처리 함수이며 여기에서 Watchdog Timer를 Reset 시키고 있다.

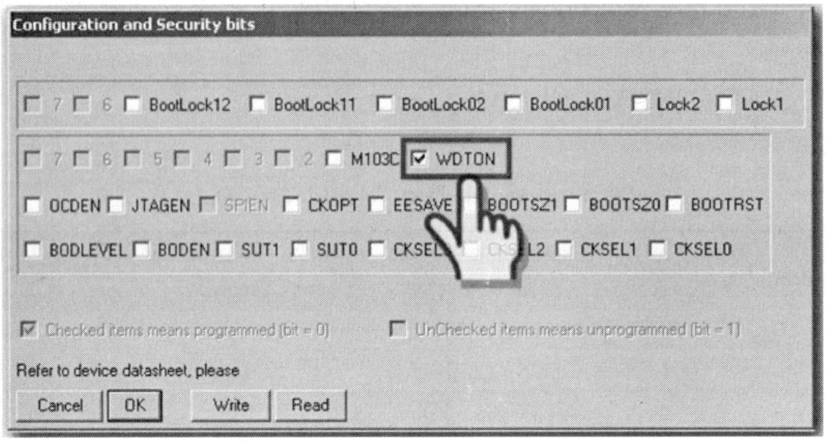

[그림 1-21] Fuse Bit에서 Watch Dog Timer Enable

9. 입출력 I/O 레지스터

1) DDRA (Data Direction Register) 1: output 0: input (3-state buffer)

- PORT A의 입/출력 방향설정을 위한 레지스터 0x1A(0x3B)

bit	7	6	5	4	3	2	1	0
0x1A	DDRA7	DDRA6	DDRA5	DDRA4	DDRA3	DDRA2	DDRA1	DDRA0
R/W	R/W	R/W	R/W	R/W	R/W	R/W	R/W	R/W
initial	0	0	0	0	0	0	0	0

(예) DDRA = 0xf0이면 bit 0~3 입력, 4~7 출력으로 사용됨을 의미한다.

DDRA 레지스터를 SET(1)하면 출력으로, 0하면 입력으로 포트가 설정된다.

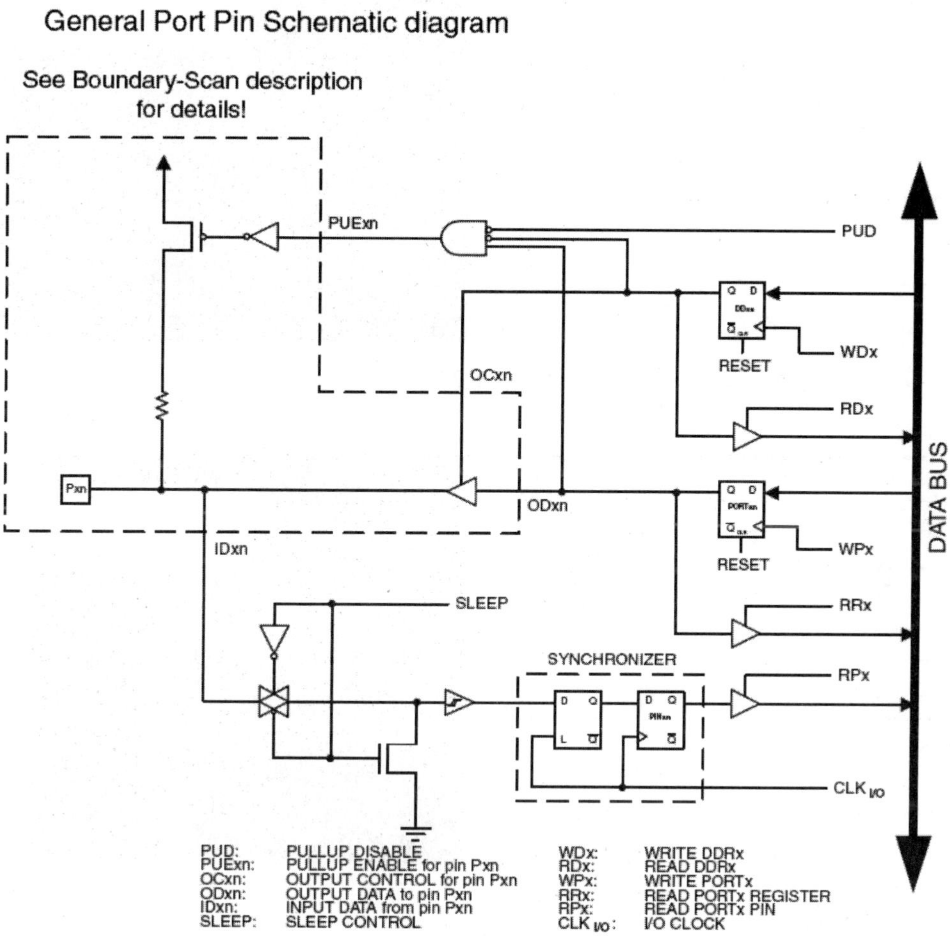

[그림 1-22] IO PORT 구조 Diagram

2) DDRA (Data Direction Register) 입출력 방향설정

용어 정의

출력 : ATmega128에서 외부 주변장치로 보내는 DATA 방향

입력 : 외부 주변장치(예: S/W 등)에서 ATmega128로 보내는 DATA 방향

그림에서 ①번에 "H"를 주면 3 buffer 동작, "L"을 주면 buffer 동작 안한다.

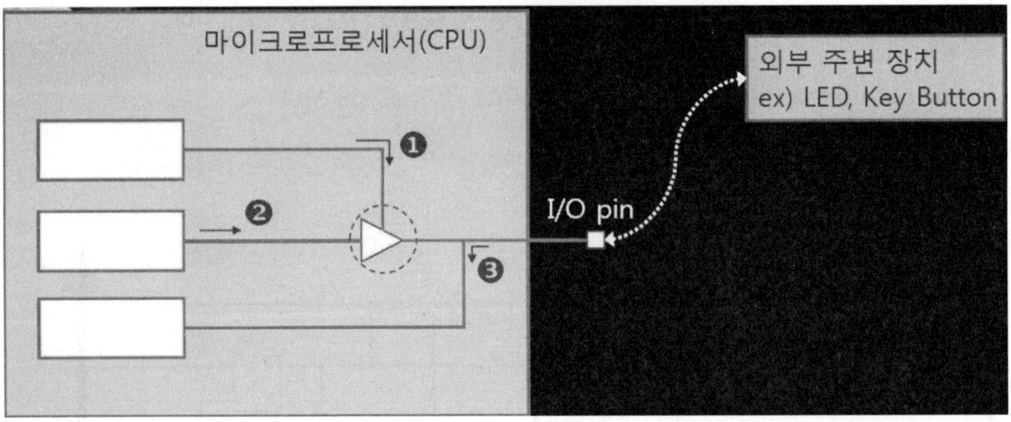

[그림 1-23]

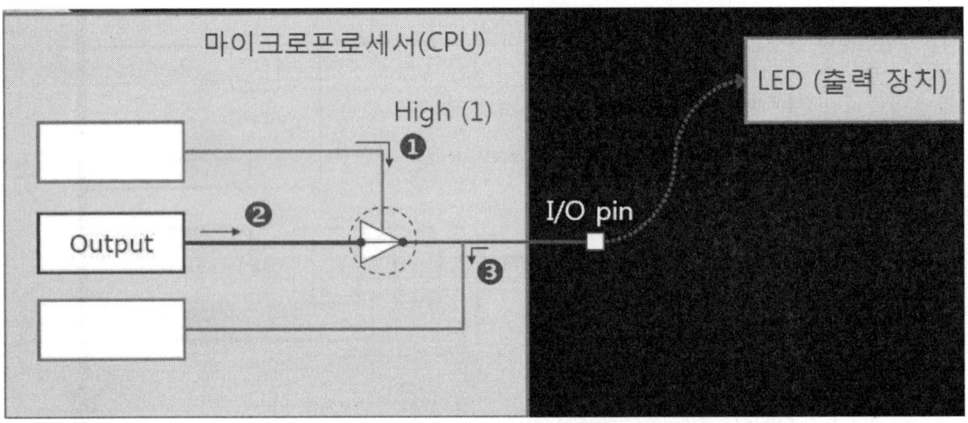

[그림 1-24]

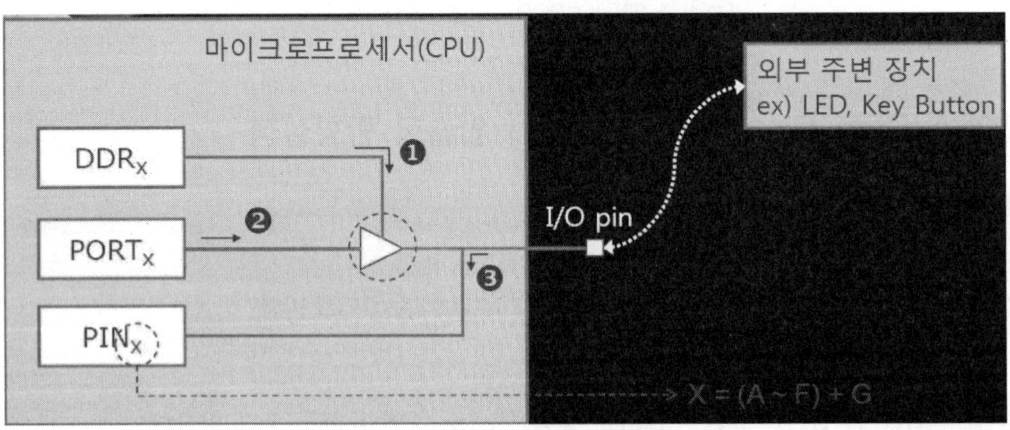

[그림 1-25]

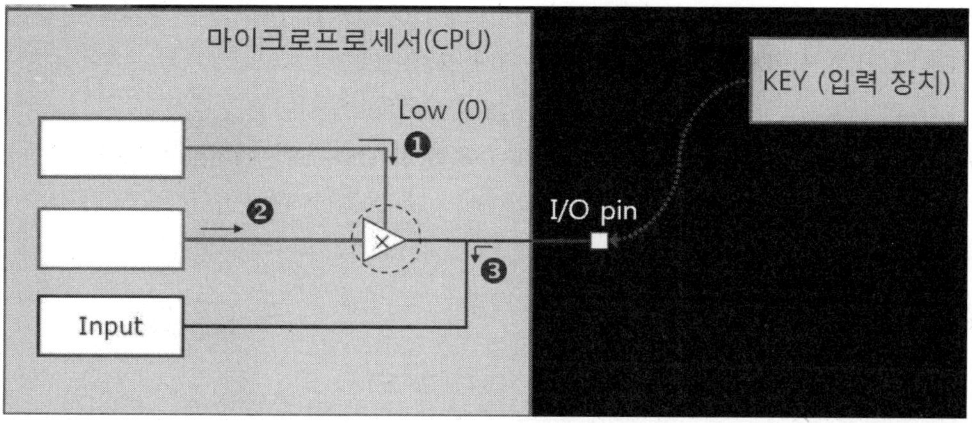

[그림 1-26]

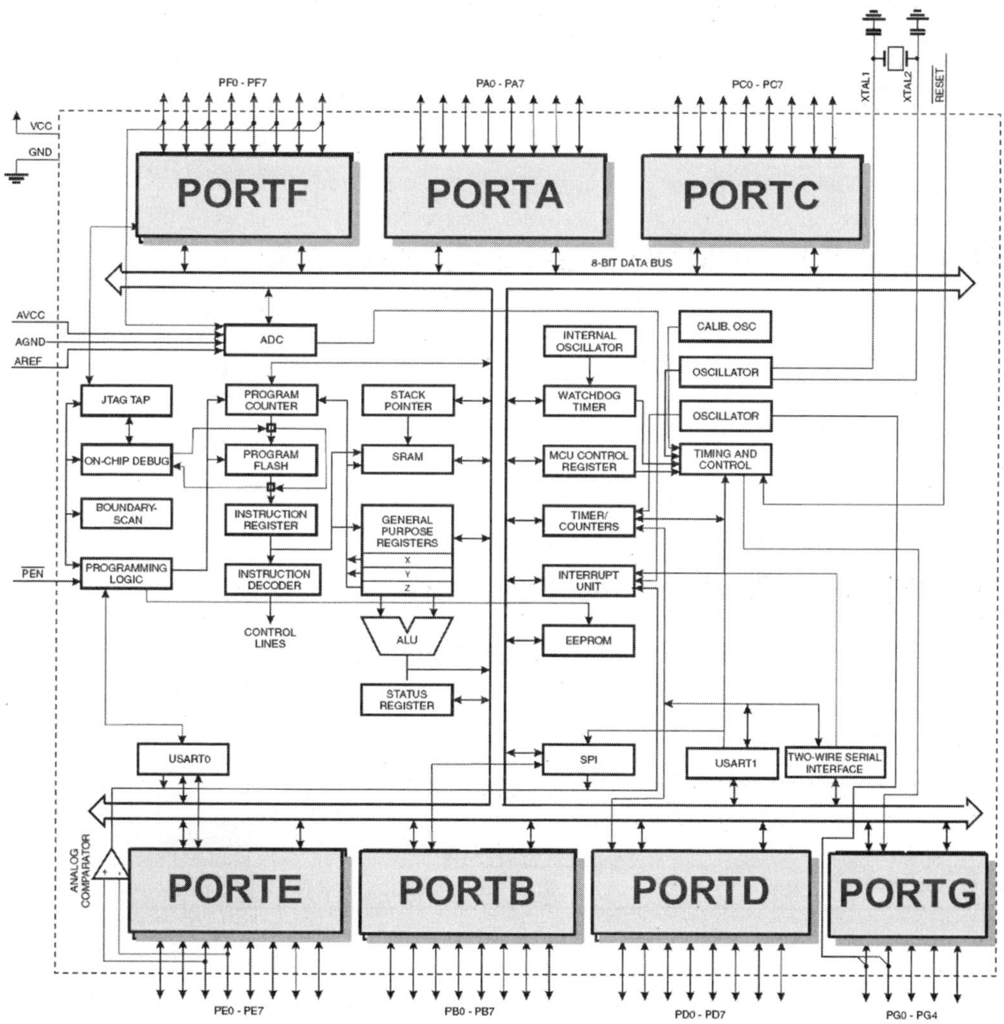

[그림 1-27] PORT Control을 위한 구조 Diagram

[그림 1-27]은 내부 Diagram을 보여 주고 있으며 PORTA~PORTG까지 외부 장치와 연결할 수 있고 PORTA~F까지는 8개 출력, PORTG는 5개 출력이다.

※ PROGAM FLASH, SRAM, EEPROM, ALU, SREG, T/C, INTERRUPT 위치가 어디에 있는지 확인한다.

3) PORTA(Data Register)

- 출력용 데이터 값을 위한 레지스터 PORTA 0x1B(0x3B)

bit	7	6	5	4	3	2	1	0
0x1b	PORTA7	PORTA6	PORTA5	PORTA4	PORTA3	PORTA2	PORTA1	PORTA0
R/W	R/W	R/W	R/W	R/W	R/W	R/W	R/W	R/W
초기값	0	0	0	0	0	0	0	0

(예) PORTA = 0xf0 하면 0xf0 data 값이 PORTA를 보내지는 것

4) PINA(Input Pins Address) 스위치 입력상태 검출

- 입력 핀에 해당하는 레지스터로서 입력된 값을 표시, 즉 입력상태변화를 체크하는 것

bit	7	6	5	4	3	2	1	0
0x1b	PINA7	PINA6	PINA5	PINA4	PINA3	PINA2	PINA1	PINA0
R/W	R	R	R	R	R	R	R	R

5) SFIOR(Special Function I/O Register)

(1) PUD(Pull-UP Disable) : 모든 포트의 풀업저항 설정을 위한 레지스터

(2) 1일 때 Disable, 0일 때 Enable

bit	7	6	5	4	3	2	1	0
	TSM	-	-	-	ACME	PUD	PSR0	PSR321
R/W	R/W	R	R	R	R/W	R/W	R/W	R/W

CHAPTER

02

ATmega128 IDE(통합개발환경)

1. CodeVisionAVR의 개요 및 설치
2. CodeVisionAVR의 사용법

1. CodeVisionAVR의 개요 및 설치

■ CodeVisionAVR의 개요

[Step 1] CodeVisionAVR이란?

- HP Technology에서 나오는 ATmel AVR 8bit 마이컴 전용 C 컴파일러를 말한다.
- 이것은 유료이며 여기서는 demo version을 사용한다. HP Technology에서 나오는 ATmel AVR 8bit 마이컴 전용 C 컴파일러를 말한다.

[Step 2] CodeVisionAVR Download page

- CodeVisionAVR 평가판 Download Site(size limit 2 ~ 3kB)
  - http://www.hpinfotech.ro/html/download.htm
  - http://ohm.co.kr 자료실 ⇒ 검색 ⇒ Download
  - http://roboblock.co.kr(유료구매)
  - http://realsys.co.kr(유료구매) 유료는 약 30 ~ 40만원 상당

[Step 3] CodeVisionAVR의 특징

- CodeVisionAVR C 컴파일러는 가격대비 성능이 우수
- 편리한 통합환경 제공 : Editor, Compile/Link, Flash ROM/EEPROM download, Serial 통신용 Terminal program이 함께 제공
- 통합환경 내에 여러 가지 ISP 기능 포함
- 생성된 COFF파일은 AVRStudio와 연계하여 Source Level Debugging 가능
- 자동 소스코드 생성기인 CodeWizardAVR 제공(CodeWizardAVR Automatic Program Generator)
- 편리한 Flash, EEPROM, SRAM의 변수 관리
- Port, 변수의 bit제어 기능
- In-line assembler 제공
- 저가격(약 20만원대)
- 무료 평가 Version 사용 가능(2~3kb 용량제한 및 일부 함수 사용 제한)
- 대부분의 Windows OS에 설치 가능
- 각종 Device를 위한 풍부한 Library 제공

- USART
- LCD Display
- DS1302 RTC
- LM75, DS1820 등 온도
- I^2C
- A/D 소자함수
- 외부 EEPROM
- Power Management 등
- SPI
- Delay 함수 등

■ CodeVisionAVR 컴파일러 다운 따라하기

[Step 4] CodeVisionAVR의 설치

■ Ohm사 홈페이지 자료실에서 CodeVision AVR으로 검색 후 최신 평가판 Version을 Download한다.

■ 여기서는 최신버전(예: V1.25.7)을 download한다.

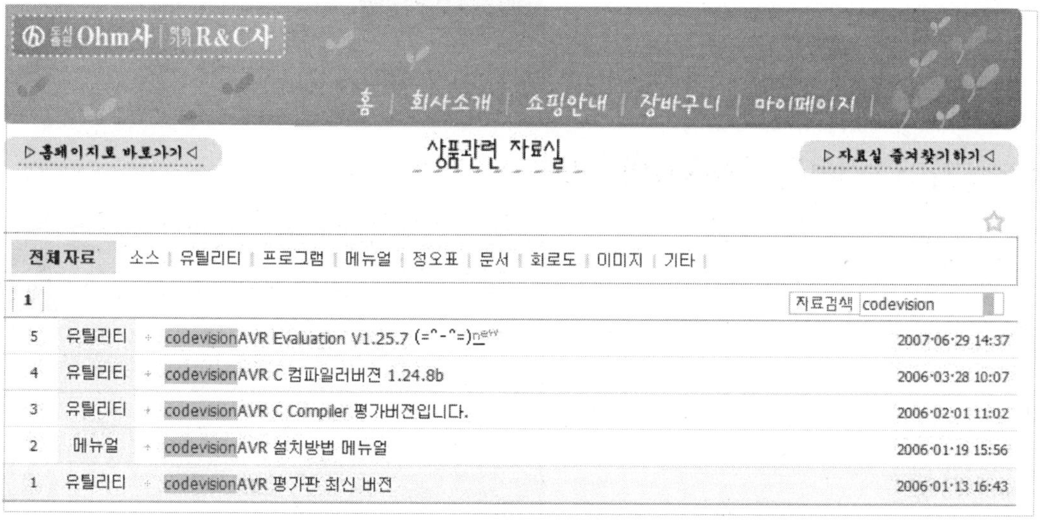

■ CodeVisionAVR 설치

[Step 1] CodeVisionAVR 설치

■ Download받은 cvavr.zip의 압축을 풀고 setup_eval.exe을 Double Click하여 실행한다.

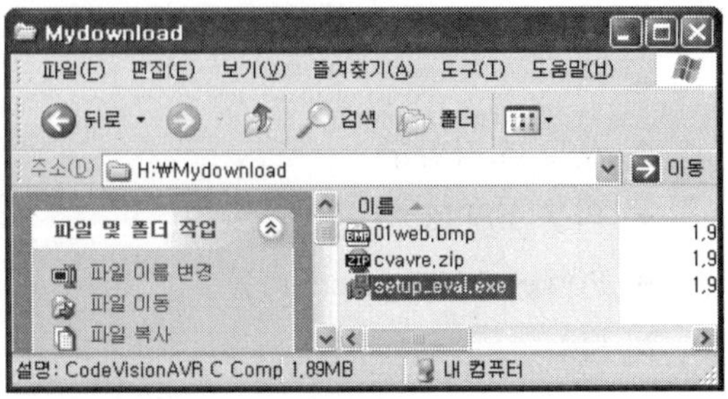

[Step 2] CodeVisionAVR의 설치

■ "Next"를 누른다.

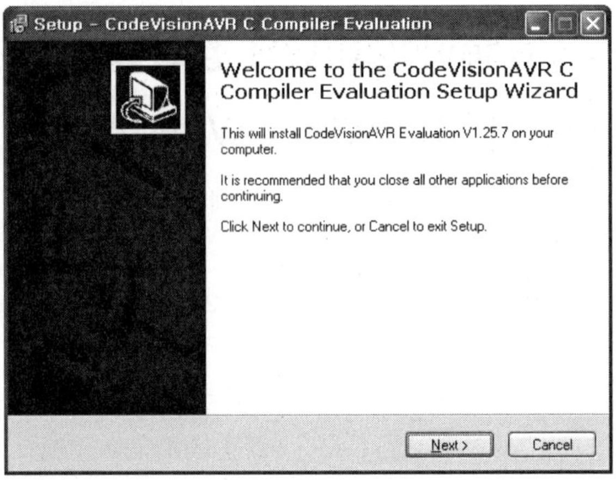

[Step 3] CodeVisionAVR의 설치

■ "I accept~"에 Check를 하고, Next를 누른다.

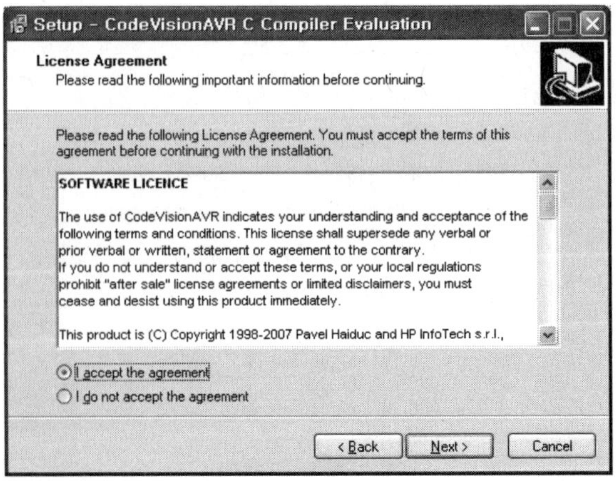

[Step 4] CodeVisionAVR의 설치

- "Next"를 누른다.
- (폴더를 변경하려면 변경한다.)

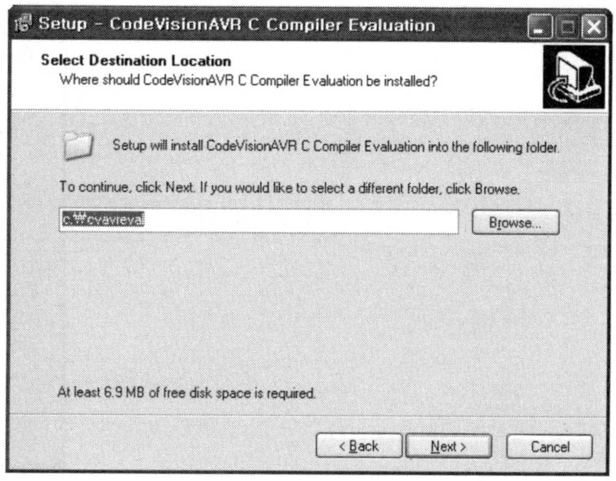

[Step 5] CodeVisionAVR의 설치

- "예(Y)"를 누른다.

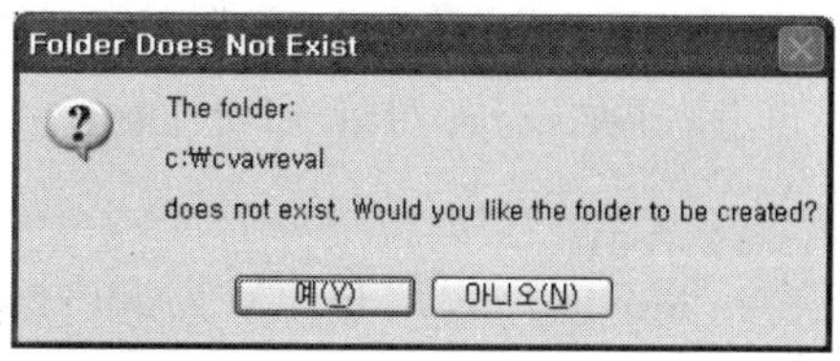

[Step 6] CodeVisionAVR의 설치

- "Next"를 누른다.

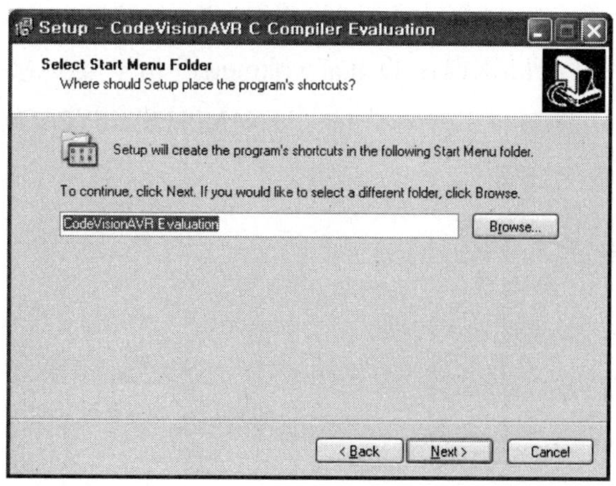

[Step 7] CodeVisionAVR의 설치

- "Install"을 누른다.

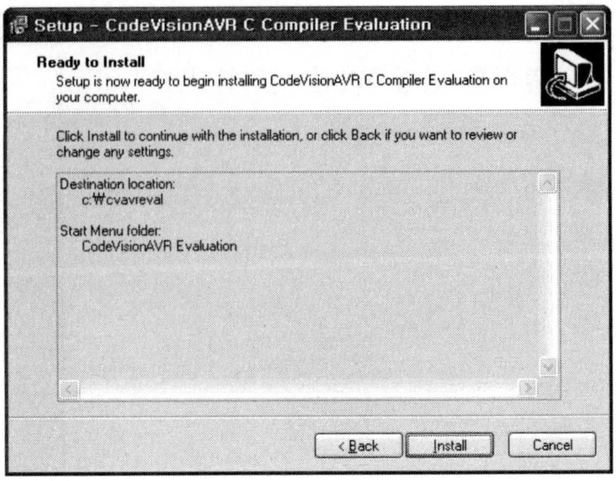

[Step 8] CodeVisionAVR의 설치

- 설치를 기다렸다가 아래 화면이 발생하면 Slide Bar를 내려 중요정보를 확인한다. (CodeVisionAVR의 지원 Device 및 예제정보이다.)

:

- "Moving LED" in ..\EXAMPLES\LED

:

- "LCD Thermometer" in ..\EXAMPLES\THERMLCD
- "DS1990 Serial Number iButton" in ..\EXAMPLES\DS1990
- "AD7896 Digital voltmeter" in ..\EXAMPLES\SPI
- "MAX1241 Digital voltmeter" in ..\EXAMPLES\MAX1241
- "4x4 Keypad" in ..\EXAMPLES\KEYPAD
- 등등

■ "Next"를 누른다.

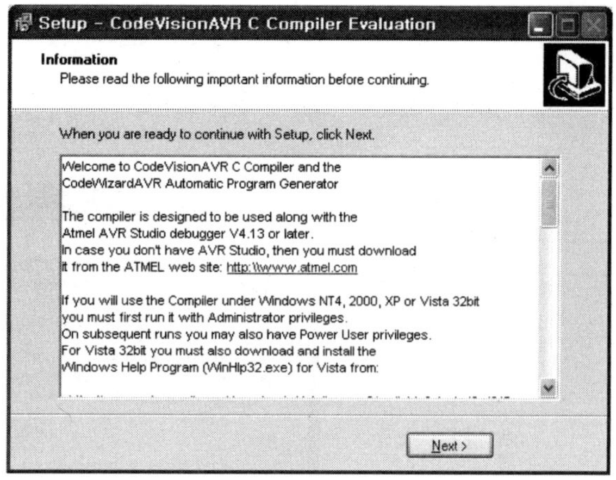

[Step 9] CodeVisionAVR의 설치

■ "Finish"를 눌러 설치를 완료한다.

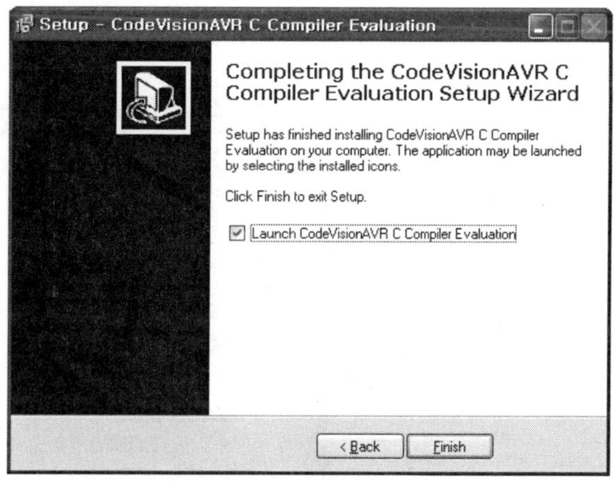

〈실행시 Evaluation으로 실행됨〉

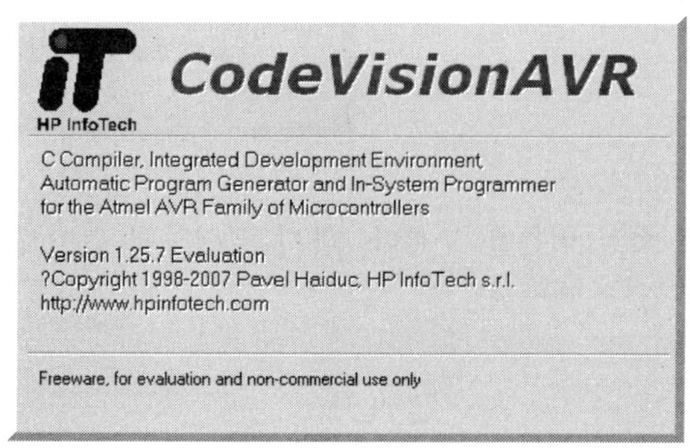

■ Codevision win 7, 8 설치방법(error 발생 대처방법)

Codevision ver1.25 설치 후 다음과 같은 에러 발생시 호환모드를 변경해 주어야 한다.

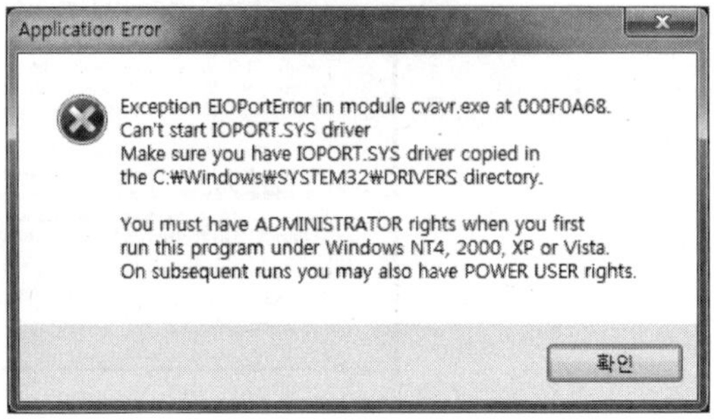

설치 후 Application Error 발생시 코드비전 실행 파일 오른쪽 마우스를 누르고 속성을 클릭한다.

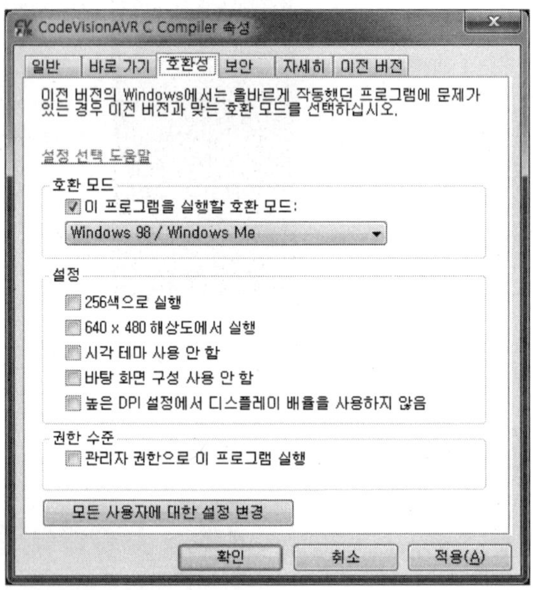

확인 버튼을 누른다. 다시 실행하면 라이센스 pass 후 실행된다.

2. CodeVisionAVR의 사용법

CodeVision AVR 사용법에 대해 설명한다.
컴파일러를 사용하는 컴파일은 제일 먼저 다루어야 하는 과제이다.
지금부터 시작해보자.

****** .*. CodeVisionAVR ISP 설정 .*. ******

■ Main 메뉴 Settings 〉 Programmer를 선택한다.

① **ISP cable인 경우 Kanda Systems STK200+300을 선택하고** OK를 누른다.

② **USB ISP**인 경우 STK500/AVR ISP 선택 후 Com port 설정(제어판 port)
[제어판 - 시스템 - 하드웨어 - 장치관리자 - 프린터 포트] 설정한다.

※ 컴퓨터 기종에 따라 약간의 차이가 있으며 **설치 후 한번 설정하면 다음부터는 변경하지 않아도 된다.**

[Step 1] CodeVisionAVR의 일반 사용법

■ 실행된 화면에서 ① Create New file Icon을 누르거나, 메뉴에서 File 〉 New를 선택한다.

■ ② Source를 선택 후 OK를 누른다.

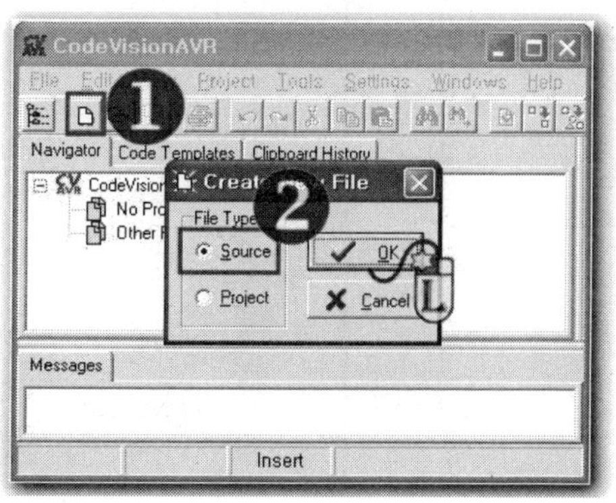

[Step 2] CodeVisionAVR의 일반 사용법

- Source Code를 입력한다.(사용자 프로그램이 입력된다)
  또는 주어진 **소스 프로그램을 복사하여 붙여 넣는다.**

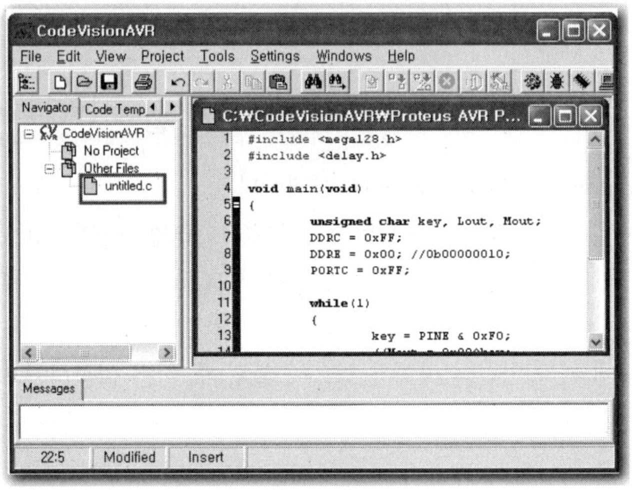

[Step 3] CodeVisionAVR의 일반 사용법

- 입력이 완료되면 Save file Icon을 누르거나, 메뉴 File 〉 Save (Ctrl+s)를 누른다.
- **저장위치를 지정하고, File 이름을 주어 저장**한다.(예: led.c)
  확장자는 반드시 ***.c로 저장한다.(값을 넣지 않아도 자동 저장됨)

[Step 4] CodeVisionAVR의 일반 사용법

■ Step 1에서처럼 Create New file Icon을 누른 후 Project를 선택하고, OK를 누른다.

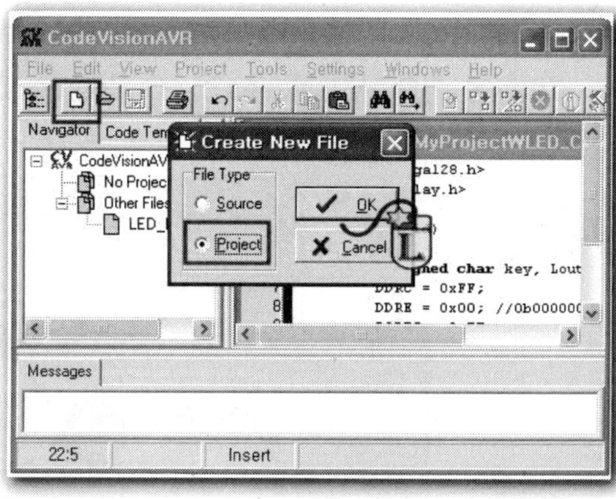

[Step 5] CodeVisionAVR의 일반 사용법

■ 오른쪽과 같은 창이 뜨면 No를 선택한다. CodeWizardAVR은 일부 Code를 자동으로 생성해 주는 마법사이다.
본 교재에서는 코드 자동생성기(CodeWizardAVR)를 사용하지 않는다.

[Step 6] CodeVisionAVR의 일반 사용법

■ Source Code를 저장한 Folder에 Project 이름(예: led.prj)을 주고 저장한다. 파일명과 동일하게 저장한다.

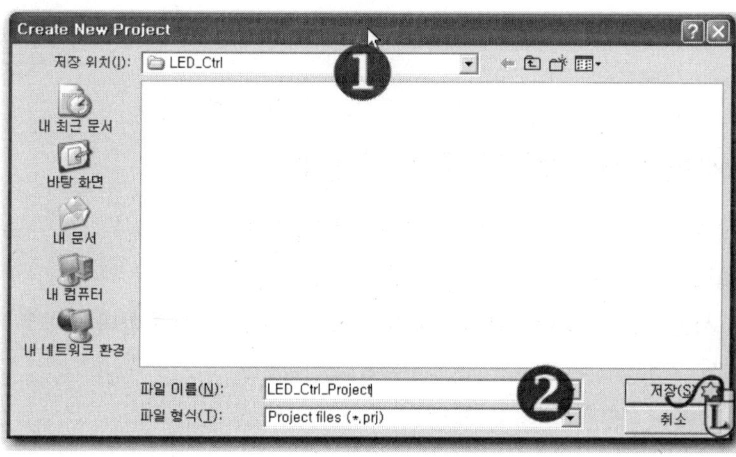

[Step 7] CodeVisionAVR의 일반 사용법

■ 다음은 같은 ①번 pop up창이 뜨면 **Add button을 누르고, Step 3에서 저장한 Source Code를 선택하고(예: led.c C Source Code)** 열기 button을 누른다.

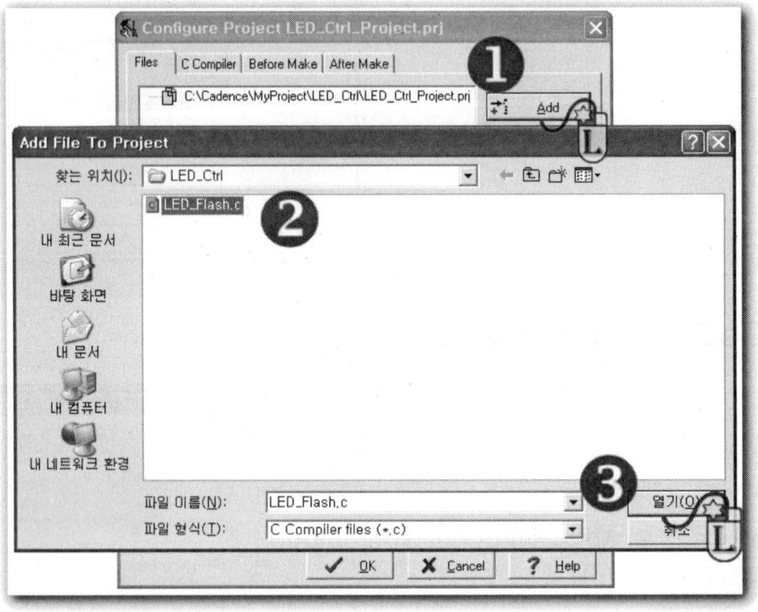

※ 이 설정은 많이 사용되고 언제든지 Main 메뉴의 Project 〉 Configure에서 변경할 수 있다.

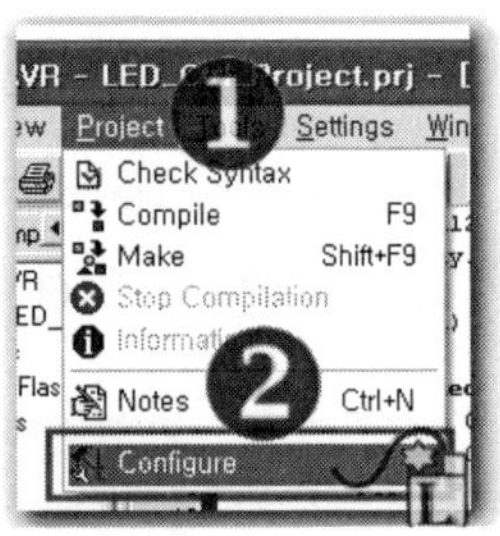

[Step 8] CodeVisionAVR의 일반 사용법

■ 팝업 창에서 C Compiler를 클릭하여 **Chip 선택항목에서**

① **ATmega128을 선택**하고, Clock 항목에

② **16MHz 사용함**으로 16을 입력한다.(8MHz 주파수를 사용한다면 8을 입력한다.(그림에서 2번)

③은 하지 않아도 된다.(그대로 둔다)

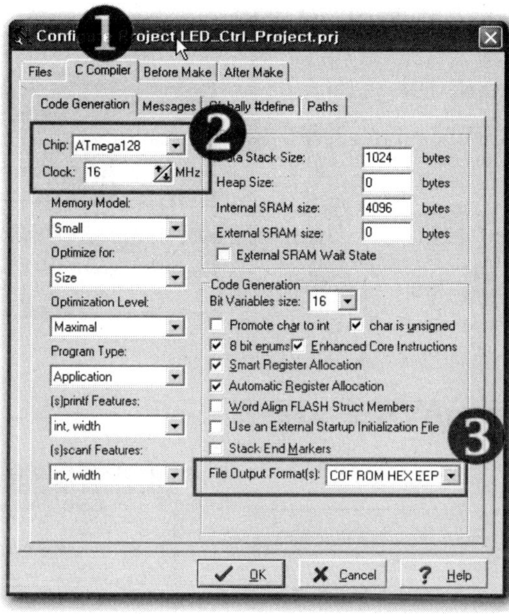

[Step 9] CodeVisionAVR의 사용법

- ① After Make tab을 누르고, ② Program the Chip을 선택☑한 후 OK를 누른다. Compile이 Error 없이 완료되면, Hex file을 바로 AVR의 Flash 메모리에 Down-load시키는 설정이다.

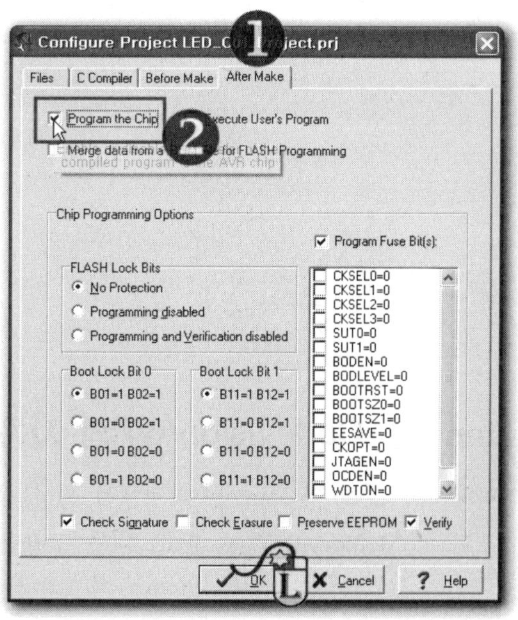

[Step 10] CodeVisionAVR의 사용법

- Main 메뉴에서 ① Compile(F9) → Error없으면 → ② Make(Shift+F9) → Error없음을 확인한다.

  ① Compile the project( ),

  ② Make the project( ) Icon 사용한다.

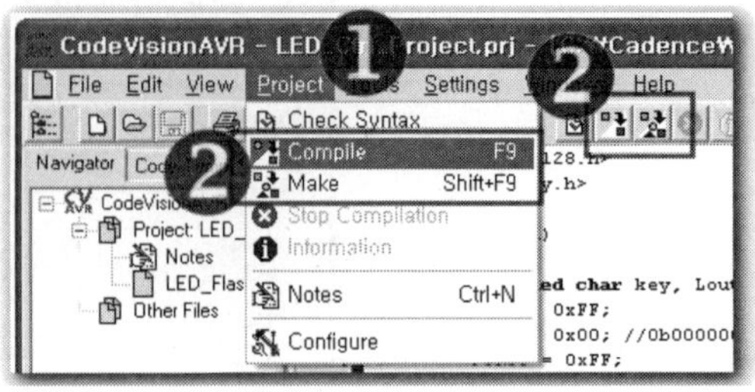

[Step 11] CodeVisionAVR의 사용법

- Error가 없으면

  - Program the chip button(Program the chip)을 누른다.
  - Program the chip button은 Step 9에서 설정이 작용한 것이다.

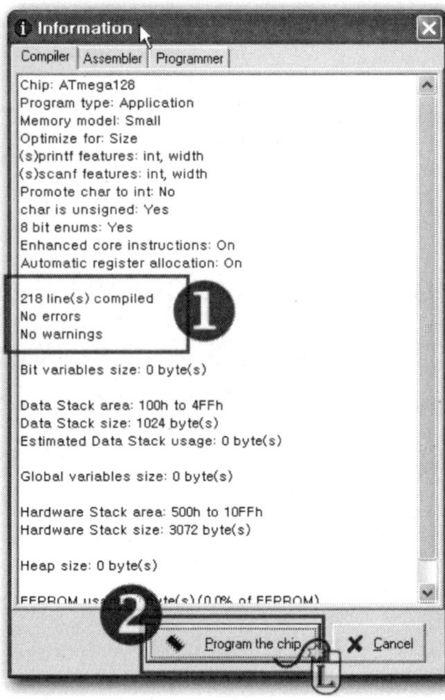

[Step 12] CodeVisionAVR의 사용법

- Source Code가 Compile 과정에서 생성된 인텔 Hex file이 ISP Connection을 통해 AVR의 Flash Memory로 Download 되는 모습을 볼 수 있다.

*** CodeVisionAVR 사용방법 완료 ***

[Step 13] Compile/Make(Link)과정까지 생성된 파일정보

■ 확장자로 보는 파일의 의미

.prj	Project file
.c	C source file
.lst	에러나 경고 등을 포함한 리스트 파일
.map	메모리 맵 파일
.cof	COFF (Common Object File Format) 구조로 AVR Studio 4에서 사용하는 시뮬레이션 또는 에뮬레이션 파일
.hex	인텔 HEX file

CHAPTER

03

Port의 입출력(I/O) 제어

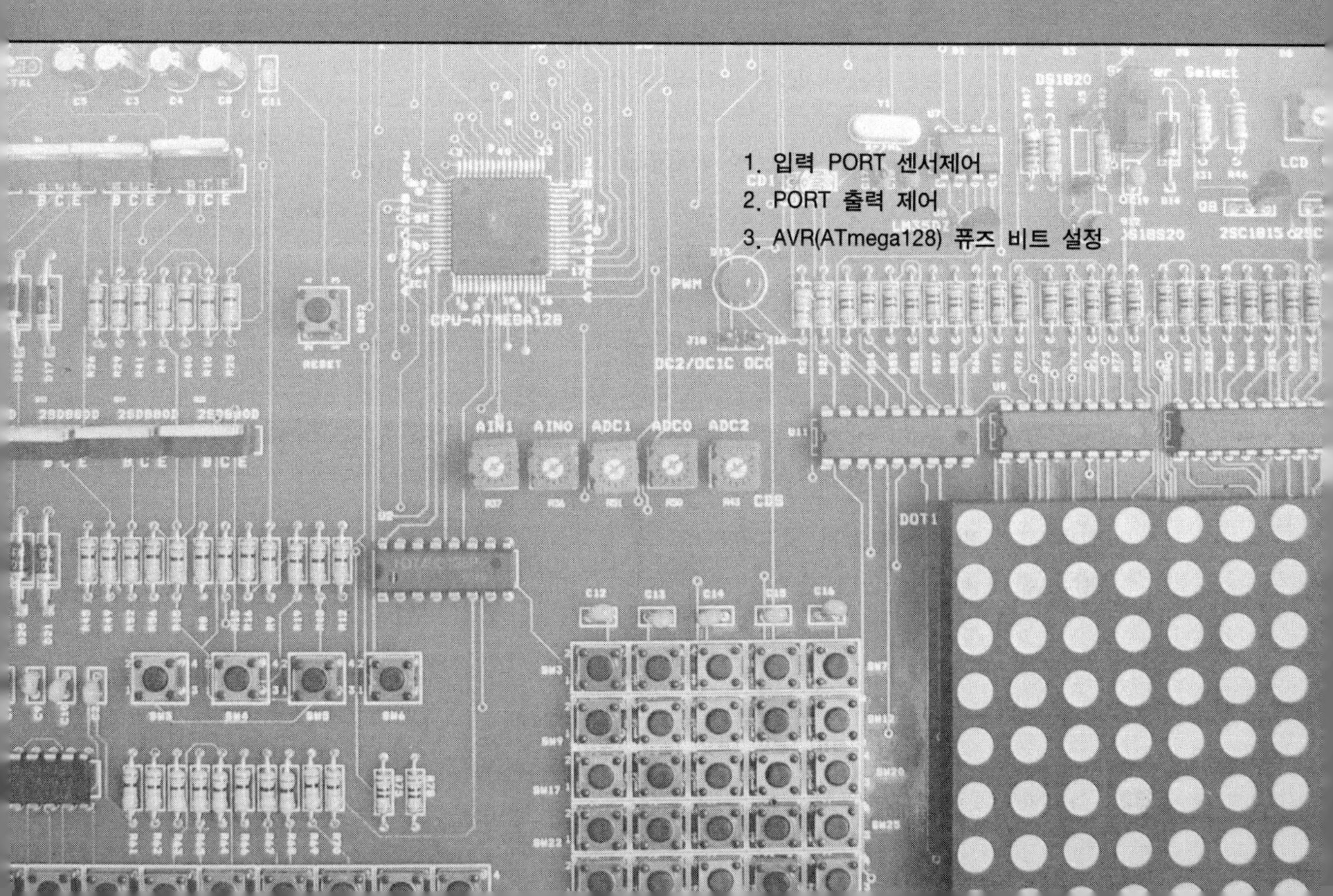

1. 입력 PORT 센서제어

[그림 3-1] 회로는 ATmega128 PORTE4,5,6,7에 입력 스위치로 연결되어 있다. 입력 값으로 받아들이기 위해서는 방향설정을 해 주어야 한다. CPU에서 외부로 데이터를 보내고자 할 때 방향설정 값을 출력(DDRE = 0xff)으로 해주어야 하고 외부 데이터 값을 CPU에서 받아들일 때 방향설정 값을 입력(DDRE = 0x00)으로 해주어야 한다.

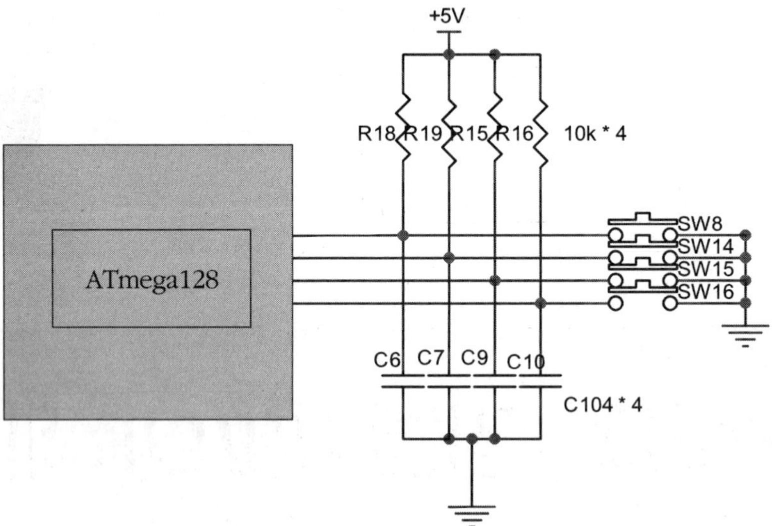

[그림 3-1] 입력 스위치 센서회로

회로에서 저항은 pull up 기능으로 스위치를 누르지 않은 상태에서 1이 CPU로 입력되고 스위치를 누르면 스위치 오른쪽에 GND가 연결되어 있으므로 0이 입력된다.

C6, C7, C9, C10 콘덴서는 스위치의 접점이 금속임으로 스위치를 on, off시 잡음이 발생하므로 잡음 제거용으로 사용되고 작은 전하를 콘덴서에 충전해 둠으로써 스위치를 on, off 할 때 스위칭 속도를 빠르게 하는 역할을 하게 된다.

- 방향 설정 레지스터 DDRE = 0x00로 하면 되고 레지스터의 각 bit를 0으로 하면 E포트의 핀이 입력으로 설정된다.
- 입력 값의 변화를 알고자 할 때 PINE 레지스터의 각 비트의 상태 변화를 읽어 들이면 PINE 값의 변화를 입력 값으로 받아들이면 된다.

2. PORT 출력 제어

[그림 3-2] 회로는 ATMega128 CPU의 PORTC에 LED 8개가 연결되어 있다. CPU에서 외부로 데이터를 보내야 하므로 방향 설정 값을 출력 DDRC = 0xff으로 해주어야 하고 데이터 값을 PORTC = 0x00을 주면 모든 LED는 on 된다.

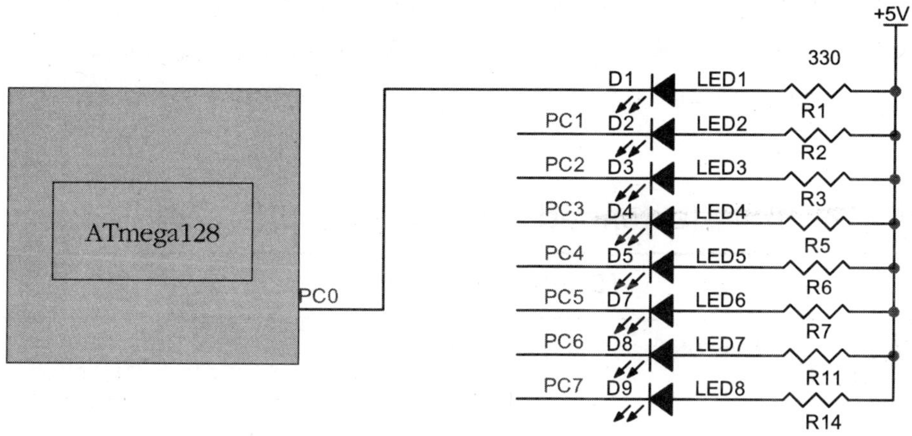

[그림 3-2] LED 제어를 위한 회로

- DDRC 레지스터의 각 비트를 '1'로 설정하면 C포트는 출력으로 설정된다.
- PORTC 레지스터의 각 비트를 '1'로 설정하면 해당포트의 핀이 '1' 값이 출력된다. (예: PORTC = 0x01)
- PORTC레지스터의 각 비트를 '0'로 설정하면 해당포트의 핀이 '0' 값이 출력된다.
- [그림 3-2] 회로에서 LED를 모두 켜기 위해서는 DDRC = oxff로 하고 PORTC = 0x00로 주면 모든 LED는 on 된다.

3. AVR(ATmega128) 퓨즈 비트 설정[2)]

퓨즈 비트는 AVR의 기본적인 시스템 설정용으로 사용되며 모두 3바이트로 구성되어 있다. 이 비트들은 프로그램하지 않으면 1(unprogrammed)로 설정되며, 프로그램하면 0(programmed)으로 설정된다. 그러나 칩 지우기(chip erase) 명령을 수행하더라도 퓨즈비트는 영향을 받지 않으며 메모리 락 비트의 LB1을 사용하여 퓨즈 비트를 변경할 수 없도록 보호(lock) 기능을 설정할 수 있다. 퓨즈비트를 먼저 설정하고 메모리 Lock 비트를 나중에 설정하여야 한다.

퓨즈비트를 설정하는 첫 번째 바이트는 확장 퓨즈 바이트(extended fuse byte)로 [표 3-1]처럼 1바이트 중에서 2개의 비트만 사용된다.

1) 확장 퓨즈 바이트(extended fuse byte)의 비트 구성

[표 3-1] 확장 퓨즈 바이트

비트 번호	비트 이름	기 능	디폴트 값
7	-	-	1
6	-	-	1
5	-	-	1
4	-	-	1
3	-	-	1
2	-	-	1
1	M103C	ATmega103 호환 모드	0(programmed)
0	WDTON	Watchdog Timer 동작	1(unprogrammed)

퓨즈 비트를 설정하는 두 번째 바이트는 Fuse High Byte로서 [표 3-2]와 같다. ATmega128은 디폴트 상태에서 JTAG과 SPI에 의한 프로그래밍이 가능한 상태에 있으며, 칩 지우기에서 EEPROM은 보호되지 않는다. 또한, 디폴트로 부트 사이즈는 [표 3-3]에 보인 바와 같이 0xf000 ~ 0xffff 영역의 4096워드가 된다.

2) fuse bit는 가급적 개발환경에서만 setting하고 개념만 잡고 그냥 넘어가자. 키트(kit)가 망가지는 경우가 많다. 복구방법은 "인공호흡". 네이버에서 검색할 것(가급적 CLKOPT만 "1"로 하자). 쉽지 않고 피곤하다.

2) 퓨즈 상위 바이트(fuse high byte)의 비트 구성

[표 3-2] Fuse 상위 Bit

비트 번호	비트 이름	기 능	디폴트 값
7	OCDEN	OCD 사용 가능	1(unprogrammed)
6	JTAGEN	JTAG 사용 가능	0(programmed)
5	SPIEN	SPI를 통한 직렬 프로그래밍	0(programmed)
4	CKOPT	오실레이터 옵션(시스템 클럭 참조)	1(unprogrammed)
3	EESAVE	칩 지우기 시에 EEPROM 내용 보호	1(unprogrammed)
2	BOOTSZ1	Boot Size 선택 (표 3-3 참조)	0(programmed)
1	BOOTSZ0	Boot Size 선택 (표 3-3 참조)	0(programmed)
0	BOOTRST	Reset Vector 선택	1(unprogrammed)

3) Boot Size 설정

[표 3-3] Boot 영역의 크기

BOOTSZ1	BOOTSZ0	Boot Size	응용 프로그램 섹션	부트로더 섹션
1	1	512워드(4페이지)	0x0000~0xfdff	0xfe00~0xffff
1	0	1024워드(8페이지)	0x0000~0xfbff	0xfc00~0xffff
0	1	2048워드(16페이지)	0x0000~0xf7ff	0xf800~0xffff
0	0	4096워드(32페이지)	0x0000~0xefff	0xf000~0xffff

CHAPTER

04

LED, 스위치, FND 제어

1. LED 제어회로

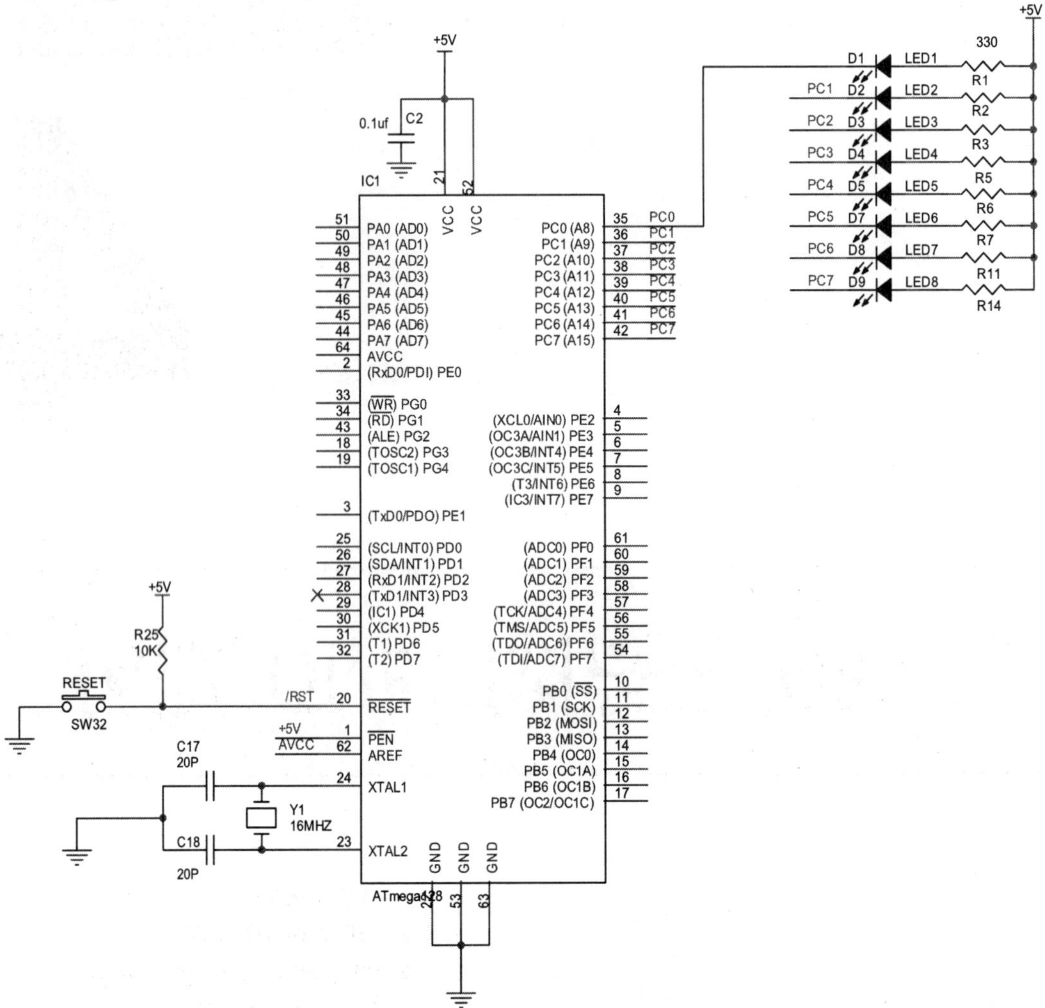

[그림 4-1] LED 출력 회로도

MSB	6	5	4	3	2	1	LSB
PC7	PC6	PC5	PC4	PC3	PC2	PC1	PC0
LED8	LED7	LED6	LED5	LED4	LED3	LED2	LED1

※ MSB(최상위 bit), LSB(최하위 bit)를 구분해야 함(예: 0xf3, 0b11110011)

2. LED 제어실습 예제

[예제 led.1] 비트단위 제어실습

LED1의 특정 bit PORTC.0만 on/off 하는 프로그램을 구현하시오.
LED는 0의 값을 출력할 경우에 on 된다.

- LED 회로도

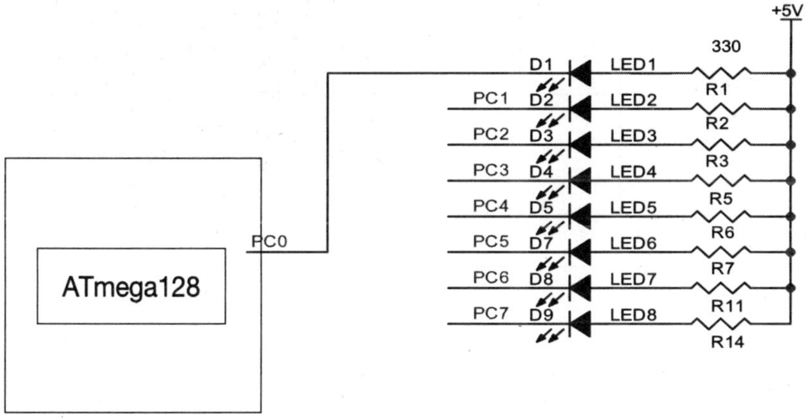


```
#include <mega128.h>
#include <delay.h>
#define LED0 PORTC.0        // PORTC.0 비트정의

void main(void)
{
  DDRC = 0xff;              // 방향설정
  PORTC = 0xff;             // led 모두 off
  while(1)                  // 반복문 실행
    {
      LED0 = 0;             // PORTC.0 led on
      delay_ms(500);        // 시간지연 0.5초

      LED0 = 1;             // PORTC.0 led off
      delay_ms(500);        // 시간지연 0.5초
    }
}
```

[예제 led.2] led 제어실습

LED1(bit0)를 on, off 하는 프로그램을 구현하시오.

- LED 회로도

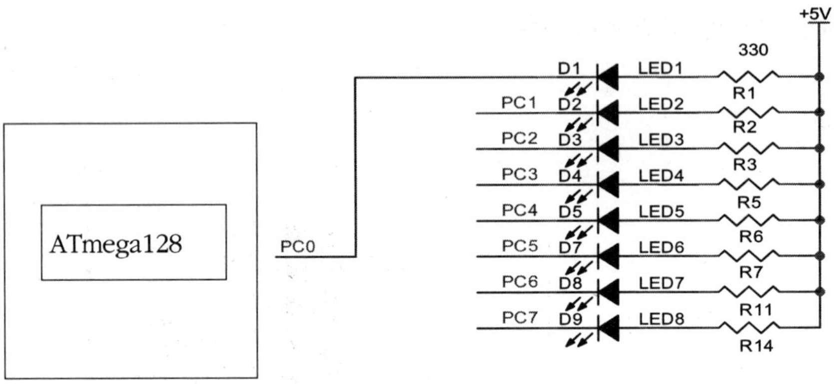


```
#include <mega128.h>
#include <delay.h>
void main(void)
{
  unsigned int  k = 10;    // k라는 변수이름에 10을 저장
  DDRC = 0xff;             // PORT C 방향설정-출력
  PORTC = 0xff;            // LED off  all led off

  while(k != 0)            // k = 0이면 loop를 빠져나가고 k = 0이 아니면 루프실행
    {
       delay_ms(500);              // 시간지연 0.5sec
       PORTC = 0b11111110;         // 최하위 bit 0 LED on(0이면 led on)
       delay_ms(500);
       PORTC = 0b11111111;         // 최하위 bit 0 LED off(0이면 led on)

       k--; // k = 9 (k = 10 - 1) 루프를 1회 반복수행할 때마다 1씩 감소

    }
}
```

[예제 led.3] led 제어실습

LED 상위 3bit, 하위 3bit를 on, off 하는 프로그램을 구현하시오.

```
#include <mega128.h>
void Delay(unsigned int);  // 시간지연 함수선언
void main(void)
{
  DDRC = 0xff;             // 포트 C 출력 방향설정
  while(1)                 // 무한반복 loop
   {
      Delay(10);           // 시간지연함수로 점프
      PORTC = 0x1f;        // 포트 C에 출력 led는 상위 4비트 off, 하위 4비트 on
                           // = 0b00001111
      Delay(10);           // 시간 지연함수 호출
      PORTC = 0xf8;        // all of the led off
   }
}
// 시간지연 함수
void Delay(unsigned int cnt)          // Delay(10)에서 cnt = 10을 받음
{
  unsigned int i, j;                  // 50000 * cnt 만큼 회전
    for(i = 0; i < cnt ; i++)         // i = 0 초기값, i < cnt 조건값, i++ 증가값
      {
        j = 50000;
        while(--j);        // j = 49999, 49998....1, 0이면 for문 cnt = 0일 때까지 실행
      }
}
```

[예제 led.4] led 제어실습

PORTC에 연결되어 있는 LED를 순차적으로 on/off 시키는 프로그램을 작성하라.
즉, PC0부터 PC7에 연결되어 있는 LED를 순차적으로 on 시키고 PC7의 LED가 on 된 후에는 다시 PC0의 LED부터 on 되도록 한다.

※ PORTC 0일 때 led on, PORTC 1일 때 led off

```
#include <mega128.h>
void Delay(unsigned int);                // 시간 지연 함수
void main(void)
{
  unsigned char led = 0xfe;              // LED 초기 출력값
  DDRC = 0xff;                           // 포트 C 출력 설정
  while(1)
   {
      PORTC = led;                       // 포트 C에 출력
      Delay(5);                          // 시간 지연
      led <<= 1;                         // led 변수의 좌 shift
      led |= 0x01;                       // shift 후에 0 비트에는 '0'이 입력되므로 '1'로 set
      if(led == 0xff) led = 0xfe;        // led 변수 초기화
   }
}
// 시간 지연 함수
void Delay(unsigned int cnt)
{
  unsigned int i, j;
  for(i = 0; i < cnt; i++)   // Delay(5)에서 인자 cnt = 5 값을 받음
   {
      j = 50000;
      while(--j);            // 49999,49998...1,0 후 i = 1   49999,49998...1,0
   }
}
```

[예제 led.5] led 제어실습

PC7 ~ PC0 led를 왼쪽에서 오른쪽으로 shift 되게 프로그램을 구동하시오.

```
#include <mega128.h>
void Delay(unsigned int);
void main(void)
{
  unsigned char led = 0x7f; // 01111111
  unsigned int k = 64;       // 변수 k에 64 저장

  DDRC = 0xff;               // PORTC 방향설정

  while(k != 0)             // k = 0이 될 때까지 무한반복
    {
      PORTC = led;          // 0x15에 led=0x7f 저장
      Delay(20);
      led >>= 1;            // led right shift
      led |= 0x80;          // MSB 1 setting. so led off.
      k--;                  // 우로 shift 할 때마다 k 값을 -1 감소(63,62,61..)
      if(led == 0xff) led = 0x7f; // led == 0xff이면 led = 0x7f
    }
}

// 시간 지연 함수
void Delay(unsigned int cnt)
{
   unsigned int i, j;

   for(i = 0 ; i < cnt ; i++)
     {
        j = 50000;
        while(--j);        // 49999, 49998, 49997, ........., 1, 0
     }
}
```

[예제 led.6] led 제어실습

PORTC에 연결되어 있는 LED를 순차적으로 on/off 시키는 프로그램을 작성하라.
즉, PC0부터 PC7에 연결되어 있는 LED를 2개씩 on시켜 순차적으로 **1bit씩** left shift ON시키고 PC7의 LED가 ON된 후에는 다시 PC0의 LED부터 ON이 되도록 한다.

						ON	ON
					ON	ON	
				ON	ON		
			ON	ON			
		ON	ON				
	ON	ON					
ON	ON						

```
#include <mega128.h>
void Delay(unsigned int);         // 시간지연 함수
void main(void){
  unsigned char led = 0xfc;   // led = 11111100
  unsigned int k = 64;
  DDRC = 0xff;                // 방향설정(출력)
  while(k != 0){
        PORTC = led;
        Delay(20);
        led <<= 1;
        led |= 0x01;
        k--; //63,62,61
        if(led == 0x7f) led = 0xfc;  // led=0x7f이면 초기값 0xfc
    }
}

void Delay(unsigned int cnt){
  unsigned int i,    j;

  for(i = 0 ; i < cnt ; i++)  // cnt = 20일 때까지 반복수행
   {
       j = 50000;
       while(--j);
   }
}
```

[예제 led.6-1] led 제어실습

PORTC에 연결되어 있는 LED를 순차적으로 on/off 시키는 프로그램을 작성하라.
즉, PC0부터 PC7에 연결되어 있는 LED를 순차적으로 **3bit씩** 왼쪽으로 1bit씩 shift 하고 반복 동작이 되도록 프로그램을 설계하시오.

```
#include <mega128.h>
void Delay(unsigned int);                 // 시간지연 함수
void main(void)
{
   unsigned char led = 0xf8;              // led = 11111000
   unsigned int k = 64;
   DDRC = 0xff;                           // 방향설정(출력)
   while(1)
     {
          PORTC = led;
          Delay(20);
          led <<= 1;
          led |= 0x01;
          k--;
          if(led == 0x3f) led = 0xf8;  // led=0x7f이면 초기값 0xfc
     }
}

void Delay(unsigned int cnt)
{
   unsigned int i,   j;

   for(i = 0 ; i < cnt ; i++)  // cnt=20일 때까지 반복수행
    {
         j = 50000;
         while(--j);
    }
}
```

[예제 led.7] led 제어실습

port C에 연결되어 있는 LED를 순차적으로 on/off 시키는 프로그램을 작성하라.
즉, PC0 ~ PC7에 연결되어 있는 LED 2개를 순차적으로 **2bit씩** left shift ON 시킨 후 **2bit씩** 오른쪽으로 shift ON을 반복한다.

```
#include <mega128.h>
void Delay(unsigned int);   // 시간지연 함수
void main(void){
unsigned char led = 0b11111100;
DDRC = 0xff;                // 포트 C 출력설정
    while(1){
        while(led != 0b00111111)
        {
            PORTC = led;
            Delay(30);
            led <<= 2;
            led |= 0b00000011;
        }
        // 두 개씩 오른쪽으로 시프트
        while(led != 0b11111100)
        {
            PORTC = led;
            Delay(30);
            led >>= 2;
            led |= 0b11000000;
        }

    }
}
void Delay(unsigned int cnt)
{
  unsigned int i,  j;
  for(i = 0; i< cnt; i++)
    {
        j = 50000;
        while(--j);
    }
}
```

[예제 led.8] led 제어실습 - 응용예제

다음과 같이 배열을 이용하여 led가 on/off 할 수 있게 프로그램을 구현하시오.

data 값 1 --〉 led off, 0 --〉 led on

순번	PC7	PC6	PC5	PC4	PC3	PC2	PC1	PC0
1	0	1	1	1	1	1	1	0
2	1	0	1	1	1	1	0	1
3	1	1	0	1	1	0	1	1
4	1	1	1	0	0	1	1	1
5	0	1	1	1	1	1	1	0
6	1	0	1	1	1	1	0	1
7	1	1	0	1	1	0	1	1
8	1	1	1	0	0	1	1	1

```
#include 〈mega128.h〉
#include 〈delay.h〉
int led[8] = {0x7e, 0xbd, 0xdb, 0xe7,0x7e, 0xbd, 0xdb, 0xe7};
void main(void)
{
   int i;
   DDRC = 0xff;

   while(1)
     {
       for(i = 0; i 〈 8; i++)     // for(i = 3; i 〉= 0; i--)
         {
           PORTC = led[i];
           delay_ms(400);
         }
     }
}
```

문제) [예제 led.8]은 led가 바깥쪽에서 안쪽으로 2개씩 on 되고 있다. 이것을 안쪽에서 바깥쪽으로 2개씩 on 되도록 for 문을 이용하여 프로그램을 구현하시오.

[힌트] for(i = 3; i 〉= 0; i--)

[예제 led.9] led 제어실습 - LED를 좌, 우 스크린 하는 실습

다음과 같이 배열을 이용하여 led가 on/off 할 수 있게 프로그램을 구현하시오.

```
#include <mega128.h>
#include <delay.h>
int led[5] = {0xff,0x7e,0x3c,0x18,0x00};
void main(void)
{
  int i = 0;
  DDRC = 0xff;
  while(1)
    {
        for(i = 0; i < 5; i++)
          {
            PORTC = led[i];
            delay_ms(300);
          }
        for(i = 3; i > 0; i--)
          {
            PORTC = led[i];
            delay_ms(300);
          }
    }
}
```

[예제 led.10] led 제어실습

PORTC에 연결되어 있는 LED를 순차적으로 on/off 하는 프로그램을 작성하라.

PC7(bit 7) → PC6 → … PC0 → PC1 → PC2 LED 순서대로 켜지도록 한다.

```
#include <mega128.h>
void Delay(char int);          // 시간지연 함수
void main(void)
 {
  unsigned char led = 0xfe;
  DDRC = 0xff;                 // 포트 C 출력설정
  while(1)
    {
      do
        {
          PORTC = led;   // 포트 C에 출력
          Delay(5);      // 시간 지연
          led <<= 1;     // led 변수의 좌 쉬프트
          led |= 0x01;   // shift 후에 0비트에는 '0'이 입력 '1'로 셋
        }
       while(led != 0x7f);  // led = 0b01111111이면 종료

      do
        {
          PORTC = led;   // 포트 C에 출력
          Delay(5);      // 시간지연
          led >>= 1;     // led 변수의 오른쪽 쉬프트
          led |= 0x80;   // 쉬프트 후에 bit7는 '0'을 '1'로 셋
        }
      while(led != 0xfe);   // led = 0xfe(11111110)이면 종료
    }
 }

void Delay(unsigned int cnt)
 {
  unsigned int i, j;
   for(i = 0; i < cnt; i++)
      {
        j = 50000;
       while(--j);
      }
 }
```

[예제 led.11] led 제어 BCD 출력실습

port C에 연결되어 있는 LED를 순차적으로 BCD로 출력되게 프로그램을 작성하라. led에는 "00000000"일 때 led는 모두 off 되고 "11111111"일 때 모든 led는 on 되게 하시오.
00000000 ⇒ 00000001 ⇒ 00000010 ⇒ 00000011 ⇒ … ⇒ 11111111 ⇒ 00000000의 LED 순서대로 켜지도록 한다.(처음에는 모든 led = off)

```
#include <mega128.h>
#include <delay.h>

void main(void)
{
  unsigned char i = 0;      // 모든 led 초기값 off
  DDRC = 0xff;              // led port 방향설정

  while(1)                  // 무한 반복
   {
      if(i == 0xff) i = 0;  // i = 0xff 이면 i = 0
      PORTC = ~(++i);       // i값을 증가하고 반전
      delay_ms(100);
   }
}
```

3. 입력 SWITCH 제어실습 예제

ATmega128에는 PE4 ~ PE7에 4개의 스위치 SW8, 14, 15, 16에 연결되어 있고 C6, C7, C9, C10 콘덴서는 스위치 on, off시 발생하는 잡음을 by pass 시킨다.

스위치는 누르지 않으면 1이 입력되고, 스위치를 누르면 0이 입력된다.

- PORT PE4, PE5, PE6, PE7 4개의 입력 S/W와 펄스파형

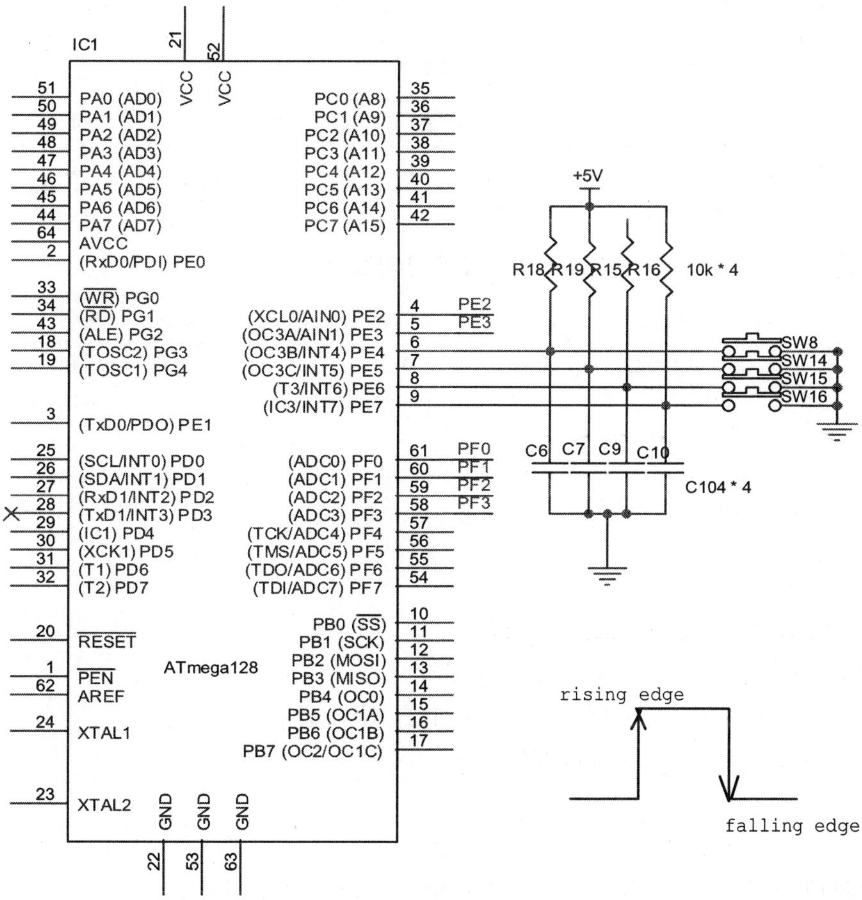

스위치를 누르면 falling edge 상태 L로 동작되고 스위치를 떼면 H 상태로 동작된다.

[예제 switch.1] SWITCH 입력제어실습

PE4 ~ PE7에 연결되어 있는 4개의 스위치 SW8, SW14, SW15, SW16의 상태를 그대로 PORTC의 하위에 연결된 4개의 LED에 출력하고 PORTC의 상위에 연결된 4개의 LED에 반전시켜 출력하는 프로그램을 작성하라.

PORTC(PORTC Data Register) **데이터 값** 0x15

구 분	bit 7	bit 6	bit 5	bit 4	bit 3	bit 2	bit 1	bit 0
데이터값	0	0	0	0	0	0	0	0
R /W	R/W 가능							

DDRC(PORTC Data Direction Register) **방향설정** 0x14

구 분	bit 7	bit 6	bit 5	bit 4	bit 3	bit 2	bit 1	bit 0
초기값	0	0	0	0	0	0	0	0
R /W	R/W 가능							

PINE(PORTE Input Register) **PORTE 입력상태 변화값 검출** 0x01

구 분	bit 7	bit 6	bit 5	bit 4	bit 3	bit 2	bit 1	bit 0
초기값	0	0	0	0	0	0	0	0
R /W	R/W 가능							

```
#include 〈mega128.h〉
void main(void)
{
  unsigned char VALUE, NIBBLE, MODERN;
  DDRC = 0xff;             // 포트 C 출력 설정
  DDRE = 0b00001111;       // PE4 - PE7 SWITCH 입력 설정
  PORTC = 0xff;            // LED 모두 Off
  while(1)
   {
     VALUE = PINE & 0xf0;          // 스위치(포트 E 상위) 읽어오기
     MODERN = VALUE · 0xf0;        // 상위 출력값 x-OR
     NIBBLE = (VALUE 〉〉 4);        // 하위 출력값
     PORTC = MODERN | NIBBLE; // 포트 C에 or 출력
     PORTC = ~PORTC;
   }
}
```

[예제 switch.2] SWITCH 입력제어실습

4개의 스위치 SW8(PE4), SW14(PE5), SW15(PE6), SW16(PE7)의 입력에 대해 다음과 같이 동작하는 프로그램을 작성하시오.(switch case 문을 사용)

① [표1]에서 스위치 누르면 on(0)으로 표시하며, 스위치를 누르지 않으면 off(1)로 표시한다.
② switch는 누르면 led = on, 누르지 않으면 led = off 된다.

[표1]

SW8	SW14	SW15	SW16	LED
on	off	off	off	all of the on
off	on	off	off	all of the off
off	off	on	off	on when the even
off	off	off	on	on when the odd

```
#include<mega128.h>
void main(void){
unsigned char input;
DDRC = 0xff;    // 포트 C 출력 설정
DDRE = 0x0f;    // PE7,PE6,PE5,PE4 입력설정, 하위 4비트는 무의미
PORTC = 0xff;   // LED 모두 OFF
while(1){
input = PINE & 0xf0;        // 포트 E 상태변화 읽어오기
switch(input)
  {
     case 0b11100000 :    // SW8을 누르면 LED 모두 ON
     PORTC = 0x00;
            break;
     case 0b11010000 :    // SW14를 누르면 LED 모두 OFF
     PORTC = 255;
            break;
     case 0b10110000 :    // SW15를 누르면 짝수 LED ON
     PORTC = 0x55;
            break;
     case 0b01110000 :    // SW16을 누르면 홀수 LED ON
     PORTC = 0xaa;
            break;
      default: break;       // 아무 일도 안함
     }
  }
}
```

[예제 switch.2-1] SWITCH 입력제어실습

4개의 스위치 SW8(PE4), SW14(PE5), SW15(PE6), SW16(PE7)의 입력에 대해 다음과 같이 동작하는 프로그램을 작성하시오.(if else 사용하여 프로그램을 작성할 것)
단, switch는 누르면 led = on, 누르지 않으면 led = off)

SW8	SW14	SW15	SW16	LED
on	off	off	off	all of on
off	on	off	off	all of off
off	off	on	off	even led on
off	off	off	on	odd led on

```
#include<mega128.h>
void main(void)
{
   unsigned char key;
   DDRC = 0xff;      // 방향설정 출력으로 설정
   PORTC = 0xff;     // 초기값 0, led off
   DDRE = 0;         // 방향설정 입력

  while(1)
   {
     key = PINE & 0xf0;  // 스위치 입력상태 변화값을 읽어 들임

          if(key == 0b11100000)  PORTC = 0;
     else if(key == 0b11010000)  PORTC = 255;
     else if(key == 0b10110000)  PORTC = 85;
     else if(key == 0b01110000)  PORTC = 170;
   }
}
```

[예제 switch.3] SWITCH 입력제어실습

SW8(PE4)이 눌려질 때(falling edge)마다 PORTC에 연결된 LED를 왼쪽으로 shift 하며 순차점멸 하는 프로그램을 작성하라.

```
#include <mega128.h>
void main(void){
 unsigned char SWwithpass, SWpresent, led;
 DDRC = 0xff;                // 포트 C 출력 방향설정
 DDRE = 0b00001111;          // PE4 - PE7 핀 입력 설정
 led = 0xfe;                 // led bit 0만 on
 PORTC = led;                // led 값을 PORTC로 출력
  // PORTE key 상태변화 읽기
 SWwithpass = PINE & 0x10;
  // PE4 누르기 전 상태 SWwithpass에 저장(과거)  "1"
 while(1){
  SWpresent = PINE & 0x10;                 // SW8 상태변화만 추출(현재 상태)
  if(SWwithpass != 0 && SWpresent == 0) // 관계 연산자 둘 다 만족
   // PE4 누를 때마다(1 && 0) 되고 led shift 됨.
   {
     led = (led << 1) | 0x01;      // 1비트 shift 한 후 or 0x01값을 저장
     if(led == 0xff) led = 0xfe;   // led 초기 값 설정
     PORTC = led;  // led 값을 PORTC로 출력
   }
  SWwithpass = SWpresent;          // SWwithpass 값을 SWpresent에 저장,
  }
}
```

[예제 switch.4] SWITCH 입력제어실습

SW8(PE4)이 rising edge(스위치를 누르고 뗄 때)일 때 PORTC에 연결된 LED를 왼쪽으로 **한 칸씩** 이동 순차 점멸하는 프로그램을 작성하라.

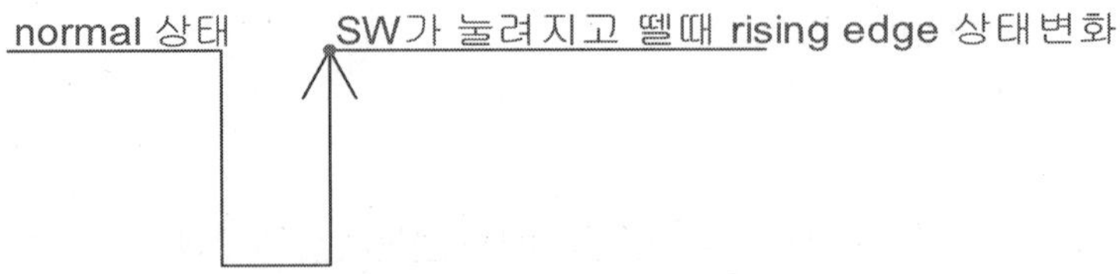


```
#include <mega128.h>
void main(void){
  unsigned char influenzakey, SWpresent, led;
  DDRC = 0xff;  // 포트 C 출력방향설정
  DDRE = 0;     // PE4 - PE7 핀 입력설정
  led = 0xfe;
  PORTC = led;

influenzakey = PINE & 0b00010000;
// SW8(PE4) 누르기 전상태 influenzakey에 저장(과거) bit4 =1

 while(1){
   SWpresent = PINE & 0b00010000;
     if(influenzakey == 0 && SWpresent != 0)  // != 는 붙여서 사용
      {
        led = (led << 1) | 0x01;  // 1비트 쉬프트한 후 or 0x01값을 저장
        if(led == 0xff) led = 0xfe; // led 초기값 설정
        PORTC = led;
      }
   influenzakey = SWpresent;
    // SWpresent값을 influenzakey에 저장, SW 누르고 난 후 초기상태
  }
}
```

cf. **두 칸씩** 이동 순차점멸 하는 프로그램

led = (led << 2) | 0x03; 부분만 바꿔 주면 된다. 왜 그럴까요?

[예제 switch.5] SWITCH 입력제어실습

SW14(PE5)을 누를 때마다(falling edge) PORTC에 연결된 LED를 왼쪽으로 shift 시켜가며 순차 점멸하는 프로그램을 작성하라.

```
#include <mega128.h>
void main(void)
{
  unsigned char influenzakey, nowkey, led;
  DDRC = 0xff;              // 포트 C 출력 방향설정
  DDRE = 0b00001111;        // PE4 - PE7 핀 입력 설정
  led = 0xfe;
  PORTC = led;

  influenzakey = PINE & 0b00100000;
  // SW14 누르기 전상태 oldkey에 저장(과거) "1"

  while(1)
   {
     nowkey = PINE & 0b00100000;  // SW14 상태변화만 추출(현재 상태)
     if(influenzakey != 0 && nowkey == 0)  // 관계 연산자 둘 다 만족
      {
        led = (led << 1) | 0x01;  // 1비트 쉬프트 한 후 or 0x01값을 저장
        if(led == 0xff) led = 0xfe; // led 초기값 설정
        PORTC = led;
      }
    influenzakey = nowkey;
    // nowkey값을 oldkey에 저장, SW 누르고 난 후 초기상태
  }
}
```

[예제 switch.6] SWITCH 입력제어실습

SW8(PE4), 14(PE5), 15(PE6), 16(PE7) 스위치 4개 중 1개의 스위치를 누를 때마다(rising edge) PORTC에 연결된 LED를 왼쪽으로 shift 시켜가며 순차 점멸하는 프로그램을 작성하라.

```
#include <mega128.h>
void main(void){
unsigned char oldkey1, oldkey2, oldkey3, oldkey4;
unsigned char key1, key2, key3, key4, led;
 DDRC = 0xff;
 DDRE = 0x00;
 led = 0xfe;
 PORTC = led;
 oldkey1 = PINE & 0x10;
 oldkey2 = PINE & 0x20;
 oldkey3 = PINE & 0x40;
 oldkey4 = PINE & 0x80;

 while(1){
   key1 = PINE & 0x10;
   key2 = PINE & 0x20;
   key3 = PINE & 0x40;
   key4 = PINE & 0x80;

   if((oldkey1 == 0 && key1 != 0) || (oldkey2 == 0 && key2 != 0) || (oldkey3 == 0 &&
key3 != 0) || (oldkey4 == 0 && key4 != 0))
      {
        led = (led << 1) | 0x01;
        if(led == 0xff) led = 0xfe;
        PORTC = led;
      }
     oldkey1 = key1;
     oldkey2 = key2;
     oldkey3 = key3;
     oldkey4 = key4;
  }
}
```

4. 7-Segment 회로도

U5 ULN2803은 ATmega128 PORTB로 부터 FND 구동 DATA 값을 받아 전류의 증폭도를 높여주고 PORTF는 다이나믹(dynamic) 구동방식으로 FND를 제어하는 것으로 사용된다. FND를 구동하기 위해서는 PNP 정상동작을 위해 PF7, PF6, PF5, PF4에 low(0000)를 주고 PB*에 FND를 켜기 위한 data값을 주면(예: 0x90 Anode type) FND에는 숫자 9가 표시된다.

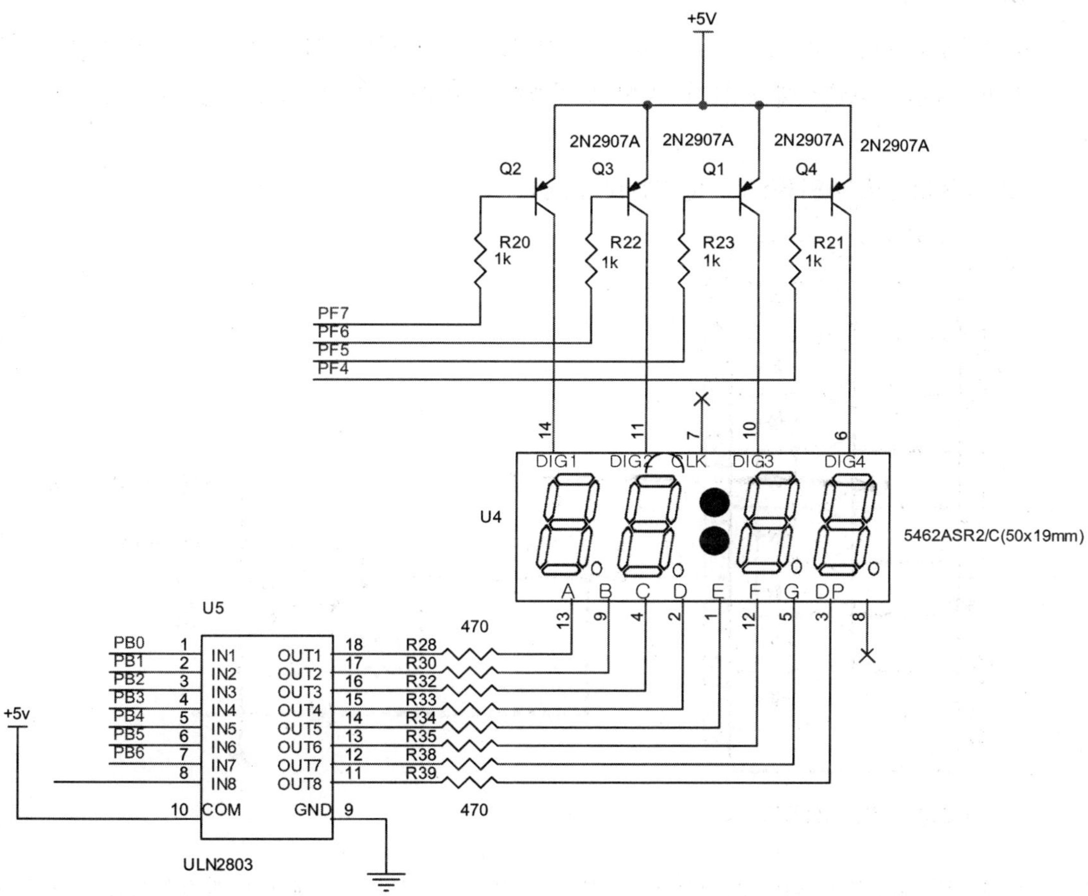

[그림 4-2] FND제어 회로

1) 7-Segment(FND) 드라이버 IC

■ ULN2803

출력전류로 500[mA]의 싱크(sink)가 가능한 오픈 collect type NPN 트랜지스터 어레이 NOT gate IC이다.

※ 일반 트랜지스터 2SC1815의 경우 IC는 최대 150mA가 흐름

■ UDN2981

출력전류로 500[mA]의 소스(source)가 가능한 오픈 에미터형 NPN 트랜지스터 어레이 IC이다.

※ led 1개를 on할 때 전압이 5V이고 저항이 300Ω일 때 16.7[mA] 전류소모됨

■ ULN2803 DATASHEET : ULN2803.pdf

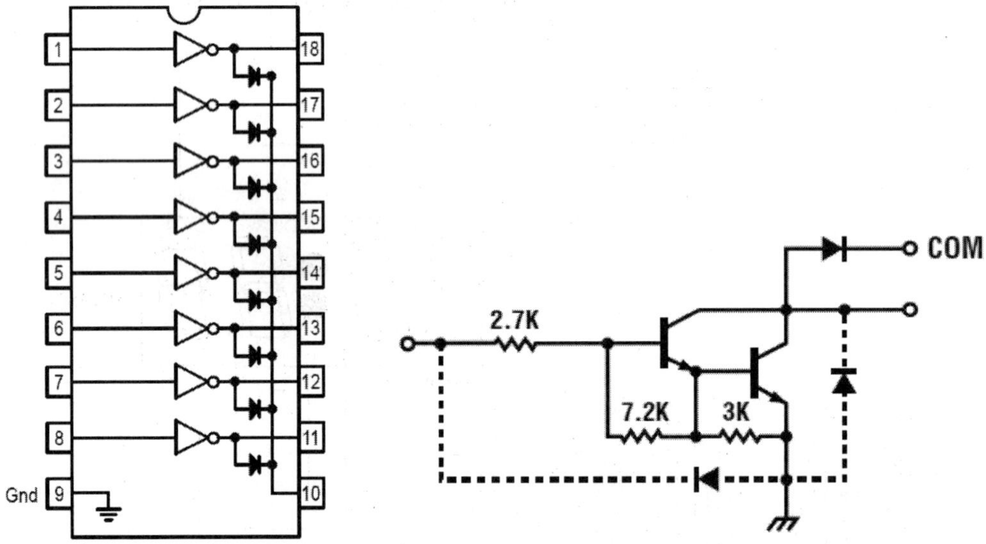

[그림 4-3] ULN2803

모터 구동이나 발광 다이오드의 구동 시는 구동전류가 크기 때문에 TTL 계열의 IC로 구동하기에는 무리가 따른다. 또한 모터가 구동 중에 스위치 작용에 의해서 회전을 정지시킬 때 DC모터에서 역전류가 발생하여 TTL 계열의 IC에는 무리를 줄 수 있는 단점이 있다. 이러한 문제를 해결하기 위해서 사용 전압, 전류 정격이 높은 달링턴 트랜지스터가 어레이 형태로 들어 있는 ULN2803을 이용한다. 이 IC에는 8개의 NPN형의 달링턴 회로가 들어 있고 인터페이스 레벨은 TTL, CMOS 등의 모든 장치와 연결이 가능하다.

⁂ 7-segment 데이터 배열

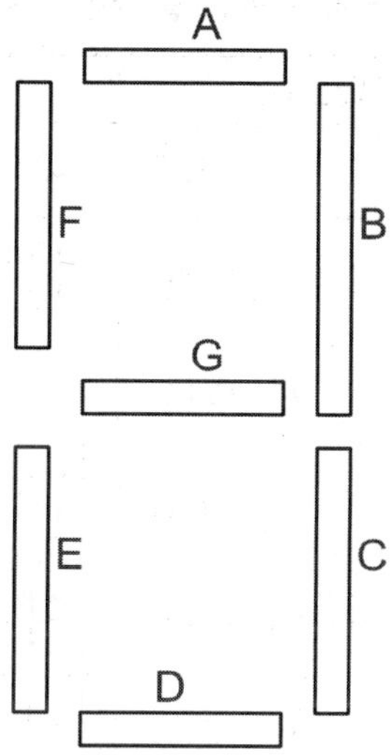

[FND(7-segment) 값]

⁂ 7-segment LED 배열

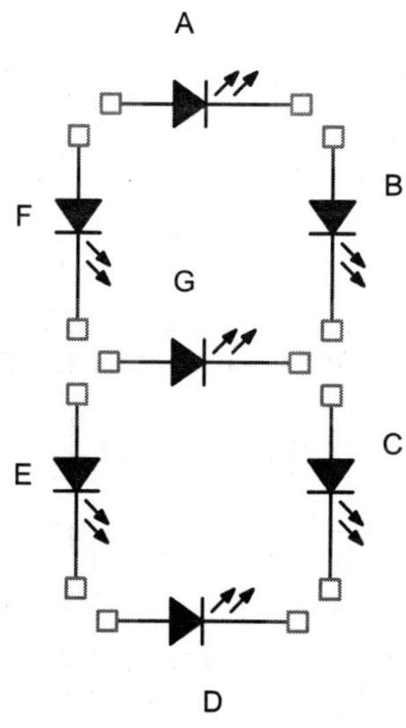

예) 숫자 1을 표시하려면 led B, C를 on 한다.

2) FND(7-segment)값 Table

[표 4-1] FND Display를 위한 Value 표

구 분			Cathode Type(-)									Anode Type(+)									
숫자	FND 표시	2진수 표현	dot	g	f	e	d	c	b	a	16진수 표현	FND 표시	dot	g	f	e	d	c	b	a	16진수 표현
0	0	0000	0	0	1	1	1	1	1	1	0x3F	0	1	1	0	0	0	0	0	0	0xC0
1	1	0001	0	0	0	0	0	1	1	0	0x06	1	1	1	1	1	1	0	0	1	0xF9
2	2	0010	0	1	0	1	1	0	1	1	0x5B	2	1	0	1	0	0	1	0	0	0xA4
3	3	0011	0	1	0	0	1	1	1	1	0x4F	3	1	0	1	1	0	0	0	0	0xB0
4	4	0100	0	1	1	0	0	1	1	0	0x66	4	1	0	0	1	1	0	0	1	0x99
5	5	0101	0	1	1	0	1	1	0	1	0x6D	5	1	0	0	1	0	0	1	0	0x92
6	6	0110	0	1	1	1	1	1	0	1	0x7D	6	1	0	0	0	0	0	1	0	0x82
7	7	0111	0	0	1	0	0	1	1	1	0x27	7	1	1	0	1	1	0	0	0	0xD8
8	8	1000	0	1	1	1	1	1	1	1	0x7F	8	1	0	0	0	0	0	0	0	0x80
9	9	1001	0	1	1	0	1	1	1	1	0x6F	9	1	0	0	1	0	0	0	0	0x90
10	A	1010	0	1	1	1	0	1	1	1	0x77	A	1	0	0	0	1	0	0	0	0x88
11	b	1011	0	1	1	1	1	1	0	0	0x7C	b	1	0	0	0	0	0	1	1	0x83
12	C	1100	0	0	1	1	1	0	0	1	0x39	C	1	1	0	0	0	1	1	0	0xC6
13	d	1101	0	1	0	1	1	1	1	0	0x5E	d	1	0	1	0	0	0	0	1	0xA1
14	E	1110	0	1	1	1	1	0	0	1	0x79	E	1	0	0	0	0	1	1	0	0x86
15	F	1111	0	1	1	1	0	0	0	1	0x71	F	1	0	0	0	1	1	1	0	0x8E

■ FND 제어실습 회로도

가) fnd 제어실습 예제에 대한 회로도이다.

- fnd 제어 기본 회로도

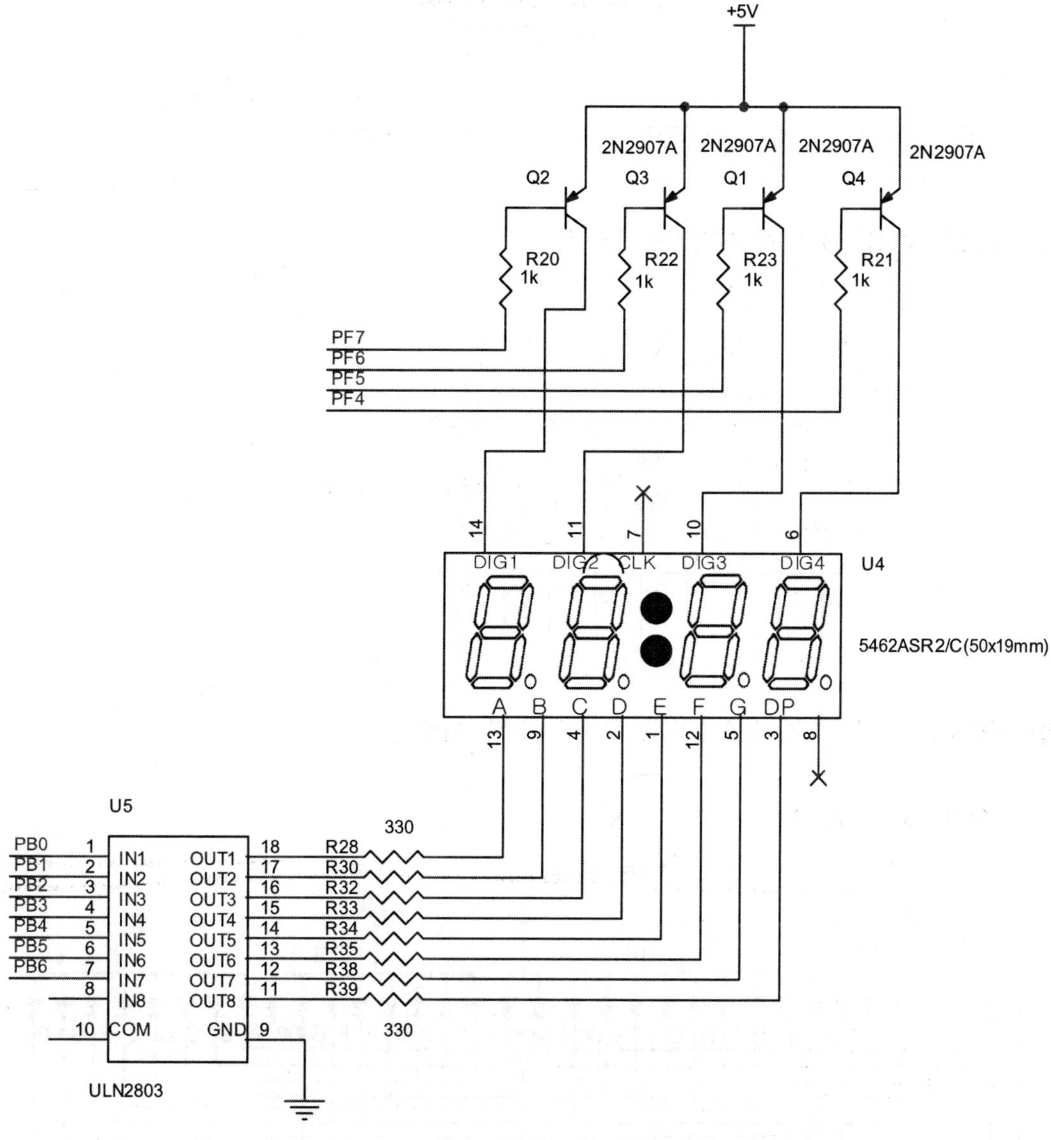

ULN2803은 내부 not gate가 있음으로 [표 4-1]의 fnd data를 입력할 때에는 Cathode Type(-)의 데이터를 주어야 한다.

나) 5462**AS**R COMMON ANODE TYPE (cf. 5462**CS**R은 C.K임)

실습키트에 사용한 것은 5462**ASR** COMMON ANODE TYPE이다.

다) 5462ASR COMMON ANODE TYPE

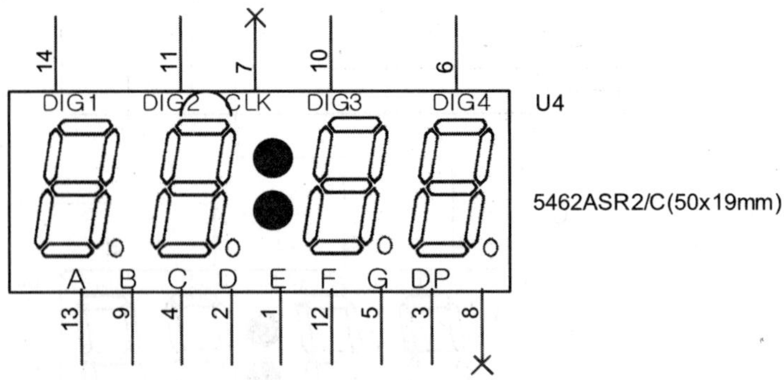

라) 5462ASR COMMON ANODE TYPE 내부 회로도

fnd 제어 line↓

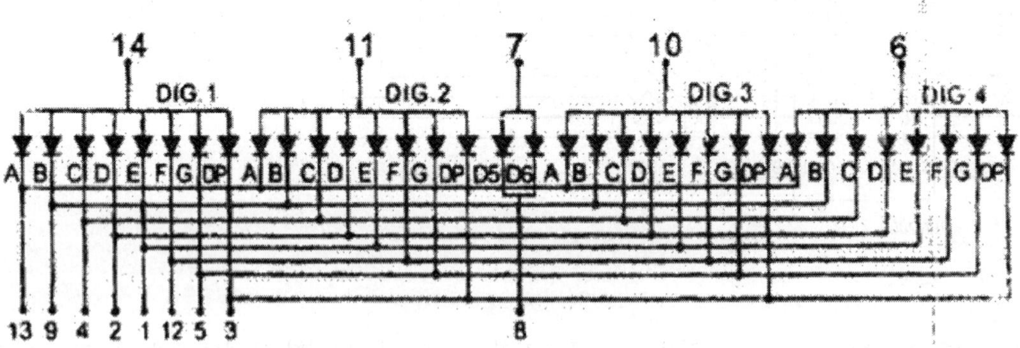

fnd data값↑

5. FND 제어실습 예제

[예제 fnd.1] FND 제어실습

7-segment에 숫자 1-2-3-4 순으로 왼쪽으로 이동해 가며 1[sec]씩 on/off 시키는 프로그램을 작성하라. while(1) 문장 내에 있는 모든 지연시간 delay_ms(3) 이렇게 바꿔주면 어떻게 될까?

```
#include <mega128.h>
#include <delay.h>
void main(void){
    DDRB = 0xff;                    // 포트 B 출력 설정
    DDRF = 0b11110000;              // PF4-PF7 출력 설정
    while(1){
        PORTF = 0b11100000;         // SEG 1 7-Segment ON (PF4=0)
        PORTB = 0x06;               // 숫자 1
        delay_ms(1000);             // 1000ms 즉 1초 지연
        PORTB = 0x00;               // LED 모두 OFF(2803이 not gate임으로)
        delay_ms(1000);

        PORTF = 0b11010000;         // SEG2 7-Segment ON (PF5=0)
        PORTB = 0x5b;               // 숫자 2
        delay_ms(1000);
        PORTB = 0x00;               // LED 모두 OFF
        delay_ms(1000);

        PORTF = 0b10110000;         // SEG3 7-Segment ON (PF6=0)
        PORTB = 0x4f;               // 숫자 3
        delay_ms(1000);
        PORTB = 0x00;               // LED 모두 OFF
        delay_ms(1000);

        PORTF = 0b01110000;         // SEG4 7-Segment ON (PF7=0)
        PORTB = 0x66;               // 숫자 4
        delay_ms(1000);
        PORTB = 0x00;               // LED 모두 OFF
        delay_ms(1000);
    }
}
```

문제) 7-segment에 숫자 A-B-C-D가 DISPLAY되게 프로그램을 수정하시오.

A = 0x77, B = 0x7c, C = 0x39, D = 0x5e

※ 16진수 숫자를 표시하기 위해 PORT B에 출력할 값을 나타낸다.

7_segment	PB6	PB5	PB4	PB3	PB2	PB1	PB0	16진수
	g	f	e	d	c	b	a	data
0	0	1	1	1	1	1	1	0x3f
1	0	0	0	0	1	1	0	0x06
2	1	0	1	1	0	1	1	0x5b
3	1	0	0	1	1	1	1	0x4f
4	1	1	0	0	1	1	0	0x66
5	1	1	0	1	1	0	1	0x6d
6	1	1	1	1	1	0	1	0x7d
7	0	0	0	0	1	1	1	0x07
8	1	1	1	1	1	1	1	0x7f
9	1	1	0	1	1	1	1	0x6f
a	1	1	1	0	1	1	1	0x77
b	1	1	1	1	1	0	0	0x7c
c	0	1	1	1	0	0	1	0x39
d	1	0	1	1	1	1	0	0x5e
e	1	1	1	1	0	0	1	0x79
f	1	1	1	0	0	0	1	0x71

[예제 fnd.1-1] FND 제어실습

7-segment에 숫자 1-2-3-4 순으로 왼쪽으로 이동해 가며 1[sec]씩 on/off 시키는 프로그램을 작성하라. 단 delay_ms를 **시간지연 함수문장**으로 수정하시오.

```
#include <mega128.h>
#include <delay.h>
void function(unsigned int );
void main(void){
    DDRB = 0xff;                    // 포트 B 출력 설정
    DDRF = 0b11110000;              // PF4-PF7 출력 설정
    while(1){
        PORTF = 0b11100000;
        PORTB = 0x06;
        function(3);                // 숫자 1
        PORTB = 0x00;               // 1000ms 즉 1초 지연
        function(3);                // LED 모두 OFF(2803이 not gate임으로)

        PORTF = 0b11010000;         // SEG2 7-Segment ON (PF5=0)
        PORTB = 0x5b;               // 숫자 2
        function(3);
        PORTB = 0x00;               // LED 모두 OFF
        function(3);

        PORTF = 0b10110000;         // SEG3 7-Segment ON (PF6=0)
        PORTB = 0x4f;               // 숫자 3
        function(3);
        PORTB = 0x00;               // LED 모두 OFF
        function(3);

        PORTF = 0b01110000;         // SEG4 7-Segment ON (PF7=0)
        PORTB = 0x66;               // 숫자 4
        function(3);
        PORTB = 0x00;               // LED 모두 OFF
        function(3);
    }
}
void function(unsigned int cnt){
    unsigned int i,  j;
    for(i = 0; i < cnt; i++){
            j = 3000;
            while(--j);
    }
}
```

[예제 fnd.2] FND 제어실습

1차원 배열을 이용하여 우측 7-segment에 대해 16진수 값 0~F를 순차 표시하는 프로그램을 작성하라.(1차원 배열을 이용한다)

```
#include <mega128.h>
#include <delay.h>
char fnd[16] = {0x3f, 0x06, 0x5b, 0x4f, 0x66, 0x6d, 0x7d, 0x07, 0x7f, 0x6f,
0x77, 0x7c, 0x39, 0x5e, 0x79, 0x71};

void main(void)
 {
    int  i ;
    DDRB = 0xff;            // 포트 B 출력 설정
    DDRF = 0xf0;            // 7-segment PF4-PF7 방향 출력설정
    PORTF = 0b11100000;  // 맨 오른쪽 7-segment on (PF4=0)

  while(1)
   {
    for(i = 0; i < 16; i++)  // 16진수 순차 표시
     {
       PORTB = fnd[i];       // seg_array[16]에 있는 배열값을 가지고 옴
       delay_ms(500);
     }
   }
}
```

[예제 fnd.2-1] FND 제어실습

2차원 배열을 이용하여 우측 7-segment에 대해 16진수 값 0~F를 순차 표시하는 프로그램을 작성하라. [예제 fnd.2]와 동일한 결과값이 나오게 2차원 배열로 수정해 보자.

```
#include <mega128.h>
#include <delay.h>
char fnd[8][2]= {{0x3f, 0x06},{0x5b, 0x4f},{0x66, 0x6d},
{0x7d, 0x07},{0x7f, 0x6f},{0x77, 0x7c},{0x39, 0x5e},{0x79, 0x71}};

void main(void)
 {
  int i, j ;   // 2차원 배열 이름 정수 선언

  DDRB = 0xff;
  DDRF = 0b11110000;
  PORTF = 0b11100000;                // 오른쪽 FND PF4 동작

 while(1){
   for(i = 0; i < 8; i++){
      for(j = 0; j < 2; j++){
          PORTB = fnd[i][j];         // 2차원 배열요소(00,01,10..)
          delay_ms(500);
      }
   }
}
```

[예제 fnd.2-2] FND 제어실습

1차원 배열을 이용하여 1자리에 0~F를 순차표시하고 10자리에 0~F, 100자리에 0~F, 1000자리에 0~F를 왼쪽으로 이동하며 순차 표시하는 프로그램을 작성하라.
단, for문을 이용하여 프로그램을 구현하시오.

```
#include <mega128.h>
#include <delay.h>
#define S 400
#define COUNT 1

int comm[4] = {0b11101111, 0x11011111, 0xbf, 0x7f};    // FND 배열 값
int i,  j,  k = 0;
int dot[16] = {0x3f, 0x06, 0x5b, 0x4f, 0x66, 0x6d, 0x7d, 0x27,
          // 0x7f, 0x6f, 0x77, 0x7c, 0x39, 0x5e, 0x79, 0x71};

void main(void)
 {
     DDRF = 0xff;    // COMM 가로
     DDRB = 0xff;    // GREEN 세로

while(1)
          {
               for(j = 0; j < 4; j++)
                    {
                         for(k = 0; k < COUNT; k++)
                              {
                                   for(i = 0; i < 16; i++)
                                        {
                                             PORTF = comm[j];
                                             PORTB = dot[i];
                                             delay_ms(S);
                                        }
                              }
                    }
          }
  }
```

[예제 fnd.3] FND 제어실습 - 99진 UP 카운터

맨 우측 2개의 7-segment를 이용하여 0~99까지 표시하는 프로그램을 작성하라.

```
#include <mega128.h>
#include <delay.h>
char count[10]= {0x3f,0x06,0x5b,0x4f,0x66,0x6d,0x7d,0x07,0x7f,0x6f};
void fnd(int);  // segment 함수선언

void main(void)
{
  int number = 0;
  DDRB = 0xff;            // 포트 B 출력 설정
  DDRF = 0b11110000;      // 포트 F PF4-PF7 출력 설정
  while(1)
   {
      fnd(number);        // segment 함수호출
      number++;           // number += 2
     if (number > 99) number = 0;
   }
}
void fnd(int number)      // 두 자리 정수 출력
{
  int i, num10, num1;
  num10 = number / 10;            // 10자리 추출
  num1 = number % 10;             // 1자리 추출
  for(i = 0; i < 20; i++)         // 시간지연 20*(10ms+10ms)= 400ms
   {
      PORTF = 0b11100000;         // PF4 ON (PF4=0)
      PORTB = count[num1];
      delay_ms(10);

     PORTF = 0b11010000;          // PF5 ON (PF5=0)
      PORTB = count[num10];
      delay_ms(10);
   }
}
```

[예제 fnd.4] FND 제어실습 - 99진 UP 카운터

맨 우측 2개의 7-segment를 이용하여 0~99까지 짝수만 표시하는 프로그램을 작성하라. (단, 0~99까지 even bit만 표시한다)

```
#include <mega128.h>
#include <delay.h>
char count[10]= {0x3f, 0x06, 0x5b, 0x4f, 0x66, 0x6d, 0x7d, 0x07, 0x7f, 0x6f};
void fnd(int);                  // segment 함수선언
void main(void){
  int number = 0;
  DDRB = 0xff;                  // 포트 B 출력 설정
  DDRF = 0b11110000;            // 포트 F PF4-PF7 출력 설정
  while(1){
      fnd(number);              // segment 함수호출
      number += 2;              // number = number + 2
      if (number > 99) number = 0;
    }
 }
void fnd(int number){           // 두 자리 정수 출력
  int i, num10, num1;
  num10 = number / 10;          // 10자리 추출
  num1 = number % 10;           // 1자리 추출
  for(i = 0; i < 20; i++){      // 시간지연 20*(10ms+10ms)= 400ms
    PORTF = 0b11100000;         // PF4 ON (PF4=0)
    PORTB = count[num1];
    delay_ms(10);

    PORTF = 0b11010000;         // PF5 ON (PF5=0)
    PORTB = count[num10];
    delay_ms(10);
  }
}
```

[예제 fnd.5] FND 제어실습 - 99진 UP 카운터

맨 우측 2개의 7-segment를 이용하여 0~99까지 홀수만 표시하는 프로그램을 작성하라.
(단, 0~99까지 odd bit만 표시한다)

```
#include <mega128.h>
#include <delay.h>
char count[10]= {0x3f,0x06,0x5b,0x4f,0x66,0x6d,0x7d,0x07,0x7f,0x6f};
void fnd(int);                  // segment 함수선언
void main(void){
   int number = 1;
   DDRB = 0xff;                 // 포트 B 출력 설정
   DDRF = 0b11110000;           // 포트 F PF4-PF7 출력 설정
   while(1){
      fnd(number);              // segment 함수호출
      number +=  2;
      if (number > 99) number = 1;
   }
}
void fnd(int number){                  // 두 자리 정수 출력
  int i, NUM10, NUM1;
  NUM10 = number / 10;          // 10자리 추출
  NUM1 = number % 10;           // 1자리 추출
  for(i = 0; i < 20; i++){      // 시간지연 20*(10ms+10ms)= 400ms
      PORTF = 0b11100000;       // PF4 ON (PF4=0)
      PORTB = count[NUM1];
      delay_ms(10);

      PORTF = 0b11010000;       // PF5 ON (PF5=0)
      PORTB = count[NUM10];
      delay_ms(10);
   }
}
```

[예제 fnd.6] FND 제어실습 - 99진 DOWN 카운터

맨 우측 2개의 7-segment를 이용하여 99~00까지 표시하고 00이 되면 PC PORT LED를 5회 깜박이게 프로그램을 작성하라.

```
#include <mega128.h>
#include <delay.h>
void segout(int);
char seg[10]={0x3f,0x06,0x5b,0x4f,0x66,0x6d,0x7d,0x07,0x7f,0x6f};

void main(){
 int i, down = 99;
 DDRF = 0xf0;
 DDRB = 0xff;
 DDRC = 0xff;
 PORTB = 0x00;  // 0
 PORTC = 0xff;   // 모든 led off

while(1){
  segout(down);              // 함수호출
  down--;
    if (down < 0)            // down 값이 0 이하이면 for 문 실행
     {
        for(i = 0; i < 5; i++) // led 5회 on/off 반복 수행
            {
              PORTC = 0xff;
              delay_ms(100);
              PORTC = 0x00;
              delay_ms(100);
              PORTC = 0xff;
            }
         down = 99;  // led 5회 on/off 반복 수행 후 초기값
        }
    }
}
void segout(int down){
 int n1, n10, i;
 n1 = down % 10;
 n10 = down / 10;
 for(i = 0;  i < 10; i++){
    PORTF = 0b11100000;
    PORTB = seg[n1];
    delay_ms(10);
    PORTF = 0b11010000;
    PORTB = seg[n10];
    delay_ms(10);
    PORTB = 0x00;
  }
}
```

[예제 fnd.7] FND 제어실습 - 9999진 UP 카운터

모든 7-segment를 이용하여 0~9999까지 표시하는 프로그램을 작성하라.

```
#include <mega128.h>
#include <delay.h>
char fnd[10] = {0x3f,0x06,0x5b,0x4f,0x66,0x6d,0x7d,0x07,0x7f,0x6f};
void display(int); // 네 자리 정수 출력
void main(void){
 int num = 0;    // 초기값 num = 0
 DDRB = 0xff;   // 포트 B 출력설정
 DDRF = 0b11110000;      // PF4-PF7 출력설정
 while(1){
   display(num); // display 함수호출
   num++;
   if(num > 9999) num = 0;
   }
}
void display(int num){
  int i, fnd4, fnd3, fnd2, fnd1, buf;

  fnd4 = num / 1000;       // 1000자리 추출
  buf = num % 1000;

  fnd3 = buf / 100;        // 100자리 추출
  buf = buf % 100;

  fnd2 = buf / 10;         // 10자리 추출
  fnd1 = buf % 10;         // 1자리 추출
for(i = 0; i < 2; i++){
  PORTF = 0b11100000;  // 맨 우측 7-Segment SEG1 ON (PF4=0)
  PORTB = fnd[fnd1];       // 1자리 표시
  delay_ms(5);

  PORTF = 0b11010000;  // 7-Segment SEG2 ON (PF5=0)
  PORTB = fnd[fnd2];       // 10자리 표시
  delay_ms(5);

  PORTF = 0b10110000;  // 7-Segment SEG3 ON (PF6=0)
  PORTB = fnd[fnd3];       // 100자리 표시
  delay_ms(5);

  PORTF = 0b01110000;  // 7-Segment SEG4 ON (PF7=0)
  PORTB = fnd[fnd4];       // 1000자리 표시
  delay_ms(5);
 }
}
```

[예제 fnd.7-1] FND 제어실습 - 9999진 UP 카운터

모든 7-segment를 이용하여 0~9999까지 표시하는 프로그램을 작성하고 1000이 되면 PORTC LED가 계속 깜박이고 0이 되면 off 되게 프로그램을 작성하라.

```
#include <mega128.h>
#include <delay.h>
char seg_pat[10]={0x3f,0x06,0x5b,0x4f,0x66,0x6d,0x7d,0x07,0x7f,0x6f};
void segment(int);
void main(void){
 int num = 0;
 DDRB = 0xff;
 DDRF = 0b11110000;
while(1){
   segment(num);
   num++;
   if(num > 9999) num = 0;
 }
}
void segment(int num){
 int i, N1000, N100, N10, N1, buf;
 DDRC = 0xff;
 N1000 = num / 1000;
 buf = num % 1000;
 N100 = buf / 100;
 buf = buf % 100;
 N10 = buf / 10;
 N1 = buf % 10;
if(N1000 < 1)    //N1000 값이 0 이면
   for( i = 0 ; i < 2 ; i++)
     {
       PORTF = 0b11100000;
       PORTB = seg_pat[N1];
       delay_ms(5);
       PORTF = 0b11110000;
       PORTF = 0b11010000;
       PORTB = seg_pat[N10];
       delay_ms(5);
       PORTF = 0b11110000;
       PORTF = 0b10110000;
       PORTB = seg_pat[N100];
       delay_ms(5);
       PORTF = 0b11110000;
       PORTF = 0b01110000;
```

```
            PORTB = seg_pat[N1000];
            delay_ms(5);
            PORTF = 0b11110000;
        }
    else
     for(i = 0 ; i < 2 ; i++){
        PORTF = 0b11100000;
        PORTB = seg_pat[N1];
        delay_ms(5);
        PORTF = 0b11110000;

        PORTF = 0b11010000;
        PORTB = seg_pat[N10];
        delay_ms(5);
        PORTF = 0b11110000;

        PORTF = 0b10110000;
        PORTB = seg_pat[N100];
        delay_ms(5);
        PORTF = 0b11110000;

        PORTF = 0b01110000;
        PORTB = seg_pat[N1000];
        delay_ms(5);
        PORTF = 0b11110000;

        if((num%2) == 0)
          {
               PORTC = 0xff;
          }
        else
          {
             PORTC = 0x00;
          }
     }
}
```

[예제 fnd.8] FND 제어실습 - 9999진 DOWN 카운터

모든 7-segment를 이용하여 9999 ~ 0000까지 표시하는 프로그램을 작성하라.

※ [예제 fnd.9]을 아래와 같이 바꿔 주면 down count 실행

```
{
  int num = 9999;           // 초기값 설정

  DDRB = 0xff;              // 포트 B 출력 설정
  DDRF = 0b11110000;        // PF4-PF7 출력 설정

        while(1){
                display(num);   // display 함수호출
                num--;
                if(num < 0) num = 9999;
        }
}
```

[예제 fnd.9] FND 제어실습 - 9999진 UP 카운터

모든 7-segment를 이용하여 0~9999까지 표시하는 프로그램을 작성하라.
(단, 3의 배수로 표시하라.)

※ [예제 fnd.11] 아래 부분만 변경해주면 된다.

```
while(1)
 {
    Seg4_out(num);
    num = num + 3;
    if(num > 9999) num = 0;
 }
```

[예제 fnd.10] FND 제어실습 - 9999진 UP/DOWN 제어

① SW8/ SW14의 SW 중 하나를 누르고 있을 때 fnd 값이 +1 증가하고,
② SW15/ SW16를 누르면 fnd 값이 -1 감소하는 프로그램을 작성하라.
(모든 7-segment를 이용하여 0000 ~ 9999까지 표시)

```
#include<mega128.h>
#include<delay.h>
char seg_part[10] = {0x3f,0x06,0x5b,0x4f,0x66,0x6d,0x7d,0x07,0x7f,0x6f};
void segment(int);          // 네 자리 정수 출력
int i, n1000, n100, n10, n1, buf;
void main(void){
  int  num = 0;
  unsigned char key;
  DDRB = 0xff;             // 포트 B를 출력으로 설정
  DDRE = 0;
  DDRF = 0xf0;

 while(1){
  segment(num);
  if (num > 9999)  num = 0;
  else if (num < 0) num = 0;
  key = PINE & 0xf0;   // 포트 E 읽어오기

  switch(key){
  case 0b11100000:          // sw8이 누르면 num++
   num++;
   break;

  case 0b11010000:          // sw14이 누르면 num++
   num++;
   break;

  case 0b10110000:          // sw15이 누르면 num++
   num--;
   break;

  case 0b01110000:          // sw16이 누르면 num--
   num--;
```

```
                break;
                default: break;        // 아무 일도 안함
            }
        }
}
void segment(int num)              // 네 자리 정수 출력
 {
    n1000 = num / 1000;           // 1000자리 추출 몫 값
    buf = num % 1000;             // 1000자리 추출 나머지 값
    n100 = buf / 100;             // 100자리 추출
    buf = buf % 100;
    n10 = buf / 10;               // 10자리 추출
    n1 = buf % 10;                // 1자리 추출

   for( i = 0 ; i < 25 ; i++)     // 시간지연 25*(5+5+5+5ms) = 500ms
      {
         PORTF = 0B11100000;      // SEG2 [ PF4= 0 ]
         PORTB = seg_part[n1];    // 1자리 표시
         delay_ms(5);

         PORTF = 0B11110000;
         PORTF = 0B11010000;      // SEG2 [ PF5= 0 ]
         PORTB = seg_part[n10];   // 10자리 표시
         delay_ms(5);

         PORTF = 0B11110000;
         PORTF = 0B10110000;      // SEG2 [ PF6= 0 ]
         PORTB = seg_part[n100];  // 100자리 표시
         delay_ms(5);

         PORTF = 0B11110000;
         PORTF = 0B01110000;       // SEG2 [ PF7 = 0 ]
         PORTB = seg_part[n1000]; // 1000자리 표시
         delay_ms(5);
         PORTF = 0B11110000;
      }
 }
```

[예제 fnd.10-1] 스위치 센서와 7_segment 응용실습

다음과 같이 프로그램이 동작되도록 프로그램을 구현하시오.

switch click	동 작 상 태	비 고
1번째	led LSB --〉 MSB shift 이동	
2번째	led MSB --〉 LSB shift 이동	
3번째	7_segment 15진 UP count	
4번째	7_segment 15진 DOWN count	

```
#include <mega128.h>
#include <delay.h>
void main(void){
unsigned char key;
unsigned char led = 0xff;
unsigned char fnd[16]={0x3f,0x06,0x5b,0x4f,0x66,0x6d,0x7d,0x27,0x7f,0x6f,0x77,0x7c,
          0x39,0x5e,0x79,0x71};
int command = 0;
int step=0;

DDRB = 0xff; DDRC = 0xff;
DDRE = 0x0f;
DDRF = 0xf0;
PORTC = 0xfe;
while(1){
          key = PINE & 0xf0;
                if(key == 0xe0)
                        command = 1;
                else if(key == 0xd0)
                        command = 2;
                else if(key == 0xb0)
                        command = 3;
                else if(key == 0x70)
                        command = 4;
                else
                        command = command;
      if(command == 1)                  {
                PORTB = 0x00;
                PORTC = led ;
                led = led << 1;
                led = led | 0x01;
```

```
                delay_ms(100);
                if(led == 0xff )
                led = 0xfe;
                }
                else if(command == 2){
                        PORTB = 0x00;
                        PORTC = led ;
                        led = led >> 1;
                        led = led | 0x80;
                        delay_ms(100);
                        if(led == 0xff)
                        led = 0x7f;
                }
                else if(command == 3){
                        PORTF = 0b1110000;
                        PORTC = 0xff;
                        PORTB = fnd[step];
                        delay_ms(100);
                        step ++;
                        if(step > 15)
                        step = 0;
                }
                else if(command == 4){
                        PORTF = 0b1110000;
                        PORTC = 0xff;
                        PORTB = fnd[step];
                        delay_ms(100);
                        step --;
                        if(step < 0)
                          step = 15;
                }
                else{
                       PORTC = 0xff;
                       PORTF = 0xff;
                }
        }
}
```

[예제 fnd.11] FND 제어실습 - 시계제작

모든 fnd를 이용하여 시계 분(min)과 초(sec)를 표시하는 프로그램을 작성하라.
시계의 초기값은 12분(min) 55초(sec)로 한다. 초(sec) 값은 1초씩 증가한다.

```
#include <mega128.h>
#include <delay.h>
char seg_pat[10]= {0x3f,0x06,0x5b,0x4f,0x66,0x6d,0x7d,0x07,0x7f,0x6f};
int min = 12, sec = 55;
void  Time_out();               // 시간 출력
void main(void){
  DDRB = 0xff;                  // B 포트 모든 핀 출력 설정
  DDRF = 0b11110000;            // PF4-PF7 출력 설정
  while(1){
     Time_out();
         sec++;
           if(sec == 60) {
              sec = 0;
               min++;
               if(min == 60) min = 0;
  }}}
void Time_out(void){            // 시간 출력
  int i, m10, m1, s10, s1;
  m10 = min / 10;               // 분 10자리 추출
  m1 = min % 10;                // 분 1자리 추출
  s10 = sec / 10;               // 초 10자리 추출
  s1 = sec % 10;                // 초 1자리 추출
  for(i = 0 ; i < 50 ; i++){
    PORTF = 0b11100000;         // 맨 우측 7-Segment SEG1 ON (PF4=0)
    PORTB = seg_pat[s1];        // 초 1자리 표시
    delay_ms(5);
    PORTF = 0b11010000;         // 7-Segment SEG2 ON (PF5=0)
    PORTB = seg_pat[s10];       // 초 10자리 표시
    delay_ms(5);
    PORTF = 0b10110000;         // 7-Segment SEG3 ON  (PF6=0)
    PORTB = seg_pat[m1];        // 분 1자리 표시
    delay_ms(5);
    PORTF = 0b01110000;         // 7-Segment SEG4 ON (PF7=0)
    PORTB = seg_pat[m10];       // 분 10 표시
    delay_ms(5);
  }
}
```

[예제 fnd.11-1] FND 제어실습 - 시계제작

모든 7-segment를 이용하여 시간(hour)과 분(min)을 표시하는 프로그램을 작성하라.

```
#include <mega128.h>
#include <delay.h>
char seg_pat[10]={0x3f,0x06,0x5b,0x4f,0x66,0x6d,0x7d,0x07,0x7f,0x6f};
int hour = 12, min = 59, sec = 55;
void Time_out();
void main(void){
  DDRB = 0xff;
  DDRF = 0xf0;
  while(1){
    Time_out();
    sec++;
    PORTF = 0b11100000;
    PORTB = 0x80;
    delay_ms(10);
    if(sec == 60){
        sec = 0;
            min++;
            if(min == 60){
            min = 0;
            hour++;
            if(hour == 13) hour = 1; // 12시 59분 후에는 1시가 된다.
}}}}
void Time_out(void){
  int i, h10, h1, m10, m1, s10, s1;
  h10 = hour / 10;     h1 = hour % 10;     m10 = min / 10;
  m1 = min % 10;      s10 = sec / 10;      s1 = sec % 10;
    for(i = 0; i < 50; i++){
      PORTF = 0b11100000;
      PORTB = seg_pat[m1];
      delay_ms(5);
      PORTF = 0b11010000;
      PORTB = seg_pat[m10];
      delay_ms(5);
      PORTF = 0b10110000;
      PORTB = seg_pat[h1];
      delay_ms(5);
      PORTF = 0b01110000;
      PORTB = seg_pat[h10];
      delay_ms(5);
}}
```

[예제 fnd.12] FND 제어실습 - 시계제작

모든 7-segment를 이용하여 간이시계 분(msec) : 초(sec) 표시하는 프로그램을 작성하고 Stop Watch는 1/100초 표시하고 시작(SW8)/정지/리셋 스위치 동작을 작성하라. SW8을 1번 누르면 시작/다시 누르면 정지, SW14를 누르면 RESET 된다.

```
// 시계 분:초 표시// Stop Watch 초 : 1/100초 표시(시작/정지 리셋 스위치 동작)
#include <mega128.h>
#include <delay.h>
char seg_pat[10] = {0x3f,0x06,0x5b,0x4f,0x66,0x6d,0x7d,0x07,0x7f,0x6f};
int sec = 0, msec = 0;
int run = 0;
void  Time_out();                       // 시간 출력
void main(void){
  unsigned char sw, old_sw;
  DDRB = 0xff;                          // B 포트 모든 핀 출력설정
  DDRF = 0b11110000;                    // PF4-PF7 출력설정
  DDRE = 0b00000010;                    // PE 포트 입력설정(PE1 출력)
  old_sw = PINE & 0b00110000;           // SW8 상태값 추출
  while(1){
    Time_out();
    sw = PINE & 0b00110000;             // SW8 상태값 추출
    if(sw != old_sw){
       if(old_sw == 0b00110000 && sw == 0b00100000)          // SW8
          {
             run = (run + 1) % 2;
          }
       else if(old_sw == 0b00110000 && sw == 0b00010000){    // SW14
          msec = 0;
          sec = 0;
       }
     old_sw = sw;
    }
   if(run == 1) {
      msec++;
      if(msec == 100){
         msec = 0;
          sec++;
          if(sec == 60) sec = 0;
 }}}}

void Time_out(void){                    // 시간 출력
  int   ms10, ms1, s10, s1;
  ms10 = msec / 10;                     // 분 10자리 추출
```

```
    ms1 = msec % 10;                    // 분 1자리 추출
    s10 = sec / 10;                     // 초 10자리 추출
    s1 = sec % 10;                      // 초 1자리 추출
    PORTF = 0b11100000;                 // 맨 우측 7-Segment SEG1 ON (PF4=0)
    PORTB = seg_pat[ms1];               // 초 1자리 표시
    delay_ms(2);
    delay_us(450);

    PORTF = 0b11010000;                 // 7-Segment SEG2 ON (PF5=0)
    PORTB = seg_pat[ms10];              // 초 10자리 표시
    delay_ms(2);
    delay_us(450);

    PORTF = 0b10110000;                 // 7-Segment SEG3 ON (PF6=0)
    PORTB = seg_pat[s1];                // 분 1자리 표시
    delay_ms(2);
    delay_us(450);

    PORTF = 0b01110000;                 // 7-Segment SEG4 ON (PF7=0)
    PORTB = seg_pat[s10];               // 분 10 표시
    delay_ms(2);
    delay_us(450);
}
```

CHAPTER

05

인터럽트(interrupt)

1. 특징 및 기능
2. 인터럽트 실행과정
3. 입력을 받아들이는 방법
4. interrupt 발생
5. interrupt 처리
6. interrupt 사용 프로그램 소스 예
7. 외부 인터럽트 활용
8. 외부 인터럽트의 제어 레지스터
9. 외부 인터럽트 제어

1. 특징 및 기능

1) 외부 인터럽트 우선순위

인터럽트는 어떤 처리 중에 그보다 중요한 처리를 위한 처리 방식이다. 즉, 어떤 처리 중에 **현재 하던 작업을 잠시 멈추고 미리 정해 놓은 중요한 작업을 먼저 한 후 다시 기존에 하던 작업을 실행**한다. 중요한 작업도 중요도가 낮아지는데 어떤 것이 먼저 처리될지 선택되어져야 한다. 이를 위해 인터럽트 간의 우선순위가 존재하는데 인터럽트 처리 중에도 그보다 높은 우선순위 인터럽트의 경우 높은 순위의 인터럽트부터 우선처리를 한다.

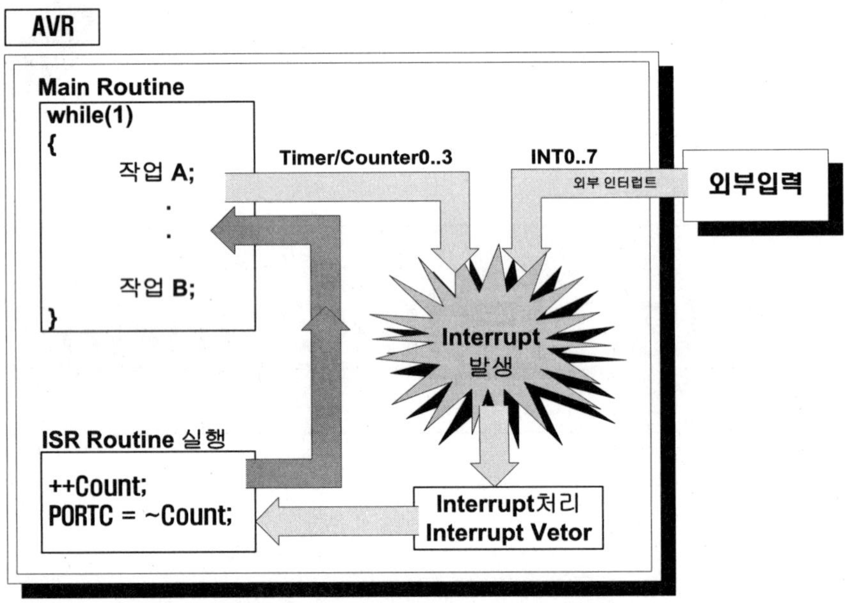

[그림 5-1] 인터럽트 발생 이해도

2) ATmega128 전체 인터럽트 종류(35개)

- RESET 1개
- Timer0 인터럽트 2개
- Timer1 인터럽트 5개
- Timer2 인터럽트 2개
- Timer3 인터럽트 5개
- UART0 인터럽트 3개
- **외부 인터럽트 8개(INT0~INT7)**
- ADC 인터럽트 1개
- SPI 인터럽트 1개
- EEPROM 인터럽트 1개
- Analog Comp 인터럽트 1개
- I^2C 인터럽트 1개

- UART1 인터럽트 3개 - SPM 인터럽트 1개
- 외부 인터럽트 INT0 ~ INT7 PORT 확인

외부 인터럽트 INT0 ~ INT7을 실습하기 전에 ATmega128에서 SW8, 14, 15, 16에 연결되어 있는 INT4, 5, 6, 7를 찾아보고 확인해 보자.

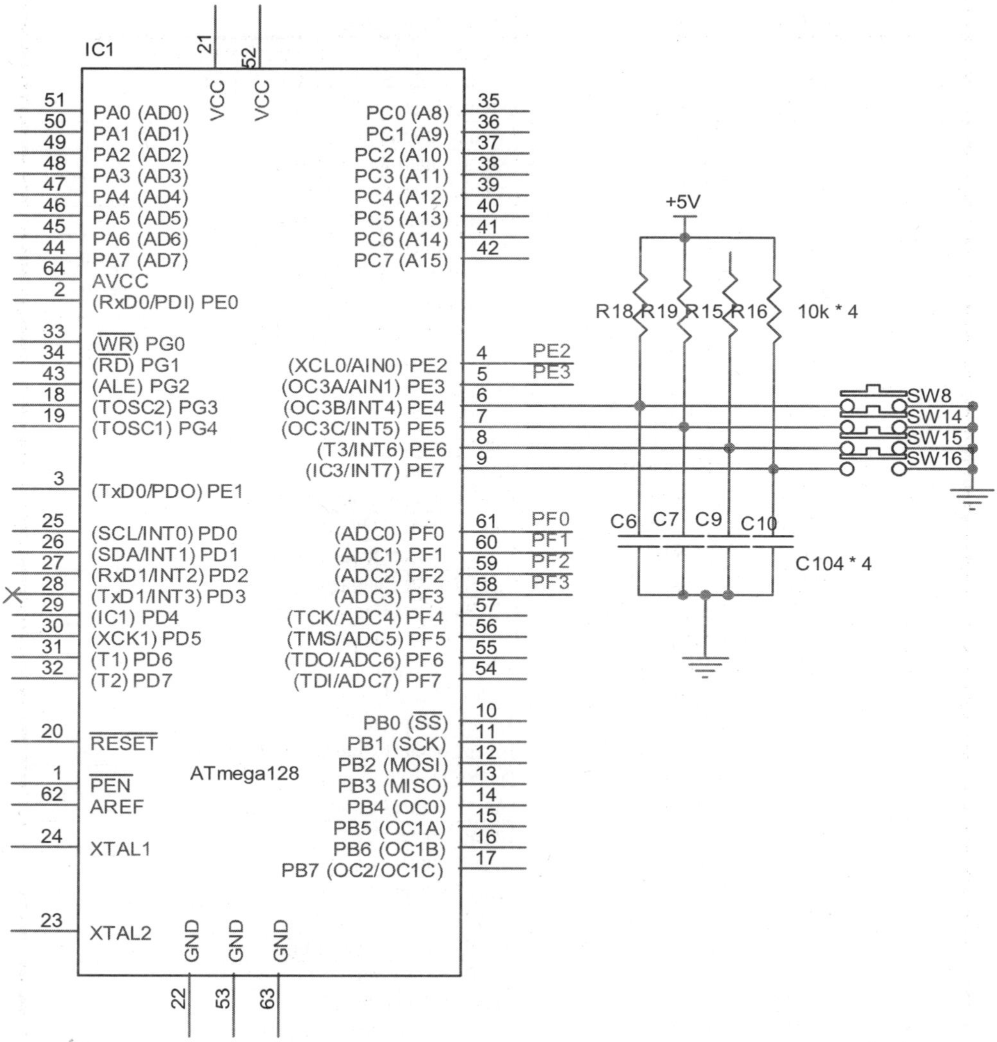

INT0, INT1, INT2, INT3, INT4, INT5, INT6, INT7은 외부 인터럽트이며 스위치를 이용하여 led, FND 등 주변회로에 있는 기능을 제어해보자.

3) ATmega 128은 인터럽트 우선순위 Table

ATmega 128은 인터럽트 우선순위가 H/W적으로 설정되어 있다. Program Address와 Source를 확인해보자.

[표 5-1] 인터럽트 벡터 Table

Vector No.	Program Address	Source	Interrupt Definition
1	$0000	RESET	External Pin, Power-on Reset, Brown-out Reset, Watchdog Reset, and JTAG AVR Reset
2	$0002	INT0	External Interrupt Request 0
3	$0004	INT1	External Interrupt Request 1
4	$0006	INT2	External Interrupt Request 2
5	$0008	INT3	External Interrupt Request 3
6	$000A	INT4	External Interrupt Request 4
7	$000C	INT5	External Interrupt Request 5
8	$000E	INT6	External Interrupt Request 6
9	$0010	INT7	External Interrupt Request 7
10	$0012	TIMER2 COMP	Timer/Counter2 Compare Match
11	$0014	TIMER2 OVF	Timer/Counter2 Overflow
12	$0016	TIMER1 CAPT	Timer/Counter1 Capture Event
13	$0018	TIMER1 COMPA	Timer/Counter1 Compare Match A
14	$001A	TIMER1 COMPB	Timer/Counter1 Compare Match B
15	$001C	TIMER1 OVF	Timer/Counter1 Overflow
16	$001E	TIMER0 COMP	Timer/Counter0 Compare Match
17	$0020	TIMER0 OVF	Timer/Counter0 Overflow
18	$0022	SPI, STC	SPI Serial Transfer Complete
19	$0024	USART0, RX	UASRT0, Rx Complete
20	$0026	USART0, UDRE	USART0 Data Register Empty
21	$0028	USART0, TX	USART0, Tx Complete
22	$002A	ADC	ADC Conversion Complete
23	$002C	EE READY	EEPROM Ready
24	$002E	ANALOG COMP	Analog Comparator
25	$0030	TIMER1 COMPC	Timer/Counter1 Compare Match C
26	$0032	TIMER3 CAPT	Timer/Counter3 Capture Event
27	$0034	TIMER3 COMPA	Timer/Counter3 Compare Match A
28	$0036	TIMER3 COMPB	Timer/Counter3 Compare Match B
29	$0038	TIMER3 COMPC	Timer/Counter3 Compare Match C
30	$003A	TIMER3 OVF	Timer/Counter3 Overflow
31	$003C	USART1, RX	USART1, Rx Complete
32	$003E	USART1, UDRE	USART1 Data Register Empty
33	$0040	USART1, TX	USART1, Tx Complete
34	$0042	TWI	Two-wire Serial Interface
35	$0044	SPM READY	Store Program Memory Ready

인터럽트

CPU 외부의 하드웨어적인 요구에 의해 정상적인 프로그램의 실행 순서를 우선 작업을 먼저 수행한 후 다시 원래의 프로그램으로 복귀하여 실행했던 프로그램을 다시 실행하는 것을 말한다.

Interrupt Program Address 및 vectors sources

Vector NO	program address	interrupt program 및 순위	Vector sources	비 고
1	$0000	RESET 0	external pin	
2	$0002	EXT_INT0 2	INT0	
3	$0004	EXT_INT1 3	INT1	
4	$0006	EXT_INT2 4	INT2	
5	$0008	EXT_INT3 5	INT3	
6	$000A	EXT_INT4 6	INT4	
7	$000C	EXT_INT5 7	INT5	
8	$000E	EXT_INT6 8	INT6	
9	$0010	EXT_INT7 9	INT7	
10	$0012	TIM2_COMP 10	TIM2_COMP	
11	$0014	TIM2_OVF 11	TIM2_OVF	
12	$0016	TIM1_CAPT 12	TIM1_CAPT	
13	$0018	TIM1_COMPA 13	TIM1_COMPA	
14	$001A	TIM1_COMPB 14	TIM1_COMPB	
15	$001C	TIM1_OVF 15	TIM1_OVF	
16	$001E	TIM0_COMP 16	TIM0_COMP	
17	$0020	TIM0_OVF 17	TIM0_OVF	
18	$0022	SPI_STC 18	SPI_STC	
19	$0024	USART0_RXC 19	USART0_RXC	
20	$0026	USART0_DRE 20	USART0_DRE	
21	$0028	USART0_TXC 21	USART0_TXC	
22	$002A	ADC_INT 22	ADC_INT	
23	$002C	EE_RDY 23	EE_RDY	
24	$002E	ANA_COMP 24	ANA_COMP	
25	$0030	TIM1_COMPC 25	TIM1_COMPC	
26	$0032	TIM3_CAPT 26	TIM3_CAPT	
27	$0034	TIM3_COMPA 27	TIM3_COMPA	
28	$0036	TIM3_COMPB 28	TIM3_COMPB	
29	$0038	TIM3_COMPC 29	TIM3_COMPC	
30	$003A	TIM3_OVF 30	TIM3_OVF	
31	$003C	USART1_RXC 31	USART1_RXC	
32	$003E	USART1_UDRE 32	USART1_UDRE	
33	$0040	USART1_TXC 33	USART1_TXC	
34	$0042	TWI 34	TWI	
35	$0044	SPM_RDY 35	SPM_RDY	

cf. vector는 물리학에서 크기와 방향을 가지고 있음

4) 인터럽트 vectors에 대한 정의

인터럽트 vectors에 대한 정의는 codevision에서 제공되는 **mega128.h** 파일에 있으며 다음과 같이 정의되어 있다. 숫자는 인터럽트 순위이며 0순위는 RESET이다.

```
// Interrupt vectors definitions <mega128.h>
#define EXT_INT0 2          // 2라는 숫자는 인터럽트 순위를 나타냄
#define EXT_INT1 3
#define EXT_INT2 4
#define EXT_INT3 5
#define EXT_INT4 6
#define EXT_INT5 7
#define EXT_INT6 8
#define EXT_INT7 9
#define TIM2_COMP 10
#define TIM2_OVF 11
#define TIM1_CAPT 12
#define TIM1_COMPA 13
#define TIM1_COMPB 14
#define TIM1_OVF 15
#define TIM0_COMP 16
#define TIM0_OVF 17
#define SPI_STC 18
#define USART0_RXC 19
#define USART0_DRE 20
#define USART0_TXC 21
#define ADC_INT 22
#define EE_RDY 23
#define ANA_COMP 24
#define TIM1_COMPC 25
#define TIM3_CAPT 26
#define TIM3_COMPA 27
#define TIM3_COMPB 28
#define TIM3_COMPC 29
#define TIM3_OVF 30
#define USART1_RXC 31
#define USART1_DRE 32
#define USART1_TXC 33
#define TWI 34
#define SPM_RDY 35
```

- 인터럽트 소스(interrupt source)
  외부 센서나 외부 스위치에 의해 하드웨어적인 요소로 인터럽트를 발생시킬 수 있는 소스를 말한다.
- 인터럽트 벡터 테이블(interrupt vector table)
  인터럽트 발생 시 인터럽트 순위를 정해 지정한 번지로 방향을 가지고 점프하고 인터럽트 처리 프로그램을 실행한다.
- 모든 interrupt는 interrupt를 사용하기 위해 SREG 레지스터의 I 비트를 설정해 주어야 하고 인터럽트 개별 레지스터를 설정해야 한다.

2. 인터럽트 실행과정

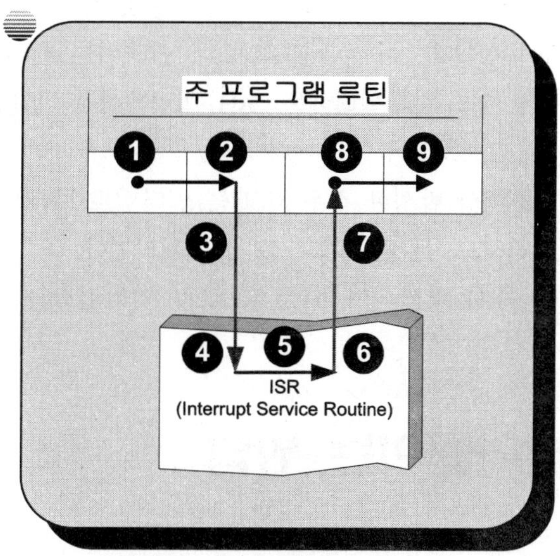

[그림 5-2] 인터럽트 처리 과정

ATmega128에서는 총 35가지의 인터럽트 동작을 지원한다. 그 종류로는 Reset, 외부 인터럽트, Timer/Counter, SPI, USART, ADC, Analog Comparator, TWI 등이 있다.

인터럽트는 하드웨어적으로 지원을 해주는 기능이므로, 하드웨어적인 변화가 없음면 동작하지 않는다. 따라서 인터럽트를 사용할 때는 각 인터럽트의 사용 유무를 선택해야 한다.

한편, 인터럽트 발생 시 인터럽트에 해당하는 일을 처리하기 위해 **인터럽트 벡터**로 이동하고, 서브루틴을 실행한 후 원래 실행하는 위치로 리턴한다.

[그림 5-2]는 인터럽트 처리과정을 나타내고 있으며 각 지점에 실행과정은 다음과 같다.

① 주 프로그램 실행
② 인터럽트 발생
③ 복귀주소 저장(현재 진행중인 프로그램 주소 stack point 저장)
④ 인터럽트 벡터로 점프
⑤ 인터럽트 처리
⑥ 인터럽트 처리완료
⑦ 복귀주소 로드(stack point 저장)
⑧ 마지막에 실행되던 주소로 점프
⑨ 주 프로그램 실행

[표 4-1]과 같이 ATmega128 MCU에는 리셋을 포함한 35종의 인터럽트 벡터가 있다. 인터럽트 소스 하나하나에 인터럽트를 처리하기 위한 서브루틴의 Base Address를 갖는다.

서브루틴이란 주프로그램이 아닌 프로그램을 보조하는 보조프로그램이다. 이 Base Address가 특정 번지로 고정되어 있는데, 이 주소들을 묶어 인터럽트 벡터라 한다. 벡터들 사이는 메모리 공간이 작아서 주로 인터럽트 벡터에는 CALL 명령들이 들어있고, 인터럽트 벡터를 벗어난 위치에서 서브루틴의 프로그램이 구성된다.

인터럽트가 동시에 2개 이상 발생한 경우 MCU는 인터럽트 벡터의 벡터 번호가 작은 것이 우선순위가 있어 먼저 처리하고, 큰 번호는 가장 늦게 처리된다. 즉, 다중으로 인터럽트가 걸린 경우 RESET 인터럽트는 즉시 처리되며, SPM READY 인터럽트는 가장 늦게 처리된다.

3. 입력을 받아들이는 방법

(1) polling

- 명령어를 사용하여 입력 pin의 값을 계속 읽어서 입력 pin의 변화 값을 읽어 내는 것
  (모든 경우의 입력 또는 값의 변화에 대응 처리가능)

(2) interrupt

- H/W적으로 변화를 checking하여 변화 시에만 동작을 하는 것
  (KEY 보드, 마우스 등 EVENT 사용, 정해진 번지에 가서 처리)
- H/W에서 지원되는 몇 개의 입력 변화에만 대응 처리 가능
  속도는?

4. interrupt 발생

실행하던 program 일단 stop

↓

정해진 interrupt 서비스 루틴 실행

↓

실행이 끝나면 실행하던 위치로 돌아가서 program 실행

[용어]

interrupt source - interrupt를 발생시킬 수 있도록 만들어진 것
(전화벨, 주전자 소리, 외부입력핀, 타이머(일정시간반복), 시리얼 포트(데이터 송수신, 택비 송수신 연락))

interrupt vector table - interrupt 발생시 분기 장소를 정해 놓은 특정번지 내용
(지정 번지로 점프, PIC은 번지 같음)

interrupt service routine - interrupt 처리 program

5. interrupt 처리

STACK POINT(SP) 16bit register는 서브루틴 호출이나 interrupt 발생하였을 때 복귀주소를 저장한다. 임의접근 방식으로 처리되지 않고 last in first out(LIFO)방식으로 처리된다.

- 35개(RESET 포함)의 interrupt source
- interrupt와 reset vector : program memory area 내에 별도의 vector를 가짐
- 모든 interrupt는 SREG I bit로 setting됨(0 bit이면 인터럽트를 허용하지 않음)
  임시 데이터 저장 용도로도 사용(c언어 지역변수 등에서 사용)
  ATAMEGA128에서는 SP register initial value $60번지 이상 설정해야 함

6. interrupt 사용 프로그램 소스 예

interrupt ❶ [인터럽트 소스명] void ❷ 함수명(void)

프로그램 사용 〈예〉

```
interrupt ❶ [EXT_INT0] void ❷ int0(void)
{
    led <<= 1;
    led |= 0b00000001;    // 최하위 비트 off
    if(led == 0xff) led = 0xfe;
    PORTC = led;
}
```

[EXT_INT0]는 #include 〈mega128.h〉에 정의되어 있으며 반드시 mega128.h과 동일하게 입력해야 하며 대문자로 꼭 작성해야 한다.

7. 외부 인터럽트 활용

ATmega128에서 외부 인터럽트는 INT0 ~ INT7핀을 통하여 입력(최소 50ns)되는 신호에 의하여 발생하는 인터럽트를 말한다. 인터럽트 입력은 Low 레벨, 하강에지, 상승에지에 의해 트리거 되며 INT0 ~ INT3에 인터럽트가 발생하면 클럭에 관계없이 비동기적으로 인터럽트가 검출되며 슬립모드를 해제 할 수 있다. INT4 ~ INT7은 상승, 하강에지(edge)트리거 방식으로 설정되면 I/O 클럭을 필요로 하며 I/O 클럭이 차단되는 아이들(IDLE)모드 이외에 슬립모드를 해제시킬 수는 없다. 정리하면 첫째 INT4 ~ INT7에서 폴링이나 상승에지 인터럽트 인식은 I/O 클럭이 있어야 가능하며 INT0 ~ INT3에서의 하강에지 인터럽트와 에지인터럽트는 비동기적으로 검출된다. 이와 같이 인터럽트는 아이들 모드와 슬립모드를 깨울 때 사용된다. I/O 클럭은 아이들 모드를 제외한 모든 슬립모드에서 정지되어 버린다.

둘째, 만일 파워 모드에서 깨어나는 레벨트리거가 사용된다면 신호레벨이 바뀔 때 일정시간 이상 상태를 유지해야 MCU를 깨울 수 있다. 이것으로 MCU가 외부 노이즈에 덜 민감하게 해준다. **외부 인터럽트에 사용되는 레지스터는 EICRA, EICRB, EIMSK, EIFR** 등이 있다.

① EICRA-INT0, INT1, INT2, INT3

② EICRB-INT4, INT5, INT6, INT7

③ EIMSK-개별 인터럽트 허용

④ SREG = 0x80 전체 인터럽트 허용

✡ **전체 인터럽트 허용과 개별 인터럽트 허용 차이가 무엇일까?**

인터럽트 입력신호 설정

(1) INT0 ~ INT7 pin에 신호변화 시 발생

(2) 신호상태변화(스위치 반응) 설정하는 방법

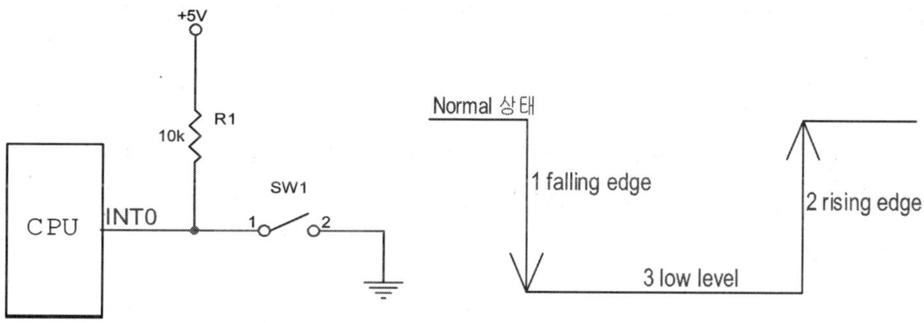

① falling edge 시 interrupt 발생

② rising edge 시 interrupt 발생

③ low level 시 interrupt 발생(컴퓨터 전원을 누르고 3초 후 off)

8. 외부 인터럽트의 제어 레지스터

1) MCU 제어 레지스터

ATmega128의 인터럽트를 사용하기 위해서는 MCU 제어 레지스터 MCUCR의 SREG의 7번 비트인 I 비트 값을 '1'로 지정하고, 사용하려는 인터럽트에 해당되는 각각의 인터럽트 활성 레지스터를 '1'로 지정해 주어야 한다.

- MCUCR 레지스터

Bit	7	6	5	4	3	2	1	0
	SRG	SRW10	SE	SM1	SM0	SM2	IVSEL	IVCE
Read/Write	R/W	R/W	R/W	R/W	R/W	R/W	R/W	R/W
Initial Value	0	0	0	0	0	0	0	0

위의 그림은 MCU 제어 레지스터인 MCUCR 레지스터를 보여주고 있다. 인터럽트 벡터 응용 프로그램 영역과 부트 로더 영역 사이에 이동시키는 데에는 MCUCR 레지스터의 IVSEL 비트가 사용된다.

① IVSEL 비트가 0 값이 되어 있으면 벡터는 플래시 메모리의 시작 위치에 놓이게 된다.
② 이 비트가 '1'로 되어 있으면, 인터럽트 벡터는 플래시의 Boot Loader 영역의 시작 위치로 이동하게 된다.

Boot 플래시 영역의 실질적인 시작위치는 BOOTSZ 퓨즈 비트에 의해 결정된다. 의도하지 않은 인터럽트 벡터 테이블의 변경을 막기 위해 IVSEL 비트를 변경시킬 때 반드시 아래와 같은 쓰기 절차를 따라야 한다.

① 인터럽트 벡터 변경 활성(IVCE) 비트를 1 값으로 setting 한다.
② 4사이클 내에 원하는 값을 IVSEL에 기록하고 IVCE에 0 값을 넣는다.

이 절차가 시행되는 동안 인터럽트는 자동적으로 비활성화 된다.
그러나 ① 단계가 실행한 후 ② 단계가 수행되지 않으면 4사이클 이후 인터럽트는 다시 원상태로 복구된다. IVCE가 1 값이 되면 인터럽트는 비활성화 된다. 상태 레지스터 SREG의 I 비트는 자동 비활성화에 영향을 받지 않는다.
상태 레지스터 SREG의 I 비트를 1 값으로 설정함으로써 외부 인터럽트를 활성화 시킬 수 있다.

- ATMEGA128 내부 블록도

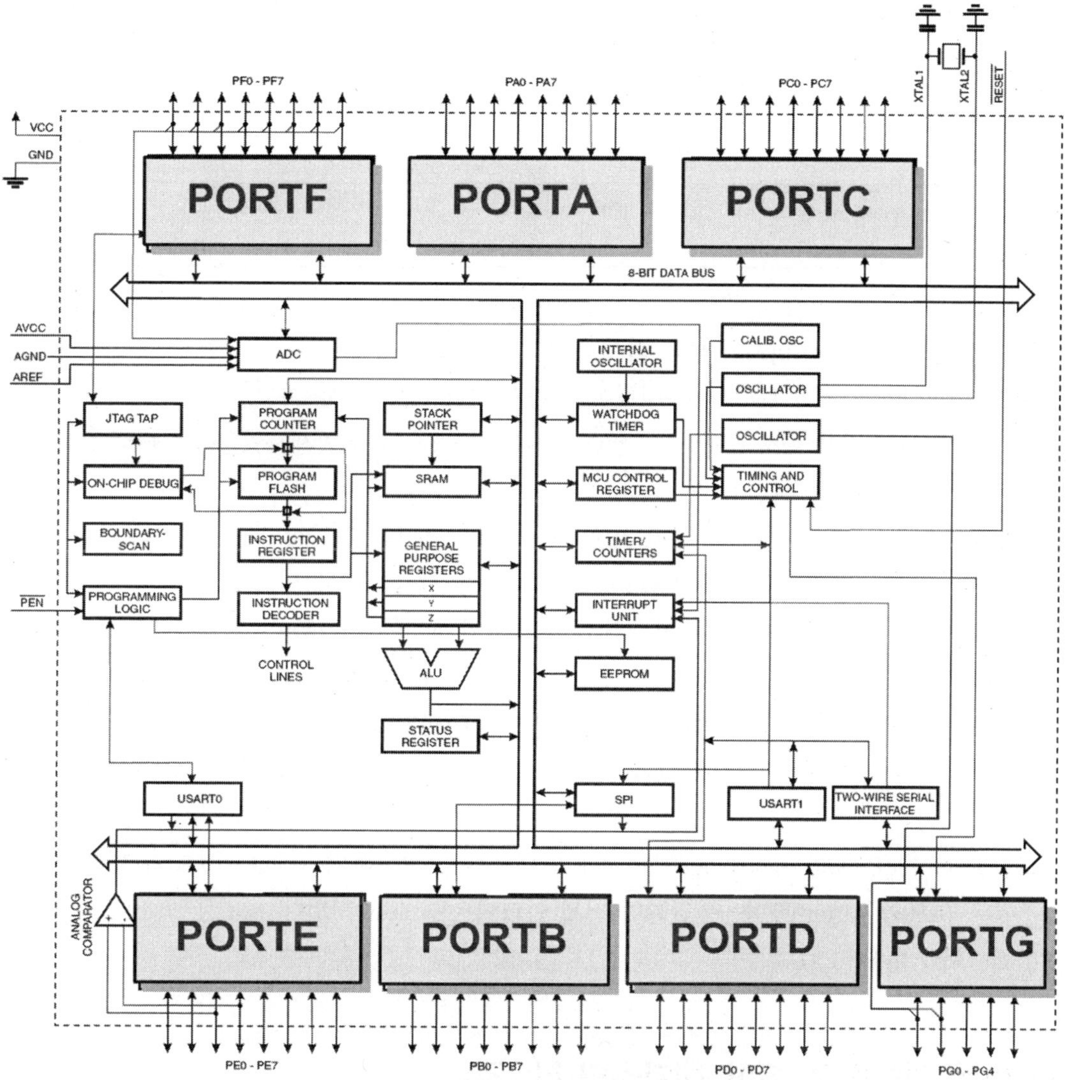

[그림 5-3] PORT Control을 위한 구조 Diagram

interrupt 레지스터 설정시 상태 레지스터 SREG(STATUS REGISTER)의 위치가 어디 있는지 찾아보고 ALU에서 연산한 결과 값 또는 올림비트나 부호비트 등 현재 상태를 모두 기억해 둔다. 지금부터 공부하는 각 장은 인터럽트, 타이머 카운터 등 각각의 레지스터를 설정하여 입, 출력 값을 제어한다. 레지스터에 대해 70%만 이해한다면 CPU를 웬만큼 이해했다고 생각해도 된다.

가) SREG(status register)

ALU에서 가장 최근에 실행한 산술연산 명령의 결과의 상태를 표시하는 레지스터 인터럽트를 실행할 때 사용자가 S/W로 처리해야 한다.
(사용 예 : SREG = 0x80 전체 인터럽트 허용)

I	T	H	S	V	N	Z	C	SREG
7	6	5	4	3	2	1	0	bit

BIT 7 : I 전체 interrupt를 허용 하도록 설정하는 bit
BIT 6 : T bit load와 bit store 명령어를 사용하여 비트 복사 가능
BIT 5 : H 산술 연산에서 half carry 발생하거나 half borrow가 발생하였음을 나타내며 BCD연산에서 자주 사용한다.
BIT 4 : S 부호 없는 정수와 부호 있는 정수들의 크기를 판단할 때 사용한다.
BIT 3 : V 2의 보수 연산에서 overflow가 발생하였음을 표시한다.
BIT 2 : N 산술, 논리연산 후 최상위 비트가 1일 때 연산 결과가 음수일 때 표시한다.
BIT 1 : Z 산술, 논리연산 후 연산 결과가 0일 때 표시한다.
BIT 0 : C 산술연산의 덧셈 논리연산 결과 후 자리올림(carry)이 발생할 때 표시하고 감산일 때에는 자리내림을 표시한다.

cf. SREG |= 0x80와 #asm("sei")는 전체 인터럽트를 허용하며 SREG = 0x80과 같고, SREG &= ~0x80와 #asm("cli")는 동일하며 전체 인터럽트를 clear 시킨다. sei(set enable interrupt), cli(clear interrupt)

2) 외부 인터럽트 제어 레지스터-EICRA

Bit	7	6	5	4	3	2	1	0
	ISC31	ISC30	ISC21	ISC20	ISC11	ISC10	ISC01	ISC00
	R/W	R/W	R/W	R/W	R/W	R/W	R/W	R/W
Initial	0	0	0	0	0	0	0	0

[표 5-2] 외부 인터럽트 INT3~0의 트리거방식 설정

ISCn1	ISCn0	인터럽트 설정 방식
0	0	INTn(n=0,1,2,3)핀 L레벨 신호입력 인터럽트 설정
0	1	사용하지 않음(Reserved)
1	0	INTn(n=0,1,2,3)핀 하강에지(falling edge) 인터럽트 설정
1	1	INTn(n=0,1,2,3)핀 상승에지(rising edge) 인터럽트 설정

외부 인터럽트 제어 레지스터 EICRA는 INT3 ~ INT0의 외부 인터럽트를 설정하는 레지스터이다. INT3 ~ INT0 설정 방법은 [표 5-2]에 보이고 있다.

예를 들어 ISC31 = 1이고 ISC30 = 0이면 외부 인터럽트 입력핀 INT3의 입력신호가 하강에지(falling edge)일 때 인터럽트가 발생하고, ISC31 = 1이고 ISC30 = 1이면 외부 인터럽트 입력핀 INT3의 입력신호가 상승에지(rising edge)일 때 인터럽트가 발생한다.

3) 외부 인터럽트 제어 레지스터-EICRB

Bit	7	6	5	4	3	2	1	0
	ISC71	ISC70	ISC61	ISC60	ISC51	ISC50	ISC41	ISC40
Read/Write	R/W	R/W	R/W	R/W	R/W	R/W	R/W	R/W
Initial Value	0	0	0	0	0	0	0	0

[표 5-3] 외부 인터럽트 INT7 ~ 4의 트리거방식 설정

ISCn1	ISCn0	인터럽트 설정 방식
0	0	INTn(n=4,5,6,7)핀 L레벨 신호입력 인터럽트 설정
0	1	사용하지 않음(Reserved)
1	0	INTn(n=4,5,6,7)핀 하강에지(falling edge) 인터럽트 설정
1	1	INTn(n=4,5,6,7)핀 상승에지(rising edge)가 인터럽트 설정

외부 인터럽트 제어 레지스터 EICRB는 INT7 ~ INT4의 외부 인터럽트를 설정하는 레지스터이다. INT7 ~ INT4 설정 방법은 [표 5-3]에 보이고 있다.

예를 들어 ISC71 = 1이고 ISC70 = 0이면 외부 인터럽트 입력핀 INT7의 입력신호가 하강에지(falling edge)일 때 인터럽트를 발생시킨다.

4) 외부 인터럽트 마스크 레지스터-EIMSK

Bit	7	6	5	4	3	2	1	0
	INT7	INT6	INT5	INT4	INT3	INT2	INT1	INT0
	R/W	R/W	R/W	R/W	R/W	R/W	R/W	R/W
Initial	0	0	0	0	0	0	0	0

외부 인터럽트 마스크 레지스터 EIMSK는 인터럽트 INT7 ~ INT0을 개별적으로 허용하는데 사용된다. 이렇게 개별적으로 허용된 인터럽트는 SREG 레지스터의 전체 인터럽트 허용비트 I비트가 1로 되어야만 실제로 허용상태가 된다.

이와 같이 ATMEGA128 CPU는 모든 인터럽트를 사용하거나 사용하지 않도록 선택하는 "Global Interrupt Enable" 비트가 있고, 각 인터럽트 종류별로 설정하는 "Interrupt Mask Register"가 별도로 존재하여 개별 인터럽트의 사용여부를 설정할 수 있도록 구성되어 있다.

5) 외부 인터럽트 플래그 레지스터-EIFR

Bit	7	6	5	4	3	2	1	0
	INTF7	INTF6	INTF5	INTF4	INTF3	INTF2	INTF1	INTF0
Read/Write	R/W	R/W	R/W	R/W	R/W	R/W	R/W	R/W
Initial Value	0	0	0	0	0	0	0	0

EIFR 레지스터는 cpu가 자동으로 해당 비트에 1과 0을 써주기도 하고 clear 하기도 한다. 사용자는 EIFR 레지스터를 별도 설정할 필요가 없다.

외부 인터럽트 플래그 레지스터 EIFR는 INT7 ~ INT0핀에 인터럽트 신호가 입력되어 해당 비트가 트리거 되었음을 표시하는데 사용된다.

이 비트들은 인터럽트 처리가 시작되고 MCU가 인터럽트 벡터를 인출하여 인터럽트 서비스 벡터 루틴으로 점프하게 되면 해당 비트에 1을 Write 해 주고 인터럽트가 끝나면 자동으로 해당비트를 0으로 clear 된다.

한편, SREG I 비트는 cli와 sei 어셈블리 명령 또는 _CLI()와 _SEI()(C언어)로 해제, 설정할 수 있다.

- 인터럽트 실습 회로도

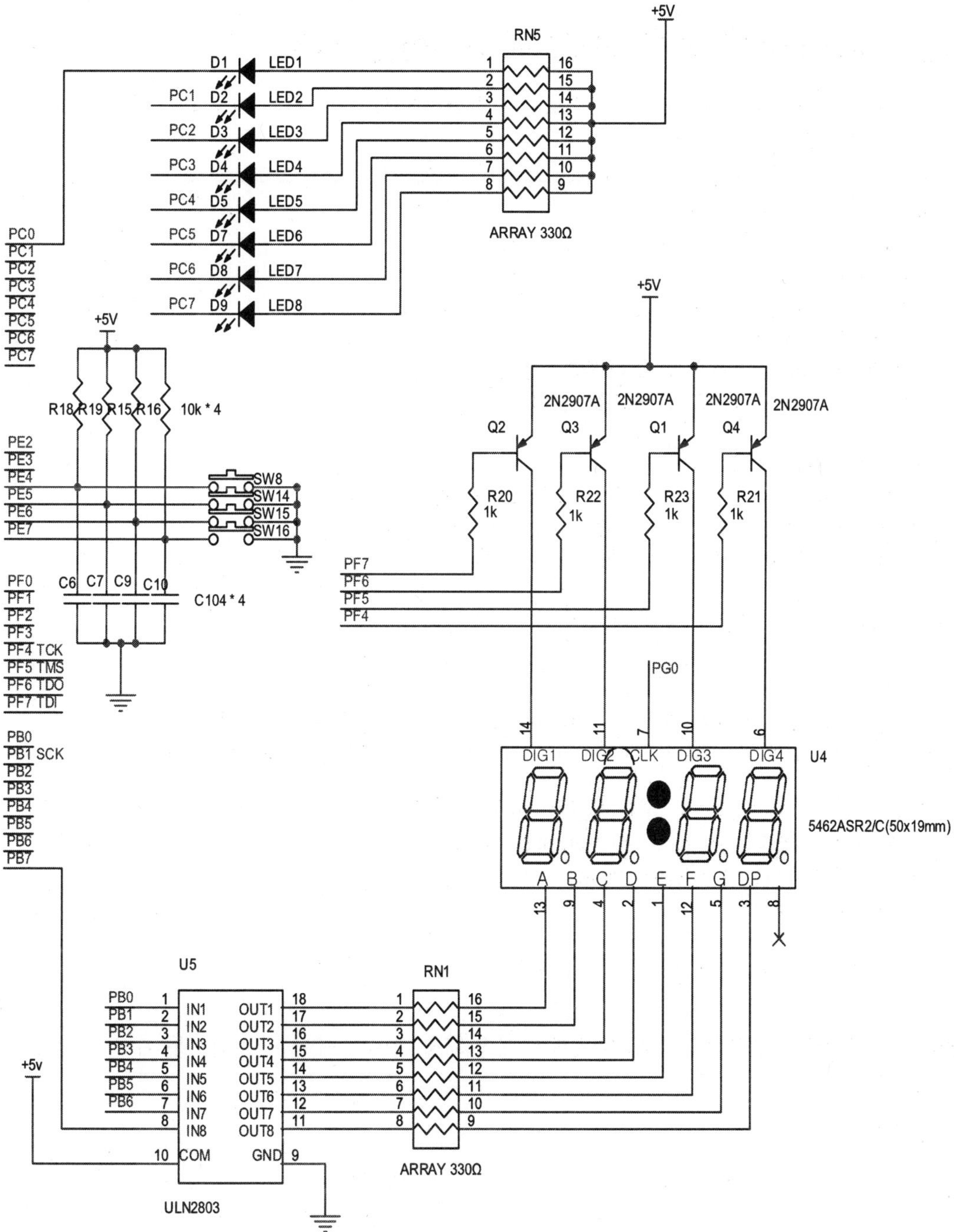
+5V
RN5
D1 LED1
PC1 D2 LED2
PC2 D3 LED3
PC3 D4 LED4
PC4 D5 LED5
PC5 D7 LED6
PC6 D8 LED7
PC7 D9 LED8
ARRAY 330Ω
PC0
PC1
PC2
PC3
PC4
PC5
PC6
PC7
+5V
R18 R19 R15 R16 10k * 4
PE2
PE3
PE4
PE5
PE6
PE7
SW8
SW14
SW15
SW16
PF0
PF1
PF2
PF3
PF4 TCK
PF5 TMS
PF6 TDO
PF7 TDI
C6 C7 C9 C10 C104 * 4
+5V
2N2907A 2N2907A 2N2907A 2N2907A
Q2 Q3 Q1 Q4
R20 1k
R22 1k
R23 1k
R21 1k
PF7
PF6
PF5
PF4
PG0
DIG1 DIG2 CLK DIG3 DIG4
U4
5462ASR2/C(50x19mm)
A B C D E F G DP
PB0
PB1 SCK
PB2
PB3
PB4
PB5
PB6
PB7
U5
RN1
PB0 IN1 OUT1
PB1 IN2 OUT2
PB2 IN3 OUT3
PB3 IN4 OUT4
PB4 IN5 OUT5
PB5 IN6 OUT6
PB6 IN7 OUT7
IN8 OUT8
+5v
COM GND
ARRAY 330Ω
ULN2803

9. 외부 인터럽트 제어

[예제 interrupt.1] 외부 인터럽트 제어실습 - LED

SW8/ INT4 눌려질 때마다 외부 인터럽트 4가 발생하여 LED가 1칸씩 좌로 이동하는 프로그램을 작성하라.(falling edge 사용)

```
#include <mega128.h>
unsigned char led = 0b11111110; // led 초기값 설정
void main(void)
{
  // 포트 초기화
  DDRC = 0xff;  // 포트 C 출력방향설정
  PORTC = led;  // 포트 C 초기값 출력

  // 인터럽트 초기화
  SREG = 0x80;              // 전체 인터럽트 허용
  EIMSK = 0b00010000;       // INT 4 인터럽트 허용
  EICRB = 0b00000010;       // INT 4 falling edge 설정

  while(1);  // 인터럽트 대기 쉬고 있음    .......  ·*·  ........
}

// 외부 인터럽트4 서비스 루틴 // interrupt[인터럽트 소스명] void 함수명(void)
interrupt [EXT_INT4] void aa_int4(void) // [EXT_INT4]는 헤드파일에 있음.
{
  led <<= 1;                // 왼쪽으로 1비트 shift 하면  led 값은 1111 1100 됨
  led |= 0b00000001;        // 최하위 비트 보상
  if(led == 0b11111111) led = 0xfe;    // led == 0xff일 때 led 초기값 설정
  PORTC = led;
}
```

문제) INT5 키가 눌려질 때 위의 예제와 동일하게 프로그램이 구동되도록 수정하시오.

[예제 interrupt.2] 외부 인터럽트 제어실습 - LED

led0 → led1 → … → led7 → led6 → led5 → … → led0 순으로 순차점멸하고 SW8/INT4 스위치를 누르면 외부 인터럽트가 발생하여 전체 led가 on 되고 3초 후 다시 led가 순차 점멸하는 프로그램을 작성하라.(falling edge 사용)

```
#include <mega128.h>
#include <delay.h>
void main(void){
  unsigned char led = 0xfe;
  // 포트 초기화
  DDRC = 0xff;              // 포트 C 출력방향설정
  PORTC = led;              // 포트 C에 초기값 출력
  // 인터럽트 초기화
  SREG = 0x80;              // 전체 인터럽트 허용
  EICRB = 0b00000010;       // INT4 : 하강 에지
  EIMSK = 0b00010000;       // INT4 인터럽트 인에이블

while(1){
      do{
          PORTC = led;      // 포트 C에 0xfe 출력
          delay_ms(100);    // 시간 지연 0.1초
          led <<= 1;        // led 변수의 좌 쉬프트
          led |= 0x01;      // 쉬프트 후에 0 비트에는 0이 입력 '1'로 set
        }
     while(led != 0x7f);              // MSB가 켜지면 루프 종료

      do{
          PORTC = led;                // 포트 C에 출력
          delay_ms(100);              // 시간 지연
          led >>= 1;                  // led 변수의 우 쉬프트
          led |= 0x80;                // 쉬프트 후에 7 비트에는 0이 입력 1로 set
        }
      while(led != 0xfe);             // LSB가 켜지면 루프 종료
  }
}
// 외부 인터럽트4 서비스 루틴          // interrupt[인터럽트 소스명] void 함수명(void)
interrupt [EXT_INT4] void aa_int4(void)
{
    PORTC = 0;
    delay_ms(3000);
}
```

[예제 interrupt.3] 외부 인터럽트 제어실습 - LED

SW8/INT4을 누르고 있는 동안에는 동작하지 않고 손을 떼면 LED가 왼쪽으로 shift 되게 프로그램을 작성하라.(rising edge 사용)

```
#include <mega128.h>
#include <delay.h>
unsigned char led = 0xfe;
void main(void)
{
  // 포트 초기화
  DDRC = 0xff;              // 포트 C 출력 설정
  PORTC = led;              // 포트 C에 초기값 출력
  // 인터럽트 설정
  SREG = 0x80;              // 전체 인터럽트 허용
  EICRB = 0b00000011;       // rising edge
  EIMSK = 0b00010000;       // 외부 인터럽트4 인에이블

  while(1);  // 인터럽트 대기 쉬고 있음    .......  ·*·  ........
}

// 외부 인터럽트4 서비스 루틴 // interrupt[인터럽트 소스명] void 함수명(void)
interrupt [EXT_INT4] void aa_int4(void)
{
  // LED 순차 점멸
  led <<= 1;
  led |= 0x01;
  if(led == 0xff) led = 0xfe;
  PORTC = led;
  delay_ms(500);      // 참고. low 레벨 사용시 delay_ms(500);
}
```

[예제 interrupt.4] 외부 인터럽트 제어실습 - FND

S/W8, 14, 15, 16(INT4, 5, 6, 7)이 눌려질 때마다(falling edge 사용) 외부 인터럽트가 발생하여 첫 번째 FND에 interrupt 숫자가 display 되도록 프로그램을 작성하라.

```
#include <mega128.h>
#include <delay.h>
char data[4] = {0x66, 0x6d, 0x7d, 0x07};
void main(void)
  {
    DDRB = 0xff;
    DDRF = 0xf0;
    PORTF = 0b11100000;
    PORTB = 0x3f;

    EICRB = 0b10101010;  // 하강 EDGE
    EIMSK = 0b11110000;  // INT 4,5,6,7사용
    SREG = 0x80;

    while(1);  // 인터럽트 대기 쉬고 있음   .......  ·*·  ........
  }

// interrupt[인터럽트 소스명] void 함수명(void)
interrupt [EXT_INT4] void aa_4(void)
  {
    PORTB = data[0];
  }
interrupt [EXT_INT5] void bb_5(void)
  {
    PORTB = data[1];
  }
interrupt [EXT_INT6] void cc_6(void)
  {
    PORTB = data[2];
  }
interrupt [EXT_INT7] void dd_7(void)
  {
    PORTB = data[3];
  }
```

[예제 interrupt.4-1] 외부 인터럽트 제어실습 - led

S/W8, 14, 15, 16(INT4, 5, 6, 7)이 눌려질 때마다(falling edge 사용) 외부 인터럽트가 발생하여 led가 5회 on/off 되게 하시오. 인터럽트가 발생하지 않은 경우에는 모든 led가 순차 on/off 되게 하시오.(비트 단위로 프로그램 작성)

```
#include <mega128.h>
#include <delay.h>
#define LED4 PORTC.0
#define LED5 PORTC.1
#define LED6 PORTC.2
#define LED7 PORTC.3
char i;
void main(void){
  DDRC = 0xff;
  SREG = 0x80;
  EIMSK = 0b11110000;
  EICRB = 0b10101010;
while(1)
 {
   for(i = 0 ; i < 5 ; i++){
       PORTC = 0;
       delay_ms(500);
       PORTC = 0xff;
       delay_ms(500);
      }
 }
}
interrupt [EXT_INT4] void aa_4(void){
  for(i = 0 ; i < 5 ; i++){
    LED4 = 0;
    delay_ms(500);
    LED4 = 1;
    delay_ms(500);
  }
}

interrupt [EXT_INT5] void bb_5(void)
{
  for(i = 0;i < 5; i++)
  {
    LED5 = 0;
    delay_ms(500);
    LED5 = 1;
```

```
        delay_ms(500);
    }
}
interrupt [EXT_INT6] void cc_6(void)
{
    for(i = 0;i < 5; i++)
    {
        LED6 = 0;
        delay_ms(500);
        LED6 = 1;
        delay_ms(500);
    }
}
interrupt [EXT_INT7] void dd_7(void)
{
    for(i = 0;i < 5; i++)
    {
        LED7 = 0;
        delay_ms(500);
        LED7 = 1;
        delay_ms(500);
    }
}
```

[예제 interrupt.4-2] 외부 인터럽트 제어실습 - led

S/W8, 14, 15, 16(INT4, 5, 6, 7)이 눌려질 때마다(falling edge 사용) 외부 인터럽트가 발생하여 led가 5회 on/off 되게 하시오. FND에 INT 값이 표시 되도록 하고 인터럽트가 발생하지 않은 경우에는 모든 led가 순차 on/off 되게 하시오.
(비트 단위로 프로그램 작성)

```
#include <mega128.h>
#include <delay.h>
#define LED4 PORTC.0
#define LED5 PORTC.1
#define LED6 PORTC.2
#define LED7 PORTC.3
char i;
void main(void){
  DDRB = 0xff;
  DDRF = 0xf0;
  PORTB = 0x3f;
  PORTF = 0b11100000;

  DDRC = 0xff;
  SREG = 0x80;
  EIMSK = 0b11110000;
  EICRB = 0b10101010;
while(1)
 {
    for(i = 0; i < 5; i++){
        PORTC = 0;
        delay_ms(500);
        PORTC = 0xff;
        delay_ms(500);
      }
 }
}
interrupt [EXT_INT4] void aa_4(void){
  PORTB = 0x66;
  for(i = 0;i < 5; i++){
    LED4 = 0;
    delay_ms(500);
    LED4 = 1;
    delay_ms(500);
  }
}
```

```
interrupt [EXT_INT5] void bb_5(void)
{
   PORTB = 0x6d;
   for(i = 0;i < 5; i++)
   {
      LED5 = 0;
      delay_ms(500);
      LED5 = 1;
      delay_ms(500);
   }
}
interrupt [EXT_INT6] void cc_6(void)
{
   PORTB = 0x7d;
   for(i = 0;i < 5; i++)
   {
      LED6 = 0;
      delay_ms(500);
      LED6 = 1;
      delay_ms(500);
   }
}
interrupt [EXT_INT7] void dd_7(void)
{
   PORTB = 0x07;
   for(i=0;i < 5; i++)
   {
      LED7 = 0;
      delay_ms(500);
      LED7 = 1;
      delay_ms(500);
   }
}
```

[예제 interrupt.5] 외부 인터럽트 제어실습 - FND

INT4, 5, 6, 7이 눌려질 때마다 외부 인터럽트가 발생하여 FND1, 2, 3, 4에 interrupt 숫자가 표시되도록 프로그램을 작성하라.(falling edge 사용)

* INT4 ⇒ FND(첫 번째)에 4로 display, INT5 ⇒ FND(두 번째)에 5로 display
* INT6 ⇒ FND(세 번째)에 6로 display, INT7 ⇒ FND(네 번째)에 7로 display

```
#include <mega128.h>
#include <delay.h>
char data[10] = {0x3f,0x06,0x5b,0x4f,0x66,0x6d,0x7d,0x07,0x7f,0x6f};
void main(void){
  DDRB = 0xff;
  DDRF = 0xf0;
  PORTF = 0b11100000;
  SREG = 0x80;
  EICRB = 0b10101010;
  EIMSK = 0b11110000;
  PORTB = 0x3f;

while(1); // 인터럽트 대기 쉬고 있음    .......  .*.  ........

}
// interrupt[인터럽트 소스명] void 함수명(void)
interrupt [EXT_INT4] void aa_4(void)
  {
    PORTF = 0b01110000;
    PORTB = data[4];
  }
interrupt [EXT_INT5] void bb_5(void)
 {
    PORTF = 0b10110000;
    PORTB = data[5];
 }
interrupt [EXT_INT6] void cc_6(void)
 {
    PORTF = 0b11010000;
    PORTB = data[6];
 }
interrupt [EXT_INT7] void dd_7(void)
 {
    PORTF = 0b11100000;
    PORTB = data[7];
 }
```

[예제 interrupt.6] 외부 인터럽트 제어실습 - FND

S/W8(INT4)를 누르면 첫 번째 FND 숫자가 up count 되고 S/W14(INT5)를 누르면 FND 숫자가 down count 되는 프로그램을 작성하시오.

```
#include <mega128.h>
#include <delay.h>
char data[10] = {0x3f,0x06,0x5b,0x4f,0x66,0x6d,0x7d,0x07,0x7f,0x6f};
int num = 0;
void main(void){
     int n1, n10;
     DDRB = 0xff;  DDRF = 0xff;
     SREG = 0x80;
     EICRB = 0b00001010;
     EIMSK = 0b00110000;

  while(1){
     n1 = num % 10;
     n10 = num / 10;
     PORTF = 0b11100000;
     PORTB = data[n1];
     delay_ms(5);
     PORTF = 0b11010000;
     PORTB = data[n10];
     delay_ms(5);
     if(num > 99)   num = 0;
     if(num < 0)    num = 0;
   }
}

 // interrupt[인터럽트 소스명] void 함수명(void)
 interrupt [EXT_INT4] aa_4(void){
     num++;
  }
 interrupt [EXT_INT5] bb_5(void){
     num--;
  }
```

[예제 interrupt.7] 외부 인터럽트 제어실습 - FND

외부 인터럽트 INT4, 5, 6, 7이 눌려질 때마다 FND에 interrupt 발생횟수가 display 되도록 프로그램을 작성하라. ① falling edge 사용 ② 0 ~ 9999 fnd display

```
#include <mega128.h>
#include <delay.h>
char data[10]={0x3F,0x06,0x5B,0x4F,0x66,0x6D,0x7C,0x27,0x7F,0x6F};
int num;
void main(void){
 int n1, n10, n100, n1000, buf;
 DDRB = 0xff;  DDRF = 0xff;
 SREG = 0x80;
 EICRB = 0b10101010;
 EIMSK = 0b11110000;

 while(1){
     n1000 = num / 1000;
     buf = num % 1000;
     n100 = buf / 100;
     buf = buf % 100;
     n10 = buf  /10;
     n1 = buf % 10;
     PORTF = 0b11100000;  PORTB = data[n1];     delay_ms(5);
     PORTF = 0b11010000;  PORTB = data[n10];    delay_ms(5);
     PORTF = 0b10110000;  PORTB = data[n100];   delay_ms(5);
     PORTF = 0b01110000;  PORTB = data[n1000];  delay_ms(5);

     if (num > 9999) num = 0;
   }
 }
 // interrupt[인터럽트 소스명] void 함수명(void)
   interrupt [EXT_INT4] aa_4(void){
   num++;
 }
   interrupt [EXT_INT5] bb_5(void){
   num++;
 }
   interrupt [EXT_INT6] cc_6(void){
   num++;
 }
   interrupt [EXT_INT7] dd_7(void){
   num++;
 }
```

[예제 interrupt.7-1] 외부 인터럽트 제어실습 - FND

외부 인터럽트 INT4, 5, 6, 7이 눌려질 때마다 FND에 interrupt 발생 횟수가 display 되도록 프로그램을 작성하라.

① falling edge 사용 ② 정수값 fnd에 표시 ③ 음수인 경우 "-" 표시

```
#include <mega128.h>
#include <delay.h>
#include <math.h>  //absnum = abs(num); 절대값 사용
char data[10]={0x3f,0x06,0x5b,0x4f,0x66,0x6d,0x7d,0x07,0x7f,0x6f};
char data_m[2]={0x00, 0x40}; // 0x40  '-'  표시
int num = 0, absnum;

void main(void){
    int n1 = 0, n10 = 0;
    DDRB = 0xff;  DDRF = 0xff;
    SREG = 0x80;
    EICRB = 0b00001010;
    EIMSK = 0b00110000;

    while(1){
     if(num >= 0){
       n1 = num % 10;
       n10 = num / 10;
       PORTF = 0b11100000;
       PORTB = data[n1];
       delay_ms(5);
       PORTF = 0b11010000;
       PORTB = data[n10];
       delay_ms(5);
       PORTF = 0b10110000;
       PORTB = data_m[0];
       delay_ms(5);
       }
     else if(num < 0){
       absnum = abs(num);
       n1 = absnum % 10;
       n10 = absnum / 10;
       PORTF = 0b11100000;
       PORTB = data[n1];
       delay_ms(5);

       PORTF = 0b11010000;
       PORTB = data[n10];
```

```
            delay_ms(5);
            PORTF = 0b10110000;
            PORTB = data_m[1];
            delay_ms(5);
            }
        if (num > 99)  num = 0;
        if (num < -99)  num = 0;
    }
}


interrupt [EXT_INT4] aa_4(void){
        num++;
}

interrupt [EXT_INT5] bb_5(void){
        num--;
}
```

[예제 interrupt.7-2] 외부 인터럽트 제어실습 - FND

외부 인터럽트 INT4, 5, 6, 7이 눌려질 때마다 FND에 interrupt 발생 횟수가 display 되도록 프로그램을 작성하라.

① falling edge 사용 ② 정수값 fnd에 표시 ③ 음수인 경우 "-" 표시

```
#include <mega128.h>
#include <delay.h>
char data[10]={0x3f,0x06,0x5b,0x4f,0x66,0x6d,0x7d,0x07,0x7f,0x6f};
char data_m = 0x40;  int num=0;
void main(void){
    int n1, n10;
    DDRB = 0xff; DDRE = 0x00; DDRF = 0xff;
    SREG = 0x80; EICRB = 0b10101010; EIMSK = 0b11110000;
    while(1){
      if(num >= 0){
         n10 = num / 10;  n1 = num % 10;
          PORTF = 0b11100000; PORTB = data[n1]; delay_ms(5);
          PORTF = 0b11010000; PORTB = data[n10]; delay_ms(5);
       }
      if(num < 0){
         n10 = -num / 10;    n1 = -num % 10;
         PORTF = 0b11100000; PORTB = data[n1]; delay_ms(5);
         PORTF = 0b11010000; PORTB = data[n10]; delay_ms(5);
         PORTF = 0b10110000; PORTB = data_m; delay_ms(5);
      }
    }
  }
interrupt [EXT_INT4] aa_4(void){
    num++;
}
interrupt [EXT_INT5] bb_5(void){
    num--;
}
```

[예제 interrupt.8] 외부 인터럽트 제어실습 - FND

0~9까지 숫자가 반복해서 카운트 되고 INT4를 누르면 STOP, 다시 누르면 숫자가 RUN 되게 프로그램을 구현하시오.

cf. 하나의 스위치로 STOP, RUN 2개의 기능 만들기

```
#include <mega128.h>
#include <delay.h>
unsigned char flag = 1;
char data[10]={0x3f,0x06,0x5b,0x4f,0x66,0x6d,0x7d,0x07,0x7f,0x6f};
void main(void){
 char i = 1;
 DDRB = 0xff;
 DDRF = 0xf0;
 DDRC = 0xff;
 PORTF = 0b11000000;    // fnd 1, 2가 동일하게 display 되게 한다.
 SREG = 0x80;
 EICRB = 0b00000010;
 EIMSK = 0b00010000;
 while(1){
    if (flag == 1){
        PORTB = data[i];
        i++;
        delay_ms(300);
        if(i == 10) i = 0;
    }
    else if (flag == 0){
        PORTC = 0;
        delay_ms(300);
        PORTC = 0xff;
        delay_ms(300);
    }
  }
}

// interrupt[인터럽트 소스명] void 함수명(void)
interrupt [EXT_INT4] void aa_4(void){
   flag = flag · 1;  // flag = 1이면 0을, 0이면 1을 flag에 저장한다.
 }
```

[예제 interrupt.9] 외부 인터럽트 제어실습 - FND

0~9999까지 숫자가 반복해서 카운트 되고 SW8를 누르면 STOP, 다시 SW8를 누르면 숫자가 RUN 되게 프로그램을 구현하시오.(예: stop watch)

```
#include 〈mega128.h〉
#include 〈delay.h〉
unsigned char flag = 1;    int i = 0;
char data[10]={0x3f,0x06,0x5b,0x4f,0x66,0x6d,0x7d,0x07,0x7f,0x6f};
void count(int i);
void main(void){
  DDRB = 0xff; DDRE = 0x00; DDRF = 0xf0;
  SREG = 0x80;
  EICRB = 0b10101010;
  EIMSK = 0b00010000;
  PORTF = 0;
while(1){
  if(flag == 1){
    count(i);
    i++;
      if(i == 9999) i = 0;
    }
  else{
      count(i);
}}}
void count(int i){
  int n1, n10, n100, n1000, buf;
  n1000 = i / 1000;    buf = i%1000;
  n100 =  buf /100;    buf = buf % 100;
  n10 = buf / 10;      n1 = buf % 10;

  PORTF = 0b11100000;  PORTB = data[n1];     delay_ms(5);
  PORTF = 0b11010000;  PORTB = data[n10];    delay_ms(5);
  PORTF = 0b10110000;  PORTB = data[n100];   delay_ms(5);
  PORTF = 0b01110000;  PORTB = data[n1000];  delay_ms(5);
}
// interrupt[인터럽트 소스명] void 함수명(void)
interrupt [EXT_INT4] void aa_4(void){
  flag = flag · 1; // // flag = 1이면 0을, 0이면 1을 flag에 저장한다.
 }
```

flag 개념 이해

flag란 단지 어떤 표시를 하는 것이다. 예를 들어

```
char a ;
만약 남자이면
a = 1;
여자이면
a = 0;
```

이런 식으로 처리를 했다가 나중에 a를 보고 1이면 남자, 0이면 여자이다.
일반적으로 TRUE FALSE를 사용한다.

```
#define FALSE 0
#define TRUE 1
typedef unsigned char Boolean;
Boolean flag;
if( 남자이면 )
flag = TRUE;
else
flag = FALSE;
```

이런 식을 TRUE, FALSE를 사용한다.
flag란 2가지의 성격을 가지게 된다.
0 또는 1 flag를 보고 어떤 상태를 파악하게 된다.

[예제 interrupt.10] 외부 인터럽트 제어실습 - FND

외부 인터럽트 4를 이용하여 SW8/INT4를 누를 때마다 우측 7-segment 표시값이 0 → 1 → 2 → 3 … → 9 → 0 → 1 → 2 … 표시되도록 프로그램을 작성하라.

```
#include <mega128.h>
#include <delay.h>
char fnd_data[10]={0x3f,0x06,0x5b,0x4f,0x66,0x6d,0x7d,0x07,0x7f,0x6f};
char  data = 0;
void main(void)
{
  DDRB = 0xff;              // 포트 B 출력 설정
  DDRF = 0b11110000;        // PF4-PF7 출력 설정

  // 인터럽트 초기화
  EICRB = 0b00000010;       // 외부 인터럽트4 : 하강 에지
  EIMSK = 0b00010000;       // 외부 인터럽트4 인에이블
  SREG = 0x80;

  PORTF = 0b11100000;       // 맨 우측 7-Segment SEG1 ON (PF4=0)

  while(1)
    PORTB = fnd_data[data];
}

 // 외부 인터럽트4 서비스 루틴
 // interrupt[인터럽트 소스명] void 함수명(void)
interrupt [EXT_INT4] void aa_4(void)
{
  data = (data + 1) % 10;  // 0 ~ 9까지 값을 표시
}
```

[예제 interrupt.10-1] 외부 인터럽트 응용실습

외부 인터럽트 4를 이용하여 SW8/INT4를 누를 때마다 led 표시값이 다음과 같이 표시되도록 프로그램을 작성하라.

data = 0	0xf0
data = 1	0xfc
data = 2	0xf3
data = 3	0xcf
data = 4	0x3f

```
#include <mega128.h>
#include <delay.h>
char data = 0;
void main(void){
DDRC = 0xff; DDRB = 0xff; DDRF = 0b11110000;

// 인터럽트 초기화
EICRB = 0b00000010;      // 외부 인터럽트4 : 하강 에지
EIMSK = 0b00010000;      // 외부 인터럽트4 인에이블
SREG = 0x80;

PORTF = 0b11100000;      // 맨 우측 7-Segment SEG1 ON (PF4=0)

while(1){
        if(data == 1) PORTC = 0xfc;
    else if(data == 2) PORTC = 0xf3;
    else if(data == 3) PORTC = 0xcf;
    else if(data == 4) PORTC = 0x3f;
    else if(data == 0) PORTC = 0xf0;
    }
}
 // 외부 인터럽트4 서비스 루틴
 // interrupt[인터럽트 소스명] void 함수명(void)
interrupt [EXT_INT4] void aa_4(void)
{
  data = (data + 1) % 5;  // 0~9까지 값을 표시
}
```

[예제 interrupt.11] 외부 인터럽트 제어실습 - FND

INT4~7을 이용하여 다음과 같이 동작되게 하고 7-segment에 출력하는 프로그램을 작성하라. INT4를 누르면 1의 자리를 +1, INT5를 누르면 10의 자리를 +1, INT6를 누르면 100의 자리를 +1, INT7를 누르면 1000의 자리에 +1이 되도록 하라.
그리고 각 자리의 최대값은 9로 하고, 9 다음에는 0이 되게 한다.

```
#include <mega128.h>
#include <delay.h>
char fnd_data[10]= {0x3f,0x06,0x5b,0x4f,0x66,0x6d,0x7d,0x07,0x7f,0x6f};
char  fnd1 = 0, fnd10 = 0, fnd100 = 0, fnd1000 = 0;
void fnd4_out(void);
void main(void){
    DDRB = 0xff;
    DDRF = 0b11110000;
    EICRB = 0b10101010;
    EIMSK = 0b11110000;
    SREG = 0x80;
    while(1)
    fnd4_out();
 }
void fnd4_out(void){
   PORTF = 0b11100000;
   PORTB = fnd_data[fnd1];
   delay_ms(5);
   PORTF = 0b11010000;
   PORTB = fnd_data[fnd10];
   delay_ms(5);
   PORTF = 0b10110000;
   PORTB = fnd_data[fnd100];
   delay_ms(5);
   PORTF = 0b01110000;
   PORTB = fnd_data[fnd1000];
   delay_ms(5);
}

// interrupt[인터럽트 소스명] void 함수명(void)
interrupt [EXT_INT4] void aa_4(void){
    fnd1 = (fnd1 + 1) % 10;            // 1자리 +1
}
interrupt [EXT_INT5] void bb_5(void)
 {
  fnd10 = (fnd10 + 1) % 10;            // 10자리 +1
```

```
 }
interrupt [EXT_INT6] void cc_6(void)
 {
  fnd100 = (fnd100 + 1) % 10;        // 100자리 +1
 }
interrupt [EXT_INT7] void dd_7(void)
 {
  fnd1000 = (fnd1000 + 1) % 10;    // 1000자리 +1
 }
```

[예제 interrupt.12] 외부 인터럽트 제어실습 - FND

INT4~7을 이용하여 십진 네 자리(0000 ~ 9999)값을 이용하여 7-segment에 출력하는 프로그램을 작성하라. 여기서 SW8/INT4이 push하면 1000의 자리를 +1, SW14/INT5가 push되면 100의 자리를 +1, SW15/INT6이 push되면 10의 자리를 +1, SW16/INT7가 push되면 1의 자리를 +1 하도록 하라. 각 자리의 최대값은 9로 하고 9 다음에는 0으로 한다.

```
#include <mega128.h>
#include <delay.h>
char SEG_DATA[10] = {0x3f,0x06,0x5b,0x4f,0x66,0x6d,0x7d,0x07,0x7f,0x6f};
unsigned int N1000 = 0, N100 = 0, N10 = 0, N1 = 0;
void main(void)
 {
  DDRB = 0xff;
  DDRF = 0xf0;
  EICRB = 0b10101010;
  EIMSK = 0b11110000;
  SREG = 0x80;

  while(1)
    {
      PORTF = 0b11100000;          // 1의 자리 on
      PORTB = SEG_DATA[N1];
      delay_ms(5);
      PORTF = 0b11110000;
      PORTF = 0b11010000;          // 10의 자리  on
      PORTB = SEG_DATA[N10];
      delay_ms(5);
      PORTF = 0b11110000;
      PORTF = 0b10110000;          // 100의 자리 on
      PORTB = SEG_DATA[N100];
      delay_ms(5);
      PORTF = 0b11110000;
      PORTF = 0b01110000;          // 1000의 자리 on
      PORTB = SEG_DATA[N1000];
      delay_ms(5);
       PORTF = 0b11110000;
    }
 }

// interrupt[인터럽트 소스명] void 함수명(void)
interrupt [EXT_INT7] void dd_7(void)
    {
```

```
        N1 = N1+1;
        if (N1 > 9)  N1 =0;
    }
interrupt [EXT_INT6] void cc_6(void)
    {
        N10 = N10+1;
        if (N10 > 9) N10 =0;
    }
 interrupt [EXT_INT5] void bb_5(void)
    {
        N100 = N100+1;
        if (N100 > 9) N100 =0;
    }
interrupt [EXT_INT4] void aa_4(void)
    {
        N1000 = N1000+1;
        if(N1000 > 9) N1000 =0;
    }
```

[예제 interrupt.13] 외부 인터럽트 제어 응용예제

A, B, C, D 생산라인 중 MCU100A model은 A, B line에서 생산되고, MCU200A model은 C, D line에서 생산되고 있다. A, B line에 생산되는 제품수를 인터럽트 4, 5를 이용하여 Total 제품수를 FND 3, 4에 표시하고, C, D line에 생산되는 제품수를 인터럽트 6, 7을 이용하여 Total 제품수를 FND 5, 6에 표시하는 프로그램을 작성하여라.

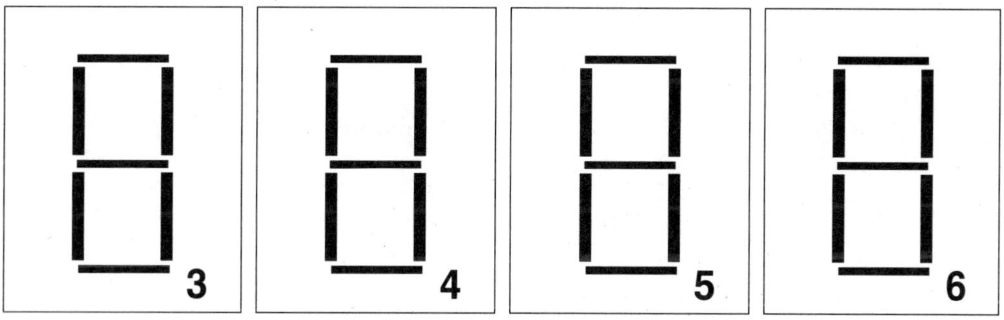

(A, B line에 생산되는 제품 수)　　　(C, D line에 생산되는 제품 수)

```
#include <mega128.h>
#include <delay.h>
int i, j, k, l = 0;
char data[10] = {0x3f,0x06,0x5b,0x4f,0x66,0x6d,0x7d,0x07,0x7f,0x6f};

void main(void)
 {
     DDRB = 0xff;           // PORTB 방향설정
     DDRF = 0xf0;           // PORTF 방향설정

     SREG = 0x80;           // 전체 인터럽트 허용
     EICRB = 0b10101010;  // int4, 5, 6, 7 falling edge
     EIMSK = 0b11110000;  // int4, 5, 6, 7 인터럽트 허용

   while(1)
    {
      PORTF = 0b11100000;
      PORTB = data[i];
      if (i >= 10) i = 0, k++;     // 1의 자리가 10이면 10의 자리 k++
      delay_ms(5);
```

```
        PORTF = 0b11010000;
        PORTB = data[k];
        if (k >= 10) k = 0;            // 10의 자리가 10이면 k = 0
        delay_ms(5);

          PORTF = 0b10110000;
          PORTB = data[j];
          if (j >= 10) j = 0, l++;     // 1의 자리가 10이면 10의 자리 l++
          delay_ms(5);

          PORTF = 0b01110000;
          PORTB = data[l];
         if (l >= 10)  l = 0;          // 10의 자리가 10이면 l = 0
         delay_ms(5);
    }
}

// interrupt[인터럽트 소스명] void 함수명(void)
interrupt [EXT_INT4] void aa_4(void)
 {
     i++;      // EXT_INT4 일때  i++
 }

interrupt [EXT_INT5] void bb_5(void)
 {
     i++;      // EXT_INT5 일때  i++
 }
interrupt [EXT_INT6] void cc_6(void)
 {
     j++;
 }
interrupt [EXT_INT7] void dd_7(void)
 {
     j++;
 }
```

[예제 interrupt.13-1] 외부 인터럽트 제어 응용예제

경북 구미전자공고 전자과 실습실에는 앞문, 뒷문이 있다. 학생이 교실 내로 들어올 때 센서와 교실에서 나갈 때 센서 두 모듈이 있다. 교실에 남아 있는 학생 수를 카운터 하려고 한다. 앞문으로 들어오는 센서를 SW8(INT4), 앞문으로 나가는 센서를 SW14(INT5), 뒷문으로 들어오는 센서를 SW15(INT6), 뒷문으로 나가는 센서를 SW16(INT7)이라 할 때 프로그램을 구현하시오.

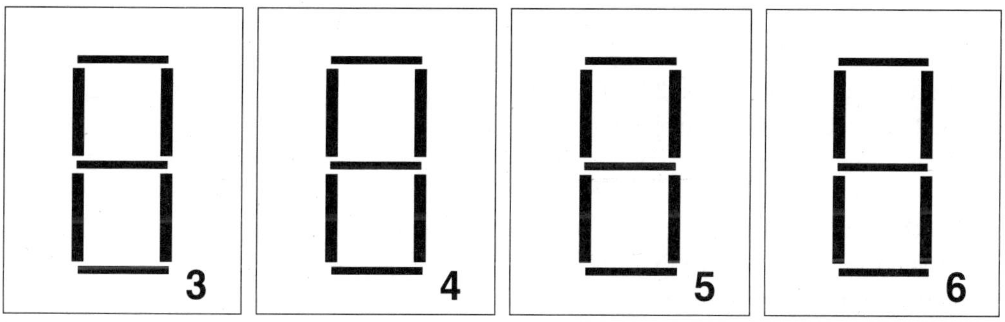

(교실에 남아 있는 학생 수) (나가는 학생수) (들어오는 학생수)

```
#include <mega128.h>
#include <delay.h>
char Fnd_Number[10]=    //
            {0x3f,0x06,0x5b,0x4f,0x66,0x6d,0x7d,0x07,0x7f,0x6f};
char FND1 = 0, FND2 = 0;
int number1 = 0, number2 = 0, number3 = 0;
void Fnd_display(void);
void main(void){
  DDRF = 0xf0;
  DDRB = 0xff;

  SREG = 0x80;
  EIMSK = 0xf0;    // INT4~7 on
  EICRB = 0xaa;

while(1){
     Fnd_display();
  }
}
```

```
  void Fnd_display(void){
    FND1 = number1 / 10;          // 10자리
    FND2 = number1 % 10;          // 01자리
    PORTF = 0b10110000;
    PORTB = Fnd_Number[FND2];
    delay_ms(5);

    PORTF = 0b01110000;
    PORTB = Fnd_Number[FND1];
    delay_ms(5);

    PORTF = 0b11010000;
    if(number2 == 10) number2 = 0;
    PORTB = Fnd_Number[number2];
    delay_ms(5);

    PORTF = 0b11100000;
    if(number3 == 10) number3 = 0;
    PORTB = Fnd_Number[number3];
    delay_ms(5);
}
 // interrupt[인터럽트 소스명] void 함수명(void)
interrupt [EXT_INT4] void aa_int4(void){
    number1++;
    number2++;
 }
interrupt [EXT_INT5] void bb_int5(void){
    number1--;
    number2--;
 }
interrupt [EXT_INT6] void cc_int6(void){
    number1++;
    number3++;
 }
interrupt [EXT_INT7] void dd_int7(void){
    number1--;
    number3--;
 }
```

[예제 interrupt.14] 외부 인터럽트 제어 응용예제

ATmel 社에는 MCU100A와 B모델 제품을 A-line과 B-line으로 구분하여 제조되고 있다. A-line과 B-line 모두 적외선 신호로 제품 수를 검출하려고 한다. 적외선 신호로 검출한 제품 수를 A-line과 B-line을 구분하여 FND에 표시하고 사무실에서는 A, B 라인 제품 수를 Total로 FND에 표시하고자 한다. 제품 수를 검출하는 프로그램을 작성하여라.

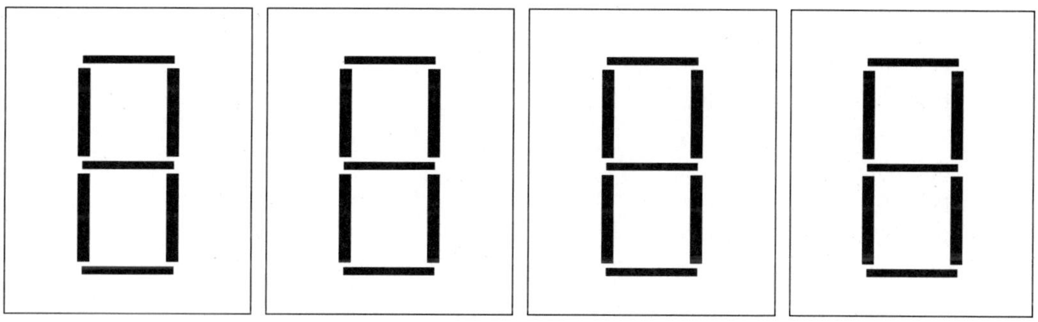

제품 TOTAL수 A-line(sw8) B-line(sw14)

[응용 1]

```
#include <mega128.h>
#include <delay.h>
char fnd_seg[10]={0x3F,0x06,0x5B,0x4F,0x66,0x6D,0x7C,0x27,0x7F,0x67};
int num1 = 0, num2 = 0, total = 0;

void main()
 {
    int i;
    int fnd1, fnd10, fnd100, fnd1000;

    DDRE = 0x00;
    DDRF = 0xf0;
    DDRB = 0xff;

    EICRB = 0x0A;
    EIMSK = 0x30;
    SREG = 0x80;

    while(1){
        fnd1 = num1 % 10;
        fnd10 = num2 % 10;
```

```
        fnd100 = total % 10;
        fnd1000 = total / 10;
        //total = num1 + num2;

      for (i = 0; i < 20; i++){
        delay_ms(5);
        PORTF = 0xe0;
        PORTB = fnd_seg[fnd1];

        delay_ms(5);
        PORTF = 0xd0;
        PORTB = fnd_seg[fnd10];

        delay_ms(5);
        PORTF = 0xb0;
        PORTB = fnd_seg[fnd100];

        delay_ms(5);
        PORTF = 0x70;
        PORTB = fnd_seg[fnd1000];
      }
   }
}
interrupt [EXT_INT4] void aa_4(void)
 {
     num2++;
     total++;
     if (total == 100) total = 0;
 }
interrupt [EXT_INT5] void bb_5(void)
 {
     num1++;
     total++;
     if (total == 100) total = 0;
 }
```

[예제 interrupt.15] 외부 인터럽트 제어 응용예제

SW8/INT4와 SW14/INT5만을 이용하여 다음 조건을 구현하라. SW14는 입력될 자리위치를 나타내고 SW8/INT4을 누를 때마다 현재 선택된 자리의 값을 +1씩 증가하게 한다. SW14/NT5를 누를 때마다 자리위치를 1자리 → 10자리 → … → 1000자리 → 1자리 → 10자리 → 100자리 → 1000자리로 이동하도록 한다.

```
#include <mega128.h>
#include <delay.h>
char fnd_data[10]= {0x3f,0x06,0x5b,0x4f,0x66,0x6d,0x7d,0x07,0x7f, 0x6f};
char  N1 = 0, N10 = 0, N100 = 0, N1000 = 0;
char  shift = 0;              // 0 : 1자리, 1 : 10자리, 2 : 100자리, 3 : 1000자리
void fnd(void);               // 4자리수 7-Segment 출력

void main(void){
  DDRB = 0xff;                // 포트 B 출력 설정
  DDRF = 0b11110000;          // PF4-PF7 출력 설정
  DDRE = 0;

  EICRB = 0b00001010;         // 외부 인터럽트 4,5 falling edge
  EIMSK = 0b00110000;         // 외부 인터럽트 4,5 사용
  SREG = 0b10000000;
  while(1) fnd();
}
void fnd(void)
{
  PORTF = 0b11100000;         // SEG 1 (PF4=0), 1자리 표시
  PORTB = fnd_data[N1];
  delay_ms(5);

  PORTF = 0b11010000;         // SEG 2 (PF5=0), 10자리 표시
  PORTB = fnd_data[N10];
  delay_ms(5);

  PORTF = 0b10110000;         // SEG 3 (PF6=0), 100자리 표시
  PORTB = fnd_data[N100];
  delay_ms(5);
  PORTF = 0b01110000;         // SEG 4 (PF7=0), 1000자리 표시
  PORTB = fnd_data[N1000];
  delay_ms(5);
}
```

```
interrupt [EXT_INT4] void aa_int4(void)
{
  N1 = N1 % 10;
  N10 = N10 % 10;
  N100 = N100 % 10;
  N1000 = N1000 % 10;

       if(shift == 0) N1 = (N1 + 1) % 10;            // 1자리 +1
  else if(shift == 1) N10 = (N10 + 1) % 10;          // 10자리 +1
  else if(shift == 2) N100 = (N100 + 1) % 10;        // 100자리 +1
  else                N1000 = (N1000 + 1) % 10;      // 1000자리 +1
}

// 외부 인터럽트5 서비스 루틴
interrupt [EXT_INT5] void bb_int5(void)
{
  shift = (shift + 1) % 4;  // 입력 자리 이동
}
```

[예제 interrupt.16] 외부 인터럽트 제어실습 응용예제

SW8/INT4와 SW14/INT5만을 이용하여 다음 조건을 구현하라.
SW8을 누르면 현 위치에 FND 숫자가 UP 카운터 되고 SW14를 누르면 현 위치의 FND 값이 왼쪽으로 shift 되게 프로그램을 설계하여라.

```
#include <mega128.h>
#include <delay.h>
int seg[10]= {0x3f, 0x06, 0x5b, 0x4f, 0x66, 0x6d, 0x7d, 0x07, 0x7f, 0x6f};
int N1 =0;
int pos = 0;
void Seg4_out(void);
void main(void)
 {
    DDRB = 0xff;
    DDRF = 0xf0;
    DDRE = 0;

    EICRB = 0b00001010;
    EIMSK = 0b00110000;
    SREG = 0x80;

    while(1) Seg4_out();
 }
void Seg4_out(void)
  {
    if(pos == 0)
    {
        PORTF = 0xe0;
        PORTB = seg[N1];
        delay_ms(5);

        PORTF = 0xd0;
        PORTB = seg[0];
        delay_ms(5);

        PORTF = 0xb0;
        PORTB = seg[0];
        delay_ms(5);

        PORTF = 0x70;
        PORTB = seg[0];
        delay_ms(5);
```

```
}
if(pos == 1)
 {
     PORTF = 0xe0;
     PORTB = seg[0];
     delay_ms(5);

     PORTF = 0xd0;
     PORTB = seg[N1];
     delay_ms(5);

     PORTF = 0xb0;
     PORTB = seg[0];
     delay_ms(5);

     PORTF = 0x70;
     PORTB = seg[0];
     delay_ms(5);

}
if(pos == 2)
 {
     PORTF = 0xe0;
     PORTB = seg[0];
     delay_ms(5);

     PORTF = 0xd0;
     PORTB = seg[0];
     delay_ms(5);

     PORTF = 0xb0;
     PORTB = seg[N1];
     delay_ms(5);

     PORTF = 0x70;
     PORTB = seg[0];
     delay_ms(5);

 }
if(pos == 3)
 {
     PORTF = 0xe0;
     PORTB = seg[0];
     delay_ms(5);
```

```
        PORTF = 0xd0;
        PORTB = seg[0];
        delay_ms(5);

        PORTF = 0xb0;
        PORTB = seg[0];
        delay_ms(5);

        PORTF = 0x70;
        PORTB = seg[N1];
        delay_ms(5);
    }
}

interrupt [EXT_INT4] void aa_int4(void)
{
    N1 = N1 % 10;

    if(pos == 0) N1 = (N1 +1) % 10;    // int 발생시 N1 배열값 증가
    else if(pos == 1) N1 = (N1 +1) % 10;
    else if(pos == 2) N1 = (N1 +1) % 10;
    else N1 = (N1 +1) % 10;
}

interrupt [EXT_INT5] void bb_int5(void)
{
    pos = (pos + 1) % 4; // int 발생시 마다 position 값 증가
}
```

[예제 interrupt.17] 외부 인터럽트 제어실습 - 시계제작

delay_ms() 함수를 이용하여 시간과 분을 7-segment에 출력하는 프로그램을 작성하라. 시간(hour)과 분(min)의 조정은 SW8/INT4, SW14/INT5 두 개의 스위치를 이용하여 입력하도록 하라.

```
#include <mega128.h>
#include <delay.h>
char data[10]={0x3f,0x06,0x5b,0x4f,0x66,0x6d,0x7d,0x07,0x7f,0x6f};
char  N1 = 0, N10 = 0, N100 = 0, N1000 = 0;
char  pos = 0;              // 0 : 1자리, 1 : 10자리, 2 : 100자리, 3 : 1000자리
char  hour = 0, min = 0, sec = 0;
void Time_display(void);    // 시간 표시 함수

void main(void){
  char i;
  DDRB = 0xff;              // B 포트 모든 핀 출력
  DDRF = 0xf0;              // PF4-PF7 출력
  DDRE = 0;
  // 인터럽트 초기화
  EICRB = 0b00001010;       // 외부 인터럽트 4 : 하강 에지
  EIMSK = 0b00110000;       // 외부 인터럽트 0 인에이블
  SREG = 0x80;              // 전역 인터럽트 인에이블 비트 셋

  while(1){
  for(i = 0; i < 59; i++)   // 1초간 반복표시 // 1초 만들기
      Time_display();
      sec = sec + 1;        // 초값 +1
        if(sec == 60){
            sec = 0;
            min = min + 1;    // 분값 +1
            if(min == 60){
               min = 0;
               hour = (hour + 1) % 24;       // 시간 +1
          }
        }
  }
}
// 시간 표시 함수
void Time_display(void){
      PORTF = 0b11100000;  // SEG 1 (분 1단위 표시)
       PORTB = data[min % 10];
       delay_ms(5);
```

```
        PORTF = 0b11010000;          // SEG 2 (분 10단위 표시)
        PORTB = data[min / 10];
        delay_ms(5);

        PORTF = 0b10110000;          // SEG 3 (시간 1단위 표시)
        PORTB = data[hour % 10];
        delay_ms(5);

        PORTF = 0b01110000;          // SEG 4 (시간 10단위 표시)
        PORTB = data[hour / 10];
        delay_ms(5);
    }

interrupt [EXT_INT4] void aa_4(void)
 {
         if(pos == 0) N1 = (N1 + 1) % 10;   // 분 1단위 +1
   else if(pos == 1) N10 = (N10 + 1) % 6;   // 분 10단위 +1
   else if(pos == 2)                        // 시간 1단위 +1
     {
       if(N1000 == 2) N100 = (N100 + 1) % 4;
       else N100 = (N100 + 1) % 10;
     }
   else
     {        // 시간 10단위 +1
       if(N100 < 4)
          N1000 = (N1000 + 1) % 3;
       else if
         (N1000 != 1)  N1000 = (N1000 + 1) % 3;
     }

   hour = N1000 * 10 + N100;       // 시간 계산
   min = N10 * 10 + N1;            // 분 계산
 }

interrupt [EXT_INT5] void bb_5(void)
 {
   pos = (pos + 1) % 4;            // 입력 자리 이동
 }
```

[예제 interrupt.17-1] 외부 인터럽트 제어실습 - 시계제작

예제 interrupt.17은 시간과 분을 조정하고자 할 때 현재 시간과 분의 값이 clear 되는 문제가 발생한다. 현재 가지고 있는 시간과 분의 값에 SW8, SW14 두 개의 스위치를 이용하여 시간과 분 값을 변경하고자 할 때 값이 clear 되지 않고 증가되도록 프로그램을 수정하시오.

```
#include <mega128.h>
#include <delay.h>
char data[16]={0x3f,0x06,0x5b,0x4f,0x66,0x6d,0x7d,0x07,0x7f,0x6f};
char  N1 = 0, N10 = 0, N100 = 0, N1000 = 0;
char  pos = 0; // 0 : 1자리, 1 : 10자리, 2 : 100자리, 3 : 1000자리
char  hour = 0, min = 0, sec = 0;
void Time_display(void);  // 시간 표시 함수

void main(void) {
  char i;
  DDRB = 0xff;              // B 포트 모든 핀 출력
  DDRF = 0b11110000;        // PF4-PF7 출력

  // 인터럽트 초기화
  EICRB = 0b00001010;       // 외부 인터럽트 4 : 하강 에지
  EIMSK = 0b00110000;       // 외부 인터럽트 0 인에이블'
  SREG = 0x80;              // 전역 인터럽트 인에이블 비트 셋

 while(1)
   {
     for(i = 0; i < 60; i++) Time_display();    // 1초간 반복 표시
     // 1초 만들기
     sec = sec + 1;                              // 초값 +1
     if(sec == 60){
       sec = 0;
       min = min + 1;                            // 분값 +1
       if(min == 60){
          min = 0;
          hour = (hour + 1) % 24;                // 시간 +1
 }}}}
void Time_display(void){
  PORTF = 0b11100000;              // SEG 1 (분 1단위 표시)
  PORTB = data[min % 10];
  delay_ms(5);

  PORTF = 0b11010000;              // SEG 2 (분 10단위 표시)
  PORTB = data[min / 10];
  delay_ms(5);
```

```
    PORTF = 0b10110000;    // SEG 3 (시간 1단위 표시)
    PORTB = data[hour % 10];
    delay_ms(5);

    PORTF = 0b01110000;    // SEG 4 (시간 10단위 표시)
    PORTB = data[hour / 10];
    delay_ms(5);
}
interrupt [EXT_INT4] void aa_4(void){
    N1 = min % 10;  N10 = min / 10;  N100 = hour % 10;
    N1000 = hour / 10;
    if(pos == 0) N1 = (N1 + 1) % 10;           // 분 1단위 +1
    else if(pos == 1) N10 = (N10 + 1) % 6;     // 분 10단위 +1
    else if(pos == 2){                         // 시간 1단위 +1
      if(N1000 == 2) N100 = (N100 + 1) % 4;    // 23시로 표현
      else N100 = (N100 + 1) % 10;             // 9까지 표현
    }
    else{   // 시간 10단위 +1
      if(N100 < 4) N1000 = (N1000 + 1) % 3;    // 23시로 표현
      else N1000 = (N1000 + 1) % 2;            // 시간 0, 1만 표현
    }
    hour = (N1000 * 10) + N100;      // 시간 계산
    min = (N10 * 10) + N1;           // 분 계산
}
interrupt [EXT_INT5] void bb_5(void)
{
    pos = (pos + 1) % 4;             // 입력 자리 이동
}
```

[예제 interrupt.18] 외부 인터럽트 제어실습 - stop watch

SW8, SW14, SW15, SW16을 이용하여 다음과 같이 동작되도록 프로그램을 작성하여라.
INT4를 누르면 start, INT5를 누르면 stop INT6을 누르면 pause INT4를 누르면 clear 된다.

구분	SW8(pin6)	SW14(pin7)	SW15(pin8)	SW16(pin9)
INT bit	INT4	INT5	INT6	INT7
function	start	stop	pause	clear

```
#include <delay.h>
char data[16]={0x3f,0x06,0x5b,0x4f,0x66,0x6d,0x7d,0x07,0x7f,0x6f};
char stop_flag = 1;                    // 초기상태는 정지 상태
char pause_flag = 0;
char ms = 0, sec = 0, min = 0;
void time_display(char mss, char secs, char mins);
void main(void)
 {
     char msp, secp, minp;             // 일시정지일 때 화면에 표시할 값 저장
     DDRB = 0xff;
     DDRF = 0xf0;
     DDRE = 0x00;

     EICRB = 0xaa;
     EIMSK = 0xf0;
     SREG = 0x80;
     while(1)
      {
         if(stop_flag == 0)            // stop_flag가 0이 되었을 때 start
         {
             ms++;
             if(ms == 10)
             {
                 ms = 0;
                 sec++;
                 if(sec == 60)
                 {
                     sec = 0;
                     min++;
                     if(min == 10) min = 0;
                 }
             }
         }
```

```
        if(pause_flag == 0)
          {
            time_display(ms,sec,min);
            msp = ms;   // 일시 정지되었을 때 표시할 값 저장
            secp = sec;
            minp = min;
          }
         else              // 일시정지일 때 화면 표시
            time_display(msp, secp, minp);
      }
}
//watch display
void time_display(char mss, char secs, char mins)
 {
      int i;

      for(i = 0 ; i < 5 ; i++)          // 총 지연 시간 약 0.1초
       {
          PORTF = 0xe0;
          PORTB = data[mss];
          delay_ms(5);

          PORTF = 0xD0;
          PORTB = (data[secs%10] | 0x80);     // 점으로 자릿수 표시
          delay_ms(5);

          PORTF = 0xb0;
          PORTB = data[secs/10];
          delay_ms(5);

          PORTF = 0x70;
          PORTB = (data[mins] | 0x80) ;       // 점으로 자릿수 표시
          delay_ms(5);
       }
 }
//start
interrupt [EXT_INT4] void aa_4(void)
 {
      stop_flag = 0;
 }
// stop
interrupt [EXT_INT5] void aa_5(void)
 {
      stop_flag = 1;
```

```
 }
// display pause
interrupt [EXT_INT6] void aa_6(void)
 {
     pause_flag = pause_flag · 1;
 }
// clear
interrupt [EXT_INT7] void aa_7(void)
 {
     ms = 0;
     sec = 0;
     min = 0;
     stop_flag = 1;
     pause_flag = 0;
 }
```

[예제 interrupt.19] cpu를 이용 led(32개) 제어실습 응용예제

다음과 같은 ATmega128 cpu 회로를 가지고 32개의 led를 순차적으로 제어하고자 한다. 74154는 Decoder IC이며 led는 74154의 출력에 연결되어 있고 PE2, PE3 port는 74154 제어 단자로 $\overline{G1}\,\overline{G2}$에 연결되어 있으며 $\overline{G1}\,\overline{G2}$ = 1이면 74154 출력은 모두 H가 되고 $\overline{G1}\,\overline{G2}$ = 0이면 정상 동작된다. led는 0이면 on 되고 1이면 off된다. led가 순차적으로 점멸하게 프로그램을 작성하시오.

cf. 동작순서 led1 ⇒ led2(회로에서 생략되어 있음) … led16 ⇒ led17 ⇒ led18(회로에서 생략되어 있음) ⇒ led32 ⇒ led1 반복 …

- ATmega128 cpu led 제어회로

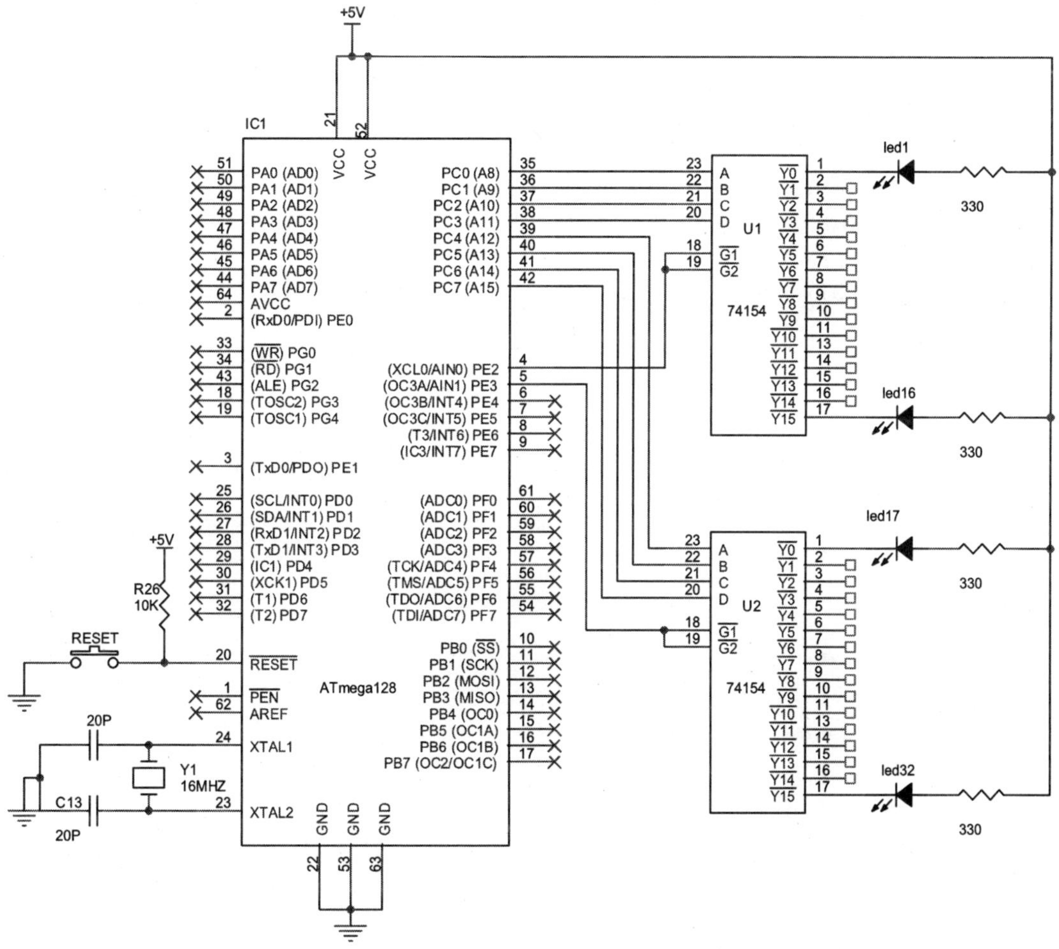

```
#include <mega128.h>
#include <delay.h>
int i = 0;
void main(void)
 {
  DDRC = 0xff;
  DDRE = 0xff;

  PORTC = 0xff;
  PORTE = 0;

  while(1)
   {
    PORTE = 0xfb;
    for (i = 240 ; i < 256; i++)
     {
       PORTC = i;
       delay_ms(5);
     }

       PORTC = 0xff;
       PORTE = 0xf7;

 for(i = 15 ; i < 256; i = i + 16)
     {
       PORTC = i;
       delay_ms(5);
     }
    PORTC = 0xff;
    delay_ms(5);
  }
}
```

[예제 interrupt.20] cpu 인터럽트제어 - 다중 인터럽트 실습

인터럽트 스위치 INT4, INT5, INT6, INT7을 이용하여 다중 인터럽트 우선순위를 알고자 하는 프로그램을 구현하고자 한다. SW8을 누르면 LED가 좌에서 우로 5번, SW14를 누르면 LED가 오른쪽에서 왼쪽으로 5번, SW15를 누르면 LED 전체가 10번 on/off 되고 sw16을 누르면 fnd가 5번 on/off 되게 하고 스위치를 눌렀을 때 우선순위에 의해 동작되도록 프로그램을 작성하시오.

```
#include <mega128.h>
#include <delay.h>
unsigned char seg_part[16] = {0x3f,0x06,0x5b,0x4f,0x66,0x6d,0x7d,0x07,0x7f,0x6f};
unsigned char led = 0xfe;
int num = 0, i;
int n1, n10, n100, n1000, buf;
void main(void)
 {
  DDRB = 0xff;
  DDRE = 0b00000010;
  DDRF = 0xff;
  DDRC = 0xff;
  PORTC = 0xff;
  SREG = 0x80;
  EIMSK = 0b11110000;
  EICRB = 0b10101010;
while(1){
  num++;
  n1000 = num / 1000;
  buf = num % 1000;
  n100 = buf / 100;
  buf = buf % 100;
  n10 = buf / 10;
  buf = buf % 10;
  n1 = buf % 10;

     PORTF = 0xe0;
     PORTB = seg_part[n1];
     delay_ms(5);
     PORTF = 0xd0;
     PORTB = seg_part[n10];
     delay_ms(5);

     PORTF = 0xb0;
     PORTB = seg_part[n100];
     delay_ms(5);
```

```
        PORTF = 0x70;
       PORTB = seg_part[n1000];
       delay_ms(5);

      if(num > 9999)
        {
            num = 0;
        }
    }
  }
  interrupt [EXT_INT4] void aa_int4(void){
  int cnt1 = 0;
  while(cnt1 < 5){
   led = 0xfe;                          // 1111 1110
    while(led != 0x7f)                  // led == 0111 1111
       {
          PORTC = led;
          delay_ms(100);
          led <<= 1;
          led |= 0x01;                  // or 0000 0001
       }
       cnt1++;
    }
}
 interrupt [EXT_INT5] void bb_int5(void)
  {
   int cnt2 = 0;
   while(cnt2 < 5)
    {
     led = 0x7f;            // 0111 1111
     while(led != 0xfe)     // led == 1111 1110
        {
          PORTC = led;
          delay_ms(100);
          led >>= 1;
          led |= 0x80;      // or 1000 0000
        }
      cnt2++;
    }
  }
  interrupt [EXT_INT6] void cc_int6(void){
   for(i = 0; i < 10 ; i++){

        PORTC = 0;
```

```
        delay_ms(100);
        PORTC = 0xff;
        delay_ms(100);
    }
  }
interrupt [EXT_INT7] void dd_int7(void){
  for(i = 0; i < 5 ; i++){
        PORTF = 0x0f;
        PORTB = 0x7f;
        delay_ms(500);
        PORTF = 0xff;
        delay_ms(500);
    }
}
```

CHAPTER

06

타이머/카운터 (Timer/Counter)

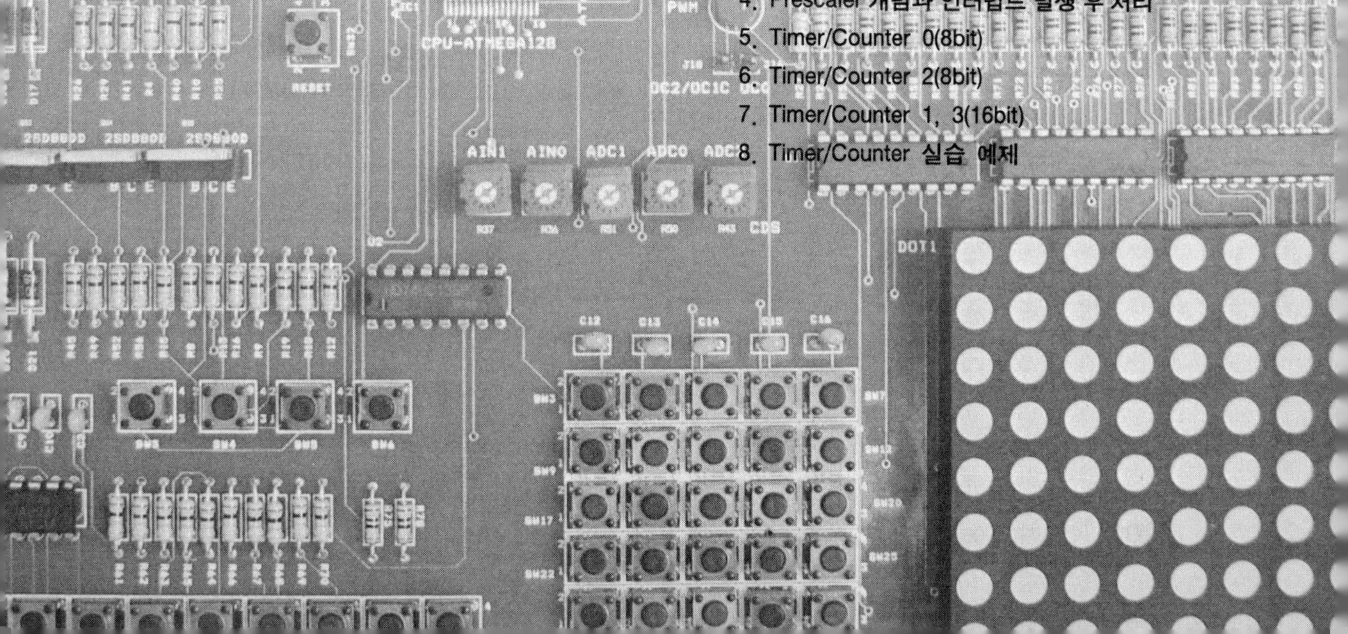

입력으로 들어오는 펄스가 어디에 존재, 의존하느냐에 따라 타이머(timer)와 카운터(counter)로 나눈다.

- Clock source가 **X-tal(16Mhz)에 의존하면** 타이머(timer): 일정시간 간격
- **외부핀**(T/C전용 pin)에 들어오는 펄스를 셈하면 카운터(counter)
  (TOSC1, TOSC2, T1, T2, T3에 펄스를 입력받으면 카운터가 됨)

1. 타이머와 카운터의 차이점

1) 타이머

(1) 내부 클럭(빠름/분주가능: 범위 내에서 클럭 선택가능) - 동기모드

(2) MCU의 내부클럭 $clk_{I/O}$(16MHZ) → 분주기 → clk_Tn을 이용

(3) 일정시간 간격의 펄스를 만들어 내거나 일정시간 경과 후에 인터럽트를 발생시키는 기능

2) 카운터

(1) 외부클럭(느림/분주 불가능 : 외부클럭 그대로 사용) - 비동기모드

(2) 카운터는 외부 핀(TOSC1, TOSC2, T1, T2, T3)을 통해서 들어오는 펄스의 수를 계수(Edge Detector)하여 Event Counter로서 동작(펄스 = 사건, 카운터 값 = 사건의 횟수)

T/C0, T/C2 ⇛ 8비트 레지스터로 동작
T/C1, T/C3 ⇛ 16비트 레지스터로 동작

※ 타이머와 카운터 차이만 이해하자.
다양한 실습을 통해 프로그램을 이해하자.

2. ATmega128 pin 구조(T/C pin 찾기)

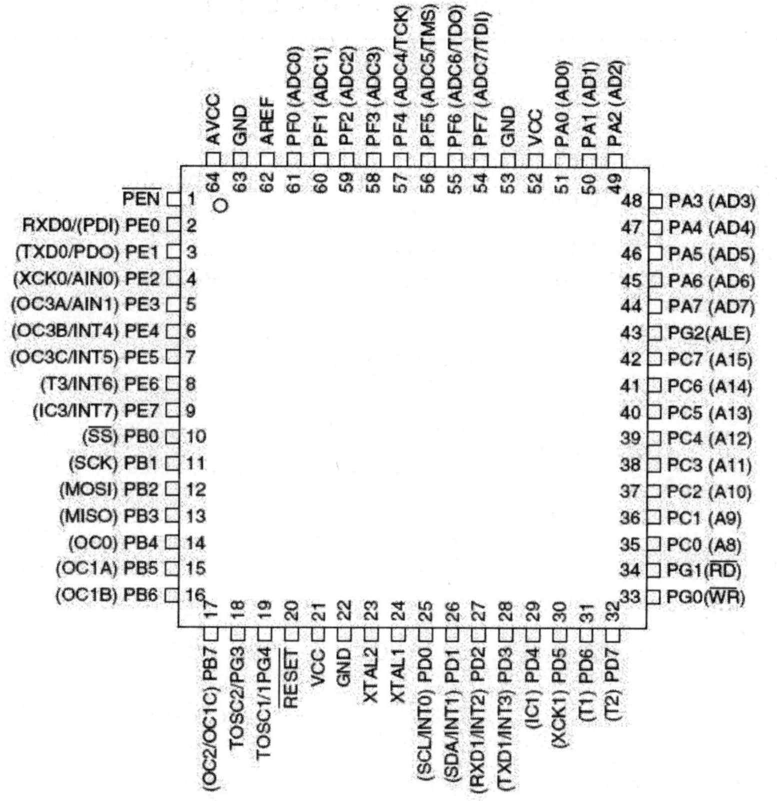

[그림 6-2] ATmeg128 Pin Out (T/C)

타이머/카운터에 사용될 핀 중 ① 카운터에 사용될 T1, T2, T3 핀을 찾아보고 ② 타이머에 사용될 PWM 출력파형 0C0, 0C1A, 0C1B, 0C1C, 0C2, OC3A, OC3B, OC3C을 찾아보자. 그리고 동그라미를 그리자.

- Timer/Counter0 (8비트), Timer/Counter2 (8비트)
- Timer/Counter1 (16비트), Timer/Counter3 (16비트)

타이머 카운터 0와 2는 8비트이고 타이머 카운터 1와 3는 16비트이다.

8비트라는 것은 레지스터의 크기가 00000000 ~ 11111111(256개)이고 16비트라는 것은 레지스터의 크기가 0 ~ 1111111111111111(65536개)이다.

3. 타이머/카운터 레지스터 요약표

[표 6-2] Timer/Count 특징 요약 표

구분	T/C 0	T/C 1	T/C 2	T/C 3
비트 수	8bit	16bit	8bit	16bit
카운터 동작시 외부클럭 입력핀	TOSC1(pin19) TOSC2(pin18)	T1(pin31)	T2(pin32)	T3(pin8)
PRESCALER	1, 8, 32, 64, 128, 256, 1024	1, 8, 64, 256, 1024	1, 8, 64, 256, 1024	1, 8, 64, 256, 1024
관련 레지스터	TCNT0, TCCR0,OCR0, ASSR, TIMSK, TIFR, SFIOR	TCNT1, TCCR1A, TCCR1B, CCR1C, OCR1A, OCR1B, OCR1C, ICR1, TIMSK, ETIMSK, TIFR, ETIFR, SFIOR	TCNT2, TCCR2, OCR2, TIMSK, TIFR, SFIOR	TCNT3, TCCR3A, TCCR3B, TCCR3C, OCR3A, OCR3B, OCR3C, ICR3, TIMSK, ETIMSK, TIFR, ETIFR, SFIOR
관련 입력핀	TOSC1, 2	T1, IC1	T2	T3, IC3
관련 출력핀	OC_0(pin14)	OC1A, OC1B, OC1C	OC2(pin17)	OC3A, OC3B, OC3C
인터럽트	- overflow - 출력비교매치 (OCR0=TCNT0 OC_0출력)	- overflow - 출력비교매치 A/B/C, input capture	- overflow - 출력비교매치 (OCR2=TCNT2 OC2출력)	- overflow - 출력비교매치 A/B/C,입력캡쳐
특징	RTC기능, T/C all free scaler	capture 기능 (IC1입력되면 TCNT1 복사)	-	capture 기능

※ Overflow(범람, 넘침) 개념

8bit 최대값 0 ~ 255(0x00 ~ 0xff)에서 다음 한 개의 clock 펄스가 들어오면 Overflow interrupt 발생

- overflow interrupt : TCNTn 레지스터 값이 overflow 될 때 발생
- output compare match interrupt : TCNTn와 OCRn이 일치할 때 발생

cf. 한강에 잠수교가 **범람**(overflow)했다.

4. Prescaler 개념과 인터럽트 발생 후 처리

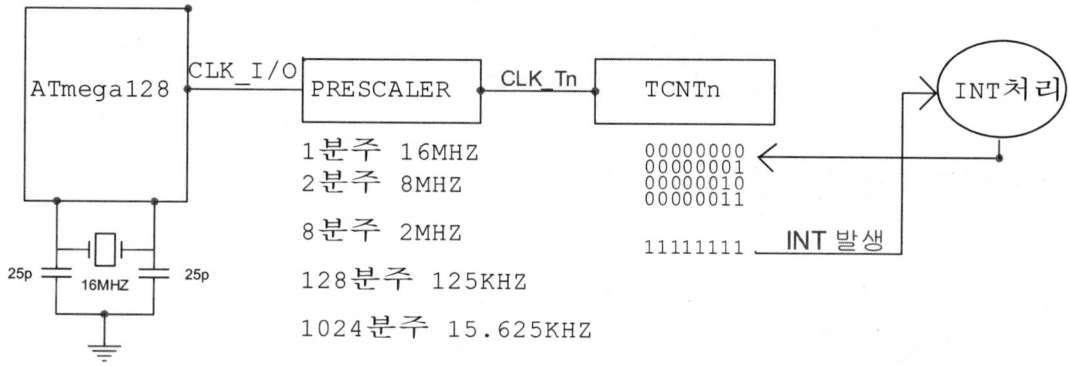

분주비가 1 : 2일 경우 시스템 클럭이 2번 들어올 때 프리스케일러를 통과한 클럭은 1번 클럭이 발생하고 타이머는 1번의 클럭으로 인식하는 것이다.

즉, 시스템 클럭이 16MHz이라고 한다면 타이머 클럭은 8MHz가 되는 것이다.

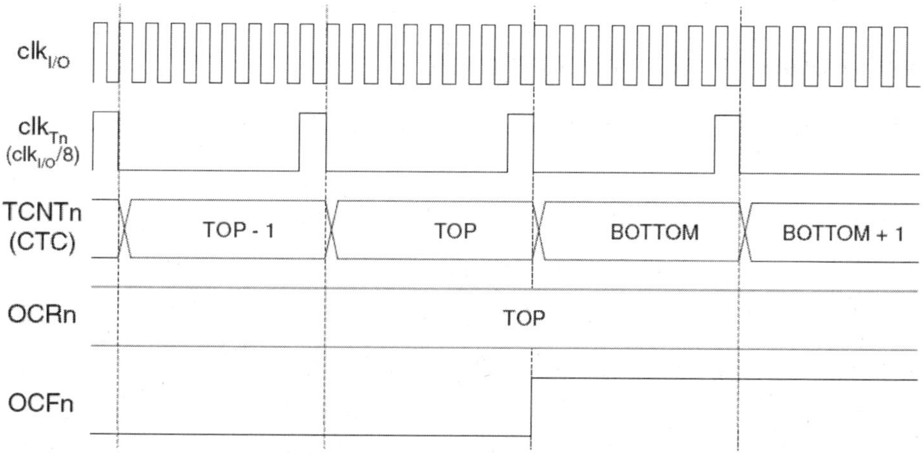

[그림 6-4] Timer/Counter0 타이밍(clk Io/8 Prescaler)

1) 기본동작

- clk_IO에서 분주기를 거쳐 클록신호(clk_Tn)에 의해 TCNT0 레지스터 동작
- UP 카운터 동작 시 0xff(255) ⇒ 0x00(0)으로 될 때 Overflow 되고 TOVn 신호로 ① 오버플로우(Overflow) 인터럽트 발생. TCNTn 레지스터의 값이 OCRn 레지스터 값과 비교 후 같아지면 ② 출력비교 매치 인터럽트 발생

2) 타이머 카운터관련 레지스터

- 타이머/카운터 제어 레지스터(TCCRn)
- 타이머/카운터 레지스터(TCNTn) : Overflow 인터럽트
- 출력비교레지스터(OCRn) : 출력비교매치 인터럽트

3) 인터럽트 관련 레지스터

- 타이머/카운터 인터럽트 마스크 레지스터(TIMSK)
- 타이머/카운터 인터럽트 플래그 레지스터(TIFR)

4) PWM (Pulse Width Modulation)

- PWM : 펄스신호의 펄스폭을 가변하여 출력값을 제어하는 방식

소프트웨어 프로그램을 이용하여 구형파를 만들수 있다. 타이머 카운터에서 인터럽트를 이용 출력신호 OCn을 통해 펄스신호의 듀티비(duty rate)를 조정하는 방법이다. 듀티비(duty rate)라고 하는 것은 한 주기(T)에 대한 High 신호가 차지하는 시간의 비를 말한다.

PWM 제어란 듀티비(duty rate)를 조정하여 제어 값의 평균전압을 조정하는 것을 말한다. 예를 들면 펄스신호의 듀티비가 변함으로서 이 신호의 평균 전압값이 변하게 되는 데 이러한 평균 전압값을 제어신호 값으로 사용할 수 있고 제어한 값에 모터를 연결하면 모터의 속도를 제어할 수 있다.

듀티비란 무엇인지 알고 평균전압, PWM에 대해 이해하자.

다음 PWM 그림을 보고 pwm에 제어 방법에 대해 이해하자.

- PWM 평균전압 파형

한 주기(T)에 대해 T1이 차지하는 비를 그림으로 그려보면 다음과 같다.

펄스의 비를 중속(5 : 5), 고속(8 : 2), 저속(2 : 8)의 평균전압을 보여주고 있다.

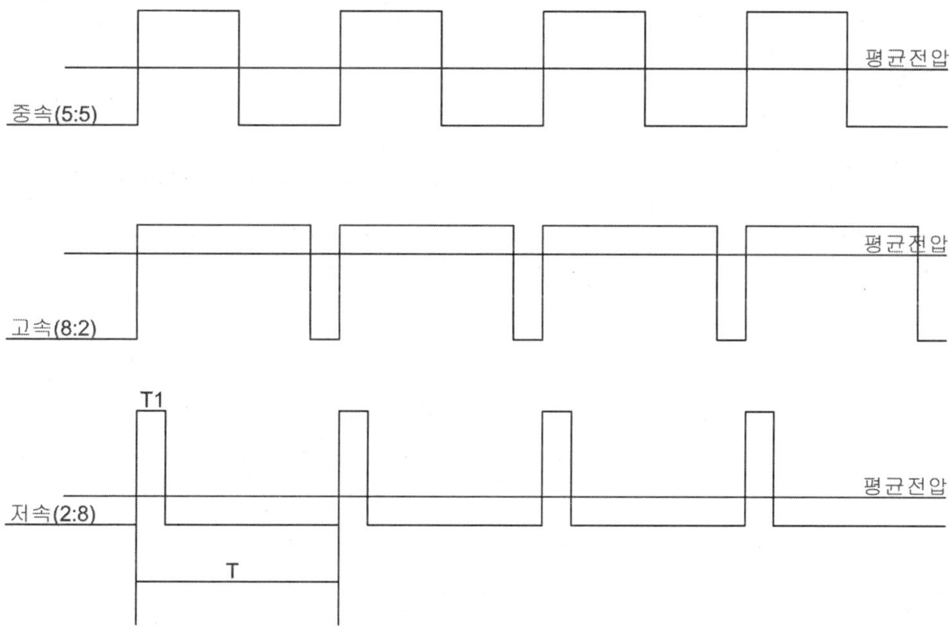

$$\text{DUTY 비} = \frac{T1}{T} * 100\%$$

듀티비(duty ratio)를 적절히 조절함으로써 모터에 가해지는 평균전압으로 모터속도를 조절할 수 있다. 중속, 저속, 고속의 듀티비(duty rate)를 보면 평균전압이 낮아지고 높아지는 것을 알 수 있는데 이것을 가지고 PWM 파형을 만들어 모터속도를 프로그램으로 제어하는 것이다.

즉 펄스에 대한 on 시간의 폭(T1)과 off시간의 폭을 변화시켜 출력되는 평균전압을 적절히 조절하여 모터의 속도를 조절하는 것이다.

5. Timer/Counter 0(8bit)

1) Timer/Counter 0 Prescaler(10bit)

T/C 0, 2는 기능이 매우 유사하며 T/C 0는 32.768Khz 크리스털을 TOSC1과 TOSC2를 연결하여 RTC(real time clock)를 동작시킬 수 있는 기능이 있다. 하지만 외부 클럭 입력단자 T0가 없으나 TOSC1핀에 외부클럭을 입력시킬 수 있다. 내부클럭(clk $_{I/O}$)이나 외부클럭(TOSC1)이 ASSR 레지스터 bit3의 AS0에 의해 프리스케일러(prescaler)를 통해 타이머 카운터 클럭소스(clk$_{_TO}$)로 사용된다.

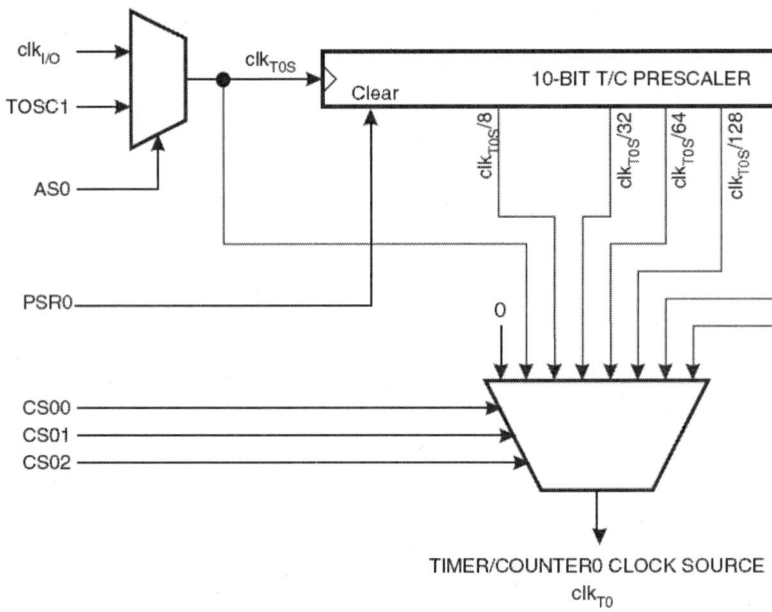

[그림 6-5] T/C0 10bit Prescaler

ASSR 레지스터의 AS0가 0이면 내부클럭(clk$_{_I/O}$)로 선택되고 타이머로 동작되며 AS0가 1이면 외부클럭(TOSC1)이 선택되고 타이머 클럭소스는 TOSC1에 연결되어 외부 클럭을 입력받는 카운터로 동작된다.

clk_I/0 주파수를 그대로 받아 사용할 경우(CS00 = 1, CS01 = 0, CS02 = 0) 내부클럭(clk I/O)을 그대로 타이머 소스로 전달되어 매우 빠른 주파수가 된다.

System clock 주파수(clk_I/O)를 CS00, CS01, CS02로 설정하여 clk_I/o 입력 주파수를 freescaler 분주비를 통해 타이머 카운터 클럭소스(clk_T0)으로 사용한다.

[표 6-3] T/C0 Prescaler 설정 표

CS2	CS1	CS0	설 명(not use 16,512)	
0	0	0	T/C 클럭차단(no clock source)	
0	0	1	clk T_O/1 (no prescaling)	16Mhz
0	1	0	clk T_O/8	2Mhz
0	1	1	clk T_O/32	500Khz
1	0	0	clk T_O/64	250Khz
1	0	1	clk T_O/128	125Khz
1	1	0	clk T_O/256	62.5Khz
1	1	1	clk T_O/1024	15.625Khz

CS00 = 1, CS01 = 0, CS02 = 0 값으로 세팅하면 1 : 1 분주비로 클럭소스 ($clk_{\_T0}$)가 16MHZ로 공급되어 사용된다.

가) ASSR (Asynchronous status register)

ASSR								0x30(0x50)
bit	7	6	5	4	3	2	1	0
	-	-	-	-	AS0	TCN0UB	OCR0UB	TCR0UB
R/W	R	R	R	R	R/W	R	R	R
initial	0	0	0	0	0	0	0	0

- AS0 = 0이면 클럭소스는 $clock_{_I/O}$가 설정되고 동기모드로 동작됨(타이머로 사용)
- AS0 = 1이면 클럭소스는 TOSC1에 연결되고 비동기모드로 동작됨(카운터로 사용)
- TCN0UB는 TOSC1핀으로 클럭이 입력되고 비동기 모드로 동작될 때 TCNT0에 새로운 값이 쓰여질 때 1로 자동 set됨. TCNT0에 값이 쓰여 진 후에는 자동으로 clear됨
- OCRUB 비동기 모드로 동작될 때 OCR0에 새로운 값이 쓰여 질 때 1로 자동 set됨. OCR0에 값이 쓰여 진 후에는 자동으로 clear됨
- TCR0UB는 TOSC1핀으로 클럭이 입력되고 비동기 모드로 동작될 때 TCCR0에 새로운 값이 쓰여질 때 1로 자동 set됨. TCCR0에 값이 쓰여 진 후에는 자동으로 clear됨

나) SFIOR (Special function IO register)

								0x20(0x40)
bit	7	6	5	4	3	2	1	0
	TSM	-	-	-	ACME	PUD	PSR0	PSR321
R/W	R/W	R	R	R	R/W	R/W	R/W	R/W
initial	0	0	0	0	0	0	0	0

- Bit 1 PSR0(PreScaler Reset T/C 0)

  PSR0 1로 SET하면 prescaler reset 되고 T/C 0를 정지시킴. 비동기 모드로 1일 때 prescaler가 Reset될 때까지 유지되며 TSM=1이면 H/W에 의해 clear되지 않음. PSR0 0하면 prescaler는 무관함.

- Bit 7 TSM(T/C Synchronization Mode)

  1이면 T/C 0의 동기모드가 됨. PSR0, PSR321에 쓴 값은 유지됨
  0이면 PSR0, PSR321비트는 하드웨어에 의해 clear 되고 카운터 동작이 시작됨

2) Timer/Counter 0 clock source

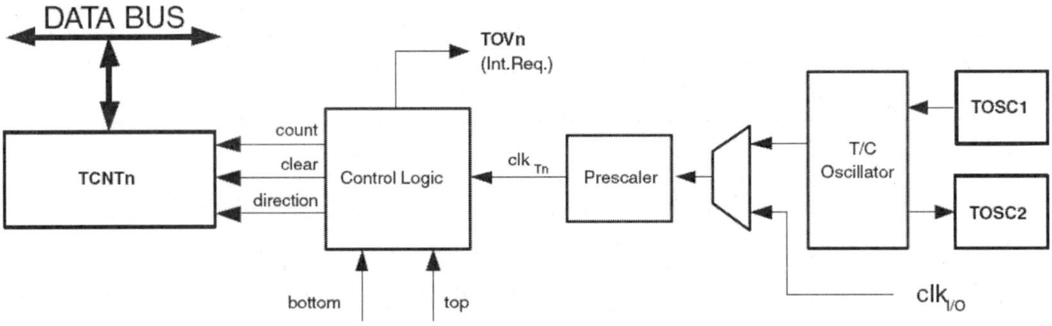

[그림 6-6] T/C0 Clock Source Diagram

- AS0를 이용하여 외부, 내부 Clock source를 설정할 수 있고, CS02..00에 의해 사용 주파수를 분주하다.
- TCCR0 register의 동작모드는 WGM01과 WGM00를 설정하여 결정하고 동작모드는 Normal, CTC, Fast PWM, Phase Correct PWM 등이 있다. 다음은 타이머 카운터 레지스터에 대해 알아보자.

가) TCCR0 (Timer Counter 0 Control Register)

Bit	7	6	5	4	3	2	1	0	
	FOC0	WGM00	COM01	COM00	WGM01	CS02	CS01	CS00	TCCR0
Read/Write	W	R/W	R/W	R/W	R/W	R/W	R/W	R/W	
Initial Value	0	0	0	0	0	0	0	0	

- CS02, CS01, CS00는 분주비 설정한다.
- COM01, COM00는 각 동작모드에 따라 출력 값을 설정한다.
- WGM01, WGM00 동작모드 설정(waveform generation mode)
- BIT 7 FOC0 PWM 모드로 사용시 반드시 0으로 설정해야 하며, 1로 설정하면 OC_0 핀에 출력비교매치된 것과 같은 파형을 강제로 출력시킨다. 인터럽트를 발생시키지 않으며 CTC 모드에서 TCNT0 레지스터를 clear 시키지도 않는다.

[표 6-4] T/C 0 동작모드 설정

MODE	WGM01	WGM00	T/C Mode of operation	TOP	update of OCR0	TOV0 flag set on
0	0	0	Normal	0xFF	immediate	MAX
1	0	1	Phase correct PWM	0xFF	TOP	bottom
2	1	0	CTC	OCR0	immediate	MAX
3	1	1	Fast PWM	0xFF	TOP	MAX

- Normal mode: 카운터가 0~255로 증가함으로 외부에서 입력되는 수를 헤아릴 때 사용한다.
- CTC mode: 카운터가 사용자 지정값 TOP까지만 동작함으로 입력주파수를 정수로 분주한 출력 주파수를 얻을 수 있으며 원하는 시간간격으로 주기적인 인터럽트를 만드는데 유용하다.
- Fast PWM mode: 주기가 일정함으로 듀티비(duty rate)만 가변하는 pwm 제어에 적합하다.
- Phase correct PWM mode: dual slope를 사용하여 pwm 파형을 발생한다. 1주기 내에 대칭적인 동작을 수행하며 고정된 주파수에서 듀티비(duty rate)를 가변하는 pwm에 적합하다.

[표 6-5] T/C 0 분주비 설정

CS2	CS1	CS0	설 명(not use 16,512)	
0	0	0	T/C 클럭차단(no clock source)	
0	0	1	clk T_O/1 (no prescaling)	16Mhz
0	1	0	clk T_O/8	2Mhz
0	1	1	clk T_O/32	500Khz
1	0	0	clk T_O/64	250Khz
1	0	1	clk T_O/128	125Khz
1	1	0	clk T_O/256	62.5Khz
1	1	1	clk T_O/1024	15.625Khz

3) Timer/Counter 0의 구조

T/C 0의 타이머 값(TCNT0)과 OCR0(Output compare register)는 8bit로 되어 있으며 내부적으로 프리스케일러를 사용할 수 있고 외부적으로 TOSC1, TOSC2를 Clock으로 사용할 수 있다. BOTTOM, MAX, TOP에 대해 간단히 정리하면 BOTTOM은 최저값 0이며 MAX는 8bit인 경우 0xff(255)이며 16bit인 경우에는 0xffff(65535)이며 최대값(8비트, 16비트 레지스터의 크기값)이 된다. TOP은 카운터 순서에 따라 사용자가 OCR0 레지스터를 이용하여 설정할 수 있고 TOP에 따라 출력 파형이 달라진다. **TOP값은 0xff(max) or OCR0 값에 의해 정해지며** 각 mode 설정에 따라 OCR 값을 달리 할 수 있다.

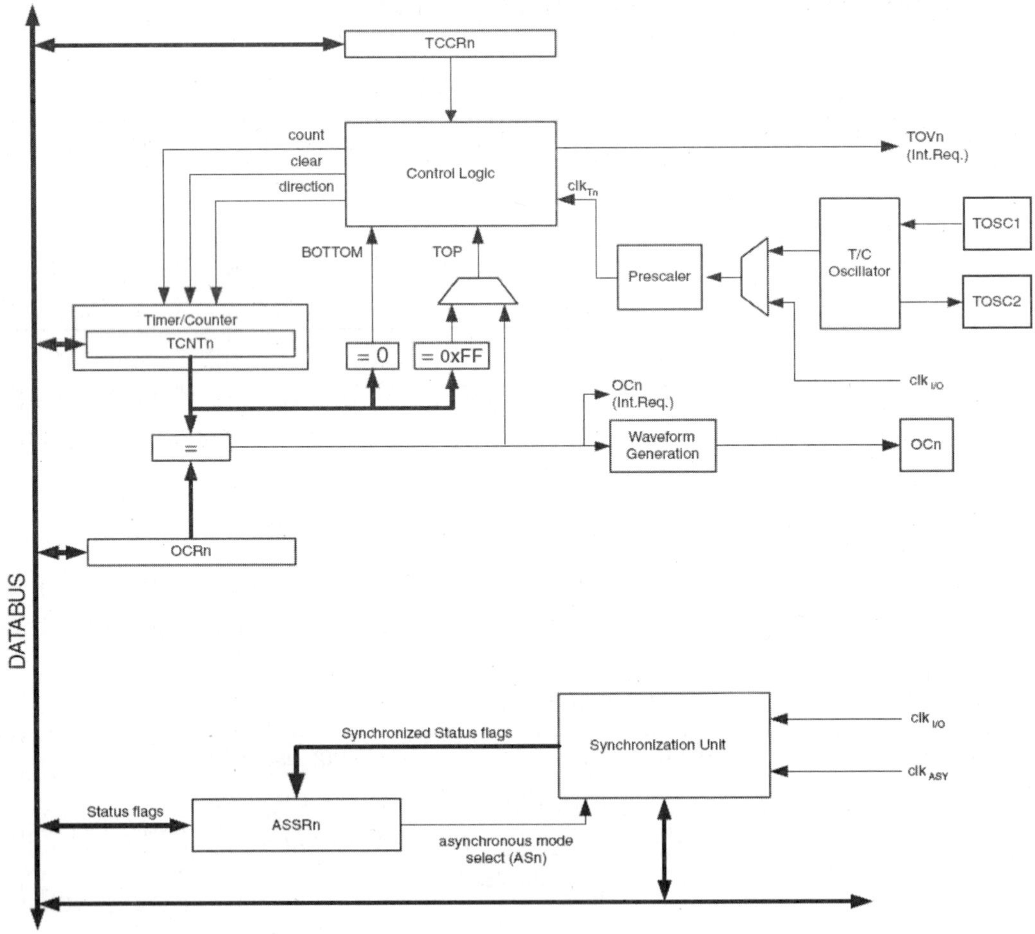

[그림 6-7] Timer/Counter0 구조

4) Timer/Counter 0 compare output 장치

8bit 비교기는 TCNT0 레지스터와 OCR0 레지스터 값을 비교해서 같을 때 match 신호를 발생한다. match 신호가 발생하면 TIMSK레지스터의 OCIE0와 SREG의 I bit가 1로 set 되어 있고 다음 clock 펄스신호에서 TIFR 레지스터의 OCF0(output compare flag)를 set 하고 OCF0는 interrupt 발생하고 실행 후 자동 clear된다.

TCCRO

OCR0 : 사용자 설정(TCNT0 비교 match)

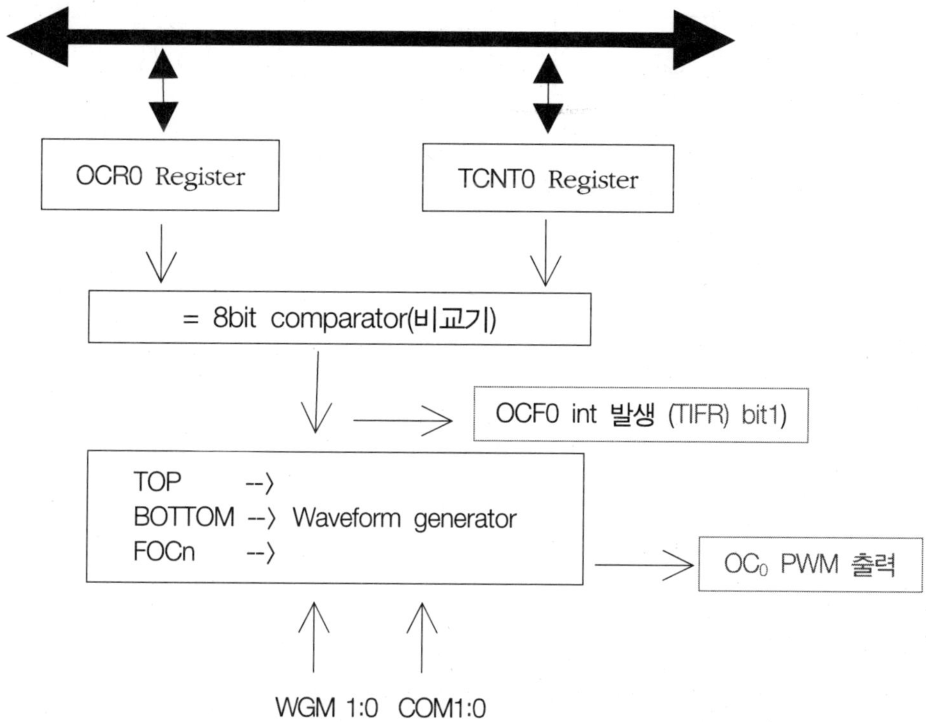

[그림 6-8] T/C0 비교출력장치

WGM1 : 0 동작모드 비트와 COM1 : 0 compare output mode 비트의 설정에 따라 출력을 만들기 위해 파형발생장치(waveform generator)는 match 신호를 발생시킨다.

5) Timer/Counter 0 Compare match output 장치

Normal 모드나 CTC 모드인 경우 PWM 지정이 가능하다.

COM1 : 0bit 설정을 0로 설정하면 OCR0 출력을 차단한다.

COM(compare match output mode)는 OC_0 단자를 통해 PWM 출력을 보내고자 할 때 PB4번 핀 DDRB4 = 1로 방향설정을 해 주어야 하고 OC_0의 출력값을 차단할 수 있고 또한 출력 값을 반전, 출력 값을 0으로 클리어, 1로 SET시킬 수 있다.

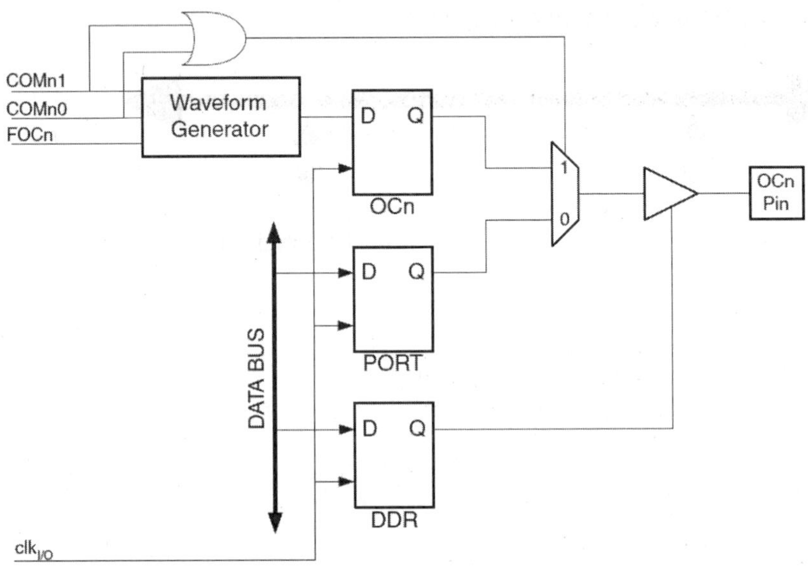

[그림 6-9] T/C0 Compare Match Output 장치

가) Normal or CTC mode인 경우

COM1	COM0	OC_0 핀 out 기능
0	0	OC_0 출력차단
0	1	Compare match에서 OC_0 출력값을 반전(toggle)시킴
1	0	Compare match에서 OC_0 출력값을 0으로 clear시킴
1	1	Compare match에서 OC_0 출력값을 1로 set시킴

COM(Compare match Output Mode)

- T/C0의 출력단자 **OC_0의 핀의 동작을 제어**하며 **OC_0 핀 out 기능과** 같은 출력기능을 갖는다.

나) Phase Correct PWM mode인 경우

COM1	COM0	OC_0 핀 out 기능
0	0	OC_0 출력차단
0	1	-
1	0	up count 중 compare match에서 OC_0 clear 시킴 down count 중 compare match에서 set 시킴
1	1	up count 중에 compare match에서 OC_0 set 시킴 down count 중 compare match에서 clear 시킴

다) Fast PWM mode인 경우

COM1	COM0	OC_0 핀 out 기능
0	0	OC_0 출력차단
0	1	-
1	0	Compare match에서 OC_0 clear, TOP set
1	1	Compare match에서 OC_0 set, TOP clear

6) Timer/Counter 0 Register

가) TCCR0 (Timer Counter 0 Control Register)

Bit	7	6	5	4	3	2	1	0	
	FOC0	WGM00	COM01	COM00	WGM01	CS02	CS01	CS00	TCCR0
Read/Write	W	R/W	R/W	R/W	R/W	R/W	R/W	R/W	
Initial Value	0	0	0	0	0	0	0	0	

① CS02, CS01, CS00는 분주비 설정한다.

② COM01, COM00는 각 동작모드에 따라 출력 값을 설정한다.

③ WGM01, WGM00 동작모드 설정(waveform generation mode)한다.

④ FOC0 PWM 모드로 사용시 반드시 0으로 설정해야 하며, 1로 설정하면 OC_0 핀에 출력비교 매치된 것과 같은 파형을 강제로 출력시킨다. 인터럽트를 발생시키지 않으며 CTC 모드에서 TCNT0 레지스터를 clear 시키지도 않는다.

■ BIT 7 : FOC0 (Force Output Compare)

WGM 비트가 non-PWM 모드로 설정되어 있을 때 FOC0 비트는 활성화된다. 그러나 AVR의 상위 기종과 호환성을 유지하기 위해서 PWM 모드로 동작할 때는 0으로 설정되어야만 한다. 반면에 1로 설정하면 Waveform Generation Unit으로 동작한다.

■ BIT 6, 3 : WGM01:0 (Waveform Generation Mode)

- 동작모드 counting 방향
- Maxium(TOP)카운터 값의 소스 및 어떤 동작모드를 사용할지 결정
- 동작모드(Waveform Generation Mode)

MODE	WGM01 (CTC0)	WGM00 (PWM0)	동작모드	TOP	update of OCR0	TOV0 flag set on
0	0	0	normal	0xFF	immediate	MAX
1	0	1	PWM, phase correct	0xFF	TOP	bottom
2	1	0	CTC	OCR0	immediate	MAX
3	1	1	fast PWM	0xFF	TOP	MAX

■ BIT 5, 4 : COM01:0 (Compare Match Output Mode)

- 이 비트를 조절하여 OC_0 핀의 동작을 조정한다.
- 핀을 출력으로 사용하기 위하여 DDR 레지스터의 방향값을 설정해야 한다.

(1) non-PWM Mode

COM01	COM00	내 용
0	0	Normal port operation, OC_0 disconnected
0	1	Toggle OC_0 on compare Match
1	0	Clear OC_0 on compare match
1	1	Set OC_0 on compare match

(2) Fast PWM Mode

COM01	COM00	내 용
0	0	Normal port operation, OC_0 disconnected.
0	1	예약
1	0	Clear OC_0 on compare match, set OC_0 at TOP
1	1	set OC_0 on compare match, clear OC_0 at TOP

(3) phase correct PWM Mode

COM01	COM00	내 용
0	0	Normal port operation, OC_0 disconnected.
0	1	예약
1	0	Clear OC_0 on compare match when up-counting. Set OC_0 on compare match when down-counting.
1	1	Set OC_0 on compare match when up-counting. Clear OC_0 on compare match when down-counting.

■ BIT 2, 1, 0

- CS02, CS01, CS00(Clock Select 0 bit 2, 1, 0) 분주비 설정
- 클록 선택 비트 2, 1, 0은 타이머0의 free-scaling source에 정의되어 있다.

CS2	CS1	CS0	설명
0	0	0	T/C Stopped(no clock source)
0	0	1	clk $_{TO}$/1 (no prescaling)
0	1	0	clk $_{TO}$/8
0	1	1	clk $_{TO}$/32
1	0	0	clk $_{TO}$/64
1	0	1	clk $_{TO}$/128
1	1	0	clk $_{TO}$/256
1	1	1	clk $_{TO}$/1024

나) Timer/Counter 0 registor(TCNT0)

Bit	7	6	5	4	3	2	1	0	
	TCNT0[7:0]								TCNT0
Read/Write	R/W	R/W	R/W	R/W	R/W	R/W	R/W	R/W	
Initial Value	0	0	0	0	0	0	0	0	

- 타이머/카운터 0과 2의 카운터 값을 저장
  1) OCR레지스터와 비교
  2) Overflow 발생시 인터럽트 발생기능

다) Timer/Counter 0 output control registor(OCR0)

Bit	7	6	5	4	3	2	1	0	
	OCR0[7:0]								OCR0
Read/Write	R/W	R/W	R/W	R/W	R/W	R/W	R/W	R/W	
Initial Value	0	0	0	0	0	0	0	0	

- TCNT 값과 비교하여 OC_0 핀에 출력신호 발생하기 위해 8비트 값을 저장하는 레지스터
- 이중 버퍼링으로 동작(일반모드와 CTC 모드는 제외)

라) Timer/Counter interrupt mask registor(TIMSK)

TIMSK								0x37(0x57)
bit	7	6	5	4	3	2	1	0
	OCIE2	TOIE2	TICIE1	OCIE1A	OCIE1B	TOIE1	OCIE0	TOIE0
R/W	R/W	R	R	R	R/W	R/W	R/W	R/W
initial	0	0	0	0	0	0	0	0

■ **개별적으로 인터럽트 발생을 허용하는 레지스터**

BIT7(OCIE2)

- 1로 설정되고 SREG I = 1되면 T/C 2 출력비교 인터럽트 허용상태
- TIFR 레지스터의 OCF2가 1되면 인터럽트가 처리되고 후에는 0 만듦

BIT6(TOIE2)

- 1로 설정되고 SREG I = 1되면 T/C 2 오버플로우 인터럽트 허용상태
- TIFR 레지스터의 TOV2가 1되면 처리됨

BIT1(OCIE0)

- 1로 설정되고 SREG I = 1되면 T/C 0 출력비교 인터럽트 허용상태
- TIFR 레지스터의 OCF0가 1되면 처리됨

……

BIT0(TOIE0)

- 1로 설정되고 SREG I = 1되면 T/C 0 오버플로우 인터럽트 허용상태
- TIFR 레지스터의 TOV0가 1되면 처리됨

마) Timer/Counter 0 interrupt flag registor(TIFR)

TIFR								0x36(0x56)
bit	7	6	5	4	3	2	1	0
	OCF2	TOV2	ICF1	OCF1A	OCF1B	TOV1	OCF0	TOV0
R/W	R/W	R	R	R	R/W	R/W	R/W	R/W
initial	0	0	0	0	0	0	0	0

■ **T/C의 인터럽트 비트 flag 값을 cpu가 자동처리, 저장하는 레지스터**

BIT7(OCF2)

- TCNT2 = OCR2이 비트가 비교매치 되어 1로 세트, 출력비교 인터럽트 처리되기 시작하면 0으로 클리어 됨

BIT6(TOV2) T/C2 overflow 인터럽트 발생시 1로 셋트

BIT5, 4, 3, 2 동일

- BIT1(OCF0) TCNT0 = OCR0이 비트가 1로 셋트, 출력비교 인터럽트 처리되기 시작하면 cpu가 자동으로 0으로 클리어 시킴

BIT0(TOV0) T/C0 overflow 인터럽트 발생시 1로 셋트

바) ASSR(Asynchronous status register) 비동기식 상태 레지스터

ASSR								0x30(0x50)
bit	7	6	5	4	**3**	2	1	0
	-	-	-	-	**AS0**	TCN0UB	OCR0UB	TCR0UB
R/W	R	R	R	R	**R/W**	R	R	R
initial	0	0	0	0	**0**	0	0	0

BIT3(AS0) 타이머로 사용시 0으로 설정하면 됨

① AS0가 0이면 클럭소스는 clock_ I/O가 됨(타이머)

② AS0가 1이면 클럭소스는 TOSC1에 연결 됨(카운터)

BIT2(TCN0UB) CPU 자동처리

- TCNT0에 값을 쓰게 되면 이 비트는 "1"로 set 된다. 이 bit가 "1"로 되어 있으면 TCNT0에 새로운 값을 쓸 수 있다.

BIT1(OCR0UB) CPU 자동처리

- OCR0에 값을 쓰게 되면 이 비트는 "1"로 set 된다. 이 bit가 "1"로 되어 있으면 OCR0에 새로운 값을 쓸 수 있다.

BIT0(TCR0UB) CPU 자동처리

- TCNT0에 값을 쓰게 되면 이 비트는 "1"로 set 된다. 이 bit가 "1"로 되어 있으면 TCNT0에 새로운 값을 쓸 수 있다.

7) Timer/Counter 0 동작모드

■ WGM01:00 bit(동작모드)와 COM01:00 비트(OC_0 출력)설정

① WGM(waveform generation mode) 01:00 bit는 카운터 동작모드를 제어하며 어떤 파형을 만들 것인지를 결정한다. 각 동작모드의 설정과 TOP, OCR0 레지스터의 update시점에 따라 출력 값이 바뀐다.

② COM(compare output mode) 01:00 bit는 OC_0 핀의 출력 동작상태를 제어한다. 동작모드에 따라 출력 값을 제어하고 카운터 순서에는 영향을 주지 않는다.(출력값만 결정)

- PWM mode에서는 noninverting mode, inverting mode 결정
  Non PWM mode - compare match 시점에서 출력 결정(1, clear, toggle)

가) Normal mode

동작모드 WGM01:0 = 00이면 normal mode로 설정됨

- count 방향은 언제나 증가만 되고 카운터는 clear 되지 않음
- TCNT0 레지스터 값이 0xff(255)가 되면 다시 0x00에서 시작
- TCNT0가 0xFF에서 다음 CLOCK 1bit가 입력되면 TCNT0는 0X00가 되고 TOV0는 1로 SET되고 interrupt가 발생됨
- interrupt 실행되고 종료되면 TIFR 레지스터에서 자동으로 0으로 clear됨

cf. Normal mode에서 OC_0 출력핀를 이용하여 PWM 파형을 발생하는 것은 바람직하지 않으며 가급적 fast pwm을 이용할 것.

ex1) System clock이 16[MHZ], TCCR0 = 0x07(1024분주), TCNT0 = 0일 때 overflow 발생 시간 T는?

$$T = \frac{1}{16}[us] * 1024분주 * (최대값(256) - 초기값(0)) = 16.384[ms]$$

TCNT0 = 0을 넣어 주면 16.384[ms]마다 인터럽트 발생한다.

ex2) System clock이 16[MHZ], TCCR0 = 0x07(1024분주), TCNT0 = 240일 때 overflow 발생 시간 T는?

$$T = \frac{1}{16}[us] * 1024분주 * (최대값(256) - 초기값(240)) = 1.024[ms]$$

TCNT0 = 240을 넣어 주면 1.024[ms](=1024[us])마다 인터럽트 발생한다.

(중요) TCNT0의 초기값이 동작되게 하기 위해서는 **메인함수 밖 인터럽트 서비스 루틴 내에 interrupt [TIM0_OVF] void timer_int0(void)에 TCNT0 = 240 값을 넣어 주어야 한다. (Normal 모드인 경우)**

나) CTC(**C**lear **T**imer(TCNT0) on **C**ompare match)mode

동작모드 WGM01:00 = 2이면 CTC mode로 설정됨

- TCNT0와 OCR0 레지스터 값이 같으면 다음 Clock pulse에서 TCNT0 값이 0으로 clear(OCR0 = TOP값 지정)
- TCNT0 값은 TCNT0와 OCR0 사이에서 발생하다가 TCNT0 값이 clear됨
- OCF0 flag에 의해 OCR0 TOP 값과 일치하면 interrupt 발생(TCNT0 값보다 낮은 값을 OCR0 TOP 값에 쓰면 카운터는 compare match를 놓치게 됨)
- 파형을 출력하기 위해서는 COM01:00 = 1을 설정하여 Toggle하므로 만들 수 있다. 단, 방향설정 DDRB = 0xff 설정을 해 주어야 한다.(PORTB를 사용할 경우)

PWM파형을 출력하기 위해 0CR0의 레지스터 값이 0으로 설정되면

$$f_{OC0} = \frac{fclk\ io}{2 \times N \times (1 + OCR0)} \quad (N = 분주비\ 1, 8, 32, 64, 128, 256, 1024)$$

단, 방향설정 DDRB = 0xff 설정해 주어야 한다.(PWM f_{OC0} PORTB를 사용할 경우)

$$T = (\frac{1}{16})us * 2 * 분주비(N) * (1+OCR0) \quad ※ \text{ fclk io} = 16Mhz$$

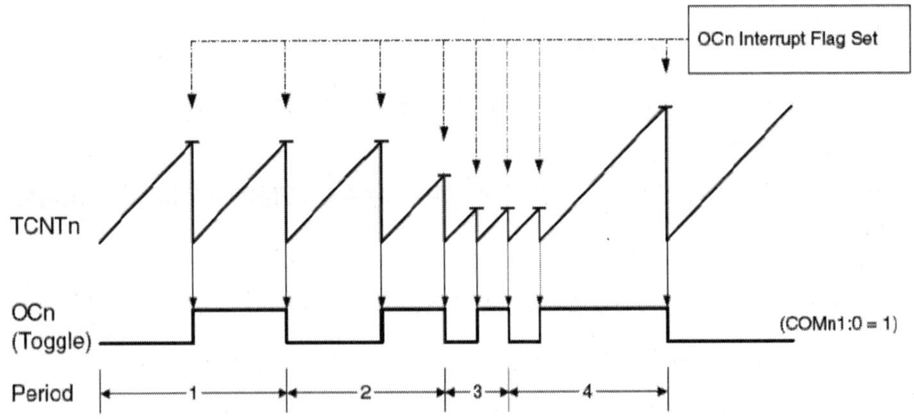

[그림 6-10] T/C0 CTC mode Timing Diagram

다) Fast PWM mode(고속 PWM)

동작모드 WGM01:0 = 3이면 Fast PWM mode로 설정됨

- 고주파 PWM 파형을 만들어 내는데 유용
- TCNT0 값은 0 ~ 0xff, 0, 1 순서로 up 카운터로만 됨
- Noninverting compare output mode

  OC_0는 TCNT0와 OCR0가 Compare match에서 clear되고 bottom에서 set됨
- Inverting compare output mode

  OC_0는 TCNT0와 OCR0가 Compare match에서 set되고 bottom에서 clear됨

  overflow(TOV 0)는 count가 max 값에 도달하면 set됨

  COM01:0 = 2이면 Noninverting PWM mode

  COM01:0 = 3이면 Inverting PWM mode

  PWM 출력파형 f_{OC0} PWM $= \frac{f\,clk_{io}}{N * 256}$ (N = 분주비, fclock = 16Mhz)

  PWM 출력파형 50% 주기 COM01:0 = 1로 설정하고 OC_0 출력을 반전하여 만들어 낸다.
  OCR0 값이 0으로 설정되어 있는 경우 f_{OC0} = fclk io/2의 최고 주파수가 된다.

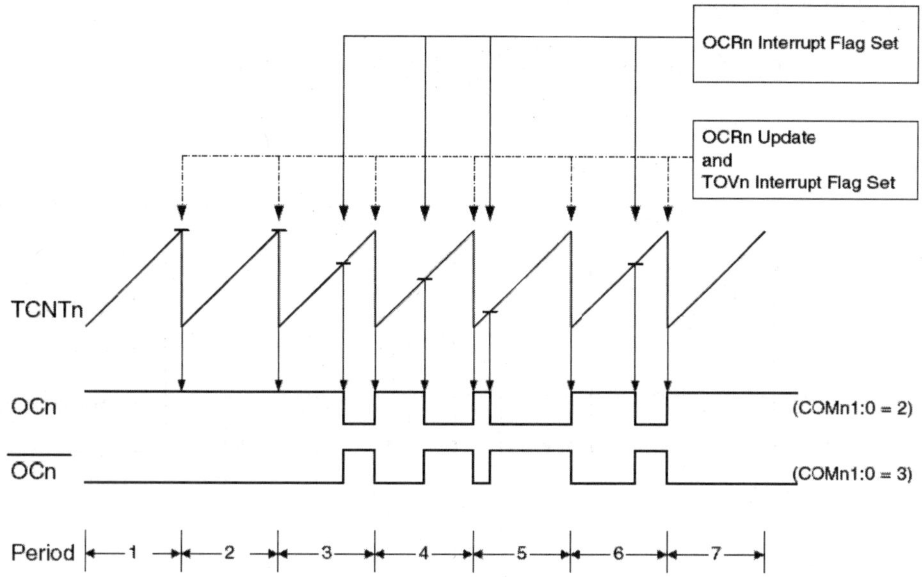

[그림 6-11] T/C0 Fast PWM mode Timing Diagram

라) phase correct PWM mode(위상 교정 PWM)

동작모드 WGM01:0 = 1이면 phase correct PWM mode로 설정됨

- 높은 분해능의 PWM 파형을 발생하는데 유용함
- TCNT0 값은 0에서 0xff까지(bottom에서 max) 증가하고 다시 0xff에서 감소함
  즉, 업(up) 카운터에서 다운(down) 카운터로 동작됨
  0x00(0) ⇒ 0x01(1) ~ 0xff(255) ↠ 0xfe(254) ⇒ 0xfd(253) ~ 0x00 ~ 0xff … 반복
- 비반전 출력비교모드(noninverting compare output mode)
  up counting 하는 동안에 OC_0(output cpmpare 0)는 TCNT0와 OCR0 사이에서 clear되고 down counting 할 때 set됨
- 반전 비교출력모드(inverting compare output mode)
  up counting하는 동안에 OC_0(output cpmpare 0)는 TCNT0와 OCR0 사이에서 set되고 down counting 할 때 clear됨
  overflow(TOV 0)는 커운터가 bottom에 도달할 때마다 set 되고 interrupt 발생
  OC_0 출력핀에 PWM 파형이 출력됨
  COM01:0 = 2로 설정하면 비반전(noninverting) PWM이 되고
  COM01:0 = 3로 설정하면 반전(inverting) PWM 파형 주파수가 나타난다.

PWM 출력파형 주파수는

$$f_{OC0}\ PC\ PWM = \frac{f\,clkio}{N * 510}$$ 이 된다. (N = 분주비)

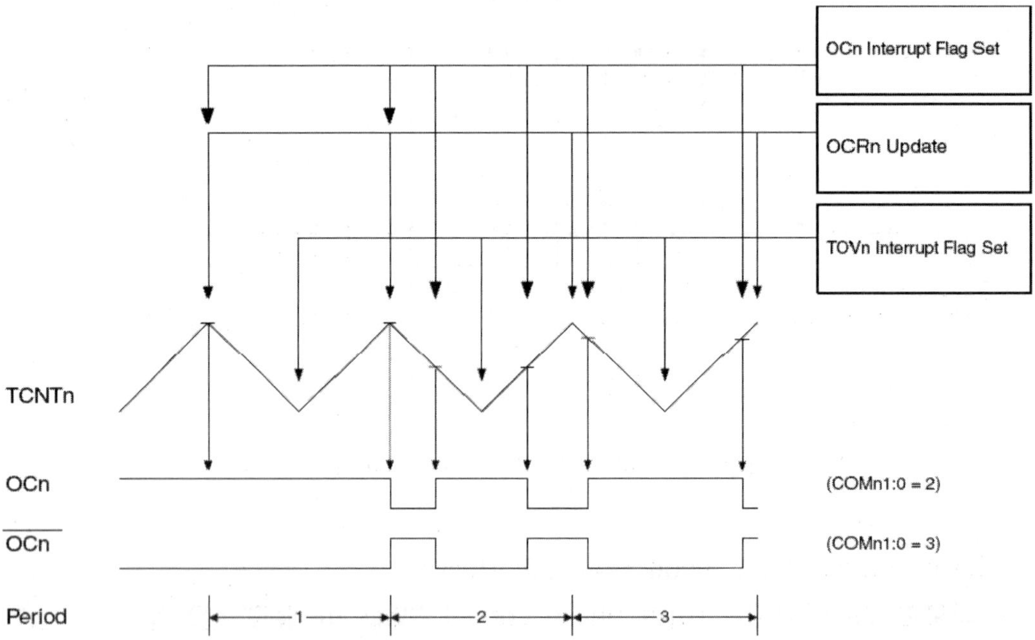

[그림 6-12] T/C0 PC PWM mode Timing Diagram

마) T/C 0 각 모드에 따른 OC_0 출력 주기와 주파수

구 분(WGM00:01)	각 모드에 따른 주기/주파수 공식
Normal 모드	TCNT0와 OCR0에 의해 주파수 값 결정 $\frac{1}{16}$[us] * 분주비 * (최대값(256) - 초기값(TCNT0))
CTC 모드	$f_{OC0} = \frac{f clk\,io}{2 \times N \times (1 + OCR0)}$ (N은 분주비)
FAST PWM 모드	$f_{OC0}\ PWM = \frac{f\,clk_{io}}{N * 256}$ (N은 분주비)
PHASE CORRECT PWM 모드	$f_{OC0}\ PC\ PWM = \frac{f\,clkio}{N * 510}$ (N은 분주비)

각 모드의 WGM 값은 Karnaugh MAP 입력값과 유사하다. 00 - 01 - 11 - 10

6. Timer/Counter 2(8bit)

1) Timer/Counter 2 특징

- 10 bit Prescaler(분주기)는 1, 8, 64, 256, 1024를 사용할 수 있음
- TCNT2 타이머 레지스터와 비교 매치에서 타이머를 clear시킴
- count로 동작할 때 Edge Detector를 통해 T2를 사용하고 프리스케일러를 사용하지 않으며 타이머로 사용시에는 출력핀으로 OC2를 사용함
- 외부 T2 카운터 또는 Prescaler를 거친 clk_T2이 Timer/Counter 입력됨

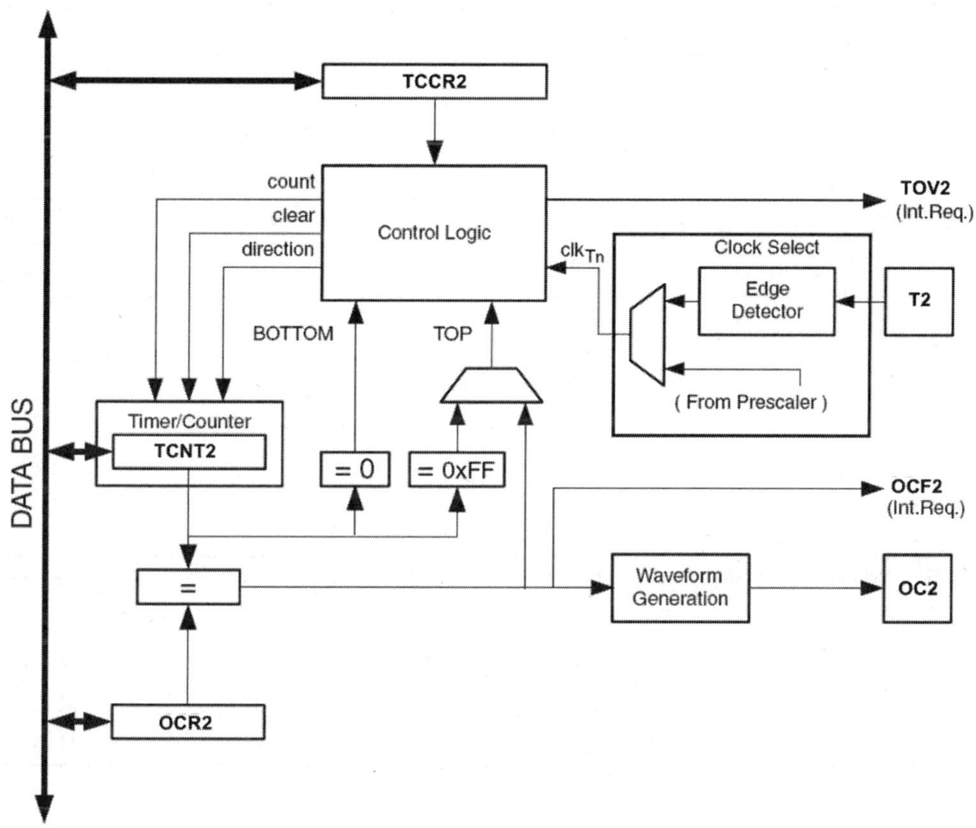

[그림 6-13] 8bit Timer/Counter 2 구조

2) Timer/Counter 2 관련 레지스터

- Timer/Counter 2의 값을 저장하는 TCNT2(8비트)이다.
- 출력비교 register OCR2핀에 PWM 파형을 만들어 낼 수 있다.
- Timer/Counter 2 제어 register TCCR2는 동작모드를 설정한다.
- 타이머 인터럽트 flag register TIFR2는 인터럽트 flag 값을 저장한다.
- Timer interrupt mask register TIMSK2는 인터럽트를 개별적으로 허용한다.
- 특수 I/O register SFIOR는 타이머/카운터의 동기화 기능을 가지고 있으며 비트 7은 동기화 기능을 SET한다.

레지스터 OCR2는 항상 TCNT2와 비교하여 일치하면 비교결과에 따라 OC2를 통해 PWM 출력파형을 발생시킬 수 있다.

가) TCCR2(timer counter 2 control register)

7	6	5	4	3	2	1	0
FOC2	WGM20	COM21	COM20	WGM21	CS22	CS21	CS20

- BIT 7
  이 bit는 PWM mode가 아닌 경우에만 유효
  1이면 OC2를 통해 COM21:COM20 bit에 의해 설정된 값이 출력됨
- BIT 6, 3(WGM20, WGM21)

MODE	WGM21	WGM20	Mode	TOP	update of OCR2	TOV2 flag set on
0	0	0	Normal	0xFF	immediate	MAX
1	0	1	Phase correct	0XFF	TOP	bottom
2	1	0	CTC	OCR2	immediate	MAX
3	1	1	Fast PWM	0XFF	TOP	MAX

- BIT 5, 4
  OC2 핀의 동작제어
  OC2 핀에 해당하는 DDRB 출력이 되도록 set해야 함

(1) Normal or CTC

COM21	COM20	OC2 핀의 출력 기능
0	0	일반 I/O PORT 동작(OC2 차단)
0	1	비교 매치에서 OC2 값 toggle
1	0	비교 매치에서 OC2 값 clear
1	1	비교 매치에서 OC2 값 set

(2) Fast PWM

COM21	COM20	OC2 핀의 출력 기능
0	0	일반 I/O PORT 동작(OC2 차단)
0	1	-
1	0	비교 매치에서 OC2 clear, top에서 set
1	1	비교 매치에서 OC2 set, top에서 clear

(3) Phase Correct PWM

COM21	COM20	OC2 핀의 출력 기능
0	0	일반 I/O PORT 동작(OC2 차단)
0	1	-
1	0	up count 중의 비교 매치에서 OC2 clear down count 중의 비교 매치에서는 set
1	1	up count 중의 비교 매치에서 OC2 set down count 중의 비교 매치에서는 clear

- BIT 2, 1, 0

  Prescaler를 결정 cf. T/C 0 = 1, 8, 32, 64, 128, 256, 1024

CS2	CS1	CS0	설 명
0	0	0	T/C Stopped(no clock source)
0	0	1	clk $_{TO}$/1 (no prescaling)
0	1	0	clk $_{TO}$/8
0	1	1	clk $_{TO}$/64
1	0	0	clk $_{TO}$/256
1	0	1	clk $_{TO}$/1024
1	1	0	T2 pin 통해 입력되는 외부 clock(falling edge)
1	1	1	T2 pin 통해 입력되는 외부 clock(rising edge)

ATmega128 T1: pin 31, T2: pin 32

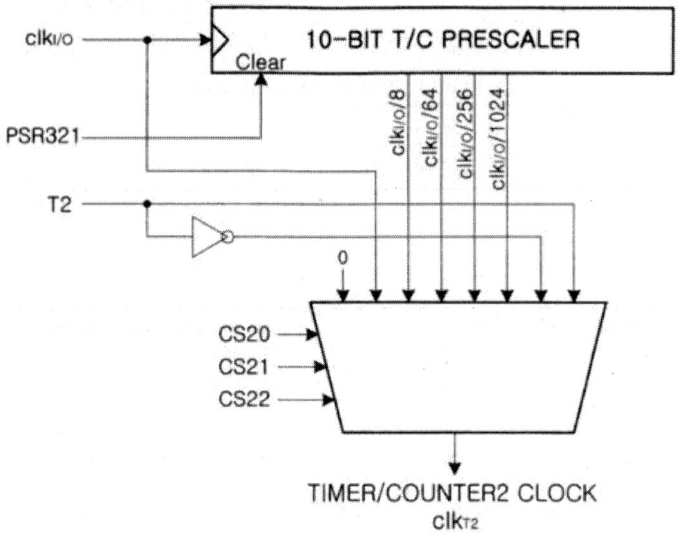

[그림 6-14] T/C2 10bit Prescaler

나) TCNT2(timer counter 2 register)

7	6	5	4	3	2	1	0
MSB							LSB

- Up/Down counter로 동작

다) OCR2(output compare register 2)

7	6	5	4	3	2	1	0
MSB							LSB

- TCNT2와 OCR2 값이 일치했을 때 OC2 핀을 통해 설정 값 출력 또는 인터럽트 발생

라) TIMSK(Timer Counter Interrupt Mask Register)

7	6	5	4	3	2	1	0
OCIE2	TOIE2	TICIE1	OCIE1A	OCIE1B	TOIE1	OCIE0	TOIE0

BIT 7

- OCIE2 "1", SREG I bit "1" 출력 비교 interrupt enable됨
- TCNT2 값과 OCR2의 값이 일치하여 TIFR의 OCF2 bit '1'이면 인터럽트 루틴 실행됨

BIT 6

- TOIE2 "1", SREG I bit "1" overflow interrupt enable됨
- overflow가 발생 TIFR의 TOV2 bit '1'이면 인터럽트 루틴 실행

마) TIFR2(timer counter interrupt flag register)

7	6	5	4	3	2	1	0
OCF2	TOV2	ICF1	OCF1A	OCF1B	TOV1	OCF0	TOV0

BIT 7

- TCNT2 값과 OCR2의 값이 일치할 경우 set됨. 인터럽트 루틴이 실행되면 자동으로 clear됨

BIT 6

- 0xff ⇒ 0x00로 될 때 set됨. 인터럽트 루틴이 실행되면 자동으로 clear됨

바) SFIOR(special function I/O register)

7	6	5	4	3	2	1	0
TSM				ACME	PUD	PSR0	PSR321

BIT 7

- Timer counter 동기화시키는 기능 "1"로 설정하면 PSR0, PSR321 비트 값 유지
- PSR0, PSR321 둘 다 1인 경우 모든 Timer counter 정지.
  이 비트를 "0"으로 하면 PSR0, PSR321는 하드웨어적으로 clear되며 동시에 counting 시작되어 동기를 맞춤

BIT 0

- PSR321 : 타이머 카운터 1, 2, 3 Prescaler reset
- "1"이면 Prescaler reset
- TSM "0"이면 이 비트는 자동으로 clear

3) Timer/Counter 2 동작 Mode

가) Normal mode

- Up Counter로만 동작
- TCNT2 값이 0xff에서 0x00로 될 때 TOV2(overflow int flag) "1"로 되어 interrupt 발생

나) CTC mode(clear timer on compare match mode)

TCNT2 값이 증가하여 OCR2값과 일치하면 다음 clock에서 clear됨.

TCNT2 값은 0 ~ OCR2의 범위(OCR2는 counting의 최대값)

TCNT2가 OCR2와 일치한 후 다음 clock에서 0으로 될 때 OCF2 flag 1이 되면서 발생함.

TCNT2보다 작은 값을 0CR2에 넣으면 0xff까지 증가하였다가 0으로 된 후 동작되고 OC2 핀을 통해 파형을 발생시킬 수 있으면 출력되는 파형 주파수는

$$f_{OC_2} = \frac{f_{clk\_I/O}}{2 \cdot N \cdot (1 + OCR2)} \quad (N = 1, 8, 64, 256, 1024)$$

OC2는 DDRB = 0xff 설정 필요

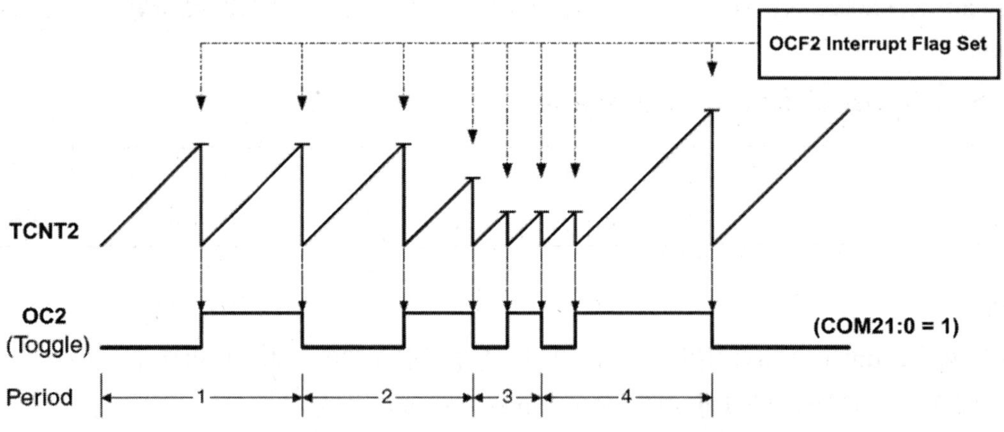

[그림 6-15] T/C 2 CTC mode Timing Diagram

다) Fast PWM mode(fast pulse width modaulation mode)

- 높은 주파수의 PWM 파형을 발생하는데 유용
- TCNT2값은 0 ~ 0xff까지 증가하다 다시 0부터 count하는 동작 반복

(1) 비반전 비교 출력 모드

TCNT2값은 계속하여 OCR2값과 비교하여 일치하면 OC2핀 통해 0이 출력되고 TCNT2값이 0이 되면 OC2핀은 1이 출력된다.

(2) 반전 비교 출력 모드

TCNT2값은 계속하여 OCR2값과 비교하여 일치하면 OC2핀 통해 1이 출력되고 TCNT2값이 0이 되면 OC2핀은 0이 출력된다.

OC2를 통해 출력되는 파형의 주파수는

$$f_{OC_2}pwm = \frac{f_{clk\_I/O}}{N \cdot 256} \qquad \text{(N은 1, 8, 64, 256, 1024)}$$

- Overflow interrupt TCNT2 값이 0xff에서 0x00으로 될 때 발생
- Output compare interrupt TCNT2와 OCR2값이 일치할 때 발생
- 주기가 일정함

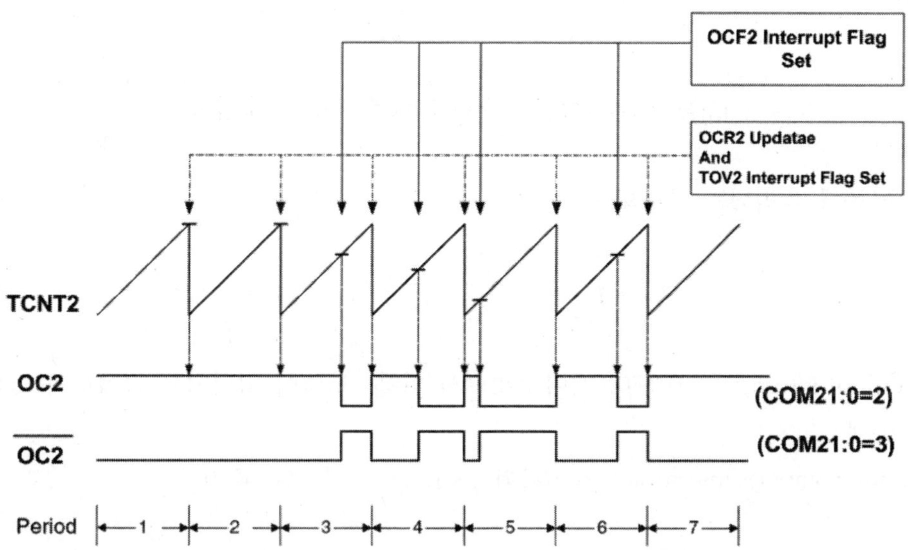

[그림 6-16] T/C2 Fast PWM Timing Diagram

라) phase correct PWM mode(위상교정)

- 높은 분해능의 PWM 파형이 발생하는데 유용
- TCNT2값은 0에서 255까지 증가하였다가 254, 253, …, 0으로 감소하는 동작반복
- 비반전 비교 출력 모드
  up count 중에는 TCNT2값과 OCR2값이 일치하면 OC2핀을 통해 "0" 출력
  down count 중에는 TCNT2값과 OCR2값이 일치하면 OC2핀을 통해 "1" 출력
- 주기가 일정하지만 듀티비는 다름

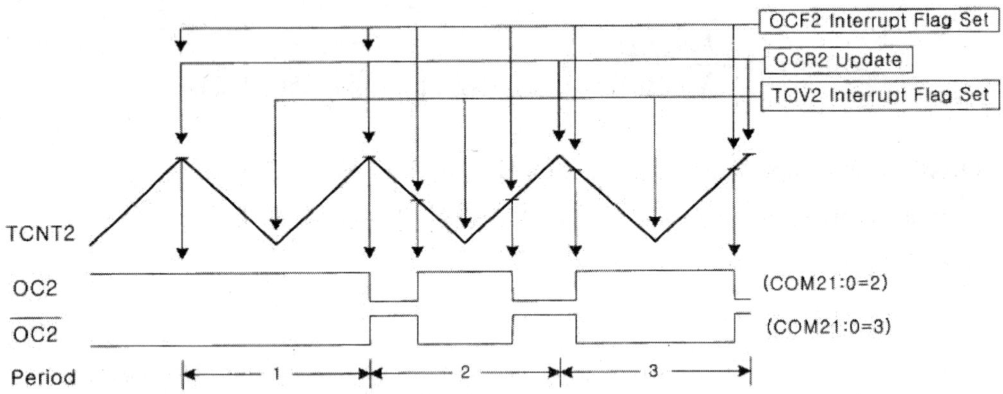

[그림 6-17] T/C2 PC PWM mode Timing Diagram

OC2를 통해 출력되는 파형의 주파수는

$$f_{OC_2}pwm = \frac{f_{clk\_I/O}}{N \cdot 510}$$

- Overflow interrupt : TCNT2 값이 0xff에서 다음 clock이 입력되고 TCNT2가 0xfe가 될 때 발생
- Output compare interrupt : TCNT2와 OCR2값이 일치할 때 발생

7. Timer/Counter 1, 3(16bit)

1) Timer/Counter 1, 3 특징

타이머 카운터 1,3은 각각 3개의 OCnA, OCnB, $OCnC_{(n=1,3)}$에서 PWM 출력 및 캡쳐 기능을 갖는 16bit Up/Down 카운터로 동작되며 내부클럭은 프리스케일러를 통해 $clk_{T1,3}$로 타이머 카운터 레지스터 TCNT1, TCNT3에 공급된다.

① 타이머 카운터 레지스터 TCNT1, 3은 16bit로 동작(216 = 0 ~ 65535)
② Prescaler의 분주비는 1, 8, 64, 256, 1024임. 클럭 입력차단 가능.
③ 입력 capture 기능내장(ICPn)
④ Compare Match에서 Timer Clear(Auto reload)
⑤ 듀티비의 가변 주파수 PWM 주기파형 출력
⑥ Timer or counter로 동작하며 다양한 mode 내장
⑦ edge dectector 회로를 통해 각각 입력 핀으로 T1(pin31), T3(pin8)에 의한 counter 동작되며 프리스케일러를 통하지 않음
⑧ 10개의 독립적인 interrupt source 레지스터 비트를 가지고 있다.
T/C 1 TOV1, OCF1A, OCF1B, OCF1C, ICF1
T/C 3 TOV3, OCF3A, OCF3B, OCF3C, ICF3

동작원리를 요약하면 clk_io에서 타이머에 공급되는 클럭 입력 값 $clk_{T1,3}$에 따라 TCNT1, TCNT3 타이머/카운터 레지스터는 출력비교레지스터 OCR1A, OCR1B, OCR1C 및 OCR3A, OCR3B, OCR3C와 매칭(match)될 때 OCF1A, OCF1B, OCF1C 및 OCF3A, OCF3B, OCF3C의 flag 비트에 의해 출력비교 인터럽트(OCFn)가 발생하고 PWM 파형은 OC1A, OC1B, OC1C 및 OC3A, OC3B, OC3C 핀으로 파형이 출력된다.

각각의 레지스터 동작모드를 설정하면 3개의 출력 핀으로 PWM 출력파형을 얻을 수 있다. 단, CTC mode는 제외한다.

입력 캡쳐 레지스터는 ICR1(타이머 카운터 1 Inputput Capture Register), ICR3(타이머 카운터 3 Input Capture Register)가 있고 아날로그 비교기 출력신호나 트리거 신호에 의하여 타이머 카운터 레지스터 TCNT1, TCNT3에 있는 값이 ICP1, ICP3 레지스터에 캡쳐(Capture)할 수 있다.

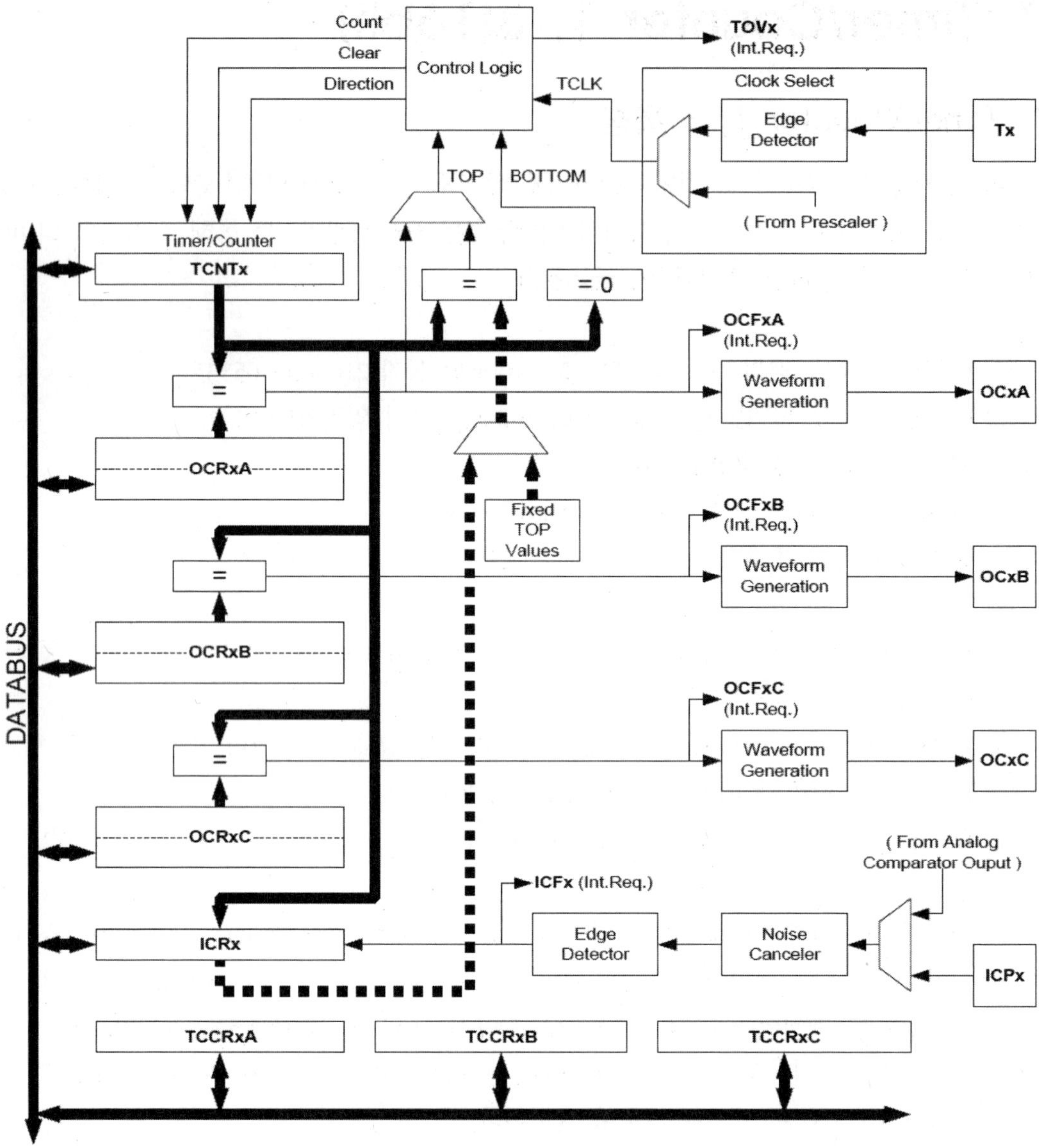

[그림 6-18] T/C1, 3 구조도

T1, 3 = pin 8, 32

- 출력 파형은 OC1A, OC1B, OC1C pin을 통해 출력(pin15, 16, 17)한다.
- ICP1(IC1 pin29)은 T/C1의 TCNT1 값을 ICR1에 저장할 때 사용되는 Trigger 입력 핀이다. 신호의 주기측정에 응용이 가능하다.
- ICP3(IC3 pin 9)은 T/C3의 TCNT3 값을 ICR3에 저장할 때 사용되는 Trigger 입력 핀이다.

2) Timer/Counter 1, 3 Register

① 타이머 카운터 레지스터 TCNT1와 TCNT3(16 bit)이다.

② 출력비교 레지스터(16bit)는 OCR1A, OCR1B, OCR1C와 OCR3A, OCR3B, OCR3C 레지스터이다.

③ 타이머 카운터 제어 레지스터 Timer/Counter Control Register(8bit)
: TCCR1A, TCCR1B, TCCR1C와 TCCR3A, TCCR3B, TCCR3C

④ **입력 캡쳐 레지스터 Input Capture Register(16bit)**
: ICR1H, ICR1L와 ICR3H, ICR3L

⑤ 타이머 카운터 인터럽트 flag Register : TIFR, ETIFR(8bit)

⑥ 타이머 카운터 인터럽트 Mask Register : TIMSK, ETIMSK(8bit)

⑦ 특수기능 I/O 레지스터 SFIOR(8bit)

가) TCNT1, 3(Timer/Counter 1, 3 register) R/W 가능

15	14	13	12	11	10	9	8	0x2D
MSB								TCNT1H
							LSB	TCNT1L
7	6	5	4	3	2	1	0	0x2C

15	14	13	12	11	10	9	8	0x89
MSB								TCNT3H
							LSB	TCNT3L
7	6	5	4	3	2	1	0	0x88

- TCNT1, 3은 16bit register 값을 저장(0 ~ 65535)
- TCNT1, 3은 I/O 영역에 각각 다른 어드레스를 가지고 있음.
  (TCNT1H, TCNT1L, TCNT3H, TCNT3L)

16비트 레지스터를 8비트씩 2차례로 나누어 Access 해야 하며 프로그램을 ① 써 넣을 때에는 상위 바이트를 먼저 쓰고 ② 읽을 때에는 하위 바이트를 먼저 읽는다.

프로그램 작성 예)

```
/ * TCNT3에  상위 바이트를 0x21ff 먼저 write 한다.
    TCNT3H = 0x21;
    TCNT3L = 0xff;
  ……
/*  TCNT3 값 읽어올 때
    data1 = TCNT3L
    data2 = TCNT3H   이러한 규칙을 따라야 한다.
```

WRITE 동작순서

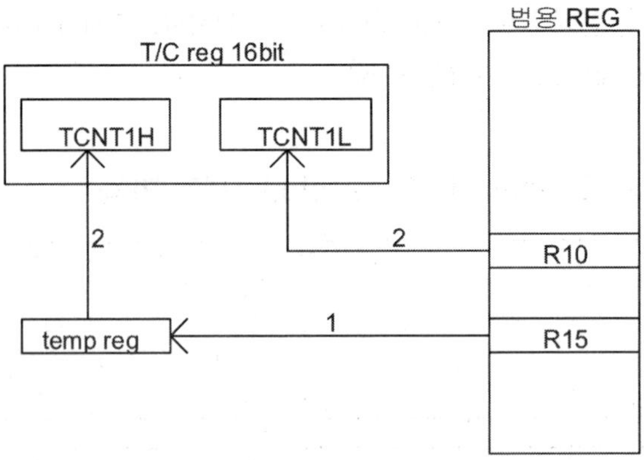

[그림 6-19]

READ 동작순서

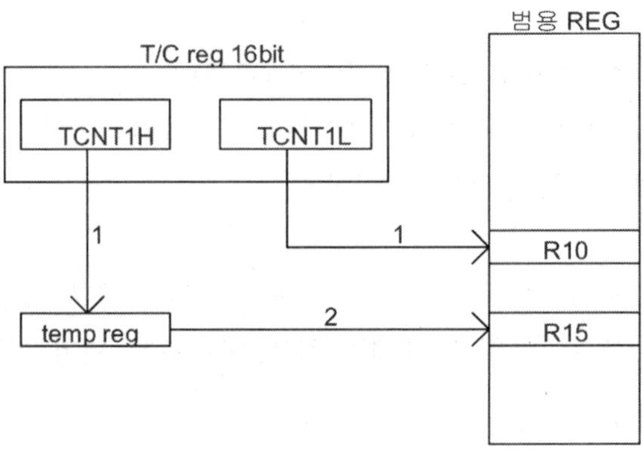

[그림 6-20]

OCRnA, OCRnB, OCRnC, ICRn(n=1,3)도 동일하게 적용한다.

나) OCR1n(Timer/Counter 1 Output Compare Register) n=A, B, C
OCR3n(Timer/Counter 3 Output Compare Register) n=A, B, C

TCNT1, 3값과 비교하여 OC1A, B, C 또는 OC3A, B, C 단자에 출력신호를 발생하기 위한 16비트 값을 저장하는 레지스터이다.

15	14	13	12	11	10	9	8	0x2B
MSB								OCR1AH
							LSB	OCR1AL
7	6	5	4	3	2	1	0	0x2A

15	14	13	12	11	10	9	8	0x29
MSB								OCR1BH
							LSB	OCR1BL
7	6	5	4	3	2	1	0	0x28

15	14	13	12	11	10	9	8	0x79
MSB								OCR1CH
							LSB	OCR1CL
7	6	5	4	3	2	1	0	0x78

OCR3도 동일하다.

OCR1A, OCR1B, OCR1C는 TCNT1 값과 일치할 때 OC1A, OC1B, OC1C 핀을 통해 파형을 출력시키기 위해 비교값을 저장하기 위한 16bit register이다.

다) ICR1H, L(Timer/Counter 1 Input Capture Register)
ICR3H, L(Timer/Counter 3 Input Capture Register)

입력 Capture신호(아날로그 비교기의 출력신호사용)에 의하여 TCNT1, TCNT3 값을 Capture 하여 저장하는 16bit register이다.

15	14	13	12	11	10	9	8	0x27
MSB								ICR1H
							LSB	ICR1L
7	6	5	4	3	2	1	0	0x26

15	14	13	12	11	10	9	8	0x81
MSB								ICR3H
							LSB	ICR3L
7	6	5	4	3	2	1	0	0x80

ICRn(n=1,3)에 이벤트가 발생할 때마다 TCNTn(n=1, 3)값으로 갱신되는 16bit register이며 T/C 1, 3의 동작 모드에 따라 TOP 값을 정의하는데도 활용된다.

라) TCCR1A(Timer/Counter 1 Control Register)
TCCR1B(Timer/Counter 1 Control Register)

레지스터는 동작모드설정, 출력값 설정, 출력비교 PWM에 대한 동작을 제어한다.

7	6	5	4	3	2	1	0	0x2F
COM1A1	COM1A0	COM1B1	COM1B0	COM1C1	COM1C0	WGM11	WGM10	TCCR1A

7	6	5	4	3	2	1	0	0x2E
ICNC1	ICES1	-	WGM13	WGM12	CS12	CS11	CS10	TCCR1B

- WGM10,11,12,13(waveform generation mode) 파형발생 모드
- COM1A1, COM1A0 : OC1A 핀의 출력모드선택 비트(n=1, 3, x=A, B, C)
- COM1A1과 COM1A0 bit는 비교매치동작에 따른 출력 OC1A핀의 동작을 결정

마) TCCR3A, 3B(Timer/Counter 1, 3 Control Register B)

7	6	5	4	3	2	1	0	0x8B
COM3A1	COM3A0	COM3B1	COM3B0	COM3C1	COM3C0	WGM31	WGM30	TCCR3A

7	6	5	4	3	2	1	0	0x28A
ICNC3	ICES3	-	WGM33	WGM32	CS12	CS11	CS10	TCCR3B

- 동작모드 설정과 입력 Capture에 관한 기능설정, 프리스케일러의 분주비를 설정함

BIT-7 ICNC1(input capture noise canceler)

- 이 bit가 1이면 입력 capture noise 제거회로가 동작하여 ICP1핀으로 입력되는 신호가 필터링 됨

BIT-6 ICES1(input capture edge select)

- ICES1 0 ICP1이 입력되는 신호의 falling edge 상태에서 ICR1에 전달됨
- ICES1 1 ICP1이 입력되는 신호의 rising edge 상태에서 ICR1에 전달됨

BIT 4, 3 WGM(waveform generation mode)13, WGM12

- WGM11, WGM10과 혼합하여 동작모드를 설정함

BIT 2,1,0 CS(clock select)12, CS11, CS10 Prescaler 설정함

- CS12, CS11, CS10 (clock select)
- T/C1과 3의 Prescaler

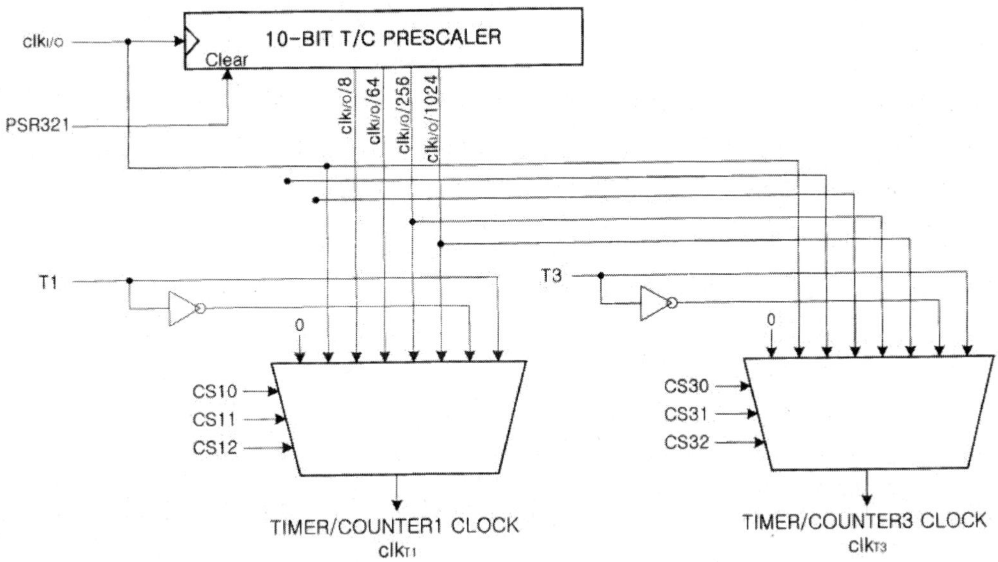

[그림 6-21] T/C 1, 3 10bit Prescaler

- Clock 소스 분주비 설정

CS12	CS11	CS10	clock source	
0	0	0	T/C Stopped(no clock source)	
0	0	1	clk_ IO/1 (no prescaling)	16Mhz
0	1	0	clk_ IO/8	2Mhz
0	1	1	clk_ IO/64	250Khz
1	0	0	clk_ IO/256	62.5Khz
1	0	1	clk_ IO/1024	15.625Khz
1	1	0	카운터 T1,T3 pin 통해 입력되는 외부 clock(falling edge)	
1	1	1	카운터 T1,T3 pin 통해 입력되는 외부 clock(rising edge)	

바) TCCR1C(Timer/Counter 1 control register C)
TCCR3C(Timer/Counter 3 control register C)

7	6	5	4	3	2	1	0	
FOC1A	FOC1B	FOC1C	-	-	-	-	-	TCCR1C

7	6	5	4	3	2	1	0	
FOC3A	FOC3B	FOC3C	-	-	-	-	-	TCCR3C

BIT 7, 6, 5

FOC1A(Force output compare) PWM mode가 아닌 경우에만 유효하며 1이면 강제로 출력비교매치신호를 OC1A 핀을 통해 COM1A1:COM1A0 bit에 의해 설정된 값이 출력됨. 또한 해당되는 레지스터의 interrupt를 발생시키지도 않음.

OCR1A register를 TOP으로 사용하는 CTC mode에서 TCNT1, 3을 Clear 시키지 않음. 특별한 경우를 제외하고는 이 비트를 0으로 설정할 것

(1) Timer/Counter 1과 3의 동작모드

[표 6-6] T/C 1, 3 **동작모드 표**

모드	WGM 13	WGM 12	WGM 11	WGM 10	동 작 모 드	Top값	OCR1A 업데이트 시점	TOVn Flag Set시점
0	0	0	0	0	Normal	0xFFFF	설정즉시	MAX
1	0	0	0	1	PWM, Phase Correct, 8-bit	0x00FF	TOP	BOTTOM
2	0	0	1	0	PWM, Phase Correct, 9-bit	0x01FF	TOP	BOTTOM
3	0	0	1	1	PWM, Phase Correct, 10-bit	0x03FF	TOP	BOTTOM
4	0	1	0	0	CTC	OCR1A	설정즉시	MAX
5	0	1	0	1	Fast PWM, 8-bit	0x00FF	BOTTOM	TOP
6	0	1	1	0	Fast PWM, 9-bit	0x01FF	BOTTOM	TOP
7	0	1	1	1	Fast PWM, 10-bit	0x03FF	BOTTOM	TOP
8	1	0	0	0	PWM, Phase and Frequency Correct	ICR1	BOTTOM	BOTTOM
9	1	0	0	1	PWM, Phase and Frequency Correct	OCR1A	BOTTOM	BOTTOM
10	1	0	1	0	PWM, Phase Correct	ICR1	TOP	BOTTOM
11	1	0	1	1	PWM, Phase Correct	OCR1A	TOP	BOTTOM
12	1	1	0	0	CTC	ICR1	설정즉시	MAX
13	1	1	0	1	(Reserved)	-	-	-
14	1	1	1	0	Fast PWM	ICR1	BOTTOM	TOP
15	1	1	1	1	Fast PWM	OCR1A	BOTTOM	TOP

(2) Normal mode와 CTC mode (n=A,B,C) (x=1,3)

COMxn1	COMxn0	OCxn 핀의 출력 동작
0	0	일반 I/O port 사용 (OCxn output 차단)
0	1	비교매치에서 OCxn Toggle output
1	0	OCxn = 0 output clear
1	1	OCxn = 1 output set

(3) Fast PWM mode (n=A,B,C) (x=1,3)

COMxn1	COMxn0	OC1n 핀의 출력 동작
0	0	일반 I/O port 사용 (OCxn output 차단)
0	1	모드15의 경우 OCxn 토글, 나머지 차단 나머지의 경우 OCxn 출력 차단
1	0	비교매치 ->> OCxn = 0 출력 오버플로우 ->> OCxn = 1 출력
1	1	비교매치 ->> OCxn = 1 출력 오버플오우 ->> OCxn = 0 출력

(4) Phase correct PWM mode (n=A,B,C) (x=1,3)

COMxn1	COMxn0	OCxn 핀의 출력 동작
0	0	일반 I/O port 사용 (OC1n output 차단)
0	1	모드 9, 11의 경우 비교매치에서 OCxn 토글출력 나머지 차단 나머지의 경우 OCxn 출력차단
1	0	상향 카운터 비교매치 ->> OCxn = 0 출력 하향 카운터 비교매치 ->> OCxn = 1 출력
1	1	상향 카운터 비교매치 ->> OCxn = 1 출력 하향 카운터 비교매치 ->> OCxn = 0 출력

사) TIMSK (Timer/Counter interrupt mask register)

- 타이머/카운터 인터럽트를 개별적으로 허용하는 레지스터

7	6	5	4	3	2	1	0	0X37
OCIE2	TOIE2	TICIE1	OCIE1A	OCIE1B	TOIE1	OCIE0	TOIE0	TIMSK

BIT 5 TICIE1(timer/counter 1 input capture interrupt enable bit)

- TICIE1이 1이고 SREG I bit가 1이면 T/C1 input capture interrupt enable됨
- TIFR의 ICF1 bit가 set 되었을 때 interrupt 실행(CPU가 알아서 처리함)

BIT 4 OCIE1A(timer/counter 1 출력 비교 A match interrupt enable bit)
- OCIE1A가 1이고 SREG I bit가 1이면 T/C1 compare A match interrupt enable됨
- TIFR의 **OCF1A** bit가 set 되었을 때 interrupt vecter 실행(CPU가 자동 처리함)

BIT 3 OCIE1B(timer/counter 1 출력 비교 B match interrupt enable bit)
- OCIE1B가 1이고 SREG I bit가 1이면 T/C1 compare B match interrupt enable됨
- TIFR의 OCF1B bit가 set 되었을 때 interrupt vecter 실행(CPU가 알아서 처리함)

BIT 2 TOIE1(timer/counter 1 overflow interrupt enable bit)
- TOIE1가 1이고 SREG I bit가 1이면 T/C1 overflow interrupt enable됨
- TIFR의 TOV1 bit가 set 되었을 때 interrupt 실행(CPU가 자동 처리함)

아) ETIMSK (Extended Timer/Counter interrupt mask register)

7	6	5	4	3	2	1	0	0X7D
-	-	TICIE3	OCIE3A	OCIE3B	TOIE3	OCIE3C	OCIE1C	ETIMSK

BIT 5 TICIE3(timer/counter 3 input capture interrupt enable bit)
- TICIE3가 1이고 SREG I bit가 1이면 T/C3 input capture interrupt enable됨
- ETIFR의 ICF3 bit가 set 되었을 때 interrupt 실행(CPU가 자동 처리함)

BIT 4 OCIE3A(timer/counter 3 출력 비교 A match interrupt enable bit)
- OCIE3A가 1이고 SREG I bit가 1이면 T/C3 compare A match interrupt enable됨
- ETIFR의 OCF3B bit가 set 되었을 때 interrupt 실행(CPU가 자동 처리함)

BIT 3 OCIE3B(timer/counter 3 출력 비교 B match interrupt enable bit)
- OCIE3B가 1이고 SREG I bit가 1이면 T/C3 compare B match interrupt enable됨
- ETIFR의 OCF1B bit가 set 되었을 때 interrupt vecter 실행(CPU가 자동 처리함)

BIT 2 TOIE3(timer/counter 3 overflow interrupt enable bit)
- TOIE3가 1이고 SREG I bit가 1이면 T/C3 overflow interrupt enable됨
- ETIFR의 TOV3 bit가 set 되었을 때 interrupt 실행(CPU가 자동 처리함)

BIT 1 OCIE3C(timer/counter 3 출력비교 C match interrupt enable bit)

- OCIE3C가 1이고 SREG I bit가 1이면 T/C3 compare C match interrupt enable됨
- ETIFR의 OCF3C bit가 set 되었을 때 interrupt vector 실행(CPU가 자동 처리함)

BIT 0 OCIE1C(timer/counter 1 출력비교 C match interrupt enable bit)

- OCIE1C가 1이고 SREG I bit가 1이면 T/C1 compare C match interrupt enable됨
- ETIFR의 OCF1C bit가 set 되었을 때 interrupt vector 실행(CPU가 자동 처리함)

자) TIFR(Timer/Counter interrupt flag register)

7	6	5	4	3	2	1	0	0X7D
OCF2	TOV2	ICF1	OCF1A	OCF1B	TOV1	OCF0	TOV0	TIFR

BIT 5 ICF1(input capture flag 1)

- ICP1 pin에 event 발생시 set 되며 input capture interrupt 발생함
- ICR1 register가 TOP값으로 사용되는 mode에서는 TCNT1값이 TOP될 때까지 이 bit가 set 됨. SREG I bit 1이면 TIMSK의 TICIE1과 TIFR의 ICF1 set 되었을때 T/C 1 input capture interrupt 실행되면 자동 clear됨

BIT 4 OCF1A(output compare flag 1)

- TCNT1과 OCR1A가 일치할 때 OCF1A가 set됨
- SREG의 I bit가 1일 때 TIMSK의 OCIE1A와 TIFR의 OCF1A set 되었을 때 T/C1 compare match A interrupt 실행됨. 인터럽트 처리가 시작되면 자동 clear됨

BIT 3 OCF1B(output compare flag 1)

- TCNT1과 OCR1B가 일치할 때 OCF1B가 set됨
- SREG I bit가 1일 때 TIMSK의 OCIE1B와 TIFR의 OCF1B set 되었을 때 T/C 1 compare match B interrupt 실행됨. 인터럽트 처리가 시작되면 자동 clear됨

BIT 2 TOV1(Timer/Counter overflow flag 1)

- TCNT1 타이머 카운터가 overflow 발생 시 TOV1는 set됨
- SREG I bit가 1일 때 TIMSK의 TOIE1와 TIFR의 TOV1가 set 되었을 때 T/C1 overflow interrupt 실행됨. 인터럽트 처리가 시작되면 자동 clear됨.

차) ETIFR (Extended Timer/Counter interrupt flag register)

7	6	5	4	3	2	1	0	0X7C
-	-	ICF3	OCF3A	OCF3B	TOV3	OCF3C	OCF1C	ETIFR

BIT 5 ICF3(T/C3 input capture flag bit)

- ICP3 pin에 입력 capture event 발생하면 ICF3가 1로 set 되며 ICF3 interrupt 발생. ICR3 register가 TOP값으로 사용되는 동작모드에서는 TCNT3의 값이 TOP값이 될 때 1로 set됨
- SREG의 I bit가 1이고 ETIMSK의 TICIE3 그리고 ETIFR의 ICF3가 1로 set 되었을 때 T/C3 입력 capture interrupt 실행. 인터럽트처리가 시작되면 자동 0으로 clear됨

BIT 4 OCF3A(output compare flag bit 3A)

- TCNT3와 OCR3A가 일치했을 때 출력비교 인터럽트가 발생하고 OCF3A가 1로 set됨
- SREG의 I bit가 1이고 ETIMSK의 OCIE3A와 ETIFR의 OCF3A가 1로 set 되었을 때 T/C3 compare A match interrupt 실행되고 인터럽트처리가 시작되면 자동 0으로 clear됨

BIT 3 OCF3B(output compare flag bit 3B)

- TCNT3와 OCR3B가 일치했을 때 출력비교 인터럽트가 발생하고 OCF3B는 1로 set됨
- SREG의 I bit가 1이고 ETIMSK의 OCIE3B와 ETIFR의 OCF3B가 1로 set 되었을 때 T/C3 compare B match interrupt 실행되고 인터럽트처리가 시작되면 자동 clear됨

BIT 2 TOV3(Timer/Counter 3 overflow flag bit)

- TCNT3에서 overflow 발생했을 때 TOV3가 1로 set됨
- SREG의 I bi가 1이고 ETIMSK의 TOIE3와 ETIFR의 TOV3가 1로 set 되었을 때 T/C3 overflow interrupt 실행됨. 인터럽트처리가 시작되면 자동으로 0으로 clear됨

BIT 1 OCF3C(output compare flag bit 3C)

- TCNT3와 OCR3C가 일치했을 때 비교매치 인터럽트가 발생하고 OCF3C가 1로 set됨
- SREG의 I bit가 1이고 ETIMSK의 OCIE3C와 OCF3C가 1로 set 되었을 때 T/C 3 compare C match interrupt 실행됨

BIT 0 OCF1C(output compare flag bit 1C)

- TCNT1와 OCR1C가 일치했을 때 OCF1C가 1로 set됨

- SREG의 I bit가 1이고 ETIMSK의 OCIE1C와 OCF1C가 1로 set 되었을 때 T/C 3 compare C match interrupt 실행되고 인터럽트처리가 시작되면 자동으로 0으로 clear됨

카) SFIOR(special function I/O register)

타이머 카운터의 PreScaler를 TSM에 의해 제어하며 TSM이 1일 때 타이머 카운터를 정지하고 PreScaler를 리셋 시키며 TSM이 0일 때 타이머 카운터 1, 3이 모두 동작된다. 즉 모든 T/C를 동기화시키는 기능을 한다.

7	6	5	4	3	2	1	0	0X20
TSM	-	-	-	ACME	PUD	PSR0	**PSR321**	SFIOR

BIT 7 TSM(Timer/Counter Synchronization Mode)

- 모든 T/C를 동기화 시키는 기능을 한다.
- TSM을 1로 설정하면 PSR0와 PSR321에 쓰여진 값이 그대로 유지하고 Pre-Scaler에 Reset 신호를 발생시키고 타이머 카운터 동작을 정지시켜 동일한 값으로 설정할 수 있도록 한다.
- TSM을 0로 설정하면 PSR0와 PSR321비트는 하드웨어적으로 clear되고 타이머 카운터들이 동시에 동작된다.

BIT 2 PUD(Pull-UP Disable) 모든포트 풀업저항 설정

- 모든 포트의 풀업저항 설정을 위한 레지스터로 사용
- PUD를 1로 설정하면 풀업저항을 사용하지 않으며 PUD를 0으로 설정하면 풀업저항을 사용할 수 있도록 Enable 동작됨(초기값은 0으로 설정되어 있음)

BIT 3 ACME(Analog Comparator Multiplexer Enable) ADC에 사용

- 아날로그 비교기의 음극성 입력에 A/D 컨버터의 입력신호가 사용될 수 있도록 허용된다. 이 비트를 0으로 하면 음극성 입력에는 AIN1로 입력된 전압이 사용되며, 이 비트를 1로 하고 ADCSRA 레지스터에서 ADEN=0으로 설정하여 A/D 컨버터의 동작을 정지시키면 ADC0~7의 입력신호가 아날로그 비교기의 음극성 입력으로 사용된다. 이때 ADC0~7 중의 하나를 선택하는 것은 ADMUX 레지스터의 MUX 2~0비트로 설정한다.(제16장 AD 변환기에 설명)

BIT 0 PSR321(Timer Counter 1,2,3 PreScaler Reset)

- PSR321이 1이면 공통으로 사용하고 있는 타이머 카운터 1,3의 Prescaler를 Reset시키며 TSM이 0이면 동작 후 자동으로 clear됨

3) Timer/Counter 1, 3 동작

TCCR1A와 TCCR1B의 WGM13, 12, 11, 10 4bit 값에 의해 동작모드가 결정되고 COM1A1:COM1A0와 COM3A1:COM3A0에 의해 OC1A, OC1B, OC1C 또는 OC3A, OC3B, OC3C 출력동작이 설정되고 출력파형이 결정된다.

TCNT1과 TCNT3는 OCR1A, OCR1B, OCR1C값과 비교매치 되고 다음 clk_{T1}, clk_{T3}가 1개 들어오면 OCF1A, OCF3A가 1로 SET되며 출력비교 인터럽트를 발생시킨다.

가) Normal Mode

TCNT1,3 레지스터는 Normal 모드에서 Up counter로만 동작되며 0x0000 ~ 0xffff 반복 동작된다. 0xffff에서 클럭펄스가 1개 들어오는 순간 TCNT1,3 0x0000으로 바뀌고 TIFR 레지스터의 TOV1, TOV3 비트가 1이 되고 overflow 인터럽트가 발생한다. 정리하면 TCNT1 값이 0x0000 ~ 0xffff이고 0xffff에서 다음 clock이 1개 들어오면 0xffff이 될 때 TOV1가 1로 되고 interrupt가 발생하여 주기가 결정된다. 시스템 주파수를 16MHz로 사용할 때 최대 주기값 T는

$$\text{최대 주기값 } T = \frac{1}{16}\text{us} * \text{분주비}(1024) * (65536 - 0(\text{초기값}))$$

$$= 4.194304 \text{ sec가 된다(최대 주기값일 경우 } 4.194304 \text{ sec 임)}$$

예제 1) System clock이 16MHz일 때 TCCR1A = 0, TCCR1B = 0x02(8분주), TCNT1 = 55536 (0xD8F0)을 설정했다면 TCNT1 값은 65536-55536 = 10000일 때 TCNT1 = 55536 초기설정 후 Overflow 발생하기까지의 시간 T는?

$$T = \frac{1}{16}\text{us} * 8\text{분주} * (65536 - 55536) = 5[\text{ms}]$$

즉, TCNT1 = 55536을 넣어주면 5[ms]마다 Overflow 인터럽트가 발생한다.

문제 1) T/C 1에서 Normal 모드로 가장 긴 인터럽트 주기는?

문제 2) T/C 1에서 Normal 모드로 1초의 주기를 만들려고 하면 어떻게 해야 할까?

① 256 분주를 사용할 때 TCNT1 = 3036 (64 분주일 때 TCNT1 = ?)

② 1024 분주를 사용할 때 TCNT1 = 49911

나) CTC mode(Clear Timer on Compare match mode)

CTC 동작모드는 mode4와 mode12가 해당된다. TCNT1 값은 OCR1A와 일치하거나(mode4) 또는 ICR1과 일치할 때(mode12)까지 증가하며 일치한 후에 다음 clock에서 TCNT1은 0으로 clear된다(OCR1A, ICR1은 TCNT1에 대한 TOP 값).

- OCR1A를 TOP 값으로 사용하는 mode4에서 TCNT1이 OCR1A와 일치할 때 OCF1A가 set 되어 출력비교 interrupt 발생한다.
- ICR1A를 TOP 값으로 사용하는 mode12에서 TCNT1이 ICR1과 일치할 때 ICF1가 set 되어 입력 capture interrupt 발생한다.
- 주기가 일정하지 않다.

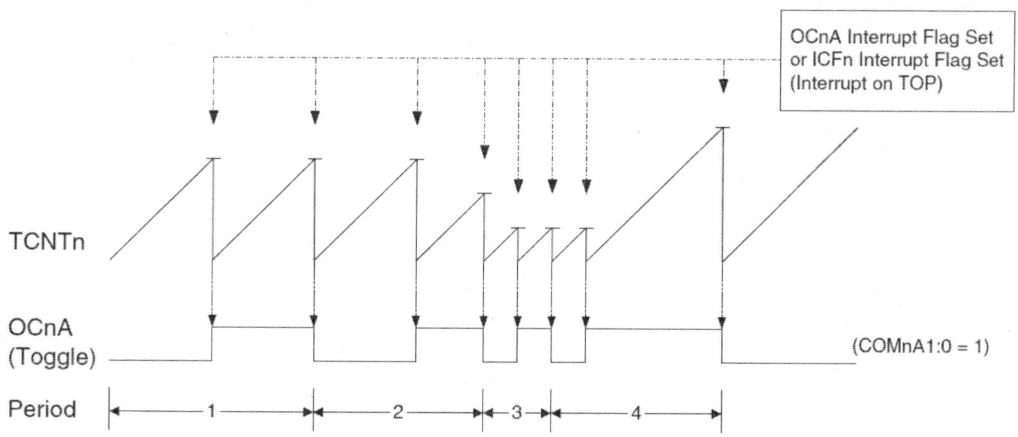

[그림 6-22] T/C1, 3 CTC mode Timing Diagram

- Toggle mode COM1A1, COM1A0 (0, 1)하면 TCNT1이 TOP과 같을 때마다 OC1A 핀을 통해 Toggle 값이 계속 출력된다.

  OC1A 핀을 통해 출력되는 주파수 foc1A는

$$foc1A = \frac{f\,clk_{I/O}}{2N(1 + \top op)} \quad (N:\ 1,8,64,256,1024)$$

cf. $fclk_{I/O}$는 system clock 주파수, mode 4에서 TO = OCR1A, mode 12에서 TOP = ICR1

다) 고속 PWM mode(fast pulse width modulation mode)

높은 주파수의 PWM 파형을 발생하는데 유용하며 동작 mode 5, 6, 7, 14, 15이다. TCNT1 값이 0에서 TOP까지 증가하다 다시 0부터 count 동작을 반복한다.

TOP 값			
mode 5	0x00ff	8bit	비 고
mode 6	0x01ff	9bit	
mode 7	0x03ff	10bit	
mode 14	ICR1	ICR1	
mode 15	OCR1A	OCR1A	

- 비반전 비교 출력모드에서는 TCNT1 값이 계속하여 증가하다가 OCR1A 값과 일치하면 OC1A 핀을 통해 '0'이 출력된다.
- TCNT1이 TOP ⇒ 0X0000으로 되면서 "1"이 출력된다.
- 주기가 일정하지 않다.

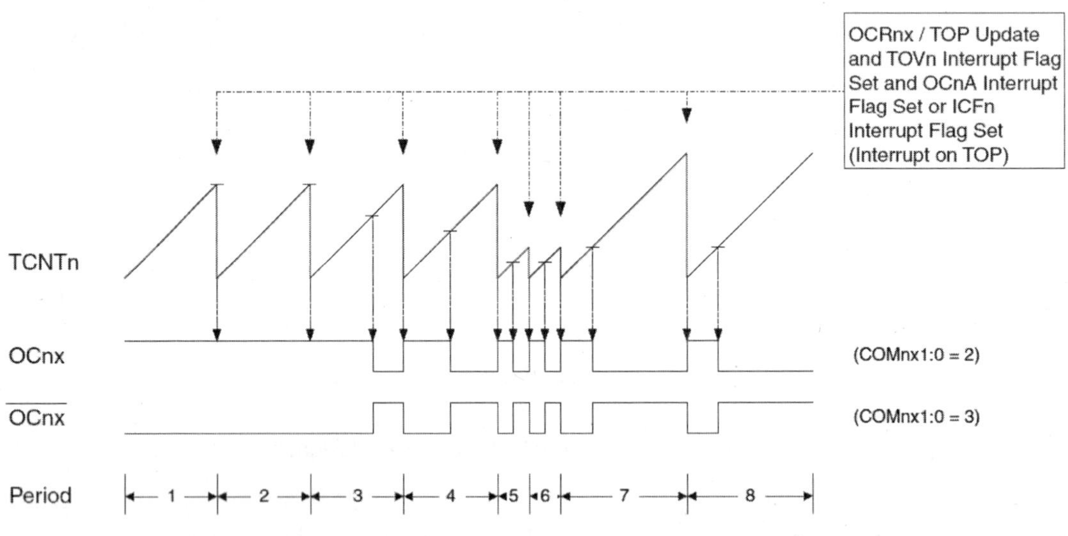

[그림 6-23] T/C1, 3 Fast PWM mode Timing Diagram

- 설정된 TOP값에 따라 OC1A 핀에 출력되는 pulse 주기가 결정된다.
- OC1A 핀을 통해 출력되는 파형의 주파수는

$$fOC1\ PWM = \frac{f\,clk_{I/O}}{N(1+Top)}$$

- TCNT1의 값이 TOP값과 일치할 때 타이머/카운터의 Overflow interrupt flag TOV1이 set 되며 Overflow interrupt 요청
- TOP으로 사용되는 OCF1A와 ICF1 flag도 TOV1과 같은 clock cycle에서 set 되어 interrupt 요청

라) Phase Correct PWM mode

높은 분해능의 pwm 파형을 만드는데 유용하며 동작 mode는 1, 2, 3, 10, 11이다. TCNT1 값이 0에서 TOP까지 증가하다가 0으로 감소하는 count 동작을 반복한다.

TOP 값			
mode 1	0x00ff	8bit	비 고
mode 2	0x01ff	9bit	
mode 3	0x03ff	10bit	
mode 10	ICR1	ICR1	
mode 11	OCR1A	OCR1A	

- 비반전 비교 출력모드에서 UP count 중에 TCNT1 값과 OCR1A 값이 일치하면 OC1A 핀을 통해 '0'이 출력, DOWN count 중에 값이 일치하면 '1'이 출력
- 설정된 TOP 값에 따라 OC1A 핀에 출력되는 pulse 주기가 결정
- OC1A 핀을 통해 출력되는 파형의 주파수는

$$fOC1A\ PWM = \frac{f\,clk_{I/O}}{2NTOP}$$

- PC PWM mode에서의 주파수는 고속 pwm 모드에 비해 반으로 줄어듦
- TOP으로 사용되는 register에 따라 TCNT1의 값이 TOP값과 일치할 때 OCF1, ICF1 flag bit가 set되며 interrupt 요청.

  또한 TCNT1값이 TOP에서 0X0000될 때 TOV1이 set 되며 overflow interrupt 요청함.

마) Phase and Frequency Correct PWM mode(위상과 주파수 교정 PWM)

높은 분해능의 PWM 파형을 만드는데 유용하며 동작 mode는 1, 2, 3, 10, 11이다.

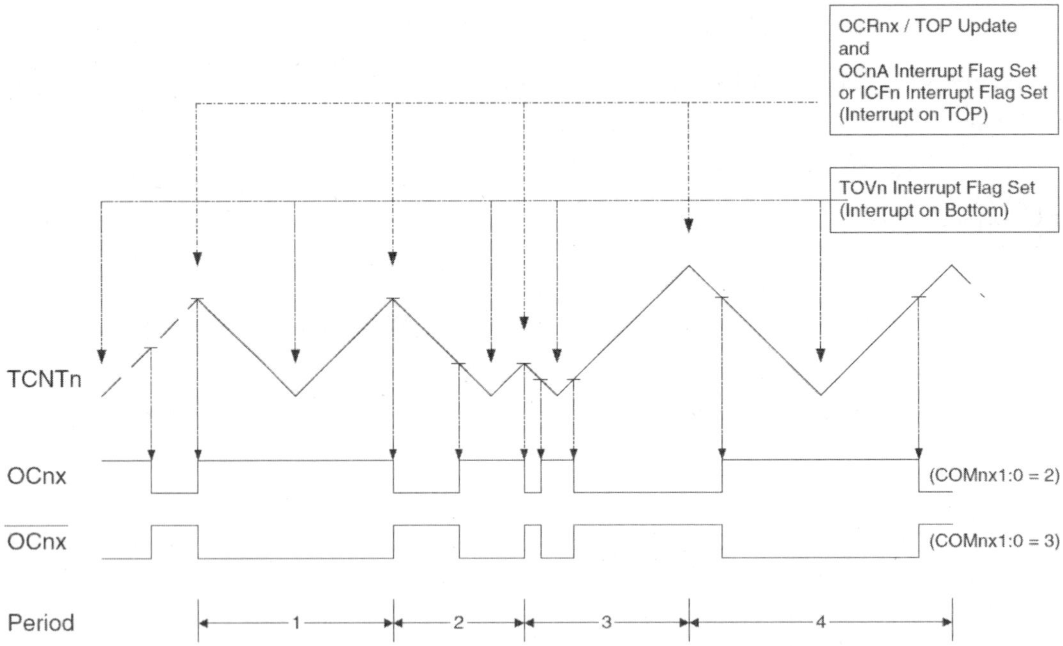

[그림 6-24] T/C1, 3 PC PWM mode Timing Diagram

TCNT1 값이 0에서 TOP까지 증가하다가 0으로 감소하는 count 동작을 반복한다.

- TOP값은 ICR1, OCR1으로 지정한다.
- PC PWM mode와 다른 점은 TOP으로 설정되는 레지스터의 값이 갱신되는 시점이 PC PWM mode에서는 TCNT1이 TOP에서 갱신되고 PFC PWM에서는 0X0000에서 갱신된다.
- 비반전 비교 출력모드에서 UP count 중에 TCNT1 값과 OCR1A 값이 일치하면 OC1A 핀을 통해 '0'이 출력, DOWN count 중에 값이 일치하면 '1'이 출력된다.
- 설정된 TOP값에 따라 OC1A 핀에 출력되는 파형의 주파수는

$$fOC1n\ PWM = \frac{f\,clk_{I/O}}{2NTOP}$$

- TOP으로 사용되는 register에 따라 TCNT1의 값이 TOP값과 일치할 때 OCF1. 또는 ICF1 flag bit가 set 되며 interrupt 요청.

  또한 TCNT1값이 TOP에서 0X0000될 때 TOV1이 set 되며 overflow interrupt 요청.

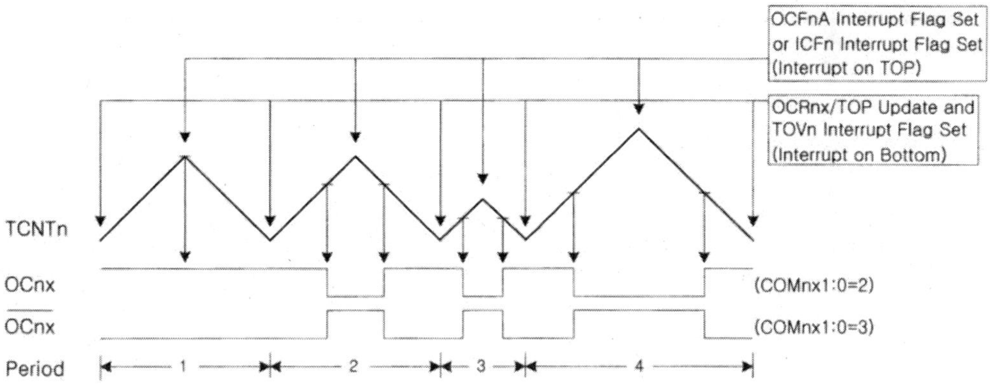

[그림 6-25] T/C1, 3 PFC PWM mode Timing Diagram

바) 입력캡처 모드(Input Capture mode)

외부 트리거 입력신호에 의해 TCNTn(n=1,3) 값을 capture하여 ICRn(n=1,3)에 저장하는 기능이다. ([그림 6-26] T/C1 Input Capture Block Diagram 참조)

ICP1에서 Trigger 신호가 입력되면 TCNT1 값을 ICR1에 저장을 하고 ICF1이 1로 set됨과 동시에 입력 capture interrupt를 발생하게 된다(T/C3도 동일).

어떤 신호의 주파수 측정 또는 펄스신호가 짧은 주기측정에 사용된다.

- 입력캡처 회로구성 블록도(Input Capture Unit Block Diagram)

ICPn(n=1,3)으로 입력되는 신호는 T/C1의 경우에는 ACSR의 ACIC 비트를 1로 설정하여야 하며 TCCR1B 레지스터의 ICNC1 비트에 의해 노이즈 제거기능을 설정하고 ICSE1 비트를 falling edge 또는 rising edge로 설정한다.

ICP1에 입력신호가 들어오는 순간 TCNT1 레지스터의 값이 ICRn으로 복사되고 ICFn 비트가 1이 되면서 입력캡처 인터럽트가 발생된다.

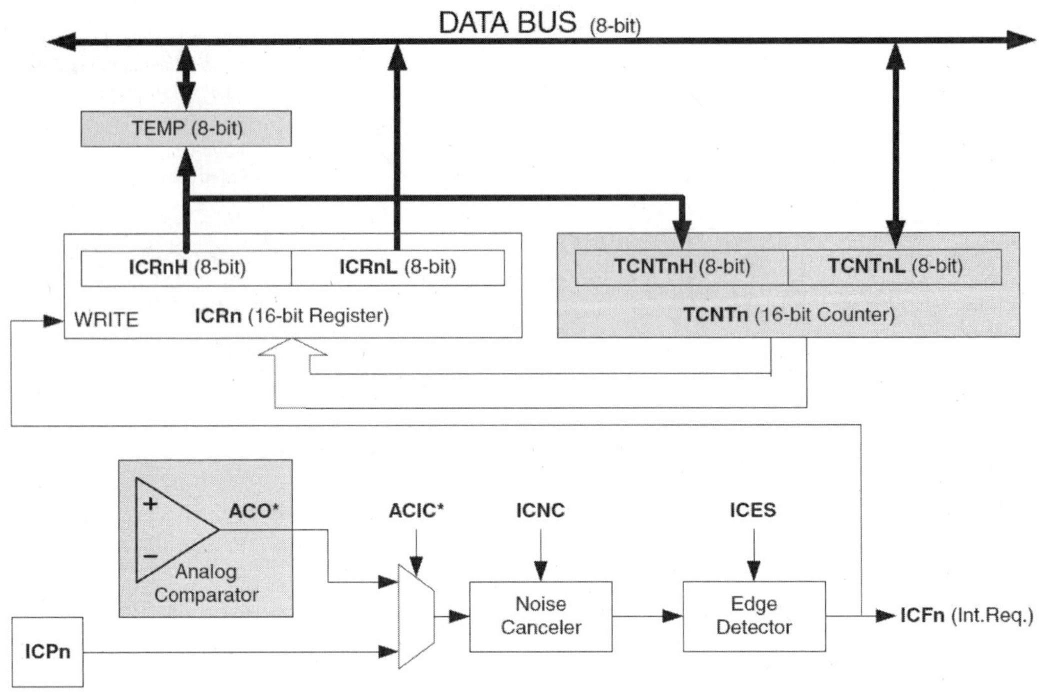

[그림 6-26] T/C1 Input Capture Block Diagram

4) Timer/Counter Output Compare 변조기

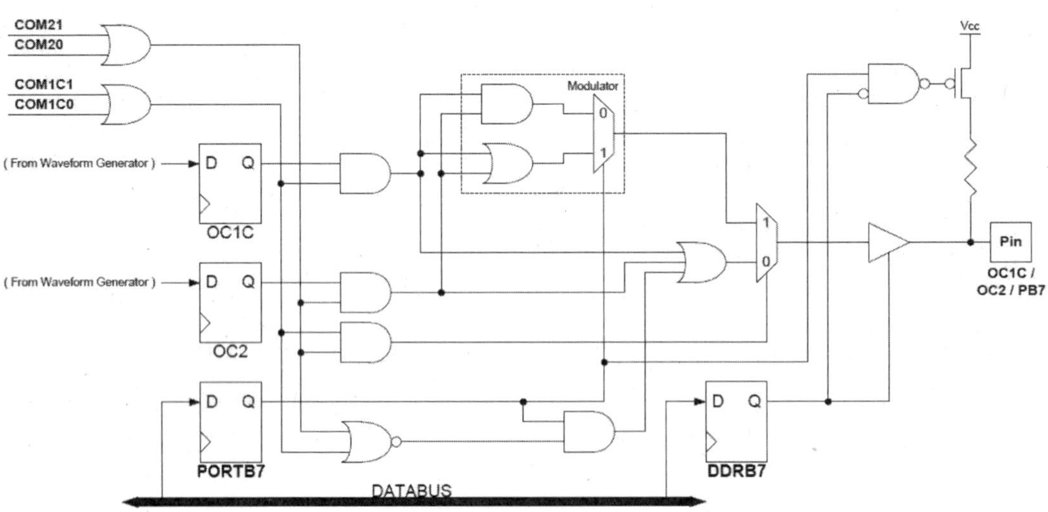

[그림 6-27] T/C1,3 Output Compare 변조기 회로

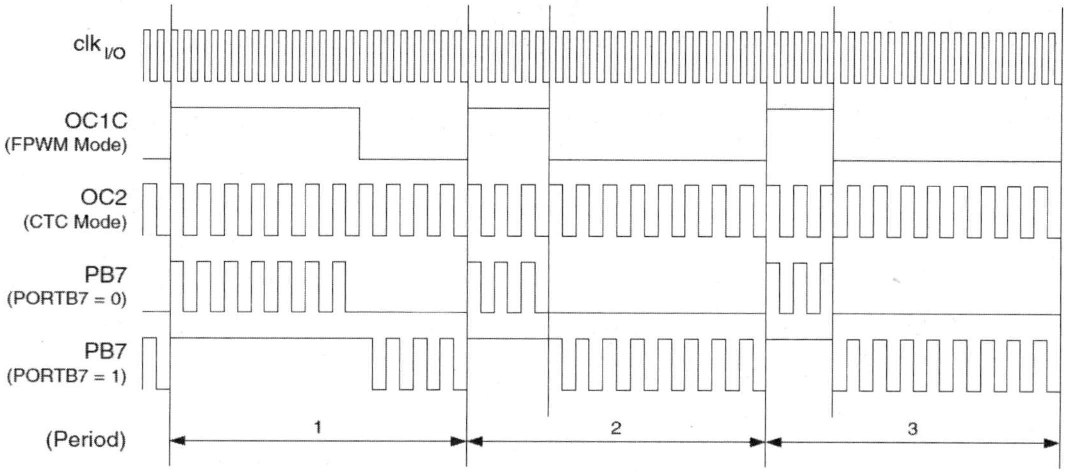

[그림 6-28] T/C1, 3 Output Compare 변조 Timing Diagram

8. Timer/Counter 실습예제

[예제 timer.1] T/C 0을 이용한 led 제어실험 (Normal Mode)

T/C 0의 Normal Mode를 사용하여 **오버플로어 인터럽트**가 발생할 때마다 LED를 1비트씩 shift 하면서 on 시키는 프로그램을 작성하라.

타이머 카운터의 인터럽트 주기는 최대 즉 TCNT0 = 0, 분주비 = 1024로 한다.

① Normal Mode ② Over Flow **인터럽트** ③ 인터럽트 주기는 최대 ④ **1024분주**

```
#include <mega128.h>
#include <delay.h>
unsigned char led = 0xfe;
void main(void){
  // 포트 초기화
  DDRC = 0xff;   PORTC = led;   DDRB = 0xff;
  PORTC = led;   PORTF = 0;   DDRF = 0xff;
  TCNT0 = 0;  // T/C 0 레지스터 초기값
  TIMSK = 1;  // TOIE0 = 1;
  TCCR0 = 7;  // normal, 분주비 = 1024
  SREG = 0x80;
  while(1){
       PORTB = TCNT0;
       delay_ms(100);
       PORTB = TCNT0;
       delay_ms(100);
   }
}
// 인터럽트 발생 주기 = 1/16us * 1024분주 * 256 = 16.384[ms]
interrupt [TIM0_OVF] void aa_int0(void)
{
  // LED 순차 점멸
  led <<= 1;
  led |= 1;
  if(led == 0xff) led = 0xfe;
  PORTC = led;
}
```

[예제 timer.2] T/C 0을 이용한 FND 제어실험(Normal Mode)

T/C 0의 Normal Mode 를 사용하여 Over Flow **인터럽트**가 발생할 때마다 FND 숫자가 1비트씩 증가되는 프로그램을 작성하라. T/C 0의 인터럽트 주기는 최대가 되도록 **TCNT0 = 0**으로 하고 **프리스케일러는 1024분주**로 한다.

```
#include <mega128.h>
#include <delay.h>
void interrupt_call(int);
int num = 0;
char seg_data[10]={0x3f,0x06,0x5b,0x4f,0x66,0x6d,0x7d,0x07,0x7f,0x6f};

void main(){
 DDRB = 0xff;   // 방향출력설정 PORTB
 DDRF = 0x10;   // 방향출력설정 PORTF
 TIMSK = 1;     // TOIE0 = 1
 TCCR0 = 7;     // normal mode, CS02 CS01 CS00 = 1024분주
 TCNT0 = 0;     // 초기값 0
 SREG = 0x80;   // 인터럽트 허용
}

interrupt [TIM0_OVF] void aa_int0(void){
  interrupt_call(num);
  num++;
  if(num == 10) num = 0;
}

void interrupt_call(int num){        // 함수 호출
  int i;
  for(i = 0; i < 10; i++){
    PORTF = 0b11100000;
    PORTB = seg_data[num];
    delay_ms(100);
    PORTF = 0b11110000;
  }
}
```

[예제 timer.3] T/C 0을 이용한 led, FND 제어실습

T/C 0 Normal Mode를 사용하여 **오버플로어 인터럽트**가 발생할 때마다 LED를 1비트씩 shift 하면서 on 시키고 FND에 0~99까지 count 되는 프로그램을 작성하라. 인터럽트 주기는 최대가 되도록 **TCNT0 = 0**으로 하고 **프리스케일러는 1024분주**로 한다.

```
#include <mega128.h>
#include <delay.h>
char seg[10]={0x3f,0x06,0x5b,0x4f,0x66,0x6d,0x7c,0x27,0x7f,0x67};
int n1 = 0, n10 = 0, num = 0,   i;
char led = 0xfe;
void main(){
 DDRF = 0xff;      // 방향설정
 DDRB = 0xff;
 DDRC = 0xff;
 PORTC = led;
 TIMSK = 1;
 TCCR0 = 7;
 TCNT0 = 0;
 SREG = 0x80;
}

interrupt [TIM0_OVF] void aa_int0(){
 num++;
 n1 = num % 10;
 n10 = num / 10;
 for(i = 0; i < 60; i++){
   PORTF = 0xe0;
   PORTB = seg[n1];
   delay_ms(5);
   PORTF = 0xd0;
   PORTB = seg[n10];
   if(num > 99)  num =  0;
   delay_ms(5);
  }
 led = (led << 1) | 0x01;
 if(led == 0xff) led = 0xfe;
 PORTC = led;
}
```

[예제 timer.4] T/C 0을 이용한 led 제어실험(CTC 모드)

T/C 0의 CTC 모드를 이용하여 출력비교 인터럽트가 발생할 때마다 led를 1비트씩 shift 하면서 on 시키는 프로그램을 작성하시오. T/C 인터럽트 주기는 최대가 되게 TCNT0 = 0으로 하고 프리스케일러는 1024분주로 한다.

```
#include <mega128.h>
#include <delay.h>
unsigned char led = 0xfe;
void main(void)
 {
   // 포트 초기화
   DDRC = 0xff;   PORTC = led;   DDRB = 0xff;   DDRF = 0xff;
   PORTC = led;   PORTF = 0;
   // 인터럽트 초기화
   TIMSK = 0x02;          // OCIE0 = 1
   TCCR0 = 0x0f;          // CS2 CS1 CS0 = 1024, WGM01,WGM00 = CTC
   OCR0 = 255;            // 출력 비교 레지스터값
   TCNT0 = 0;             // T/C 0 레지스터 초기값
   SREG = 0x80;           // 인터럽트 허용
  while(1)
   {
     PORTB = 255;
     delay_ms(500);
     PORTB = 0;
     delay_ms(500);
   }
}
// T/C 0 출력비교 인터럽트 서비스 루틴 (TCNT0 = OCRO 일 때)
// 인터럽트 발생주기 T = 1/16[us] * 1024분주 * (256-0)
//                   = 16.384[ms]
interrupt [TIM0_COMP] void aa_comp0(void)
{
  // LED 순차 점멸
  led <<= 1;
  led |= 0x01;
  if(led == 0xff) led = 0xfe;
  PORTC = led;
}
```

[예제 timer.5] T/C 0을 이용한 led 1초마다 on, off 실험

T/C의 overflow 인터럽트를 이용하여 1초마다 모든 led를 on/off 시키는 프로그램을 작성하라.(Normal Mode, 256분주)

$$\text{Overflow 인터럽트 주기 } T = \frac{1}{16}[us] * 256(\text{분주}) * (256-6) = 4[ms]$$

$$\text{인터럽트 250회 주기 } T = 4[ms] * 250(\text{cnt는 overflow loop 횟수}) = 1\text{초}$$

```
#include <mega128.h>
unsigned char led = 0xff, count;
void main(void){
 // 포트 초기화
 DDRC = 0xff;              // 포트 C 출력으로 설정
 PORTC = led;              // 포트 C에 초기값 출력
 count = 0;                // 인터럽트 발생 횟수

 // 타이머 카운터 초기화
 TIMSK = 1;                // TOIE0 = 1
 TCCR0 = 6;                // 256분주, normal mode
 TCNT0 = 6;                // 256-6=250
 SREG = 0x80;              // 인터럽트 허용 비트 7 set
 while(1);
}

// 1/16[us] * 256분주 * 250(=256-6) = 4[ms]
// led의 on/off 주기  T = 4[ms] × 250 = 1[sec]
interrupt [TIM0_OVF] void aa_int0(void){
count++;
TCNT0 = 6;
if(count == 250)
 {
   led = led · 0xff;       // led = 0xff ⊕ oxff, 0x00 ⊕ oxff
   PORTC = led;
   count = 0;
 }
}
```

[예제 timer.6] T/C 0을 이용한 led 1초마다 on, off 실험

T/C의 출력비교 인터럽트를 이용하여 1[sec]마다 모든 led를 on/off 시키는 프로그램을 작성하라.(**CTC** mode, **256**분주)

$$\text{인터럽트 주기 } T = \frac{1}{16}[us] * 256(\text{분주}) * 250(OCR0 = TCNT0)$$
$$= 4[ms]$$

$$\text{인터럽트 250회 주기} = 4[ms] * 250(\text{인터럽트 count에서 지연})$$
$$= 1[sec]$$

```
#include <mega128.h>
unsigned char led = 0xff, count;
void main(void)
{
  // 포트 초기화
  DDRC = 0xff;              // 포트 C 출력으로 설정
  PORTC = led;              // 포트 C에 초기값 출력
  count = 0;                // 인터럽트 발생 횟수
  // 인터럽트 초기화
  TIMSK = 0x02;             // OCIE0 = 1
  TCCR0 = 0b00001110;       // 256분주, CTC
  OCR0 = 250;
  TCNT0 = 0;                // 초기값
  SREG = 0x80;              // 인터럽트 허용 비트 I 셋
  while(1);
}
// 타이머/카운터0 오버플로우 인터럽트 주기
// T = 1/16[us] * 256(분주) * 250(cnt) = 4[ms]
 오버플로우 서비스 루틴 = 4[ms] * 250(count) = 1[sec]
interrupt [TIM0_COMP] void aa_comp0(void)
 {
    count++;
    if (count == 250)
      {
        led = led · 0xff;  // oxff · oxff = 0x00
        PORTC = led;
        count = 0;
      }
 }
```

[예제 timer.6-1] T/C 0을 이용한 fast pwm mode 제어

T/C0의 출력비교 인터럽트를 이용하여 16.384[msec]마다 모든 led를 on/off 시키는 프로그램을 작성하라.(fast pwm mode, 1024분주)

$$\text{인터럽트 주기 T} = \frac{1}{16}[\text{us}] * 1024(\text{분주}) * 256(256 - 0)$$
$$= 16.384[\text{ms}]$$

```
#include <mega128.h>
#include <delay.h>
unsigned char led = 0xfe;
void main(void)
{
  // 포트 초기화
  DDRC = 0xff;      // 포트 C 출력으로 설정
  PORTC = led;      // 포트 C에 초기값 출력
  DDRB = 0xff;      // 포트 B 출력으로 설정

  // 인터럽트 초기화    01101101
  TIMSK = 0x02;     // OCIE0=1
  TCCR0 = 0x6f;     // 1024, FAST PWM 모드, COM21,C0M20=10
  OCR0 = 255;       // 출력 비교 레지스터값
  TCNT0 = 0;        // 타이머/카운터0 레지스터 초기값
  SREG = 0x80;      // 인터럽트 허용 비트 I 셋
  while(1);
}

// TCNT0 = OCR0  인터럽트 서비스 루틴
// 인터럽트 발생 주기  1/16[us] * 1024분주 * 256 = 16.384[ms]
interrupt [TIM0_COMP] void aa_comp0(void)
{
  // LED 순차 점멸
  led <<= 1;
  led |= 0x01;
  if(led == 255) led = 254;
  PORTC = led;
}
```

[예제 timer.6-2] T/C 0을 이용한 phase correct mode 제어

T/C의 overflow 인터럽트를 이용하여 FND를 up count하고 led를 shift시키는 프로그램을 작성하라.(1024분주, pc mode 이용) **fnd "E" 떨림 현상 왜 ?**

```
#include <mega128.h>
#include <delay.h>
char seg[10] = {0x3f,0x06,0x5b,0x4f,0x66,0x6d,0x7c,0x27,0x7f,0x67};
int n1 = 0, n10  = 0, num = 0, i = 0; char led = 0xfe;
void main(void){
  DDRC = 0xff;      // PC 방향 설정
  PORTC = led;      // 포트 C에 초기값 출력
  DDRB = 0xff;
  DDRF = 0xff;

  TIMSK = 1;        // TOIE0 = 1
  TCCR0 = 0x67;     // pc pwm 1024분주, COM01,00 = 1,0 // 0x47 떨림정지
  OCR0 = 7;         // OCR0 = 127 주면 듀티비는 약 50:50
  TCNT0 = 0;        // T/C0 레지스터 초기값
  SREG = 0x80;      // 인터럽트 허용 비트 I 셋
  while(1);
 }
// TCNT0 = OCR0  인터럽트 서비스 루틴
interrupt [TIM0_OVF] void aa_int0(void){
     num++;
     n1 = num % 10;
     n10 = num /10;
     for(i = 0 ; i < 49 ; i++){
          PORTF = 0xe0;
          PORTB = seg[n1];
          delay_ms(10);
          PORTF  = 0xd0;
          PORTB = seg[n10];
          if(num > 99) num = 0;
          delay_ms(10);
      }
     led = (led << 1)|0x01;  // or 연산
     if(led == 255) led = 254;
     PORTC = led;
}
```

fnd "E" 떨림 현상 왜 ?

TCCR0의 COM01,00 비트가 1,0로 clear, set 반복함. 즉 pwm 파형을 발생시키고 있음. pwm 출력파형 OC0 비트가 PB.4에 연결되어 있음. PORTB.4는 FND segment "E"임.

[예제 timer.7] T/C 0을 이용한 fnd 제어실험(Normal Mode)

타이머 카운터를 이용하여 Stop Watch가 동작되는 프로그램을 작성하여라.
단, 인트럽트 주기 = 10[ms] 기능: 시작/정지/리셋

```
#include <mega128.h>
#include <delay.h>
char seg_pat[10]={0x3f,0x06,0x5b,0x4f,0x66,0x6d,0x7d,0x07,0x7f,0x6f};
int  sec = 0, msec = 0;
int  run = 0;
void  Time_out();                    // 시간 출력
void main(void)
  {
     DDRB = 0xff;                    // B 포트 모든 핀 출력 설정
     DDRF = 0b11110000;              // PF4-PF7 출력 설정
     // 외부 인터럽트 설정
     EIMSK = 0b00110000;             // 외부인터럽트 4,5 인에이블
     EICRB = 0b00001010;             // 외부인터럽트 4,5 하강에지
     // 타이머/카운터0 설정
     TCCR0 = 0x0;                    // 일반모드 타이머 카운터 정지
     TCNT0 = 100;                    // 10ms 설정
     TIMSK = 0x01;                   // TOIE0=1
     SREG = 0x80;
     while(1) Time_out();
  }
void Time_out(void){                 // 시간 출력
  int  ms10, ms1, s10, s1;
  ms10 = msec / 10;                  // 분 10자리 추출
  ms1 = msec % 10;                   // 분 1자리 추출

  s10 = sec / 10;                    // 초 10자리 추출
  s1 = sec % 10;                     // 초 1자리 추출

  PORTF = 0b11100000;                // 맨 우측 7-Segment SEG1 ON (PF4=0)
  PORTB = seg_pat[ms1];              // 초 1자리 표시
  delay_ms(1);

  PORTF = 0b11010000;                // 7-Segment SEG2 ON (PF5=0)
  PORTB = seg_pat[ms10];             // 초 10자리 표시
  delay_ms(1);

  PORTF = 0b10110000;                // 7-Segment SEG3 ON (PF6=0)
  PORTB = seg_pat[s1];               // 분 1자리 표시
  delay_ms(1);
```

```
    PORTF = 0b01110000;              // 7-Segment SEG4 ON (PF7=0)
    PORTB = seg_pat[s10];            // 분 10 표시
    delay_ms(1);
  }

// 1/16us * (256-100) * 1024분주 = 9.98[ms]
interrupt [TIM0_OVF] void time0(void)
{
  msec++;
  if(msec == 100){
    msec = 0;
    sec++;
    if(sec == 60) sec = 0;
  }
    TCNT0 = 100;
}
interrupt [EXT_INT4] void stoppause_int4(void)
 {
    run = (run · 1) ;                // run = (run + 1) % 2; 시작/정지 토글
    if(run == 1) TCCR0 = 0x07;
    else TCCR0 = 0x0;
 }
interrupt [EXT_INT5] void reset_int5(void)
 {
    msec = 0;                        // 스톱워치 리셋
    sec = 0;
 }
```

[예제 timer.8] T/C 2를 이용한 led 제어실험(Normal Mode)

T/C 2의 Normal mode를 사용하여 Overflow **인터럽트**가 발생할 때마다 LED를 1비트씩 shift 하면서 ON 시키는 프로그램을 작성하라.
T/C의 인터럽트 주기 초기값 TCNT2 = 0으로 하고 분주는 256 **분주비**로 한다.

$$인터럽트\ 주기 = \frac{1}{16}us * 256분주 * [256(TCNT2) - 0(초기값)] = 4.096\ [ms]$$

```
#include <mega128.h>
unsigned char led = 0xfe, cnt = 0;
void main(void){
 DDRC = 0xff;
 PORTC = led;            // 0xfe 초기값 출력
 // 인터럽트 초기화
 TIMSK = 0x40;           // TOIE2 = 1
 TCCR2 = 0x04;           // normal mode, 256분주
 TCNT2 = 0;              // T/C 2 레지스터 초기값
 SREG = 0x80;
 while(1);
}


interrupt [TIM2_OVF] void aa_int2(void){
 cnt++;
 if(cnt == 250){
   led <<= 1;
   led |= 1;
 if (led == 0xff)  led = 0xfe;
   PORTC = led;
   cnt = 0;
 }
}
```

[예제 timer.9] T/C 2를 이용한 led 제어실험(CTC 모드)

T/C 2의 CTC 모드를 이용하여 출력비교 인터럽트가 발생할 때마다 LED를 1비트씩 shift 하면서 ON 시키는 프로그램을 작성하라. 인터럽트 주기는 최대가 되게 초기값은 TCNT2 = 0으로 하고 1024 분주로 한다.

```
#include <mega128.h>
unsigned char led = 0xfe;
void main(void)
{
  // 포트 초기화
  DDRC = 0xff;            // 포트 C 출력으로 설정
  PORTC = led;            // 포트 C에 초기값 출력
  // 인터럽트 초기화
  TIMSK = 0x80;           // OCIE2=1
  TCCR2 = 0x0d;           // 1024, CTC 모드
  OCR2 = 255;             // 출력 비교 레지스터값
  TCNT2 = 0;              // 타이머/카운터0 레지스터 초기값
  SREG = 0x80;            // 인터럽트 허용 비트 I 셋
  while(1);
}
// TCNT2 = OCR2 일 때 인터럽트 서비스 루틴
// 인터럽트 발생 주기 1/16us * 1024분주 * 256 = 16.384[ms]
interrupt [TIM2_COMP] void aa_comp2(void)
{
  // LED 순차 점멸
  led <<= 1;
  led |= 0x01;
  if(led == 0xff) led = 0xfe;
  PORTC = led;
}
```

[예제 timer.9-1] T/C 2를 이용한 led 제어실험(FAST PWM)

T/C 2의 FAST PWM 모드를 이용하여 출력비교 인터럽트가 발생할 때마다 LED를 1비트씩 shift 하면서 ON 시키는 프로그램을 작성하라. 인터럽트 주기는 최대가 되도록 초기값 TCNT2 = 0, OCR = 255로 하고 1024 분주로 한다.
PWM 주파수를 구해보면

$$foc2\_pwm = \frac{15.625Khz}{256} = 61.035\,[HZ]$$

```
#include <mega128.h>
#include <delay.h>
unsigned char led = 0xfe;
void main(void)
{
  // 포트 초기화
  DDRC = 0xff;              // 포트 C 출력으로 설정
  PORTC = led;              // 포트 C에 초기값 출력
  DDRB = 0xff;              // 포트 B 출력으로 설정

  // 인터럽트 초기화
  TIMSK = 0x80;             // OCIE2=1
  TCCR2 = 0x6d;             // 1024, FAST PWM 모드, COM21,C0M20 = 10
  OCR2 = 255;               // 출력 비교 레지스터값
  TCNT2 = 0;                // 타이머/카운터0 레지스터 초기값
  SREG = 0x80;              // 인터럽트 허용 비트 I 셋
  while(1);
}

// TCNT2 = OCR2  인터럽트 서비스 루틴
// 인터럽트 발생 주기 1/16us * 1024분주 * 256 = 16.384[ms]
interrupt [TIM2_COMP] void aa_comp2(void)
{
  // LED 순차 점멸
  led <<= 1;
  led |= 1;
  if(led == 255) led = 254;
  PORTC = led;
}
```

[예제 timer.9-2] T/C 2를 이용한 FND 제어실험(PC PWM)

T/C2의 PC PWM 모드를 이용하여 TCNT2에 overflow가 발생할 때마다 FND를 약 1초씩 up count 하는 프로그램을 작성하라. 또한 주파수 foc2_pwm은 초기값 TCNT2 = 0, OCR = 100으로 하고 256분주로 한다.

① PWM 주파수 foc2_pwm = $\frac{16MHZ}{256\,(N) * 510}$

= 122.549[HZ]

② PWM 주파수 foc2_pwm의 타임주기 T는?

$$T = \frac{1}{16}us * 256분주 * 510 = 8.16[ms]$$

※ PWM 파형을 출력하기 위해서는 PORTB의 방향설정을 해 주어야 한다.
 (예) DDRBB = 0x80, DDRBB = 0b10000000

- OC2 출력파형

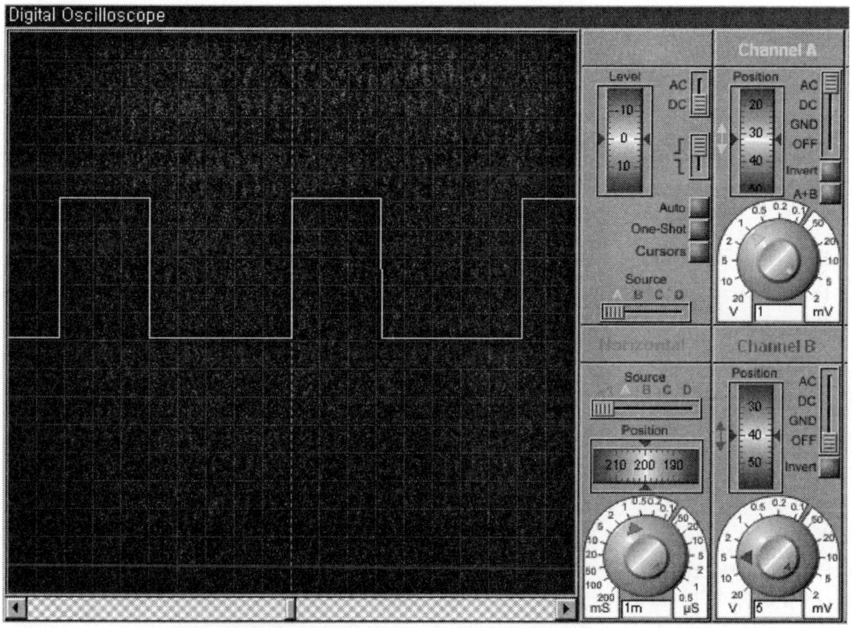

[OC2 출력파형(Time/division 1[ms] * 8[칸] ≅ 123[HZ])]

프로그램의 OCR2 = 100; 주면 OC2 출력파형은 그림과 같이 되고 OCR2 = 127 주면 듀티비는 약 50 : 50가 된다.

```
#include <mega128.h>
#include <delay.h>
char seg[10] = {0x3F,0x06,0x5B,0x4F,0x66,0x6D,0x7C,0x27,0x7F,0x67};
int n1 = 0, n10  = 0, num = 0, i = 0; char led = 0xfe;

void main(void)
{
  DDRC = 0xff;             // PC 방향 설정
  PORTC = led;             // 포트 C에 초기값 출력
  DDRB = 0xff;
  DDRF = 0xff;

  TIMSK = 0x40;            // TOIE2 = 1
  TCCR2 = 0x64;            // pc pwm 256분주
  OCR2 = 100;              // OCR2 = 127 주면 듀티비는 약 50 : 50
  TCNT2 = 0;               // T/C 2 레지스터 초기값
  SREG = 0x80;             // 인터럽트 허용 비트 I 셋
  while(1);
 }
// TCNT2 = OCR2  인터럽트 서비스 루틴
interrupt [TIM2_OVF] void aa_int2(void)
  {
    num++;
    n1 = num % 10;
    n10 = num /10;
    for(i = 0 ; i < 49 ; i++)
     {
        PORTF = 0xe0;
        PORTB = seg[n1];
        delay_ms(10);
        PORTF  = 0xd0;
        PORTB = seg[n10];
        if(num > 99) num = 0;
        delay_ms(10);
     }
    led = (led << 1) | 0x01;  // or 연산
    if(led == 255) led = 254;
    PORTC = led;
}
```

[예제 timer.10] T/C 1을 이용한 LED 제어실험(Normal Mode)

TCNT1 = 0x9C40(40000)설정하고 256 분주된 clock을 T/C1의 clock을 이용하여 타이머 카운터 레지스터 overflow interrupt가 발생할 때마다 led를 shift 하면서 on 시키는 프로그램을 작성하라.

$$\text{Overflow interrupt 주기 } T = \left(\frac{1}{16}\right)\text{us} * 256\text{분주} * (65536-40000_{(TCNT1)})$$
$$= 408.576[\text{ms}]$$

문제1) TCNT1 = 3036일 때 주기 T = ? 1024 분주일 때 TCNT1 = ?

문제2) TCNT1 = 0일 때 Overflow interrupt 주기 T = ? (답) 1.048576 초

```
#include <mega128.h>
unsigned char led = 0xfe;
unsigned int time = 0x9c40;    // TCNT1=40000(10진수),9C40(16진수)
void main(void){
  // 포트 초기화
  DDRC = 0xff;               // 포트 C 출력으로 설정
  PORTC = led;               // 포트 C에 초기값 출력
  // T/C 인터럽트 초기화
  TIMSK = 0x04;              // TOIE1 = 1
  TCCR1A = 0;                // 모드 0(일반모드)
  TCCR1B = 0x04;             // 프리스케일 = CK/256
  TCCR1C = 0;
  TCNT1 = time;              // T/C1 레지스터 초기값: 40000
  SREG = 0x80;               // 전역 인터럽트 인에이블 비트 I 셋
}
// 타이머/카운터1 오버플로우 서비스 루틴
interrupt [TIM1_OVF] void aa_int1(void){
  // LED 순차 점멸
  led <<= 1;
  led |= 0x01;
  if(led == 0xff) led = 0xfe;
  PORTC = led;
  TCNT1 = time;
}
```

[예제 timer.10-1] T/C 1을 이용한 LED 제어실험(CTC 모드)

타이머 카운터 값이 출력비교매치 인터럽트에서 led를 1칸씩 이동하게 프로그램을 작성하시오. 출력비교 레지스터 OCR1A = 10000, 256 분주된 clock을 T/C1 CTC을 이용하여 출력비교매치 interrupt를 발생시킨다.

```
#include <mega128.h>
unsigned char led = 0xfe;
unsigned int time = 10000;
void main(void){
  // 포트 초기화
  DDRC = 0xff;          // 포트 C 출력으로 설정
  PORTC = led;          // 포트 C에 초기값 출력

 // 인터럽트 초기화
  TIMSK = 0x10;         // OCIE1A = 1
  TCCR1A = 0;           // 동작모드 WGM 0100 CTC
  TCCR1B = 0x0c;        // CTC 모드, 256 분주
  TCCR1C = 0;
  OCR1A = time;         // OCR1A 레지스터 초기값: 10000
  SREG = 0x80;          // 전역 인터럽트 인에이블 비트 I 셋
}

// 타이머/카운터1 오버플로우 서비스 루틴
// (1/16)us * OCR1A(10000) * 256분주 = 160[ms]
// (1/16)us * OCR1A(50000) * 256분주 = 800[ms]
interrupt [TIM1_COMPA] void aa_int1(void){
  // LED 순차 점멸
  led <<= 1;
  led |= 1;
  if(led == 0xff) led = 0xfe;
  PORTC = led;
}
```

[예제 timer.11] T/C 3 카운터 모드실험(T3핀 clock 입력)

T3(INT6)에 연결된 스위치를 두 번 누를 때마다 LED를 한 bit씩 shift 하면서 on 시키는 프로그램을 작성하라. T3(INT6)을 두 번 누를 때마다 TCNT3 레지스터를 이용하여 Overflow interrupt가 발생하도록 해보자. **즉, T3(pin8)핀에 펄스를 주면 Overflow interrupt가 발생한다.**

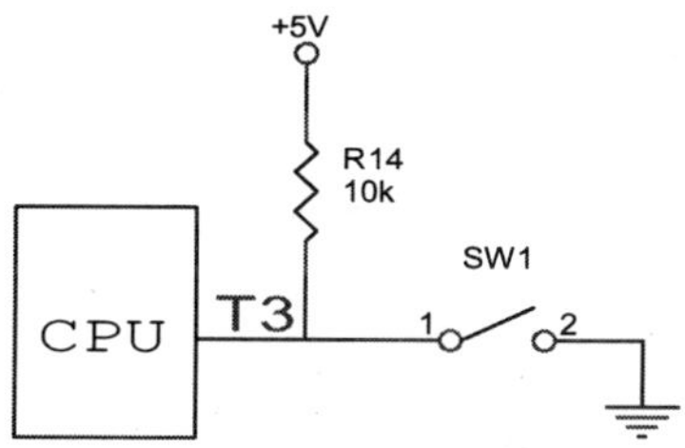


```
#include <mega128.h>
char led = 0b11111110;
void main(void){
  // 포트 초기화
  DDRC = 0xff;      // 포트 C 출력으로 설정
  PORTC = led;      // 포트 C에 초기값 출력
  // 인터럽트 초기화
  SREG = 0x80;      // 전역 인터럽트 인에이블 비트 I 셋
  ETIMSK = 4;       // TOIE3 = 1
  TCCR3A = 0;
  TCCR3B = 6;       // T3 falling edge counting, 0x07하면 rising edge
  TCCR3C = 0;
  TCNT3H = 0xff;
  TCNT3L = 0xfe;
}
interrupt [TIM3_OVF] void aa_int3(void){
  // LED 순차 점멸
  led <<= 1;
  led |= 1;
  if(led == 0xff)  led = 0xfe;
  PORTC = led;
  TCNT3H = 0xff;
  TCNT3L = 0xfe;
}
```

(참고) TCCR3B 레지스터 CS02, CS01, CS00　p262

1	1	0	카운터 T1,T3 pin 통해 입력되는 외부 clock(falling edge)
1	1	1	카운터 T1,T3 pin 통해 입력되는 외부 clock(rising edge)

[예제 timer.12] T/C 3 카운터 모드실험(T3핀)

T3에 연결된 스위치 SW15를 누를 때마다 LED를 한 bit씩 shift하면서 FND에 SW15를 누르는 횟수가 display 되도록 프로그램을 구성하시오.(예: 1111 ⇒ 2222 ⇒ 3333 ⇒ 9999 ⇒ 0000 …) 즉, T/C3을 counter로 이용하여 SW15를 누를 때마다 Overflow interrupt가 발생시키도록 해보자.

```
#include <mega128.h>
unsigned char led = 0Xfe;
unsigned int N1;
char a[10] = {0x3f,0x06,0x5b,0x4f,0x66,0x6d,0x7d,0x07,0x7f,0x6f};
void main(void)
{
  // 포트 초기값 설정
  DDRB = 0Xff;      // 포트 B 방향설정
  DDRF = 0xf0;
  DDRC = 0Xff;      // 포트 C 방향설정
  PORTC = led;      // 포트 c 초기값을 출력

  // 인터럽트 초기값 설정
  ETIMSK = 0x04;  // TOIE3=1
  TCCR3A = 0;
  TCCR3B = 0X06; // T3 하강에지에서의 카운팅
  TCCR3C = 0;
  TCNT3H = 0Xff;
  TCNT3L = 0Xff;  // TCNT3 초기값을 설정
  SREG = 0X80;    // 전역 인터럽트 인에이블 비트 셋
  while(1)
  PORTB =a[N1];
}

//타이머/ 카운터 오버 플로우 3 서비스 루틴
interrupt [TIM3_OVF] void aa_int3(void)
{
  // led 순차 점멸
  led <<= 1;
  led |= 1;
  if(led == 0xff) led = 0xfe;
  PORTC = led;

  if(N1 == 10) N1 = 0;
   N1 = (N1 + 1)% 10;
  TCNT3H = 0Xff;    //초기값 재 설정
  TCNT3L = 0Xff;
}
```

[예제 timer.13] T/C 3 카운터 모드실험(T3핀)

T3(SW15)에 연결된 스위치를 누를때 마다 LED를 한 bit씩 shift하면서 ON시키는 프로그램을 작성하고 FND에 스위치 SW15(T3)를 누르는 횟수가 display 되도록 프로그램을 구성하시오.
(예: 0000 ⇒ 0001 ⇒ 0002 ··· 00010, 0011 ··· 9999 ⇒ 0000 ⇒ 0001 ···)
즉, SW15(T3)를 누를 때마다 overflow interrupt가 발생하도록 하자.

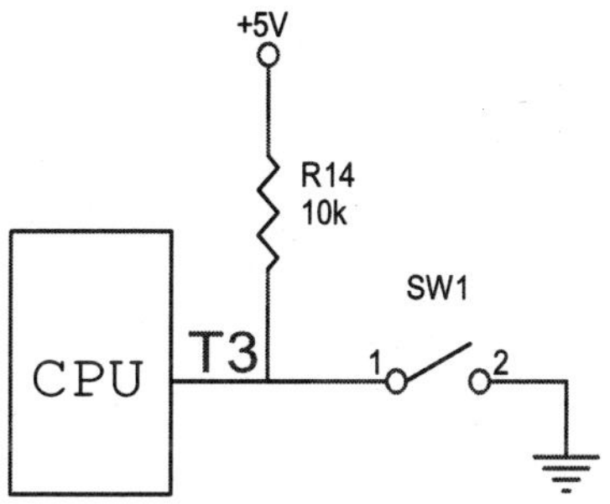


```
#include <mega128.h>
#include <delay.h>
unsigned char led = 0xfe;
char seg_pat[10]= {0x3f, 0x06, 0x5b, 0x4f, 0x66, 0x6d, 0x7d,0x07, 0x7f,0x6f};
int num = 0;
void seg4_out(int);
void main(void)
{
  // 포트 초기값 설정
  DDRB = 0xff;
  DDRF = 0xf0;
  DDRC = 0Xff;        // 포트 C 출력으로 설정
  PORTC = led;        // 포트 c 초기값을 출력합니다.

 // 인터럽트 초기값 설정
  SREG = 0x80;        // 전역 인터럽트 인에이블 비트 셋
  ETIMSK = 4;         // TOIE3 = 1 셋 오버플로우 인에이블
  TCCR3A = 0;         // 외부 T3핀의 하강에지에서 선택
  TCCR3B = 6;         // T3 하강에지에서의 카운팅
  TCCR3C = 0;
  TCNT3H = 0xff;
  TCNT3L = 0xff;     // TCNT3 초기값을 설정

while(1)
```

```
    {
      seg4_out(num);
      if (num > 9999) num = 0;
    }
}
void seg4_out(int num)
 {
   int N1000 , N100, N10, N1, buf;
   N1000 = num / 1000;
   buf = num%1000;

   N100 = buf / 100;
   buf = buf%100;
   N10 = buf / 10;
   N1 = buf%10;

   PORTF = 0b11100000;
   PORTB = seg_pat[N1];
   delay_ms(5);

   PORTF = 0b11010000;
   PORTB = seg_pat[N10];
   delay_ms(5);

   PORTF = 0b10110000;
   PORTB = seg_pat[N100];
   delay_ms(5);

   PORTF = 0b01110000;
   PORTB = seg_pat[N1000];
   delay_ms(5);
}
interrupt [TIM3_OVF] void aa_int3(void)
{
   num++;
   led <<= 1;  // led 순차 점멸
   led |= 1;
   if(led == 0xff) led = 0xfe;
   PORTC = led;
   TCNT3H = 0xff;
   TCNT3L = 0xff;
}
```

[예제 timer.14] T/C 1을 이용한 LED 제어실험(OCR 이용)

T/C1의 OCR1A에 비교 값 **0x8000(32768)**을 설정하고 T/C1의 값과 일치하면 비교 매치 interrupt를 발생시켜 LED를 shift 시키면서 순차 점멸시키는 프로그램을 작성하라.

```
#include 〈mega128.h〉
unsigned char led = 0xfe;
void main(void)
{
  // 포트 초기화
  DDRC = 0xff;              // 포트 C 출력으로 설정
  PORTC = led;              // 포트 C에 초기값 출력
  // 인터럽트 초기화
  TIMSK = 0x10;             // OCIE1A = 1, 출력비교 A 인터럽트 인에이블
  TCCR1A = 0;               // 모드 0(일반 모드)
  TCCR1B = 0x04;            // 프리스케일 = clk_io/256
  TCCR1C = 0;
  TCNT1 = 0;                // 타이머/카운터1 레지스터 초기값 : 16 비트
  OCR1A = 0x8000;           // 타이머/카운터1 비교 매치 A 레지스터 : 16 비트
  SREG = 0x80;              // 전역 인터럽트 인에이블 비트 I 셋
}
// 타이머/카운터1 비교 A 매치 인터럽트 서비스 루틴
// (1/16)us * OCR1A(32768) * 256분주 = 524ms
interrupt [TIM1_COMPA] void aa_compa(void)
{
  // LED 순차 점멸
  led 〈〈= 1;
  led |= 1;
  if(led == 0xff)  led = 0xfe;
  PORTC = led;
  TCNT1 = 0;
}
```

[예제 timer.15] T/C 1을 이용한 PWM 제어실험

T/C1의 PWM 모드3를 이용하여 INT4/SW8이 눌려지면 OC1C에 연결되어 있는 led의 on 시간이 길어지게 하고 INT5/SW14가 눌려지면 led의 on 시간이 짧아지도록 프로그램을 작성하라. (PC PWM: mode 3/10비트/1024분주) ETIMSK는 OCIE1C(bit0) ?

```
#include <mega128.h>
unsigned int pwm = 0x0200;  // 현재의 출력비교 레지스터 값 저장
void main(void){
  DDRB = 0xff;              // OC1C(PB7) 출력 설정
  // 외부 인터럽트 초기화
  EIMSK = 0b00110000;       // 외부INT4 = 1, INT5 = 1
  EICRB = 0b00001010;       // 외부 인터럽트 하강 에지
  SREG = 0x80;              // 전역 인터럽트 인에이블 비트 I 셋
  // 타이머/카운터1 초기화
  TCCR1A = 0b00001011;  // 모드 3, 10 비트 PC PWM.
  TCCR1B = 0x05;            // 프리스케일러 = CK/1024
  TCCR1C = 0;
  TCNT1 = 0;
  OCR1CH = (pwm & 0xff00) >> 8;          // OCR1CH = 02
  OCR1CL = pwm & 0x00ff;                 // OCR1CL = 00
}

// 외부 인터럽트 요구 4 서비스 루틴(SW8 처리)
interrupt [EXT_INT4] void aa_int4(void){      // 200-40= 1C0
  if(pwm > 0x0050) pwm -= 0x0040;            // 0x0050보다 크면 감소
  OCR1CH = (pwm & 0xff00) >> 8;              // OCR1CH 값 갱신
  OCR1CL = pwm & 0x00ff;                     // OCR1CL 값 갱신
}

// 외부 인터럽트 요구 5 서비스 루틴(SW14 처리)
interrupt [EXT_INT5] void bb_int5(void){
  if(pwm < 0x03B0) pwm += 0x0040;            // 0x03B0 보다 작으면 0x0040 증가
  OCR1CH = (pwm & 0xff00) >> 8;              // OCR1CH 값 갱신
  OCR1CL = pwm & 0x00ff;                     // OCR1CL 값 갱신
}
```

[예제 timer.15-1] T/C 1을 이용한 PWM 제어실험

(PC PWM : mode 3 10비트)

타이머 카운터 1의 출력비교매치 인터럽트 OCR를 이용하여 PORTC에 있는 LED를 ETIMSK = 0이면 모두 0N 되고 ETIMSK = 1이면 모든 LED가 반복적으로 on/off 되게 프로그램을 작성하라. 그리고 OC1C에 PWM 출력파형이 on/off 되게 하여라.(회로도 led 연결되어 있음)

```
#include <mega128.h>
#include <delay.h>
unsigned int pwm = 0x0200;
void main(void)
{
  DDRB = 0xff;
  DDRC = 0xff;
  ETIMSK = 0;              // OCIE1C = 1이면 on/off , 0이면 on
  TCCR1A = 0b00001011;  // 모드 3, 10 비트 PC PWM.
  TCCR1B = 0x05;          // 타이머/카운터1 프리스케일러 = CK/1024
  TCCR1C = 0x0;
  TCNT1 = 0x0000;         // 타이머/카운터1 레지스터 초기값 : 16 비트
  OCR1CH = (pwm & 0xff00) >> 8;     // OCR1C 초기값 설정
  OCR1CL = pwm & 0x0ff;
  SREG = 0x80;
}
interrupt [TIM1_COMPC] void aa1_compc(void)
{
  PORTC = 0;
  delay_ms(500);
  PORTC = 0xff;
  delay_ms(500);
}
```

[예제 timer.16] T/C 1을 이용한 PWM 제어실험

(PC PWM : mode 11)

타이머 카운터 1의 mode11을 이용하여 출력파형주기를 OCR1A으로 제어할 수 있는 프로그램을 작성하라.

```
// OC1C 핀에 PWM 신호 출력 : 모드 11(PC PWM)
// SW8을 누르면 PWM LED ON 시간 길어짐
// SW14를 누르면 PWM LED ON 시간 짧아짐
#include <mega128.h>
unsigned int pwm = 0x2000;
void main(void)
{
  // I/O 포트 설정
  DDRB = 0xff;           // PB 포트 출력 설장
  DDRE = 0b00000010;     // E 포트 입력

  // 인터럽트 초기화
  EIMSK = 0b00110000;              // 외부INT4 = '1', INT5 = '1'
  EICRB = 0b00001010;              // 외부 인터럽트 하강 에지

  // 타이머/카운터 초기화
  TCCR1A = 0b00001011;             // 모드 11, 10 비트 PC PWM
                                   // OC1C 출력 업카운트에서 클리어, 다운에서 셋
  TCCR1B = 0x15;                   // 타이머/카운터1 프리스케일러 = CK/1024
  TCCR1C = 0x00;
  TCNT1 = 0x0000;                  // 타이머/카운터1 레지스터 초기값: 16 비트
  OCR1A = 0x4000;                  // TOP VALUE

  OCR1CH = (pwm & 0xff00) >> 8; // OCR1C 초기값 설정
  OCR1CL = pwm & 0x00ff;
  SREG = 0x80;                     // 전역 인터럽트 인에이블 비트 I 셋

  while(1);                        // 무한 루프
}

// 외부 인터럽트 요구 4 서비스 루틴(SW8 처리)
interrupt [EXT_INT4] void aa_int4(void)
{
  if(pwm > 0x0500) pwm -= 0x400; // 0x0500보다 크면 감소
  OCR1CH = (pwm & 0xff00) >> 8; // OCR1C 값 갱신
  OCR1CL = pwm & 0x00ff;
}
```

```
// 외부 인터럽트 요구 5 서비스 루틴(SW14 처리)
interrupt [EXT_INT5] void bb_int5(void)
{
  if(pwm < 0x3B00) pwm += 0x400; // 0x3B00보다 작으면 증가
  OCR1CH = (pwm & 0xff00) >> 8;  // OCR1C 값 갱신
  OCR1CL = pwm & 0x00ff;
}
```

[예제 timer.17] T/C 1을 이용한 시계제작

T/C 1의 일반모드를 이용하여 시계를 제작하는 프로그램을 작성하라. SW8/ INT4와 SW14/ INT5의 외부인터럽트를 이용하여 INT5는 입력자리 선택, INT4는 선택된 자리의 값을 +1 하도록 한다. 그리고 port C에 연결된 LED를 1sec마다 점멸시켜라.

T = 1/16us * (65536-초기값) * 1024 = 1sec, 초기값 = 49911

```
#include <mega128.h>
#include <delay.h>
char seg_pat[16]= {0x3f,0x06,0x5b,0x4f,0x66,0x6d,0x7d,0x07,0x7f,0x6f};
char  N1 = 0, N10 = 0, N100 = 2, N1000 = 1;
char  pos = 0;              // 0 : 1자리, 1 : 10자리, 2 : 100자리, 3 : 1000자리
char  hour, min, sec = 0;
void Time_out(void);        // 시간 출력 함수
void main(void)
{
  DDRB = 0xff;              // 포트 B 출력 설정
  DDRF = 0b11110000;        // PF4-PF7 출력 설정
  DDRC = 0xff;              // 포트 C 출력 설정
  PORTC = 0;
      // 인터럽트 초기화
  EICRB = 0b00001010;                 // 외부 인터럽트 4  : 하강 에지
  EIMSK = 0b00110000;                 // 외부 인터럽트 0 인에이블'
  // 타이머 카운터 1   1/16us * 1024 * (65536 - 49911) = 1 sec
  TIMSK = 0x04;                       // TOIE1 = '1';
  TCCR1A = 0x00;
  TCCR1B = 0x05;                      // 일반모드, 프리스케일 = CK/1024
  TCNT1 = 49911;                      // 타이머/카운터1 레지스터 초기값
  SREG = 0x80;                        // 전역 인터럽트 인에이블 비트 I 셋
  hour = N1000 * 10 + N100;
  min = N10 * 10 + N1;

  while(1){
  Time_out();          // 시간 출력

  if(sec >= 60){
    sec = 0;
    min = min + 1;
       if(min == 60){
         min = 0;
        hour = (hour + 1) % 24;
          }
```

```
        }
    }
}
// 시간 출력 함수
void Time_out(void)
 {
    PORTF = 0b11100000;              // SEG 1(분 1단위)
    PORTB = seg_pat[min % 10];
    delay_ms(5);

    PORTF = 0b11010000;              // SEG 2(분 10단위)
    PORTB = seg_pat[min / 10];
    delay_ms(5);
    PORTF = 0b10110000;              // SEG 3(시간 1단위)
    PORTB = seg_pat[hour % 10];
    delay_ms(5);

    PORTF = 0b01110000;              // SEG 4(시간 10단위)
    PORTB = seg_pat[hour / 10];
    delay_ms(5);
}
// 외부 인터럽트 요구 4 서비스 루틴(SW3 처리)
interrupt [EXT_INT4] void aa_int4(void)
 {

    if(pos == 0) N1 = (N1 + 1) % 10;          // 분 1단위 +1
    else if(pos == 1) N10 = (N10 + 1) % 6;    // 분 10단위 +1
    else if(pos == 2)
     {                                // 시간 1단위 +1
        if(N1000 == 2) N100 = (N100 + 1) % 4;
        else N100 = (N100 + 1) % 10;
     }
    else                              // 시간 10단위 +1
     {
       if(N100 >= 4) N1000 = (N1000 + 1) % 2;
       else N1000 = (N1000 + 1) % 3;
     }
    hour = N1000 * 10 + N100;         // 시간 계산
    min = N10 * 10 + N1;              // 분 계산
}
// 외부 인터럽트 요구 5 서비스 루틴(SW2 처리)
interrupt [EXT_INT5] void bb_int5(void)
{
  pos = (pos + 1) % 4;                // 입력 자리 이동
```

```
}
// 타이머/카운터1 오버플로우 인터럽트 처리
// 주기 = 1/16us * 1024 * (65536 - 49911) = 1 sec
interrupt [TIM1_OVF] void aa_int(void)
{
  sec = sec + 1;
  PORTC = PORTC · 0xFF;                              // LED 반전 표시
  TCNT1 = 49911;
}
```

[bell TIMER.1] T/C3 모드 인터럽트 벨소리 만들기

T/C3의 OCR3A을 이용하고 INT4/SW8, INT5/SW14를 이용하여 전화벨소리가 부저를 통해 출력되도록 프로그램을 만들어 보자.(CTC모드)

① INT4에 인터럽트가 발생하면 사이렌 음 발생(삐오~~삐오~....)

② INT5에 인터럽트가 발생하면 전화 벨소리가 PE.3를 통해 출력되도록 한다.
(삐리리릭~~삐리리릭~~....)

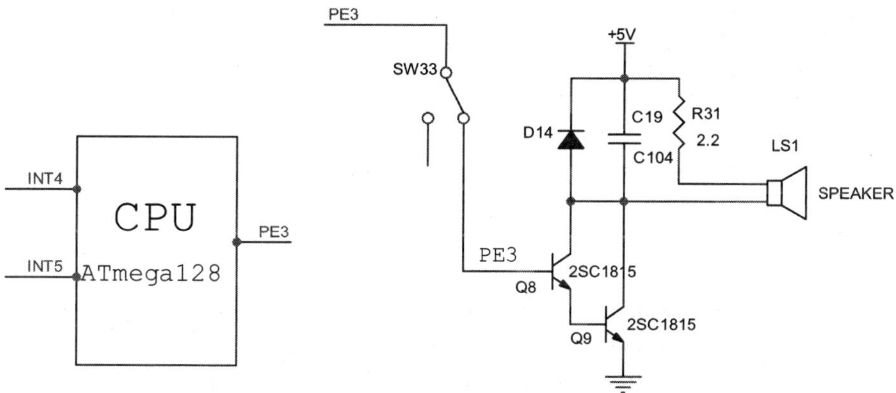


```
#include <mega128.h>
#include <delay.h>
void main(void){
 unsigned char i;
 unsigned char k;
 DDRE = 0x08;    // PE.3 방향 출력설정
 // 타이머/카운터 3 초기화  (예) 1Khz 주파수를 만들려면 OCR3A = 7999
 // CTC Mode, TOP = OCR3A
 // OC3A output: Toggle
 TCCR3A = 0x40;  // COM3A1,A0 = 01 비교매치에서 OC3A TOGGLE 출력
 TCCR3B = 0x90;  // WGM33,32,31,30,=0100(CTC), CS02,01,00(차단)
 TCNT3H = 0;
 TCNT3L = 0;
 OCR3AH = 0;
 OCR3AL = 0;
 while (1){
    // 사이렌 소리 선택
    if(PINE.4 == 0){
      TCCR3A = 0x40; //COM3A1,A0 = 01 비교매치에서 OC3A TOGGLE 출력
      for(i = 0; i < 3; i++){
      // 256Hz = 16MHz /[2 * N(1+OCR3)]    // p270 N = 1분주
```

```
            // 식의 OCR3값을 구해보면 OCR3 = 31249 =0x7A11
            OCR3AH = 31249 >> 8;    // OCR3AH = 7A
            OCR3AL = 31249 & 0x00ff;  // OCR3AL = 11
            TCCR3B = 0x09;
            delay_ms(500);
            // 340Hz = 16MHz/[2*N(1+OCR3)]
            // OCR3 = 23528
            OCR3AH = 23528 >> 8;
            OCR3AL = 23528 & 0x00ff;
            delay_ms(300);
        }
    }
    // 전화벨 소리 선택
    if(PINE.5 == 0){
        for(k = 0; k < 5; k++){
          TCCR3A = 0x40;
            for(i = 0; i < 10; i++){
                // 480Hz = 16MHz/2*N(1+OCR3)
                // OCR1 = 16664
                OCR3AH = 16664 >> 8;
                OCR3AL = 16664 & 0x00ff;
                // 비교일치되면 TCNT1H = TCNT1L = 0
                TCCR3B = 9;
                delay_ms(30);
                //320Hz = 16MHz/2*N(1+OCR3)

                //OCR1 = 24999 //(8M-320)/320
                OCR3AH = 24999 >> 8;
                OCR3AL = 24999 & 0x00FF;
                delay_ms(30);
              }
              //OC3A 출력을 stop
              OCR3AH = 0;
              OCR3AL = 0;
              TCCR3A = 0;
              delay_ms(300);
        }}
    // OC3A 출력을 정지함
    OCR3AH = 0;
    OCR3AL = 0;
    TCCR3A = 0;
} }
```

[bell TIMER.2] T/C3 모드 자동 음악 벨소리 & lcd 표시

T/C 0의 Normal 모드를 설정하고 "어머님 은혜" 노래가 부저를 통해 4옥타브, 5옥타브 음계가 연주되도록 하고 LCD에 표시되도록 프로그램을 작성하시오.
INT4, INT5은 사용하지 않고 PORTE.3을 통해 음이 자동연주가 되도록 한다.

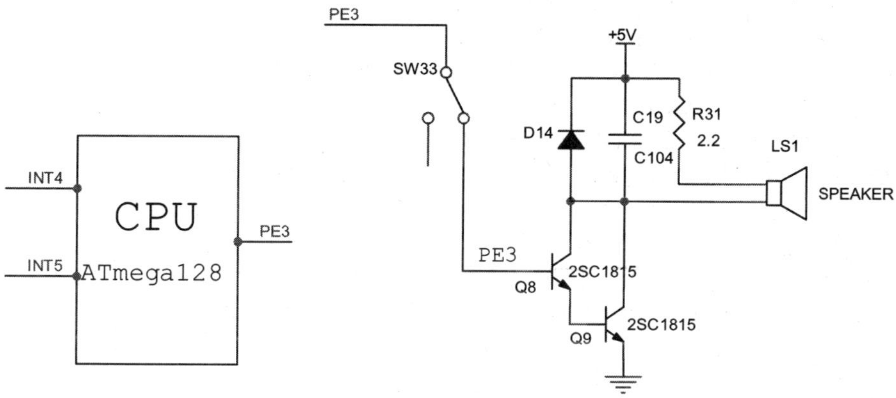


```
#include <mega128.h>
#include <delay.h>
#include <stdio.h>
#include <lcd.h>
#asm
        .equ __lcd_port = 0x12; //PORTD
#endasm

#define OCT4_DO 1912
#define OCT4_RE 1702
#define OCT4_MI 1516
#define OCT4_PA 1432
#define OCT4_SO 1278
#define OCT4_RA 1136
#define OCT4_SI  1004

#define OCT5_DO 956
#define OCT5_RE 851
#define OCT5_MI 758
#define OCT5_PA 716
#define OCT5_SO 639
#define OCT5_RA 568

#define OCT5_SI   507
```

```
#define OCT6_DO 477

int tone_table[60] = { //어머님 은혜 56개
  OCT5_MI, OCT5_PA, OCT5_SO, OCT6_DO,
  OCT6_DO, OCT5_SI, OCT5_RA, OCT5_SO,
  OCT5_RA, OCT5_SO, OCT5_SO, OCT5_PA, OCT5_MI, OCT5_RE,

  OCT5_MI, OCT5_PA, OCT5_SO, OCT6_DO,
  OCT6_DO, OCT5_SI, OCT5_RA, OCT5_SO,
  OCT5_RA, OCT5_SO, OCT5_PA, OCT5_MI, OCT5_RE, OCT5_DO,
  OCT5_RE, OCT5_RE, OCT5_SO, OCT5_PA,
  OCT5_MI, OCT5_RE, OCT5_DO, OCT5_RE,
  OCT5_MI, OCT5_MI, OCT5_PA, OCT5_SO, OCT5_RA, OCT5_SO,

  OCT6_DO, OCT6_DO, OCT5_SI, OCT5_RA,
  OCT5_SO, OCT5_RA, OCT5_SO, OCT5_MI,
  OCT5_RA, OCT5_RA, OCT5_SO, OCT5_RA, OCT5_SI, OCT6_DO};

unsigned char *sound_table[] = {
 "OCT5_MI", "OCT5_PA", "OCT5_SO", "OCT6_DO",
 "OCT6_DO", "OCT5_SI", "OCT5_RA", "OCT5_SO",
 "OCT5_RA", "OCT5_SO", "OCT5_SO", "OCT5_PA", "OCT5_MI", "OCT5_RE",

 "OCT5_MI", "OCT5_PA", "OCT5_SO", "OCT6_DO",
 "OCT6_DO", "OCT5_SI", "OCT5_RA", "OCT5_SO",
 "OCT5_RA", "OCT5_SO", "OCT5_PA", "OCT5_MI", "OCT5_RE", "OCT5_DO",
 "OCT5_RE", "OCT5_RE", "OCT5_SO", "OCT5_PA",
 "OCT5_MI", "OCT5_RE", "OCT5_DO", "OCT5_RE",
 "OCT5_MI", "OCT5_MI", "OCT5_PA", "OCT5_SO", "OCT5_RA", "OCT5_SO",

 "OCT6_DO", "OCT6_DO", "OCT5_SI", "OCT5_RA",
 "OCT5_SO", "OCT5_RA", "OCT5_SO", "OCT5_MI",
 "OCT5_RA", "OCT5_RA", "OCT5_SO", "OCT5_RA", "OCT5_SI", "OCT6_DO"};

int time_table[60] = {
       32, 16, 32, 16,
       16, 16, 16, 48,
       32, 16, 16, 16, 16, 96,

       32, 16, 32, 16,
       16, 16, 16, 48,
       32, 16, 16, 16, 16, 96,

       32, 16, 32, 16,
       16, 16, 16, 48,
```

```
  32, 16, 16, 16, 16, 96,

  32, 16, 32, 16,
  16, 16, 16, 48,
  32, 16, 16, 16, 16, 96};

int tone_data, time_data;            // 주파수, 음길이 변수
void Timer_interrupt_setup(void);  // 타이머/카운터0 초기설정
void Auto_mode(void);

void main(void){
    DDRE = 0x08;    // PORTE.3 방향설정
    DDRC = 0XFF;
    lcd_init(16);
    lcd_clear();

   Timer_interrupt_setup();
    while(1){
    Auto_mode();
    PORTC = 0;
    delay_ms(400);
    PORTC = 0xff;
    delay_ms(400);
    }
  }

void Auto_mode(void){
  int  i, buf = 0;
  char lcd_text[16];
  for(i = 0; i < 56; i++)
       {
         tone_data = tone_table[i];  // i=0 이면 758
          time_data = time_table[i];  // i=0 이면 32
          sprintf(lcd_text, "  %s  ", sound_table[i]); // i=0 OCT5_MI
         lcd_gotoxy(0,1);
         lcd_puts(lcd_text);

          while(time_data)
             {
                DDRE = 0x80;      // int7 출력
                PORTE = 0x08;     // speak 출력 1
                buf = tone_data;  // i=0 이면 32
                while(buf--);        // 32,31,30....0
```

```
                    PORTE = 0x00;    // speak 출력 0
                    buf = tone_data;  // i=0 이면 32
                    while(buf--);     // 32,31,30....0
                }
        }
}
// 타이머/카운터0 초기값 설정
void Timer_interrupt_setup(void)
 {
    ASSR = 0;
    TCCR0 = 7;  // normal mode, 1024분주
    TCNT0 = 0;
    TIMSK = 1;  // TOIE0 = 1
    #asm("sei")   // SREG = 0x80 같음
 }
interrupt [TIM0_OVF] void music(void)
 {
   time_data--;
 }
```

CHAPTER

07

LCD 제어

1. 캐릭터 LCD 핀의 구성
2. HD44780 BLOCK DIAGRAM
3. LCD의 기본 동작
4. 캐릭터 LCD에서 자주 쓰이는 명령
5. LCD 실습예제

1. 캐릭터 LCD 핀의 구성

HD44780 TEXT LCD는 14개의 핀으로 구성되어 있으며, back light가 있는 것은 16개의 핀으로 구성되어 있다.

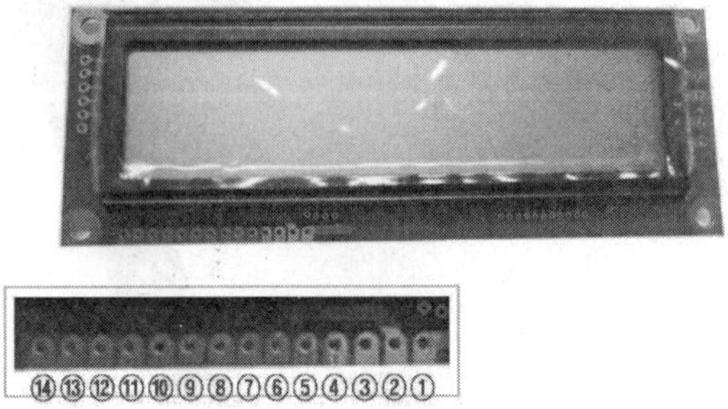

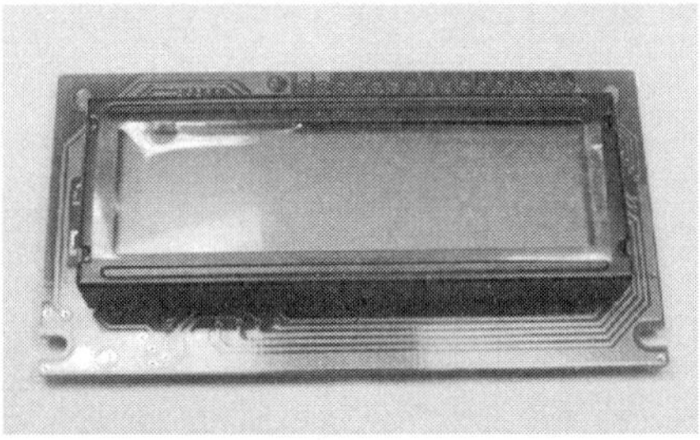

①GND ②VCC ③VDD ④RS ⑤RW ⑥E ⑦DBO
⑧DB1 ⑨DB2 ⑩DB3 ⑪DB4 ⑫DB5 ⑬DB6 ⑭DB7

[그림 7-1] 문자 LCD back light 無(좌)과 back light 有(우) LCD외형

■ LCD module의 핀 번호와 기능 back light 있는 것(pin1~16)

[표 7-1] LCD Pin-Out의 설명

pin	1	2	3	4	5	6	7	8
기능	Vss	VCC	Vo LCD밝기조절	RS, reg select	R/W	Enable	DB0	DB1
설명	GND	5V	10K가변저항사용	0 : 명령어 1 : 데이터	L : write H : read	LCD 동작신호	data0	data1

pin	9	10	11	12	13	14	15	16
기능	DB2	DB3	DB4	DB5	DB6	DB7	A,백라이트(+)	K,백라이트(-)
설명	data2	data3	data4	data5	data6	data7	5V에 연결(4.7Ω~10Ω의 저항을 직렬로 연결)	접지에 연결

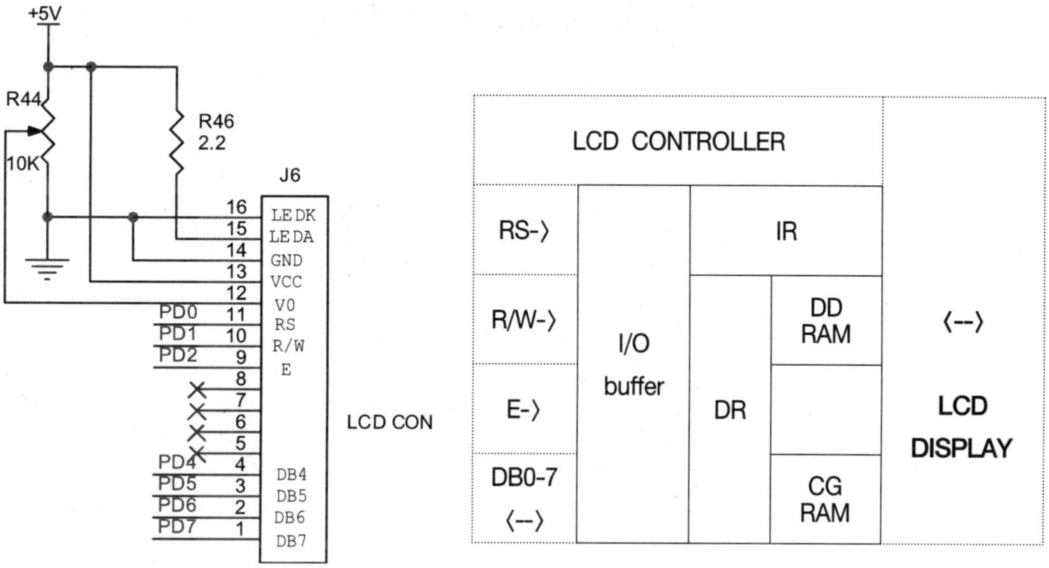

[그림 7-2] LCD 회로도와 내부 블록도

- R44 10k 저항에 의해 LCD 문자 밝기를 조정할 수 있다.
  (R44저항을 조정하지 않고 사용시 디스플레이가 안 되는 증상이 있을 수 있음)

■ LCD module ABC016002G03-YHY 사용시 핀 연결방법

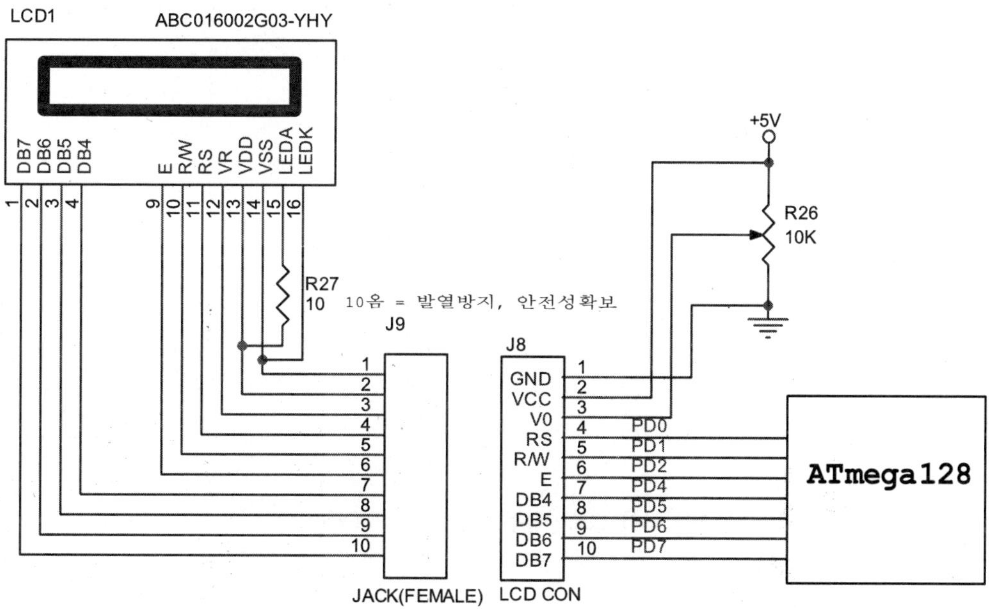

(R26을 조정하지 않고 사용시 디스플레이가 안 되는 증상이 있을 수 있음)

[그림 7-3] LCD 연결 회로도

2. HD44780 BLOCK DIAGRAM

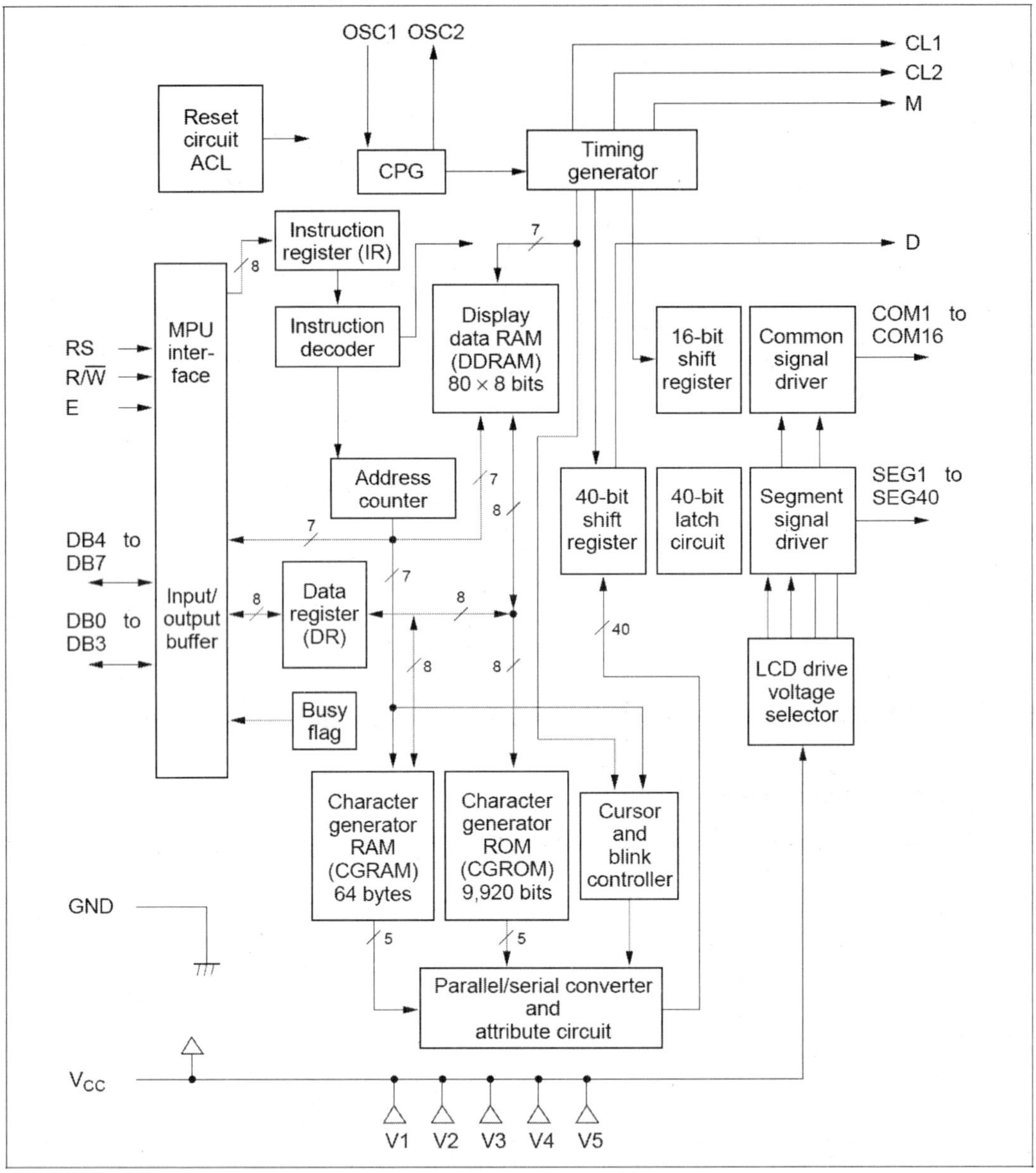

[그림 7-4] LCD 내부 구조 Block Diagram

■ KS0065B function block diagram

lcd 뒷면을 보면 집적회로(IC)가 2개 있다. 하나는 HD44780 또 하나는 KS0065B이다.

KS0065B는 40CH segment/common driver for dot matrix LCD이다.

KS0065B는 저전력 CMOS LCD driver LSI이다.

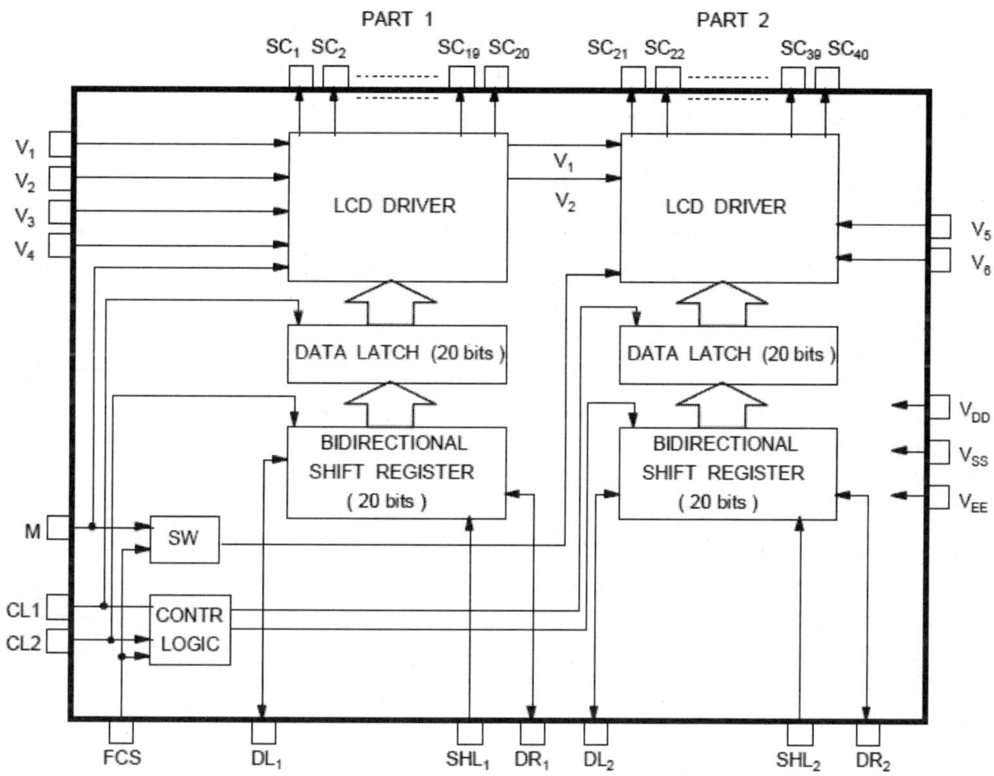

■ KS0065B PAD LOCATION

PAD NUMBER	PAD NAME	COORDINATE		PAD NUMBER	PAD NAME	COORDINATE	
		X	Y			X	Y
1	VEE	-1120.2	-642.5	31	SC28	1117.5	865.2
2	CL1	-1062.5	-865.2	32	SC27	992.5	865.2
3	CL2	-937.5	-865.2	33	SC26	867.5	865.2
4	VSS	-812.5	-865.2	34	SC25	742.5	865.2
5	DL1	-687.5	-865.2	35	SC24	617.5	865.2
6	DR1	-562.5	-865.2	36	SC23	492.5	865.2
7	DL2	-437.5	-865.2	37	SC22	367.5	865.2
8	DR2	-312.5	-865.2	38	SC21	242.5	865.2
9	M	-187.5	-865.2	39	SC20	117.5	865.2
10	SHL1	-62.5	-865.2	40	SC19	-7.5	865.2
11	SHL2	62.5	-865.2	41	SC18	-132.5	865.2
12	FCS	187.5	-865.2	42	SC17	-257.5	865.2
13	V1	332.5	-865.2	43	SC16	-382.5	865.2
14	V2	457.5	-865.2	44	SC15	-507.5	865.2
15	V3	582.5	-865.2	45	SC14	-632.5	865.2
16	V4	707.5	-865.2	46	SC13	-757.5	865.2
17	V5	832.5	-865.2	47	SC12	-882.5	865.2
18	V6	957.5	-865.2	48	SC9	-1120.2	857.2
19	SC40	1082.5	-865.2	49	SC10	-1120.2	732.5
20	SC39	1120.2	-627.5	50	SC11	-1120.2	607.5
21	SC38	1120.2	-502.5	51	SC8	-1120.2	482.5
22	SC37	1120.2	-377.5	52	SC7	-1120.2	357.5
23	SC36	1120.2	-252.5	53	VDD	-1120.2	232.5
24	SC35	1120.2	-127.5	54	SC6	-1120.2	107.5
25	SC30	1120.2	-2.5	55	SC5	-1120.2	-17.5
26	SC31	1120.2	122.5	56	SC4	-1120.2	-142.5
27	SC32	1120.2	247.5	57	SC3	-1120.2	-267.5
28	SC33	1120.2	372.5	58	SC2	-1120.2	-392.5
29	SC34	1120.2	497.5	59	SC1	-1120.2	-517.5
30	SC29	1120.2	622.5				

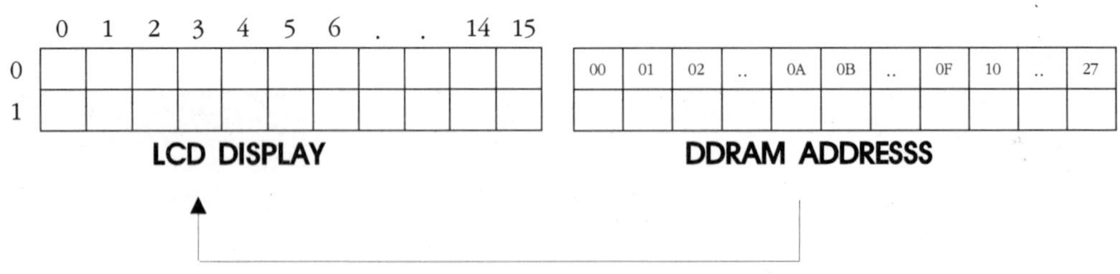

DDRAM ADDRESSS에 있는 값이 LCD로 DISPLAY된다.

3. LCD의 기본 동작

1) REGISTER

가) IR register(instruction register) : 8bit

- CPU에 의해 write만 가능
- DDRAM과 CGRAM에 address setting , memory clear, display ON/OFF, 커스 이동 등에 대한 명령어를 가짐

  ex) LCD clear, curse home, entry mode, display on,off/cursor shift display

나) DR register(data register) : 8bit

- DDRAM과 CGRAM에 read/write data를 일시적으로 저장하는 기능
- DR에 write 한 data는 DDRAM과 CGRAM에 자동으로 write됨
- DDRAM, CGRAM에 data를 읽을 경우 **IR에 address를 write하면** DR로 data가 전송됨
- 읽기동작이 종료되면 다음 address가 자동으로 adress counter(AC)에 전송되어 그 다음 번지를 읽어 낼 수 있는 상태가 됨
- IR과 DR은 **RS(4번 pin) 신호**에 의해 선택
- RS와 R/W에 register 선택

[표 7-2] LCD Resister 동작

RS	R/W	동 작
0	0	IR write 동작
0	1	busy flag와 adress count 읽기
1	0	DR write 동작 DR에 있는 데이터 ⇒ DDRAM, CGRAM
1	1	DR read 동작 DR로 이동 ⇐ DDRAM, CGRAM

- RS가 0이면 IR 선택, 1이면 DR 선택, R/W가 0이면 쓰기, 1이면 읽기동작

2) BF(busy flag)

BF를 읽어 LCD module이 다음 명령어를 받을 수 있는 상태인지를 나타낸다.

- IR 레지스터를 읽어 "1"이면 lcd 내부동작 수행 다음 명령 거부
- IR 레지스터를 읽어 "0"이면 다음 명령 받아들임(write)
- RS = 0, R/W = 1일 때 BF값은 D7에 출력

3) AC (address counter)

DDRAM과 CGRAM에 address를 지정할 때 사용한다.

- IR에 address set 명령어를 write하면 IR에서 AC로 address 정보가 전송된다.
- DDRAM과 CGRAM은 명령어에 의해 선택 display data를 write하면 AC는 자동으로 +1, -1이 된다.
- RS = 0(명령), R/W = 1(read)일 때 DB4 ~ DB7으로 출력된다.

4) DDRAM (display data RAM)

최대 80문자 * 8bit 기억용량을 가짐(최대 80글자 기억)

DD램 주소	RS	R/W	DB7	DB6 ~ DB0	DD RAM address set	실행
	0	0	1	DD RAM Address		40us

DB7이 1로 고정되어 있으며 0x80을 더해 주어 주소 값을 설정한다.

- DDRAM의 1행 0x00 ~ 0x27 address(40문자) : 0x80 + (0x00 ~ 0x27)
- DDRAM의 2행 0x40 ~ 0x67 address(40문자) : 0x80 + (0x40 ~ 0x67)
  1행의 마지막 address와 2행의 address가 연속적이 아님
- DDRAM의 address 실제 메모리 공간 및 동작번지
  1행은 0x80 ~ 0xA7번지 2행은 0xC0 ~ 0xE7번지
  LCD에는 40문자 중 16문자만 display 됨

(1) initial DDRAM address 상태와 lcd display 폰트(2 * 16)

구 분	1	2	3	4	5	6	7	8	9	10	11	12	13	14	15	16
1행	00	01	02	03	04	05	06	07	08	09	0A	0B	0C	0D	0E	0F
2행	40	41	42	43	44	45	46	47	48	49	4A	4B	4C	4D	4E	4F

(2) 1문자 left shift DDRAM address 상태와 lcd display 폰트(2 * 16)

구 분	1	2	3	4	5	6	7	8	9	10	11	12	13	14	15	16
1행	01	02	03	04	05	06	07	08	09	0A	0B	0C	0D	0E	0F	10
2행	41	42	43	44	45	46	47	48	49	4A	4B	4C	4D	4E	4F	50

(3) 1문자 right shift DDRAM address 상태와 lcd display 폰트(2 * 16)

구 분	1	2	3	4	5	6	7	8	9	10	11	12	13	14	15	16
1행	27	00	01	02	03	04	05	06	07	08	09	0A	0B	0C	0D	0E
2행	67	40	41	42	43	44	45	46	47	48	49	4A	4B	4C	4D	4E

5) CG ROM(character generator ROM : 문자발생 ROM)

가로(12) * 세로(16)개의 address code를 가지며 192개의 숫자, 문자 패턴을 가지고 있다. (12 font * 16 font = 192 font)

- CG ROM에 있는 문자 패턴을 LCD로 display 할 경우
  ① DDRAM address을 계산(LCD에 표시하고자 하는 위치)한다.
  ② DDRAM address count에 DDRAM의 address 값을 설정한다.
  ③ DDRAM으로 숫자나 문자패턴을 써 넣으면 된다. RS = 1, WR = 0

가) CG ROM 문자 코드

Upper 4 Bits / Lower 4 Bits	0000	0001	0010	0011	0100	0101	0110	0111	1000	1001	1010	1011	1100	1101	1110	1111
xxxx0000	CG RAM (1)			0	@	P	`	p				ー	タ	ミ	α	p
xxxx0001	(2)		!	1	A	Q	a	q			。	ア	チ	ム	ä	q
xxxx0010	(3)		"	2	B	R	b	r			「	イ	ツ	メ	β	θ
xxxx0011	(4)		#	3	C	S	c	s			」	ウ	テ	モ	ε	∞
xxxx0100	(5)		$	4	D	T	d	t			、	エ	ト	ヤ	μ	Ω
xxxx0101	(6)		%	5	E	U	e	u			・	オ	ナ	ユ	σ	ü
xxxx0110	(7)		&	6	F	V	f	v			ヲ	カ	ニ	ヨ	ρ	Σ
xxxx0111	(8)		'	7	G	W	g	w			ァ	キ	ヌ	ラ	g	π
xxxx1000	(1)		(	8	H	X	h	x			ィ	ク	ネ	リ	√	x̄
xxxx1001	(2)		)	9	I	Y	i	y			ゥ	ケ	ノ	ル	⁻¹	y
xxxx1010	(3)		*	:	J	Z	j	z			ェ	コ	ハ	レ	j	千
xxxx1011	(4)		+	;	K	[	k	{			ォ	サ	ヒ	ロ	ˣ	万
xxxx1100	(5)		,	<	L	¥	l					ャ	シ	フ	ワ	¢	円
xxxx1101	(6)		-	=	M	]	m	}			ュ	ス	ヘ	ン	£	÷
xxxx1110	(7)		.	>	N	^	n	→			ョ	セ	ホ	゛	ñ	
xxxx1111	(8)		/	?	O	_	o	←			ッ	ソ	マ	゜	ö	█

Note: The user can specify any pattern for character-generator RAM.

[그림 7-5] CGROM data for ASCII code

나) 문자 FONT 예제

HD44780U

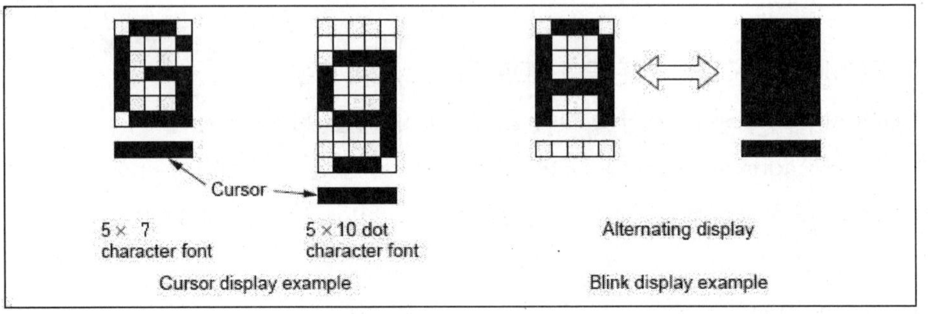

[그림 7-6] 문자 Font 예

6) CG RAM(character generator RAM : 문자발생 RAM)

- 사용자가 프로그램으로 문자패턴을 만들 경우 사용하는 RAM임
- 전원 off시 data 지워짐
- 새로 만들어진 문자 패턴 CGRAM의 0X00 ~ 0X3f번지(음영색 표시)에 저장

CG 램 주소	0	0	0	1	CG RAM Address (0x00 ~ 0x3f)	CG RAM address set	40us

- CGRAM에 문자 패턴을 정의하고 LCD에 표시할 때에는 0x00~0x07 (or 0x08~0x0f의 문자코드를 DDRAM에 write 해주면 됨)

- DB6이 "1"로 고정 : (0x40) + 0x00 ~ 0x3f = 0x40 ~ 0x7f(실제번지)

DB7	DB6	DB5	DB4	DB3	DB2	DB1	DB0
0	1(고정)						

- CGRAM의 어드레스를 설정할 때 필요한 번지 DB5, 4, 3에 사용자 문자 write 가능 0x40, 0x48, 0x50, 0x58, 0x60, 0x68, 0x70, 0x78 8개의 사용자 공간활용

- CG RAM에 만들어진 문자 패턴을 LCD 로 출력하는 방법은 [그림 7-7]과 같다.
  ① 사용할 문자패턴(예: 가,나,다)을 만들어 CG RAM에 저장한다.
  ② DDRAM 문자코드 0x00, 0x01, 0x02를 write한다.(DR값 RS=1, RW=0)

DDRAM문자코드	CGRAM주소				CG RAM DATA (* 는사용하지않음)								문 자	비 고
MSB LSB	MSB			LSB	MSB							LSB		
0x00 (or 0x08)	000	0	0	0	*	*	*	1	1	1	1	0	가	
		0	0	1	*	*	*	0	0	1	1	0		
		0	1	0	*	*	*	0	0	1	1	0		
		0	1	1	*	*	*	0	0	1	1	1		
		1	0	0	*	*	*	0	0	1	1	0		
		1	0	1	*	*	*	0	0	1	1	0		
		1	1	0	*	*	*	0	1	0	1	0		
		1	1	1	*	*	*	1	0	0	1	0		
0x01 (or 0x09)	001	0	0	0	*	*	*	0	0	0	1	0	나	
		0	0	1	*	*	*	1	0	0	1	0		
		0	1	0	*	*	*	1	0	0	1	0		
		0	1	1	*	*	*	1	0	0	1	0		
		1	0	0	*	*	*	1	1	1	1	1		
		1	0	1	*	*	*	0	0	0	1	0		
		1	1	0	*	*	*	0	0	0	1	0		
		1	1	1	*	*	*	0	0	0	1	0		
0x02 (or 0x0a)	010	0	0	0	*	*	*						그려 보세요	
		0	0	1	*	*	*							
		0	1	0	*	*	*							
		0	1	1	*	*	*							
		1	0	0	*	*	*							
		1	0	1	*	*	*							
		1	1	0	*	*	*							
		1	1	1	*	*	*							

[그림 7-7] CG RAM 문자패턴 Table

4. 캐릭터 LCD에서 자주 쓰이는 명령

1) 캐릭터 LCD의 명령표

[표 7-3] LCD 명령어 일람표(lcd를 개발하는 회사에서 제공함)

명령	제어신호		D7	D6	D5	D4	D3	D2	D1	D0	기 능	실행
	RS	RW										
표시클리어	0	0	0	0	0	0	0	0	0	1	표시클리어, 커서 홈	1.64 ms
커서 홈	0	0	0	0	0	0	0	0	1	*	커서 홈	1.64 ms
엔트리 모드셋	0	0	0	0	0	0	0	1	I/D	S	I/D1이면 add증가, 0 add감소 S(shift) 1 left, 0 right	
display on/off	0	0	0	0	0	0	1	D	C	B	D = 1 display on, D = 0 display off 커서(C), 블링크(B)	40us
표시쉬프트	0	0	0	0	0	1	S/C	R/L	*	*	커서, 표시이동	40us
function set	0	0	0	0	1	DL	N	F	*	*	DL = 1 8bit, DL = 0 4bit, N = 1 2line, N = 0 4line F = 0 5*7, F = 1 5*10	
CG 램 주소	0	0	0	1	CG RAM Address						CG RAM address set	40us
DD램 주소	0	0	1	DD RAM Address							DD RAM address set	40us
BF/주소읽기	0	1	BF	Address counter							BF, AC 내용 읽기	0us
데이터쓰기	1	0	Data (쓸 데이터)								write data	40us
데이터읽기	1	1	Data (읽을 데이터)								read data	40us

▶ DD RAM - LCD에 DATA값을 쓰는 RAM

▶ CG RAM - 사용자 문자생성 RAM(ASCII에 없는 문자를 사용자가 만듦)

▶ ACG - CG RAM ADDRESS

▶ ADD - DD RAM ADDRESS와 커스위치

▶ AC - DD RAM과 CG RAM 주소에 사용되는 Address Counter

문제) data가 4비트인지, 8비트인지 구분은 어디에서 할까? 답: function set DL

[표 7-4] LCD 명령어 일람속의 Code의 의미

I/D	1	adress 증가(adress +1)	increment
	0	adress 감소(adress -1)	decrement
S/C	1	표시 shift 동반	shift
	0	커스 이동	curse
R/L	1	오른쪽으로 이동	right
	0	왼쪽으로 이동	left
DL	1	8bit	data line
	0	4bit	
N	1	2 line	number line
	0	4 line	
D	1	글자 display on	display
	0	글자 display off	
F	1	5 * 10 dot	font
	0	5 * 7 dot	
BF	1	내부명령 진행 중:명령거부	busy flag
	0	명령어 대기:명령 받아들임	
*		don't care	
S = 1	I/D = 1	표시전체 좌로 이동	S = 0 이동하지 않음
	I/D = 0	표시전체 우로 이동	

가) 명령 쓰기 루틴에서 실행되는 IR 명령

- 0x01 : LCD clear, 커서 홈(커서를 첫 줄의 첫 칸에 위치시키는 명령)
  [표시 클리어]
- 0x02 : LCD 표시내용을 그대로 두고, 커서만 **홈(위치)으로 이동**명령
  [커서 홈]
- 0x06 : LCD에 문자를 그대로 두고, 표시전체를 **오른쪽으로** 이동시키는 명령
  I/D =1, S=0 표시전체가 **우**로 shift ⇒ 0x06
  I/D =1, S=1 표시전체가 **좌**로 shift ⇒ 0x07
  [엔트리 모드 셋 : 표시전체를 좌우로 이동]

- 0x08 ~ 0x0F : [display on/off]

	0x0C	0x0E	0x0F
off	on	on 커서 on	on 커서 on blank on

- 0x1C, 0x18 : 현재 LCD에 표시되어 있는 내용을 오른쪽(0x1C) 한 칸씩 왼쪽으로 이동하게 하는 명령(0x18) [표시 쉬프트]
- 0x28 : LCD에 연결되는 데이터 선을 4비트로 받고, 2줄로 표시하며, 5x7 도트를 사용함을 선언하는 명령 [function set]
- 0x38 : LCD에 연결되는 데이터 선을 8비트로 받고, 2줄로 표시하며, 5x7 도트를 사용함을 선언하는 명령 [function set]
- 0x40 ~ 0x7f : CGRAM의 주소값을 설정하는 명령
- 0x80 ~ 0xA7, 0xC0 ~ 0xE7 : DDRAM의 주소값을 설정하는 명령
- 0xC0 : LCD 2번째 행(line)

나) 데이터 쓰기 루틴에서 실행되는 명령

- 0x00 ~ 0xff : LCD에 ASCII 값으로 문자를 표시함
  (CG ROM 문자 패턴 참고)

다) 명령 및 데이터 읽기 루틴에서 실행되는 명령

- 명령 읽기 루틴 (BF/주소 = 0*** ****, 1*** ****)
  비지플래그(BF)는 현재 LCD가 명령을 수행 중임을 나타내는 비트임
- BF는 최상위 비트로서 1이면 명령을 수행 중이며 다음 명령을 받아들일 수 없고, 0이면 다음 명령을 받아들일 수 있다.
  나머지 비트는 현재 커서가 있는 주소 값임
- 데이터 읽기 루틴
  LCD에 현재 커서가 있는 곳의 값을 ASCII로 읽어 들임

2) LCD module initial chart(4bit data bus 방식)

(참고. 예제 lcd.1 문자열 출력)

전원 ON

↓

VDD가 4.5V 이상된 후 15ms 이상 지연

↓

RS	R/W#	D7	D6	D5	D4	D3	D2	D1	D0
0	0	0	0	1	0	*	*	*	*

↓

4.1ms 이상 지연

↓

RS	R/W#	D7	D6	D5	D4	D3	D2	D1	D0
0	0	0	0	1	0	*	*	*	*

↓

100µs 이상 지연

↓

RS	R/W#	D7	D6	D5	D4	D3	D2	D1	D0
0	0	0	0	1	0	*	*	*	*

↓

RS	R/W#	D7	D6	D5	D4	D3	D2	D1	D0
0	0	0	0	1	0	N	F	*	*
0	0	0	0	0	0	1	1	C	B
0	0	0	0	0	0	0	0	0	1
0	0	0	0	0	0	0	1	I/D	S

↓

초기 설정 완료

※ void LCD_init(void) // LCD 초기화 값과 initial chart를 비교해보자.

3) 쉽게 배우는 LCD 함수(LCD.h 사용)

구분	명 령 어	설 명
1	lcd_init(16)	초기화 LCD 모듈을 LCD.h 사용 초기화 문자의 출력위치를 0 line, 0 column 위치로 이동함. lcd_init(16)하면 2 × 16 lcd
2	lcd_clear()	2 × 16 lcd 지우기
3	lcd_goto(3,0)	커서 표시위치 columns이 3(세 번째 위치)이고 1'st 라인에 표시
4	lcd_putchar('Y')	커서가 위치 한곳에 문자 'Y' 출력, **문자**를 출력 할 때 작은 ' '를 사용하는데 주의
5	char yoon_a[] lcd_puts(yoon_a)	char yoon_a[] = "AVR ATmega128"이면 SRAM에 저장되고 lcd_puts(yoon_a)하면 커서가 위치한 곳에 문자열 "AVR ATmega 128" 출력
6	lcd_putsf(char flash *data) lcd_putsf("ATmega128")	커서가 위치한 곳에 문자열 "ATmega128" 출력
7	_lcd_ready(void)	lcd에 데이터를 쓰기 전에 반드시 사용 lcd 데이터 수신준비
8	lcd_putsf(unsigned char data) _lcd_write_data(0x0e)	커서의 출력 Enable 명령어로 사용
9	_lcd_ready() _lcd_write_byte(0x01)	DDRAM 또는 CGRAM에 byte단위로 데이터를 write한다.
10	lcd_read_byte	DDRAM 또는 CGRAM에 byte단위로 데이터를 read 한다.
11	_lcd_write_byte(0x01)	커스 clear
12	_lcd_write_byte(0x02)	커스 홈(=0x03)
13	_lcd_write_byte(0x06)	커스를 우로 이동
14	_lcd_write_byte(0x07)	커스를 좌로 이동
15	_lcd_write_byte(0x0b)	lcd off

구분	명 령 어	설 명
16	_lcd_write_byte(0x0c)	커스 off, 깜박 off
17	_lcd_write_byte(0x0d)	커스가 깜박임
18	_lcd_write_byte(0x0e)	커스가 나타남
19	_lcd_write_byte(0x0f)	커스가 나타나고 깜박임
20	_lcd_write_byte(0x18)	문자열 표시내용을 왼쪽으로 1칸 이동
21	_lcd_write_byte(0x1c)	문자열 표시내용을 오른쪽으로 1칸 이동
22	_lcd_write_byte(0x80)	DDRAM 주소설정 1행의 첫 번째 주소

5. LCD 실습예제

5.1 문자열 출력

[예제 lcd.0.1] 문자열 출력 - lcd.h 사용

다음과 같은 문자열을 출력하는 프로그램을 작성하라.

ABCD abcd

```
#include <mega128.h>
#asm
   .equ __lcd_port = 0x12 ;PORTD   // lcd.h에 lcd PORTD는 0x12
#endasm
#include <lcd.h>      // lcd.h 헤드파일 사용
void main(void)
{
  DDRD = 0xff;        // port D 방향설정
  lcd_init(16);        // lcd_init(16)하면 2 × 16 lcd

  lcd_gotoxy(0,0);     // 커서 0번째 첫 번째 lcd 라인

  lcd_putchar('A');    // CG ROM 0x41 글자 한문자를 출력할 때

  lcd_putchar('B');    // CG ROM 0x42 글자 한문자를 출력할 때

  lcd_putchar(0x43); // CG ROM 'C' 글자 한문자를 출력할 때
  lcd_putchar(0x44); // CG ROM 'D' 글자 한문자를 출력할 때

  lcd_putchar(0x20); // CG ROM '공백' 글자공백 한문자를 출력할 때

  lcd_putchar('a');   // CG ROM 'a' 글자 한문자를 출력할 때
  lcd_putchar(0x62); // CG ROM 'b' 글자 한문자를 출력할 때
  lcd_putchar('c');
  lcd_putchar(0x64);
}
```

[예제 lcd.0.2] 문자열 출력 - lcd.h 사용

다음과 같은 문자열을 출력하는 프로그램을 작성하라.

ABCD
ABCD

```
#include <mega128.h>
#asm
    .equ __lcd_port = 0x12 ; PORTD // lcd.h에 lcd PORTD는 0x12
#endasm
#include <lcd.h>
void main(void)
{
  DDRD = 0xff;
  lcd_init(16);           // lcd 16 * 2 초기화
  lcd_gotoxy(0,0);        // 커서 0번째 위치, 첫 번째 lcd 0 line
  lcd_putchar('A');
  lcd_putchar('B');
  lcd_putchar(0x43);      // 문자 C
  lcd_putchar(0x44);      // 문자 D

  lcd_gotoxy(4,1);        // 커서 4번째 위치 두 번째 lcd 1 line

  lcd_putchar('A');
  lcd_putchar('B');
  lcd_putchar(0x43);
  lcd_putchar(0x44);
}
```

[예제 lcd.0.3] 문자열 출력 - lcd.h 사용

다음과 같은 문자열을 출력하는 프로그램을 작성하라.

MY NAME IS
Yoon Wang Cheol

```
#include <mega128.h>
#asm
  .equ __lcd_port = 0x12 ; PORTD   // lcd.h에 lcd PORTD는 0x12
#endasm
#include <lcd.h>
void main(void)
 {
  char line1[] = "MY NAME IS";
  char line2[] = "Yoon Wang Cheol";

  DDRD = 0xff; // 방향 설정
  lcd_init(16);     // lcd 16 * 2 초기화

  lcd_gotoxy(0,0);  // 0번째 lcd 1행
  lcd_puts(line1);  // 문자열 line1 배열값을 lcd에 출력한다.

  lcd_gotoxy(0,1); // 0번째 lcd 2행
  lcd_puts(line2);  // 문자열 line2 배열값을 lcd에 출력한다.
 }
```

[예제 lcd.0.4] 스위치 입력에 따른 문자열 출력 - lcd.h 사용

인터럽트 스위치를 다음과 같이 누를 때 다음과 같이 LCD에 문자열을 출력하고 FND에 숫자가 표시되게 프로그램을 작성하시오.

스위치	lcd display	FND 표시
INT4/SW 8	The first Basement	1
INT5/SW14	The first floor	2
INT6/SW15	The 2nd floor	3
INT7/SW16	Don't stop at the 3th and 4th floors	4

```
#include <mega128.h>
#asm
  .equ __lcd_port=0x12; PORTD
#endasm
#include <lcd.h>
#include <delay.h>
void main(void){
 char key;
 char line1[] = "lcd initial";
 DDRB = 0xff;
 DDRD = 0xff;
 PORTD = 0xff;
 DDRF = 0b00010000;
 PORTB = 0x3f;
 lcd_init(16);
 lcd_clear();
 lcd_gotoxy(0,0);
 lcd_puts(line1);
 while(1){
  key = PINE & 0xf0;
  if(key == 0x11100000){
    DDRF = 0x10;
    PORTB = 0x06;
    lcd_clear();
    lcd_gotoxy(0,0);
    lcd_putsf("The first Basement");
  }

 else if(key == 0x11010000)
  {
```

```
        DDRF = 0x10;
        PORTB = 0x5B;
        lcd_clear();
        lcd_gotoxy(0,0);
        lcd_putsf("The first floor");
    }
    else if(key == 0b10110000)
    {
        DDRF = 0x10;
        PORTB = 0x4F;
        lcd_clear();
        lcd_gotoxy(0,0);
        lcd_putsf("The 2nd floor");
    }
    else if(key == 0b01110000)
     {
         DDRF = 0x10;
         PORTB = 0x66;
         lcd_clear();
         lcd_gotoxy(0,0);
         lcd_putsf("Don't stop at the 3th and 4th floors");
     }
   }
}
```

[예제 lcd.0.4-1] 문자열 커스 입력 - lcd.h 사용

[예제 lcd.0.4]를 이용하여 SW8을 누를 때 (0, 0)지점에 커서가 표시되고 문자열 끝에 커서가 깜빡이게 프로그램을 수정해 보자.

```
#include <mega128.h>
#include <delay.h>
#asm
 .equ __lcd_port = 0x12 ; PORTD
#endasm
#include <lcd.h>
void main(void)
{
 char key;
 char line1[] = "lcd initial";
 DDRD = 0Xff;
 DDRE = 0x0f;
 lcd_init(16);          // lcd 16 * 2 초기화
 lcd_clear();
 lcd_gotoxy(0,0);       // 0번째 1'st  lcd line
 lcd_puts(line1);       // line1 배열값 lcd initial 출력
 while(1)
 {
  key = PINE & 0xf0;  // port E 변화상태 읽어옴
  if(key == 0xe0)
    {
     lcd_clear();
     lcd_gotoxy(0,0);

     _lcd_ready();
     _lcd_write_data(0x0e); // 커스가 나타남
     delay_ms(500);
     _lcd_ready();
     _lcd_write_data(0x0f); // 커스가 나타나고 깜박임
     delay_ms(500);

     lcd_putsf("The first Basement"); // lcd display
    }
 }
}
```

[예제 lcd.0.5] 문자열 이동 - lcd.h 사용

LCD 문자열 "MOVE LCD FONT!"을 8칸 오른쪽으로 이동하고 다시 왼쪽으로 8칸 이동하게 프로그램을 작성하시오.

```
#include <mega128.h>
#include <delay.h>
#asm
  .equ __lcd_port = 0x12 ; PORTD
#endasm
#include <lcd.h>
void main(void)
{
 char font_move = 0;
 char line1[] = "MOVE LCD FONT!";
 DDRD = 0Xff;
 lcd_init(16);          // lcd 16 * 2 초기화
 lcd_clear();
 lcd_gotoxy(0,0);       // 커서 0번째 lcd 1'st line
 lcd_puts(line1);
 while(1)
  {
   for(font_move = 0;font_move < 8; font_move++)
     {
       _lcd_ready();
       _lcd_write_data(0x1c); // 오른쪽으로 문자 이동
       delay_ms(700);
     }
   for(font_move = 0;font_move < 8;font_move++)
     {
      _lcd_ready();
      _lcd_write_data(0x18); // 왼쪽으로 문자 이동
      delay_ms(700);
     }
  }
}
```

[예제 lcd.0.5-1] 문자열 이동 - lcd.h 사용

LCD 문자열 "MOVE LCD FONT!"을 1행에서 8칸 오른쪽으로 이동하고 아래로 내려 2행에서 왼쪽으로 8칸 이동하게 프로그램을 작성하시오.

```
#include <mega128.h>
#include <delay.h>
#asm
 .equ __lcd_port = 0x12 ; PORTD
#endasm
#include <lcd.h>
void main(void){
char font_move = 0;
char line1[15] = "MOVE LCD FONT!";
DDRD = 0Xff;
lcd_init(40);                   // lcd 40 * 2 초기화
lcd_clear();
lcd_gotoxy(0,0);
while(1){
  lcd_clear();
  lcd_gotoxy(0,0);              // 커서 0번째 lcd 1'st line
  lcd_puts(line1);
  delay_ms(300);
  for(font_move = 0;font_move < 8; font_move++){
      _lcd_ready();
      _lcd_write_data(0x1c); // 오른쪽으로 문자 이동
      delay_ms(300);
    }
  lcd_clear();
  lcd_gotoxy(9,1);              // 커서 0번째 lcd 1'st line
  lcd_puts(line1);
  delay_ms(300);
  for(font_move = 0;font_move < 9;font_move++){
    _lcd_ready();
    _lcd_write_data(0x18); // 왼쪽으로 문자 이동
    delay_ms(300);
   }
 }
}
```

[예제 lcd.0.6] 한글 문자작성 - lcd.h 사용

LCD CG RAM을 이용하여 한글문자 "김한글"을 만들고 display 되게 프로그램을 작성하시오.

```
#include <mega128.h>
#include <delay.h>
#asm
    .equ __lcd_port = 0x12 ; PORTD
#endasm
#include <lcd.h>
typedef unsigned char hangul;  // typedef 정의 hangul 별명사용
hangul font_0[8]={0x1d,0x05,0x09,0x11,0x00,0x1f,0x11,0x1f};
hangul font_1[8]={0x0a,0x1e,0x1b,0x16,0x16,0x0a,0x10,0x1f};
hangul font_2[8]={0x1e,0x02,0x1f,0x00,0x1e,0x02,0x1c,0x1e};
void define_char(hangul *pc, hangul char_code) // (font_0, 5)
 {
    hangul i, a; // (unsigned char i, unsigned char a; 해도 동일)
    a = (char_code << 3) | 0x40;  // CG RAM Address
    for (i = 0; i < 8; i++)
    lcd_write_byte(a++, *pc++);        // CGRAM byte에 data를 write한다.
 }
void main(void) {
 DDRD = 0Xff;
 PORTD = 0xff;
 lcd_init(16);  // lcd 16 * 2 초기화
 lcd_clear();   // lcd_clear
 define_char(font_0, 5); // font_0을 5로 정의
 define_char(font_1, 6); // font_0을 6로 정의
 define_char(font_2, 7); // font_0을 7로 정의
 lcd_clear();
 lcd_gotoxy(1,0);
 lcd_putchar(5); // 정의된 font_0의 5 값을 출력
 lcd_putchar(6); // 정의된 font_0의 6 값을 출력
 lcd_putchar(7); // 정의된 font_0의 7 값을 출력
}
```

[예제 lcd.0.6-1] 한글 문자작성 - lcd.h 사용

LCD CG RAM을 이용하여 한글문자 "김한글"이 display 되고 왼쪽에서 오른쪽으로 이동한 후 2행 오른쪽에서 왼쪽으로 이동하는 프로그램을 작성하시오.

```
#include <mega128.h>
#include <delay.h>
#include <stdio.h>
#asm
  .equ __lcd_port=0x12;
#endasm
#include <lcd.h>
typedef unsigned char hangul;
hangul font_0[8]={0x1d,0x05,0x09,0x11,0x00,0x1f,0x11,0x1f};
hangul font_1[8]={0x0a,0x1e,0x1b,0x16,0x16,0x0a,0x10,0x1f};
hangul font_2[8]={0x1e,0x02,0x1f,0x00,0x1e,0x02,0x1c,0x1e};

void define_char(hangul *pc, hangul char_code)
 {
   hangul i, a;
   a = (char_code << 3) | 0x40;
   for (i = 0; i < 8;i++)
   lcd_write_byte(a++, *pc++);
 }
void main(void)
 {
   int j;
   lcd_init(40);
   lcd_clear();
   define_char(font_0,0);
   define_char(font_1,1);
   define_char(font_2,2);
 while(1){
   lcd_clear();
   delay_ms(100);
   lcd_gotoxy(0,0);
   lcd_putchar(0);
   lcd_putchar(1);
   lcd_putchar(2);

 for(j = 0;j < 14;j++)
   {
     delay_ms(350);
     _lcd_ready();
```

```
        _lcd_write_data(0x1c);
    }
  lcd_clear();
  delay_ms(100);
  lcd_gotoxy(13,1);
  lcd_putchar(0);
  lcd_putchar(1);
  lcd_putchar(2);

 for(j = 0;j < 14;j++){
     delay_ms(350);
     _lcd_ready();
     _lcd_write_data(0x18);
     }
  }
}
```

[예제 lcd.0.6-2] 스위치 입력값에 따라 층수표현 - lcd.h 사용

SW8, SW14, SW15, SW16의 입력된 값에 따라 LCD에 층수를 좌, 우로 이동 표시되게 프로그램을 작성하시오. 단, IF 문을 이용하여 프로그램 작성할 것이다.

```
#include <mega128.h>
#asm
  .equ __lcd_port = 0x12; PORTD
#endasm
#include <lcd.h>
#include <delay.h>
void main(void){
char i, key;
char line[] = "HELLO";
DDRD = 0xff;
lcd_init(32);
lcd_clear();
lcd_gotoxy(0,0);
lcd_puts(line);

while(1){
  key = PINE & 0xf0;

  if(key == 0b01110000) {
    lcd_clear();
    lcd_gotoxy(0,0);
    lcd_putsf("Hello 4(FLOOR)");
    delay_ms(300);
    for(i = 0; i < 15; i++){
        _lcd_ready();
        _lcd_write_data(0x1c);
        delay_ms(300);
      }
    lcd_clear();
    lcd_gotoxy(15,1);
    lcd_putsf("Hello 4(FLOOR)");
    delay_ms(300);
    for(i = 0; i < 15; i++){
        _lcd_ready();
        _lcd_write_data(0x18);
        delay_ms(300);
     }
  }
```

```
else if(key == 0b10110000)
  {
    lcd_clear();  lcd_gotoxy(0,0);
    lcd_putsf("Hello 3(FLOOR)");
    delay_ms(300);
    for(i = 0; i < 15; i++){
        _lcd_ready();
        _lcd_write_data(0x1c);
        delay_ms(300);
      }
    lcd_clear();  lcd_gotoxy(15,1);
    lcd_putsf("Hello 3(FLOOR)");
    delay_ms(300);
    for(i = 0; i < 15; i++){
      _lcd_ready();
      _lcd_write_data(0x18);
      delay_ms(300);
  }
 }
else if(key == 0b11010000) {
  lcd_clear();  lcd_gotoxy(0,0);
  lcd_putsf("Hello 2(FLOOR)");
  delay_ms(300);
  for(i = 0; i < 15; i++){
      _lcd_ready();
      _lcd_write_data(0x1c);
      delay_ms(300);
  }
 lcd_clear();  lcd_gotoxy(15,1);
 lcd_putsf("Hello 2(FLOOR)");
 delay_ms(300);
 for(i = 0; i < 15; i++)
   {
      _lcd_ready();
      _lcd_write_data(0x18);
      delay_ms(300);
   }
}

else if(key == 0b11100000)
  {
    lcd_clear();
    lcd_gotoxy(0,0);
    lcd_putsf("Hello 1(FLOOR)");
```

```
            delay_ms(300);
            for(i = 0; i < 15; i++)
              {
                _lcd_ready();
                _lcd_write_data(0x1c);
                delay_ms(300);
              }
            lcd_clear();
            lcd_gotoxy(15,1);
            lcd_putsf("Hello 1(FLOOR)");
            delay_ms(300);
            for(i = 0; i < 15; i++)
              {
                _lcd_ready();
                _lcd_write_data(0x18);
                delay_ms(300);
              }
          }
      }
}
```

[예제 lcd.0.6-3] 스위치 입력값에 따라 층수표현 - lcd.h 사용

SW8, SW14, SW15, SW16의 입력된 값에 따라 LCD에 층수를 좌, 우로 이동 표시되게 프로그램을 작성하시오. 외부인터럽트를 사용한다.

```
#include <mega128.h>
#include <delay.h>
#include <stdio.h>
#asm
  .equ __lcd_port=0x12;
#endasm
#include <lcd.h>
char floor1[ ] = "Hello! 1floor";   char floor2[ ]="Hello! 2floor";
char floor3[ ] = "Hello! 3floor";   char floor4[ ]="Hello! 4floor";
char *data = 0;   char floor5[ ] = "·*· Hello! ·*·";
int j, k;
void main(void){
 data = floor1;
 EICRB = 0b10101010;
 EIMSK = 0b11110000;
 SREG = 0x80;
 lcd_init(25);
 lcd_clear();
 while(1)
  {
   lcd_clear();
   delay_ms(100);
   lcd_gotoxy(0,0);
   lcd_puts(data);
      for(j = 0;j < 8;j++){
         delay_ms(350);
         _lcd_ready();
         _lcd_write_data(0x1c);
       }
     lcd_clear();
     delay_ms(100);
     lcd_gotoxy(9,1);
     lcd_puts(data);
     for(k = 8; k > 0; k--)
      {
        delay_ms(350);
        _lcd_ready();
        _lcd_write_data(0x18);
      }
```

```
        }
    }
  interrupt [EXT_INT4] void ext_int4(void){
      data = floor1;
      lcd_clear();
      delay_ms(100);
      if(j == 8)
       {
          lcd_gotoxy(k,1);
       }
      else
       {
          lcd_gotoxy(j,0);
       }
      lcd_puts(data);
   }
  interrupt [EXT_INT5] void ext_int5(void){
       data = floor2;
       lcd_clear();
       delay_ms(100);
       if(j == 8)
          {
             lcd_gotoxy(k,1);
          }
       else
          {
             lcd_gotoxy(j,0);
          }
       lcd_puts(data);
   }

  interrupt [EXT_INT6] void ext_int6(void)
   {
     data   = floor3;
     lcd_clear();
     delay_ms(100);
     if(j == 8)
        {
           lcd_gotoxy(k,1);
        }
     else
        {
           lcd_gotoxy(j,0);
        }
```

```
    lcd_puts(data);
  }

interrupt [EXT_INT7] void ext_int7(void)
 {
   data = floor4;
   lcd_clear();
   delay_ms(100);
   if(j == 8)
      {
        lcd_gotoxy(k,1);
      }
   else
      {
        lcd_gotoxy(j,0);
      }
   lcd_puts(data);
 }
```

[예제 lcd.0.7] 스위치 입력값 LCD 표현 - lcd.h 사용

SW8, SW14, SW15, SW16에 입력된 값을 10진수로 LCD에 display되게 하고 PORTC led에 표시되게 프로그램을 작성하시오.

```
#include <mega128.h>
#include <delay.h>
#include <stdio.h>
#asm
 .equ __lcd_port = 0x12 ;PORTD  // lcd를 port D에 연결
#endasm
#include <lcd.h>

void main(void){
 unsigned char sw_number;
 char lcd_text[16];    // lcd_text 배열 저장값
 // Port E
 DDRE = 0x0f;
 DDRC = 0xff;
 //LCD 초기화
 lcd_init(16);
 lcd_gotoxy(0,0);    // cursor 위치 첫 번째, 1라인
 lcd_putsf("LCD NUM DISPLAY");
 while(1){
     sw_number = ~PINE & 0xF0;      // 스위치 입력
     PORTC = ~sw_number;
     //입력된 key값을 10진수 문자변수로 변경하여 LCD에 출력
     sprintf(lcd_text, "number = %u   ", sw_number);
     lcd_gotoxy(0,1);
     lcd_puts(lcd_text);
   }
}
```

★ 좀 더 깊게 레지스터 값과 함께 배우는 예제

[예제 lcd.1] 문자열 출력(lcd.h 사용하지 않음)

다음과 같은 문자열을 출력하는 프로그램을 작성하라.

System Control
Suwon Atmega128

```
#include <mega128.h>
#include <delay.h>
#define ALLCLR          0x01    // 표시 클리어
#define ENTMODE         0x06    // Entry Mode Set
#define DISPON          0x0c    // Display On
#define FUNCSET         0x28    // Function Set
#define LINE2           0xc0    // 2nd Line Move
void LCD_init(void);
void LCD_String(char flash *);
void Busy(void);
void Command(unsigned char);
void Data(unsigned char);
void main(void)
 {
  LCD_init();
  LCD_String("SYSTEM CONTROL");  // 첫 번째 라인에 출력
  Command(LINE2);                // 두 번째 라인에 출력 0xc0
  LCD_String("SUWON ATMEGA128");
  while(1);
 }
// LCD 초기화
void LCD_init(void)          // lcd module initial chart와 비교해 볼 것
 {
  DDRD = 0xff;               // 포트 D 출력 설정
  PORTD &= 0xfb;             // E=0;
  delay_ms(15);
  Command(0x20);
  delay_ms(5);
  Command(0x20);
  delay_us(100);
  Command(0x20);
  Command(FUNCSET);          // 0x28
```

```
   Command(DISPON);        // 0x0c
   Command(ALLCLR);        // 0x01
   Command(ENTMODE);       // 0x06
}

// 문자열 출력 함수
void LCD_String(char flash str[])
 {
   char flash *pStr = 0;
   pStr = str;
   while(*pStr) Data(*pStr++);
 }

// 명령 쓰기 함수
void Command(unsigned char byte)  // 0x20
 {
  Busy();
  // 인스트럭션 상위 바이트
  PORTD = (byte & 0xf0); // 데이터
  PORTD &= 0xfc;            // RS=0 명령어, RW=0 write
  delay_us(1);
  PORTD |= 0x04;            // E=1 lcd 동작
  delay_us(1);
  PORTD &= 0xfb;            // E=0;

  // 인스트럭션 하위 바이트
  PORTD = ((byte << 4) & 0xf0);   // 데이터
  PORTD &= 0xfc;            // RS=0 명령어, RW=0 write
  delay_us(1);
  PORTD |= 0x04;            // E=1 lcd동작
  delay_us(1);
  PORTD &= 0xfb;            // E=0;
 }

 //데이터 쓰기 함수
 void Data(unsigned char byte)     // S 0x53 , Y 0x59
     Busy();

     // 데이터 상위 바이트
     PORTD = (byte & 0xf0);         // 데이터
     PORTD |= 0x01;        // RS=1; RW=0; write
     delay_us(1);
     PORTD |= 0x04;        // E=1;  lcd동작
     delay_us(1);
     PORTD &= 0xfb;        // E=0;
```

```
    // 데이터 하위 바이트
    PORTD = ((byte << 4) & 0xf0);            // 데이터 좌로 4칸 shift
    PORTD |= 0x01;      // RS=1;   RW=0;   write
    delay_us(1);
    PORTD |= 0x04;      // E=1;
    delay_us(1);
    PORTD &= 0xfb;      // E=0;
  }

// Busy Flag Check -> 일반적인 BF를 체크하는 것이 아니라
// 일정한 시간 지연을 이용한다.
void Busy(void)
 {
   delay_ms(2);
 }
```

[예제 lcd.1-1] 문자열 출력 LCD

다음과 같은 문자열을 출력하는 프로그램을 작성하라. lcd.h 사용

System Control
Suwon Atmega128

```
#include <mega128.h>
#asm
  .equ __lcd_port = 0x12 ;PORTD  // PA = 0x1B, PB = 0x18, PC = 0x15
#endasm
#include <lcd.h>
void main(void)
{
  lcd_init(16);              // 2 * 16 lcd 사용할 경우 16
  lcd_gotoxy(0, 0);          // 0: columns  1: line
  lcd_putsf( "SYSTEM CONTROL" );          // 커스 위치 한곳에 문자열 출력
  lcd_gotoxy(0, 1);          // 0: columns  1: line
  lcd_putsf( "SUWON ATmega128" );         // 커스 위치 한곳에 문자열 출력
  while (1);
}
```

[예제 lcd.2] 문자열 출력

문자열을 2번 깜빡이고 오른쪽으로 shift 하는 프로그램을 작성하라.

두 라인에 문자열 표시 LCD ON(0.5초) ⇒ LCD Off(0.5초) ⇒ 2회 반복 ⇒ right shift(16번 오른쪽으로 shift) lcd. h 사용하지 않음

```
// 표시된 문자열을 한번 깜박거린 후 우측으로 이동한다.
#include <mega128.h>
#include <delay.h>

#define ALLCLR    0x01   // All Clear
#define HOME      0x02   // Cursor Home
#define ENTMODE   0x06   // Entry Mode Set
#define DISPOFF   0x08   // Display Off
#define DISPON    0x0C   // Display On
#define RSHIFT    0x1C   // Display Right Shift(0x18: left shift)
#define FUNCSET   0x28   // Function Set
#define LINE2     0xC0   // 2nd Line Move

void LCD_init(void);
void LCD_String(char flash *); // char flash str[]
void Busy(void);
void Command(unsigned char);
void Data(unsigned char);

void main(void)
{
  int i;
  LCD_init();
   while(1){
      Command(HOME);
      LCD_String("SYSTEM CONTROL");        // 첫 번째 라인에 출력
      Command(LINE2);
      LCD_String("SUWON ATMEGA128");       // 두 번째 라인에 출력

      delay_ms(500);          // 0.5초 시간 지연
      Command(DISPOFF);       // Display Off
      delay_ms(500);          // 0.5초 시간 지연
      Command(DISPON);
      delay_ms(1000);         // 1초 시간 지연

      // 16번 오른쪽으로 쉬프트
      for(i = 0; i < 16; i++){
```

```
        Command(RSHIFT);
          delay_ms(500);
       }
   }
}
// LCD 초기화
void LCD_init(void)
{
   DDRD = 0xff;                // 포트 D 출력 설정
   PORTD &= 0xfb;              // E = 0

   delay_ms(15);
   Command(0x20);
   delay_ms(5);
   Command(0x20);
   delay_us(100);
   Command(0x20);
   Command(FUNCSET);
   Command(DISPON);
   Command(ALLCLR);
   Command(ENTMODE);
}
// 문자열 출력 함수
void LCD_String(char flash str[])
{
   char flash *pStr=0;
   pStr = str;
   while(*pStr) Data(*pStr++);
}
// 인스트럭션 쓰기 함수
void Command(unsigned char byte)  // Ox02
{
   Busy();
   // 명령 레지스터 상위 바이트
   PORTD = (byte & 0xf0); // 데이터 0x02 & 0xf0 = 0
   PORTD &= 0xfc;             // RS = 0,  RW = 0;
   delay_us(1);
   PORTD |= 0x04;             // E = 1;
   delay_us(1);
   PORTD &= 0xfb;             // E = 0;
   // 인스트럭션 하위 바이트
   PORTD = ((byte << 4) & 0xf0);  // 데이터 byte  0x02
   PORTD &= 0xfc;    // RS = 0,  RW = 0;
  delay_us(1);
```

```
  PORTD |= 0x04;  // E = 1;
  delay_us(1);
  PORTD &= 0xfb;  // E = 0;
}
// 데이터 쓰기 함수
void Data(unsigned char byte)
 {
  Busy();

  // 데이터 상위 바이트
  PORTD = (byte & 0xf0); // 데이터 byte
  PORTD |= 0x01;         // RS = 1; 데이터
  PORTD &= 0xfd;         // RW = 0; write
  delay_us(1);
  PORTD |= 0x04;         // E = 1; lcd 동작
  delay_us(1);
  PORTD &= 0xfb;         // E = 0;

  // 데이터 하위 바이트
  PORTD = ((byte<<4) & 0xf0);  // 데이터 byte
  PORTD |= 0x01;  // RS = 1;
  PORTD &= 0xfd;  // RW = 0;
  delay_us(1);
  PORTD |= 0x04;  // E = 1;
  delay_us(1);
  PORTD &= 0xfb;  // E = 0;
}

// Busy Flag Check -> 일반적인 BF를 체크하는 것이 아니라
// 일정한 시간 지연을 이용한다.
void Busy(void)
{
  delay_ms(2);
}
```

[예제 lcd.2-1] 문자열 출력

문자열을 2번 깜빡이고 오른쪽으로 shift 출력하는 프로그램을 작성하라.
두 라인에 문자열 표시 LCD ON(0.5초) ⇒ LCD Off(0.5초) ⇒ 2회 반복 ⇒ right shift(16번 오른쪽으로 shift) **단. LCD. h 사용**

```
#include <mega128.h>
#include <delay.h>
#include <lcd.h>
#asm
   .equ __lcd_port = 0x12; PORTD
#endasm

void main(void){
  int i;
  lcd_init (16);
  lcd_clear();

  while(1){
    lcd_gotoxy(0,0);                              // 커스홈, 1행
    lcd_putsf("SYSTEM CONTROL");                  // 문자열 출력
    lcd_gotoxy(0,1); // Command(LINE2);           // 커스홈, 2행
    lcd_putsf("SUWON ATmega128");                 // 문자열 출력
    delay_ms(500);  // Time delay in 0.5sec.

    _lcd_ready();
    _lcd_write_data(0x0b); //  1  0(D) 1(C) 1(B) Display Off
    delay_ms(500);         // Time delay in 0.5sec.

    _lcd_ready();
    _lcd_write_data(0x0f); //  1  1(D) 1(C) 1(B) Display On
    delay_ms(1000);        // 시간지연 1초

    for (i = 0; i < 16; i++){
        _lcd_ready();
        _lcd_write_data(0x1c); // 1  1(S) 1(R) * S: shift, R: right
     delay_ms(500);
       }
    _lcd_ready();
    lcd_clear();
    lcd_gotoxy (0,0);      // home 이동
  }
}
```

[예제 lcd.3] 문자열 출력 - 연속이동 실험 lcd.h 사용하지 않음

DDRAM address 1행 메모리 0x00~0x27번지에 Hello!! MCU100A ... Atmel ATmega128 문자열을 저장한 후 left shift하는 프로그램을 작성하라. lcd에 표시되는 부분은 Hello!! MCU100A이고 Atmel ATmega128은 lcd에 표시되지 않지만 메모리 번지에는 저장되어 있다. 문자열이 left shift 되면서 숨겨져 있던 문자열이 display되며 좌측으로 이동하면 보이지 않던 문자열이 우측 끝에 display 된다.

1행	H	e	l	l	o	!	!		M	C	U	1	0	0	A		.	.	.	A	T	m	e	g	a	1	2	8
2행																												

```
#include <mega128.h>
#include <delay.h>
#define ALLCLR   0x01      // All Clear
#define ENTMODE 0x06      // Entry Mode Set
#define DISPON   0x0c      // Display On
#define LSHIFT   0x18      // Display Left Shift
#define FUNCSET 0x28      // Function Set
void LCD_init(void);
void LCD_String(char flash *);
void Busy(void);
void Command(unsigned char);
void Data(unsigned char);
void main(void)
{
  LCD_init();
   // 첫 번째 라인에 출력
  LCD_String("Hello!! MCU100A .... ATmega128");
    while(1)
      {
        Command(LSHIFT); // Display Left Shift
        delay_ms(500);      // 0.5초 시간 지연
      }
}
// LCD 초기화
void LCD_init(void)
{
  DDRD = 0xff;             // 포트 D 출력 설정
  PORTD &= 0xfb;           // E = 0;
  delay_ms(15);
  Command(0x20);
```

```
    delay_ms(5);
    Command(0x20);
    delay_us(100);
    Command(0x20);
    Command(FUNCSET);
    Command(DISPON);
    Command(ALLCLR);
    Command(ENTMODE);
}
// 문자열 출력 함수
void LCD_String(char flash str[])
{
    char flash   *pSt r= 0;
    pStr = str;
    while(*pStr)   Data(*pStr++);
}
// 인스트럭션 쓰기 함수
void Command(unsigned char byte)
{
    Busy();

    // 인스트럭션 상위 바이트
    PORTD = (byte & 0xf0); // 데이터
    PORTD &= 0xfc;          // RS = 0, RW = 0;
    delay_us(1);
    PORTD |= 0x04;          // E = 1;
    delay_us(1);
    PORTD &= 0xfb;          // E = 0;

    // 인스트럭션 하위 바이트
    PORTD = ((byte << 4) & 0xf0);   // 데이터
    PORTD &= 0xfc;          // RS = 0, RW = 0;
    delay_us(1);
    PORTD |= 0x04;          // E = 1;
    delay_us(1);
    PORTD &= 0xfb;          // E = 0;
}
// 데이터 쓰기 함수
void Data(unsigned char byte)
 {
    Busy();
    // 데이터 상위 바이트
   PORTD = (byte & 0xf0); // 데이터
   PORTD |= 0x01;          // RS = 1;
```

```
  PORTD &= 0xfd;            // RW = 0;
  delay_us(1);
  PORTD |= 0x04;            // E = 1;
  delay_us(1);
  PORTD &= 0xfb;            // E = 0;

  // 데이터 하위 바이트
  PORTD = ((byte << 4) & 0xf0);    // 데이터
  PORTD |= 0x01;            // RS = 1;
  PORTD &= 0xfd;            // RW = 0;
  delay_us(1);
  PORTD |= 0x04;            // E = 1;
  delay_us(1);
  PORTD &= 0xfb;            // E = 0;
}
// Busy Flag Check -> 일반적인 BF를 체크하는 것이 아니라
// 일정한 시간 지연을 이용한다.
void Busy(void)
{
  delay_ms(2);
}
```

[예제 lcd.3-1] 문자열 출력 - 연속이동 LCD.H 사용

DDRAM address 1행 메모리 0x00~0x27번지에 Hello!! MCU100A ... Atmel ATmega128 문자열을 저장한 후 left shift 하는 프로그램을 작성하라. lcd에 표시되는 부분은 Hello!! MCU100A 이고 Atmel ATmega128은 lcd에 표시되지 않지만 메모리 번지에는 저장되어 있다. 문자열이 left shift 되면서 숨겨져 있던 문자열이 display되며 좌측으로 이동하면 보이지 않던 문자열이 우측 끝에 display 된다.

1행	H	e	l	l	o	!	!		M	C	U	1	0	0	A		.	.	.	A	T	m	e	g	a	1	2	8
2행																												

```
#include <mega128.h>
#include <delay.h>
#asm
   .equ __lcd_port = 0x12;
#endasm
#include <lcd.h>
void main(void)
 {
    char font_move = 0;
    char line1[] = "Hello!! MCU100A .... Atmel ATmega128";
    DDRD = 0xff;
    PORTD = 0xff;
    lcd_init(40);
    lcd_clear();
    lcd_gotoxy(0,0);
    lcd_puts(line1);
while(1)
 {
    for(font_move = 0; font_move < 40; font_move++)
      {
        _lcd_ready();
        _lcd_write_data(0x18);   // 왼쪽으로 shift 0x18
        delay_ms(500);
      }
   }
}
```

[예제 lcd.4] 문자열 출력 - 한글문자 패턴등록

아래의 3문자에 대한 data를 CG RAM에 등록하고 LCD에 "다, 가, 나"를 표시하는 프로그램을 작성하라. lcd. h 사용하지 않음

(작성 예)

0	0	0	1	0	0x02
1	1	0	1	0	0x1a
0	1	0	1	0	0x0a
0	1	0	1	1	0x0b
0	1	0	1	0	0x0a
0	1	0	1	0	0x0a
1	0	0	1	0	0x12
0	0	0	1	0	0x02

0	1	0	0	1	0x09
1	0	1	0	1	0x15
1	0	1	0	1	0x15
1	0	1	0	1	0x15
1	0	1	0	1	0x15
1	0	1	0	1	0x15
0	1	0	0	1	0x09
0	0	0	0	1	0x01

					0x00
					0x1b
					0x15
					0x11
					0x11
					0x0a
					0x04
					0x00

```
#include 〈mega128.h〉
#include 〈delay.h〉
#define ALLCLR   0x01    // All Clear
#define HOME     0x02    // Cursor Home
#define ENTMODE  0x06    // Entry Mode Set
#define DISPON   0x0c    // Display On
#define LSHIFT   0x18    // Display Left Shift  (RSHIFT: 0X1C)
#define FUNCSET  0x28    // Function Set
flash unsigned char cg_pat[24] =
 {0x02,0x1a,0x12,0x13,0x12,0x12,0x1a,0x02,     // '다'
  0x02,0x1a,0x0a,0x0b,0x0a,0x0a,0x0a,0x0a,     // '가'
  0x02,0x12,0x12,0x13,0x12,0x12,0x1a,0x02};    // '나'
void LCD_init(void);
void LCD_String(char flash *);
void Busy(void);
void Command(unsigned char);
void Data(unsigned char);
void main(void){
 int i;
 LCD_init();
 // 첫 번째 라인에 출력
 for(i = 0; i 〈 24; i++){
   Command(0x40 + i);    // CG RAM 주소 0x40~0X57까지 24번 값 쓰기
   Data(cg_pat[i]);      // 배열값 쓰기
  }
  Command(HOME);         // 커스 홈위치로 0x02
  LCD_String("dreams come?");
```

```
while(1);
}
// LCD 초기화
void LCD_init(void){
   DDRD = 0xff;            // 포트 D 출력 설정
   PORTD &= 0xfb;          // E = 0;
   delay_ms(15);
   Command(0x20);
   delay_ms(5);
   Command(0x20);
   delay_us(100);
   Command(0x20);
   Command(FUNCSET);       // 0x28  1=고정값  N=2line,  F=5*7 dot
   Command(DISPON);        // DISPON=0x0c
   Command(ALLCLR);        // 0x01
   Command(ENTMODE); // 0x06
}
// 문자열 출력 함수
void LCD_String(char flash str[]){
   char flash *pStr=0;
   pStr = str;
   while(*pStr)
   Data(*pStr++);
}
// 인스트럭션 쓰기 함수
void Command(unsigned char byte){  // byte=0x20, FUNCSET=0x28
   Busy();
   // 인스트럭션 상위 바이트
   PORTD = (byte & 0xf0); // 데이터 PORTD=0x20,0x28  RS=0, RW=0
   delay_us(1);
   PORTD  |= 0x04;        // E=1  bit 2
   delay_us(1);
   PORTD  &= 0xfb;        // E=0;  bit 2
   // 인스트럭션 하위 바이트
   PORTD = ((byte << 4 ) & 0xf0); // 데이터 PORTD=0x20, RS=0, RW=0
   delay_us(1);
   PORTD |= 0x04;         // E = 1;
   delay_us(1);
   PORTD &= 0xfb;         // E = 0;
}

// 데이터 쓰기 함수
void Data(unsigned char byte){  // 첫 번째 byte=0X02, 2'st byte=0x1a
```

```
  Busy();
  // 데이터 상위 바이트
  PORTD = (byte & 0xf0); // byte=0X02 상위비트 계산, 하위비트 무시
  PORTD |= 0x01;          // RW=0 은 write, RS=1은 data
  delay_us(1);
  PORTD |= 0x04;          // E = 1;
  delay_us(1);
  PORTD &= 0xfb;          // E = 0;

  // 데이터 하위 바이트
  PORTD = ((byte << 4) & 0xf0); // 데이터 상위비트 무시, 하위비트 계산
  PORTD |= 0x01;          // RW=0 은 write, RS=1은 data
  delay_us(1);
  PORTD |= 0x04;          // E = 1;
  delay_us(1);
  PORTD &= 0xfb;          // E = 0;
}

// Busy Flag Check -> 일반적인 BF를 체크하는 것이 아니라
// 일정한 시간 지연을 이용한다.
void Busy(void){
  delay_ms(2);
}
```

[예제 lcd.5] 문자열 출력 - 연속이동실험 lcd.h 사용하지 않음

한글 3문자에 대한 data를 CG RAM에 등록하고 LCD에 "My name is 다가나"을 표시하고 오른쪽에서 왼쪽으로 이동하는 프로그램을 작성하라.

```
#include <mega128.h>
#include <delay.h>
// 초기 lcd TEST 초기값 설정//
#define FUNCSET 0x28  // Function Set 2진수표시: 00101000
// DL=0(4bit), N=1(2line), F=0(5*7dot)설정함
#define ENTMODE 0x06 // Entery Mode Set 2진수표시:00000110
// I/D=1(증감)S=0 표시 전체가 우로 Shift
// I/D=1(증감)S=1 표시 전체가 좌로 Shift
#define ALLCLR  0x01  // All Cler 2진수표시:00000001
// lcd화면 클리어
#define DISPON  0x0c  // DISPON 2진수표시:00001100
// D=0글자(display off) D=1글자(display on) c=0(커서) b=0(블링크,공간)
#define LINE2   0xC0
#define LSHIFT  0x1c
#define RSHIFT  0x18
#define HOME    0x02
flash unsigned char cg_pat[24]={0x02,0x1a,0x12,0x13,0x12,0x12,0x1a,0x02,0x02,0x1a,
0x0a,0x0b,0x0a,0x0a,0x0a,0x0a,0x02,0x12,0x12,0x13,0x12,0x12, 0x1a,0x02};

void LCD_init(void);
void LCD_String(char flash *);          // 포인트 설정
void Busy(void);
void Command(unsigned char);
void Data(unsigned char);
void main(void){
  int i;
  LCD_init();                           // 첫 번째 라인 준비
  for(i = 0; i < 24;i++){
    Command(0x40 + i);
    Data(cg_pat[i]);
   }
  Command(HOME);
  LCD_String("My Name is is ");
  Data(0x00);
  Data(0x01);
  Data(0x02);
  while(1){
    Command(RSHIFT);    // Command(LSHIFT); 오른쪽에서 왼쪽
    delay_ms(200);
```

```
    }
}
// LCD 초기화
void LCD_init(void){
    DDRD = 0xff;                     // PORT-D 출력설정
    PORTD &= 0xfb;                   // PORT-D 출력설정후 표시상태
    delay_ms(15);                    // VCC 5v 될때까지 15ms delay
    Command(0x20);                   // 1 Command(0x02);
    delay_ms(5);                     // 5ms delay
    Command(0x20);                   // 2 Command(0x02);
    delay_ms(100);                   // 100ms delay
    Command(0x20);                   // 3 Command(0x02);
    Command(FUNCSET);                // 4 Command(0x28)
    Command(DISPON);                 // 5 Command(0x0c)
    Command(ALLCLR);                 // 6 Command(0x01)
    Command(ENTMODE);                // 7 Command(0x06)
}
 // 문자열 출력 함수
void LCD_String(char flash str[]){
    char flash *pStr=0;
    pStr = str;
    while(*pStr) Data(*pStr++);
 }
void Command (unsigned char byte){
    Busy();
    // 인덕션 바이트
    PORTD = (byte & 0xf0);
    PORTD &= 0xfc;
    delay_us(1);
    PORTD |= 0x04;
    delay_us(1);
    PORTD &= 0xfb;
    // 인스트럭션 하위 바이트
    PORTD = ((byte << 4)& 0xf0);
    PORTD &= 0xfc;
     delay_us(1);
     PORTD |= 0x04;
     delay_us(1);
     PORTD &= 0xfb;
```

```
}
void Data (unsigned char byte){
  Busy();
  // 데이터 상위 바이트
  PORTD = (byte & 0xf0);
  PORTD |= 0x01;
  PORTD &= 0xfd;
  delay_us(1);
  PORTD |= 0x04;
  delay_us(1);
  PORTD &= 0xfb;
  // 데이터 하위 바이트
  PORTD = ((byte << 4) & 0xf0);
  PORTD |= 0x01;
  PORTD &= 0xfd;
  delay_us(1);
  PORTD |= 0x04;
  delay_us(1);
  PORTD &= 0xfb;
}
void Busy (void){    // 일정지연시간
  delay_ms(2);
}
```

[예제 lcd.5-1] 문자열 출력 - 연속이동실험 lcd.h 사용

한글 문자에 대한 data를 CG RAM에 등록하고 LCD에 "My name is 다가나"를 표시하고 오른쪽에서 왼쪽으로 이동하는 프로그램을 작성하라.

```
#include <mega128.h>
#include <delay.h>
#include <stdio.h>
#asm
  .equ __lcd_port = 0x12;
#endasm
#include <lcd.h>
typedef unsigned char hangul;
hangul font_0[8] = {0x02,0x1a,0x12,0x13,0x12,0x12,0x1a,0x02};
hangul font_1[8] = {0x02,0x1a,0x0a,0x0b,0x0a,0x0a,0x0a,0x0a};
hangul font_2[8] = {0x02,0x12,0x12,0x13,0x12,0x12,0x1a,0x02};
void define_char(hangul *pc, hangul char_code){
  hangul i, a;
  a = (char_code << 3) | 0x40;
  for(i = 0; i < 8;i++)
  lcd_write_byte(a++, *pc++);
}
void main(void){
  char line1[15] = "My name is ";
  int j;
  lcd_init(40);
  lcd_clear();
  define_char(font_0,0);
  define_char(font_1,1);
  define_char(font_2,2);
while(1)
  {
   lcd_clear();
   delay_ms(100);
   lcd_puts(line1);
   lcd_putchar(0);
   lcd_putchar(1);
   lcd_putchar(2);
  for(j = 0; j < 14; j++)
     {
          delay_ms(350);
          _lcd_ready();
          _lcd_write_data(0x18);
      }
   }
}
```

[예제 lcd.6] LCD 응용실습 - digital clock

T/C1을 normal mode 0으로 하여 출력비교 인터럽트 이용하고 0.5초마다 출력비교 인터럽트 발생토록 OCR1C값 설정하고 OC1C(PWM)핀에 연결된 LED 0.5초 단위로 toggle 되도록 표시하라. 출력비교 인터럽트가 2번 발생하면 1초가 되고 출력비교인터럽트가 2번 발생할 때마다 시간을 증가시키면 된다.

0.5초 주기를 얻기 위한 T/C1의 OCR1C값 계산

OCR1C = 16MHZ * (1/prescaler) * (1/2)

1sec pulse 발생	T/C1의 비교 매치 interrupt 이용
1sec display LED	OC1C pin에 연결되어 있는 PWM LED
시간조정 자리수 이동	INT4
분 또는 시의 증가	INT5
시간 display	PORTD에 연결되어 있는 LCD

```
#include <mega128.h>
#include <delay.h>
#include <stdio.h>
#define FUNCSET 0x28      // Function Set
#define ENTMODE 0x06      // Entry Mode Set
#define ALLCLR  0x01      // All Clear
#define DISPON  0x0c      // Display On
#define LINE2   0xC0      // 2nd Line Move
#define HOME    0x02      // Cursor Home
#define CURON   0x0F      // Cursor On

typedef unsigned char BYTE;
int hour = 12, min = 0, sec = 0;
BYTE tog = 0,set = 0;
void LCD_init(void);
void LCD_String1(char *);
void Busy(void);
void Command(unsigned char);
void Data(unsigned char);
void Timer_Interrupt_Initialize(void);
void External_Interrupt_Initialize(void);
void Time_Display(void);
void Count_up(void);
void main(void){
   DDRB = 0xFF;           // OC1C(PB7) 방향설정
   LCD_init();
   Timer_Interrupt_Initialize();
```

```
  External_Interrupt_Initialize();
  Time_Display();
  #asm ("sei")              // 전역 인터럽트 플래그 셋
  while(1);                 // 무한 루프
// LCD 초기화
void LCD_init(void){
  DDRD = 0xFF;              // 포트 D 출력 설정}
  PORTD &= 0xFB;            // E = 0;
  delay_ms(15);
  Command(0x20);
  delay_ms(5);
  Command(0x20);
  delay_us(100);
  Command(0x20);
  Command(FUNCSET);
  Command(DISPON);
  Command(ALLCLR);
  Command(ENTMODE);
}
// 문자열 출력 함수
void LCD_String1(char str[]){
  while(*str) Data(*str++);
}
// 인스트럭션 쓰기 함수
void Command(unsigned char byte){
  Busy();

  // 인스트럭션 상위 바이트
  PORTD = (byte & 0xF0);// 데이터
  PORTD &= 0xFC;            // RS = 0;
  delay_us(1);
  PORTD |= 0x04;            // E = 1;
  delay_us(1);
  PORTD &= 0xFB;            // E = 0;
  // 인스트럭션 하위 바이트
  PORTD = ((byte << 4) & 0xF0); // 데이터
  PORTD &= 0xFC;            // RS = 0, RW = 0
  delay_us(1);
  PORTD |= 0x04;            // E = 1;
  delay_us(1);
  PORTD &= 0xFB;            // E = 0;
}
// 데이터 쓰기 함수
void Data(unsigned char byte){
  Busy();
     // 데이터 상위 바이트
```

```
    PORTD = (byte & 0xF0); // 데이터
    PORTD |= 0x01;          // RS = 1;
    PORTD &= 0xFD;          // RW = 0;
    delay_us(1);
    PORTD |= 0x04;          // E = 1;
    delay_us(1);
    PORTD &= 0xFB;          // E = 0;
    // 데이터 하위 바이트
    PORTD = ((byte << 4) & 0xF0);   // 데이터
    PORTD |= 0x01;          // RS = 1;
    PORTD &= 0xFD;          // RW = 0;
    delay_us(1);
    PORTD |= 0x04;          // E = 1;
    delay_us(1);
    PORTD &= 0xFB;          // E = 0;
}
// 일정한 시간 지연을 이용한다.
void Busy(void){
    delay_ms(2);
}
// 타이머 인터럽트 비교 매치 인터럽트 초기화 함수
void Timer_Interrupt_Initialize(void){
    // 타이머/카운터 인터럽트 초기화
    ETIMSK = 0x01;          // OCIE1C = '1'
    TCCR1A = 0x04;          // COM1Cx = '01' : OC1C 토글
    TCCR1B = 0x05;          // 프리스케일 = CK/1024
    TCNT1 = 0x0000;         // 타이머/카운터1 레지스터 초기값 : 16 비트
// 타이머/카운터1 비교 매치 B 레지스터 : 16 비트
    OCR1CH = (7812 & 0xFF00) >> 8;
    OCR1CL = 7812 & 0x0FF;
}
// 외부 인터럽트 요구 초기화 함수
void External_Interrupt_Initialize(void){
    // 외부 인터럽트 초기화
    EICRB = 0b00001010;     // 외부 인터럽트 4, 5 : 하강 에지
    EIMSK = 0b00110000;     // 외부 인터럽트 4, 5 인에이블'
}
// LCD에 시간을 표시하는 함수
void Time_Display(void){
    char Time_buf[16];
    sprintf(Time_buf,"  %02u : %02u : %02u  ",hour, min, sec);
    Command(HOME);
    LCD_String1(Time_buf);
}
// 시간 증가 함수
void Count_up(void){
```

```
  if(sec != 59) sec++;                    // sec count-up
  else{
    sec = 0;
    if(min != 59) min++;                  // min count-up
      else{
        min = 0;
        if(hour != 12) hour++;            // hour count-up
        else hour = 1;
    }
  }
  Time_Display(); // 시간 표시
}
// 타이머/카운터 1 비교 B 매치 인터럽트 서비스 루틴
// 0.5초마다 인터럽트 발생
interrupt [TIM1_COMPC] void timer1_compc(void){
 TCNT1 = 0x0000;              // 타이머/카운터 1 레지스터 초기화
  // 1초 마다 한번씩 카운트한다.
  if(tog == 0) tog++;
  else{
    tog = 0;
    if(set == 0) Count_up();
  }
  // 시간 조정 모드에서의 커서 위치 설정
  if(set == 1) Command(0x88);        // min의 위치
  else if(set == 2) Command(0x83); // hour의 위치
}

// 외부 인터럽트 요구 4 서비스 루틴
// 시간 설정 자리수 이동
interrupt [EXT_INT4] void external_int4(void){
  Command(CURON);          // 커서 표시
  if (set != 2) set++;     // 자릿수 이동
  else set = 0;            // set=0(표시모드), set=1(분조정), set=2(시간조정)
}
// 외부 인터럽트 요구 5 서비스 루틴
// 분과 시를 증가한다.
interrupt [EXT_INT5] void external_int5(void){
  if(set == 1){            // min count-up
      if(min != 59) min++;
      else min = 0;
  }
  else if(set == 2){       // hour count-up
      if(hour != 12) hour++;
      else hour = 1;
  }
  Time_Display();          // 시간 표시
}
```

5.2 LCD 응용예제 - DS1820

[예제 lcd.7] LCD 응용실습 - 온도센서(DS1820)

온도센서 DS18S20(TO92)을 이용하여 LCD에 온도를 표시하는 프로그램을 작성하여라.

- DS18S20 센서포트 PC0가 PORTC.0에 연결되어 있음
- LCD는 PORTD에 연결됨

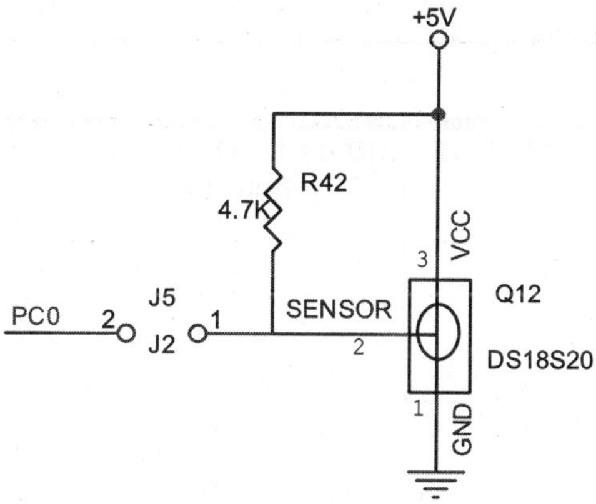

[DS18S20 회로도]

1. DS18S20 온도범위

전원 : +3V ~ +5V

측정온도 범위 : -55 ~ 125 °

-10 ~ 85 ° 까지는 0.5 ° 단위로 정밀측정 가능

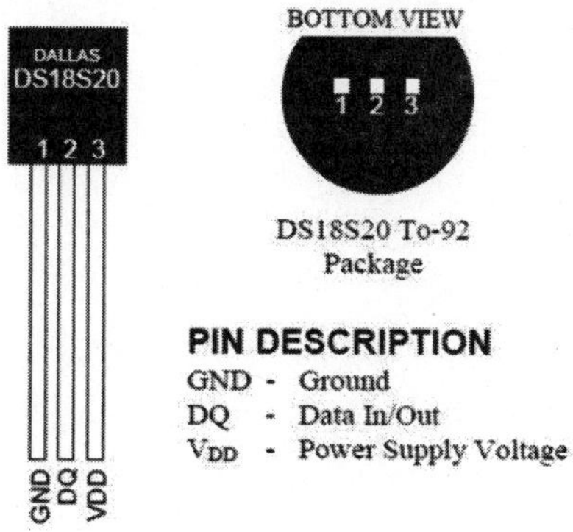

2. 내부 datasheet 정보

온도가 0°일 때 0000h(DIGITAL OUTPUT(Hex))이고 +0.5°일 때 0001h이므로 0.5 단위로 비트가 증가한다. 또 power를 on 한 후 레지스터 초기 값은 +85°이다. DS18S20은 고유일련코드가 64비트로 ROM에 저장되어 있으며 9비트의 섭씨온도 측정값을 소자에서 제공한다.

2^6	2^5	2^4	2^3	2^2	2^1	2^0	2^{-1}	LSB

MSb (unit = °C) LSb

S	S	S	S	S	S	S	S	MSB

TEMPERATURE	DIGITAL OUTPUT (Binary)	DIGITAL OUTPUT (Hex)
+85°C	0000 0101 0101 0000	0550h*
+125°C	0000 0000 1111 1010	00FAh
+25.0°C	0000 0000 0011 0010	0032h
+0.5°C	0000 0000 0000 0001	0001h
0°C	0000 0000 0000 0000	0000h
-0.5°C	1111 1111 1111 1111	FFFFh
-25.0°C	1111 1111 1100 1110	FFCEh
-55°C	1111 1111 1001 0010	FF92h

*The power on reset register value is +85°C

$$TEMPERATURE = TEMP\_READ - 0.25 + \frac{COUNT\_PER\_C - COUNT\_REMAIN}{COUNT\_PER\_C}$$

```
#include <mega128.h>
#include <delay.h>
#include <stdio.h>

// 1 Wire Bus 함수
#asm
   .equ __w1_port=0x15;PORTC        // PORTC.0에 센서 연결
   .equ __w1_bit=0
#endasm

#include <1wire.h>
// DS1820 온도센서 함수
#include <ds1820.h>
#define MAX_DS1820 8                // 1 Wire bus에 연결할 수 있는 최대 DS1820의 수
unsigned char ds1820_devices;
unsigned char ds1820_rom_codes[MAX_DS1820][9];
#asm
   .equ __lcd_port = 0x12 ;PORTD  // LCD를 PORTD에 연결
#endasm
#include <lcd.h>
// LCD에 출력할 문자의 최대수(16 x 2 + 1)

char lcd_buffer[33];
main()
{
unsigned char i;
unsigned char j;
int temp;
lcd_init(16);
// 1 Wire Bus에 연결된 센서의 수를 찾음
ds1820_devices = w1_search(0xf0,ds1820_rom_codes);

// LCD에 센서수를 출력
sprintf(lcd_buffer,"%u DS1820\nDevice detected",ds1820_devices);
lcd_puts(lcd_buffer);
delay_ms(2000);
lcd_clear();
// 온도 측정후 출력
while (1)
 {
  // 검색된 센스의 숫자만큼 반복
  for (i = 0;i<ds1820_devices;)
   {
    temp = ds1820_temperature_10(&ds1820_rom_codes[i][0]);
```

```
    j = '+';
     if (temp < 0)
       {
        j = '-';
        temp = -temp;
        };
        // LCD 첫 번째 줄에 온도 출력
        if (i == 0 | I == 2 | i == 4 | i == 6){
          sprintf(lcd_buffer,"Temp%u = %c%i.%u\xdfC ",++i,j,temp/10,temp%10);
          lcd_gotoxy(0,0);
          }
        // LCD 두 번째 줄에 온도 출력
        else if(i == 1 | I == 3 | i == 5 | i == 7){
          sprintf(lcd_buffer,"Temp%u = %c%i.%u\xdfC ",++i,j,temp/10,temp%10);
        // lcd_clear();
          lcd_gotoxy(0,1);
        }

        lcd_puts(lcd_buffer);
        delay_ms(1000);
     };
  };
}
```

5.3 LCD 응용예제 - LM35DZ

[예제 lcd.8] LCD 응용실습 - 온도센서 (LM35DZ)

온도센서 LM35DZ을 이용하여 LCD에 온도를 표시하는 프로그램을 작성하여라.

1. LM35DZ 센서포트 OP Amp 입력단자에 연결되어 있고 OP Amp 출력단자는 ATmega128 PORTF.3에 연결되어 있음
2. LCD는 PORTD에 연결됨

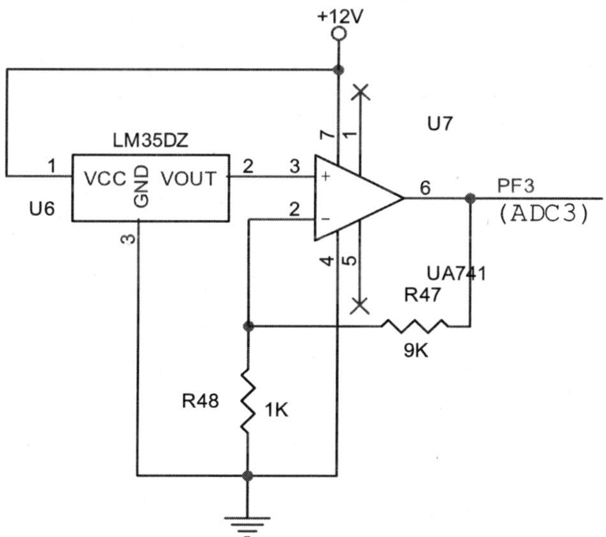


```
#include <mega128.h>
#include <delay.h>
#include <stdio.h>
// PORTD에 LCD 연결
#asm
    .equ __lcd_port = 0x12 ;PORTD
#endasm
#include <lcd.h>
#define ADC_VREF_TYPE 0x03  /ADC3
// AD 변환 결과 읽기 사용자 함수(자동생성)
unsigned int read_adc(unsigned char adc_input)
 {
    ADMUX = adc_input|ADC_VREF_TYPE;
    // AD 변환 시작
    ADCSRA |= 0x40;
    // AD 변환이 완료될 때까지 기다림
    while ((ADCSRA & 0x10) == 0);
```

```
    ADCSRA |= 0x10;
    return ADCW;
}

void main(void)
{
    // 지역변수 선언
    int adc_val;
    char text[16];
    float temp;

    // ADC 초기화
    // ADC 클록 주파수 : 125.000 kHz
    // ADC 기준 전압 : AREF pin (5V)
    ADMUX = ADC_VREF_TYPE;
    ADCSRA = 0x86;
    SFIOR & = 0xEF;

   // LCD 모듈 초기화
   lcd_init(16);

  while (1)
     {
      lcd_clear();
      lcd_gotoxy(0,0);
      lcd_putsf("LM35 Temperature");

      // A/D변환값 읽어오기
      adc_val = read_adc(0);

      // 온도 = AD값 * 분해능 * 10(OP AMP 증폭률)
      temp = adc_val * 0.0048828125 * 100;

      // LCD line2에 출력
      sprintf(text, "TEMP = %4.2f \xdfC ", temp);
      lcd_gotoxy(0,1);
      lcd_puts( text );

      // 잠시 대기
      delay_ms(1000);

     };
}
```

5.4 LCD 응용예제 - LM35DZ, DS18S20

[예제 lcd.8-1] LCD 응용실습 - 온도센서 (LM35DZ, DS18S20)

두 개의 온도센서 LM35DZ와 DS18S20을 이용하여 LCD에 온도를 표시하는 프로그램을 작성하여라.

INT4(SW8)를 누르면 DS18S20 온도가 표시되고 INT4(SW8)을 누르면 DS18S20 온도가 표시되고 INT5(SW14)를 누르면 LM35DZ 온도가 표시된다.

- LCD DISPLAY

Temperature	
1. DS18S20	2. LM35DZ

```
#include <mega128.h>
// 1 Wire Bus functions
#asm
  .equ __w1_port = 0x15 ;PORTC
  .equ __w1_bit = 03
#endasm
#include <1wire.h>
// DS1820 Temperature Sensor functions
#include <ds1820.h>
// Alphanumeric LCD Module functions
#asm
  .equ __lcd_port=0x12 ;PORTD
#endasm
#include <lcd.h>
#include <delay.h>
#include <stdio.h>
#define abs(x) (x < 0 ? - x : x)     // 절대값으로 변경하기 위한 매크로 함수
#define ADC_VREF_TYPE 0x03          // ADC3
#define MAX_DS1820 8                // 최대 DS1820의 개수
 // Declare your global variables here
 unsigned char key = 0;             // 인터럽트로 동작 구분. 같은 키를 계속 눌러도
                                    // main()의 폴링방식에 의해 별 상관이 없다.
 // External Interrupt 4 service routine
 interrupt [EXT_INT4] void ext_int4_isr(void)
 {
   key = 1;
 }
```

```
// External Interrupt 5 service routine
interrupt [EXT_INT5] void ext_int5_isr(void)
{
  key = 2;
}
// Read the AD conversion result
unsigned int read_adc(unsigned char adc_input)
{
  ADMUX = adc_input | (ADC_VREF_TYPE & 0xff);
  // Delay needed for the stabilization of the ADC input voltage
  delay_us(10);
  // Start the AD conversion
  ADCSRA |= 0x40;
  // Wait for the AD conversion to complete
  while ((ADCSRA & 0x10) == 0);
  ADCSRA |= 0x10;
  return ADCW;
}
void intro();                          // 초기화면 출력 함수
void ds1820_handler();                 // ds1820 동작
void lm35dz_handler();                 // l m35dz 동작
void _error_handler(char flash *str);  // ds1820 장치 검색 실패시...
void main(void)
{
  // External Interrupt(s) initialization
  // INT4: On, INT4 Mode: Falling Edge
  // INT5: On, INT5 Mode: Falling Edge
  EICRA = 0x00;
  EICRB = 0x0A;
  EIMSK = 0x30;
  EIFR = 0x30;
 // ADC Clock frequency: 125.000 kHz, ADC Voltage Reference: AREF pin
  ADMUX = ADC_VREF_TYPE & 0xff;
  ADCSRA = 0x87;

  w1_init();// 1 Wire Bus initialization
  lcd_init(16);// LCD module initialization

  // Global enable interrupts
  #asm("sei")
  intro();
  while (1)     {
    switch(key)
      {
```

```
            case 1 : ds1820_handler(); break;
            case 2 : lm35dz_handler(); break;
            default : intro();
          }
        delay_ms(100);
    }
}

 void intro()
    lcd_clear();
    lcd_gotoxy(0,0);
    lcd_putsf(" Temperature ");
    lcd_gotoxy(0,1);
    lcd_putsf("1.DS1820 2.LM35DZ");
 }
void ds1820_handler()
 {
   char text[33];
   int  temp;
   unsigned char    i, ds1820_rom_codes[MAX_DS1820][9];
   unsigned char ds1820_devices = w1_search(DS1820_SEARCH_ROM_CMD,
                                           ds1820_rom_codes);
   if( ds1820_devices )      // 1개 이상일 때 동작
    {
     lcd_gotoxy(0,0);          // lcd_clear();깜빡임 문제로 lcd전체 크기를 덮어쓰기
     for(i = 0 ; i < ds1820_devices ; )
      {
       temp = ds1820_temperature_10(&ds1820_rom_codes[i][0]);
       sprintf(text, "%u DS1820(s)        \nTemp%u = %c%u.%u\xdfC",
       ds1820_devices, ++i, temp > 0 ? '+' : '-', abs(temp)/10, abs(temp)%10);
       lcd_puts(text);
      }
    }
    else
    {
      _error_handler("DS1820 NOT FOUND");
    }
 }
 void lm35dz_handler()
  {
    char text[16];
    unsigned int adc_val = read_adc(0);
    float temp = adc_va l* 0.0048828125 * 10;
    sprintf(text, "TEMP = %.2f\xdfC ", temp);
```

```
    lcd_clear();
    lcd_gotoxy(0,0);
    lcd_putsf("LM35 Temperature");
    lcd_gotoxy(0,1);
    lcd_puts(text);
    delay_ms(2000);
 }

void _error_handler(char flash *str)
 {
    lcd_clear();
    lcd_gotoxy(0,0);
    lcd_putsf("Err Message");
    lcd_gotoxy(0,1);
    lcd_putsf(str);
 }
```

5.5 LCD 응용예제 - 스테핑모터 회전수

[예제 lcd.9] LCD 응용실습 - 스테핑 모터 회전수 표시

스테핑 모터 회전수를 LCD에 Display 하는 프로그램을 작성하여라.

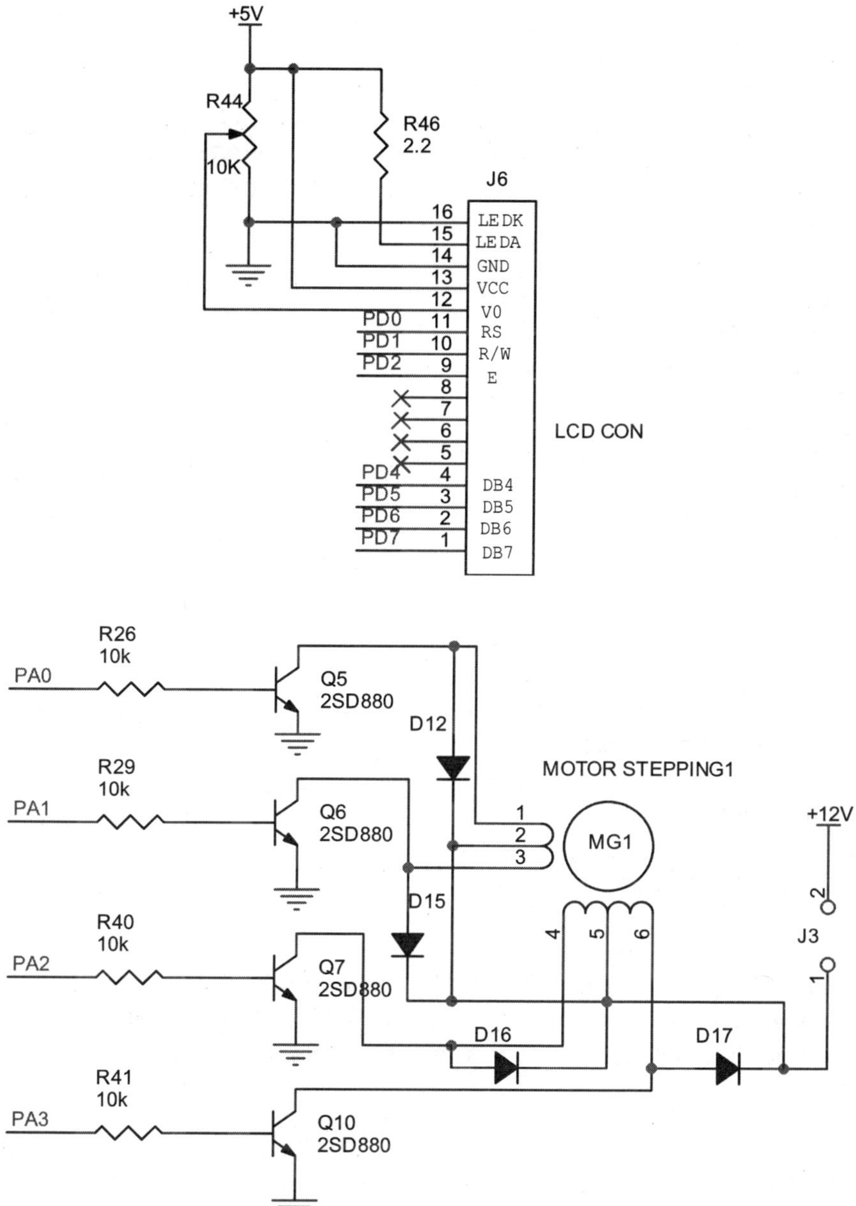

[스테핑 모터 회로와 LCD 모듈]

```
#include <mega128.h>
#include <delay.h>
#include <stdio.h>
//LCD를 PORTD에 연결
#asm
.equ __lcd_port = 0x12; PORTD
#endasm
#include <lcd.h>
char lcd_buffer[33];//lcd 글자수
unsigned char CW1[4] = {0x81, 0x24, 0x42, 0x18};        // 모터 정회전
unsigned char *CW_CCW1;                                 // 배열값을 받을 포인터 변수
int speed = 30;                                         // 모터 스피드
void main(void)
 {
   unsigned char i, j = 0;
   int R = 0; //1회전 누적값
   DDRA = 0xff;
   DDRC = 0xff;
   PORTC = 0xff;
   lcd_init(16); //lcd 초기화값
   CW_CCW1 = CW1;
   while(1)
     {
       for(i = 0; i < 4; i++)
         {
           PORTA = *(CW_CCW1 + i);
           delay_ms(speed);
           j++;// 48번 누적값
          }
       if(j == 48)
         {
           R++; //1회전값
           j = 0;
         }
       sprintf(lcd_buffer,"Rotation %u", R);    // lcd 글자수 버퍼값에 출력값 입력
       lcd_gotoxy(0,0);                         // 첫 번째 라인에 출력셋
       lcd_puts(lcd_buffer);          // lcd에 값을 뿌려줌
    }
 }
```

CHAPTER

08

STEPPING MOTOR

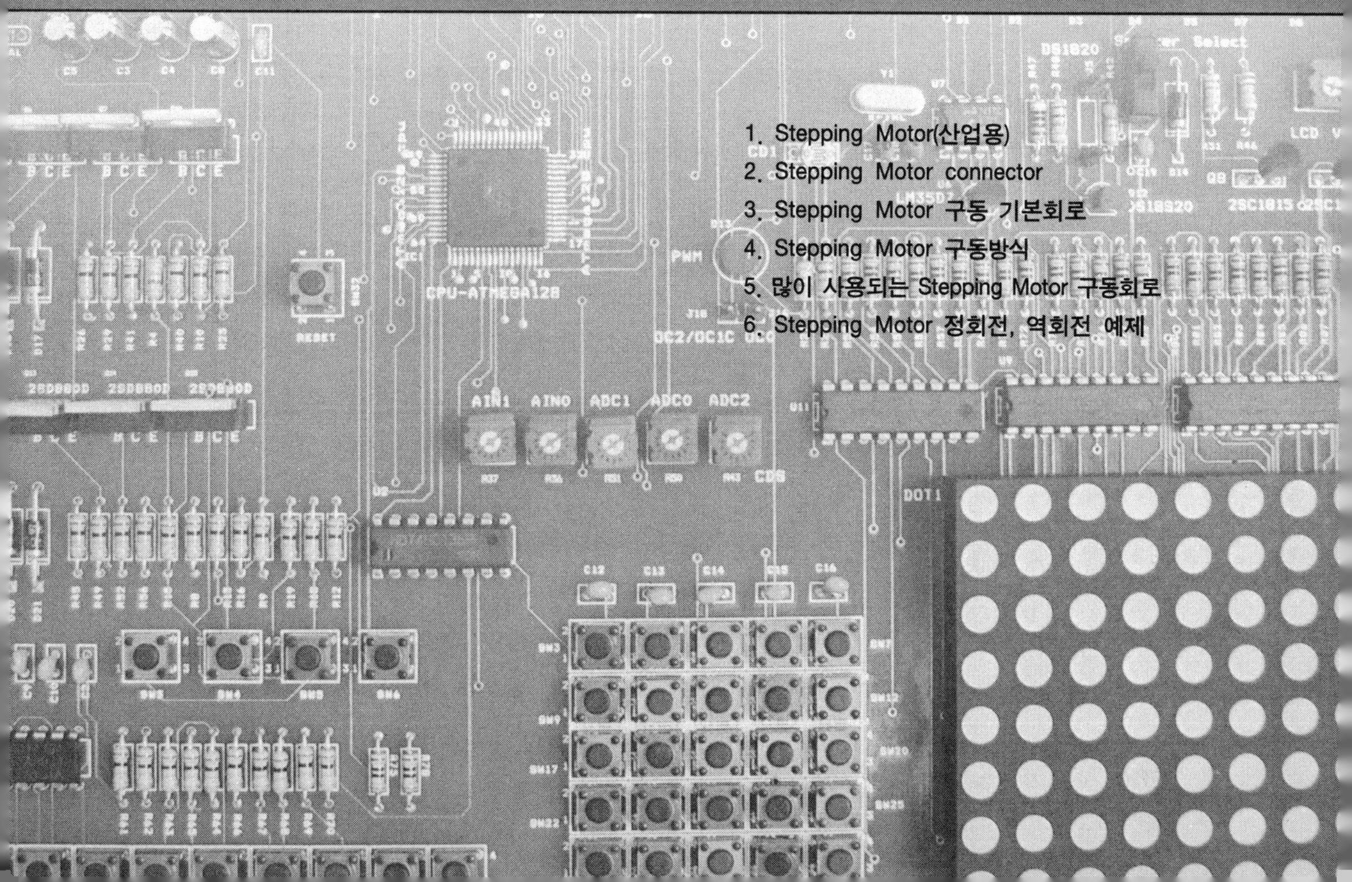

1. Stepping Motor(산업용)

[그림 9-1] Stepper Motor 실제외형

2. Stepping Motor connector

- DATA SIGNAL : red-org-yellow-blu(or brown)
- 전원 VCC, GND : white(+), black(-)

[그림 9-2] Motor 제어신호 Connector

3. Stepping Motor 구동 기본회로

- Step Motor 구동 : S1, S2, S3, S4 digital signal 기본동작

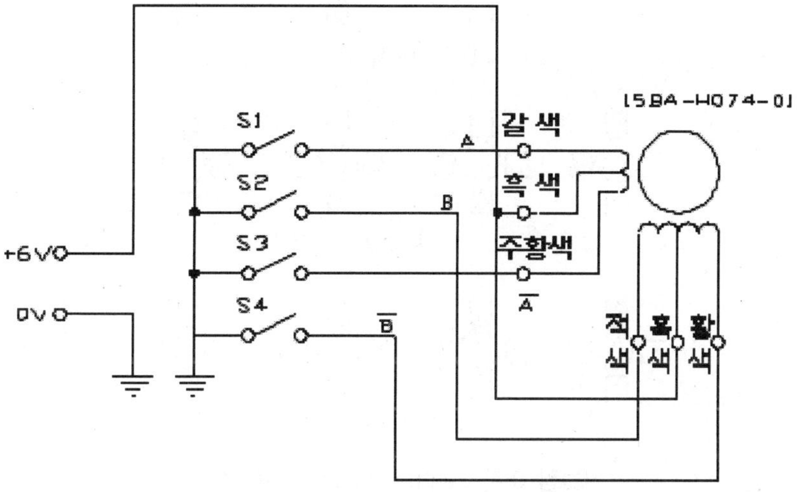

[그림 9-3] Stepper Motor 회로도

stepping 모터를 구동을 하려면 A → B → $\overline{A}$ → $\overline{B}$ 순서로 디지털 신호를 주어야 한다. 즉 S1 → S2 → S3 → S4 → S1 … 순서대로 low 값을 주면 스테핑 모터 중간 탭에 전원(=+6V)이 공급되므로 모터가 구동하게 된다.

S1이 갈색 A에 연결되어 있고, S2는 적색(B), S3는 주황색($\overline{A}$), S4는 황색($\overline{B}$)이 연결되어 있다.

★ 본 교재에서 스테핑 모터 **실습회로도는 S2와 S3가 반대로 연결되어 있음에 주의하자.**

4. Stepping Motor 구동방식

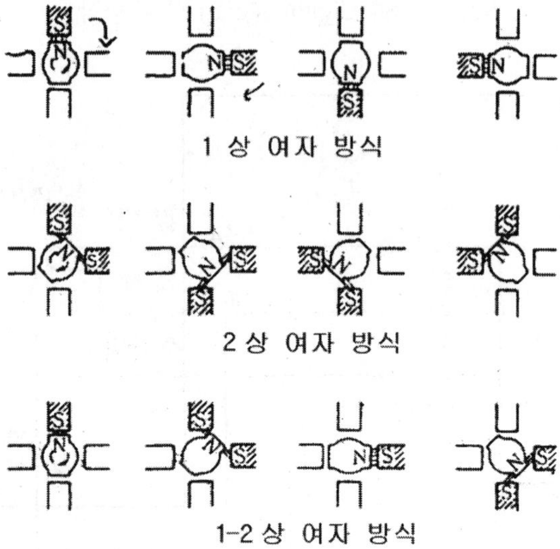

[그림 9-4] Stepper Motor 구동방식

5. 많이 사용되는 Stepping Motor 구동회로

- Tansister를 이용하는 방법
  - 회로가 간단하고 가격이 저렴하다.

- SLA7024을 이용하는 방법
  - SLA7024 : 부품수가 많음. 콘덴서가 많이 들어간다.
  - 칩 하나로 step motor 하나를 구동, 고속회전에 좋다.
  - 마이크로마우스나 로봇축구에는 SLA7024가 많이 사용한다.

- L297, L298을 복합으로 사용하는 방법
  - L297, L298 복합 : 복합형이라 부가회로가 거의 없지만 가격이 비쌈
  - 가격 SLA7024의 두 배
  - 저속회전에 유리
  - 망원경의 제어에는 L297, L298을 이용

1) L297의 주요 특징

(1) Normal/Wave Drvier
(2) Half/Full Step Modes selectable
(3) 방향 선택가능
(4) 프로그램가능 load 전류
(5) Reset Input, Home Output
(6) Enable Input

2) L298N의 주요 특징

(1) 46V까지 구동가능(방열판 사용권장)
(2) 4A까지 구동가능
(3) Low Saturation Voltage
(4) 과열 보호 기능
(5) 높은 노이즈 특성

- L298 스테핑 모터 회로도

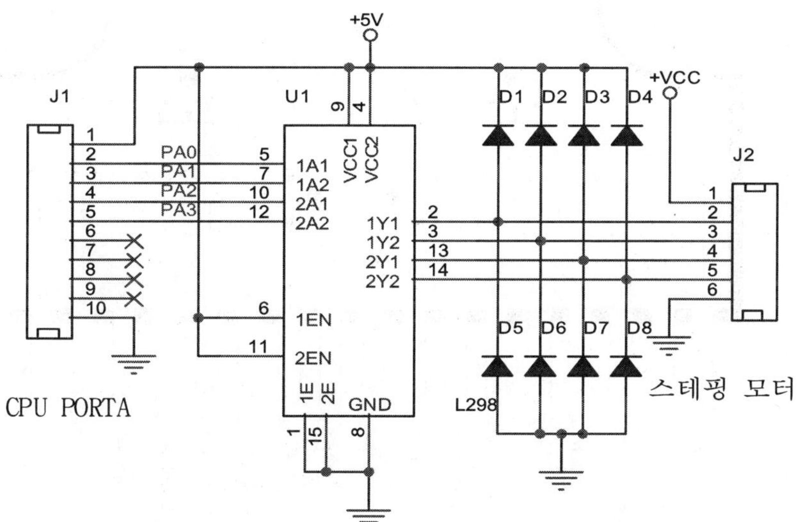

3) 297과 298의 각 핀 input signal

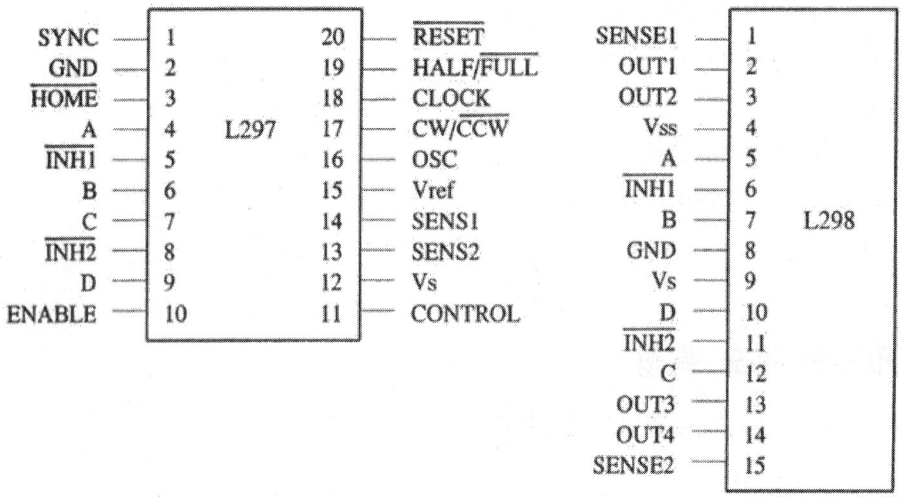

[그림 9-5] 부품 L297, 298 Pin-Out

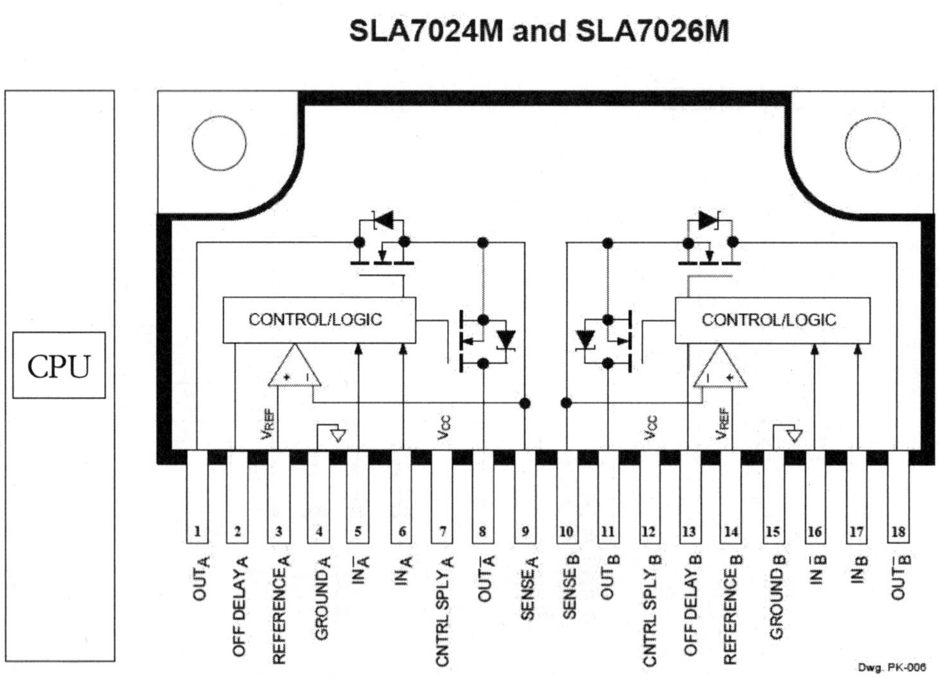

[그림 9-6] 부품 SLA7024, SLA7026M Pin-Out

4) Transistor를 이용한 step motor 구동회로

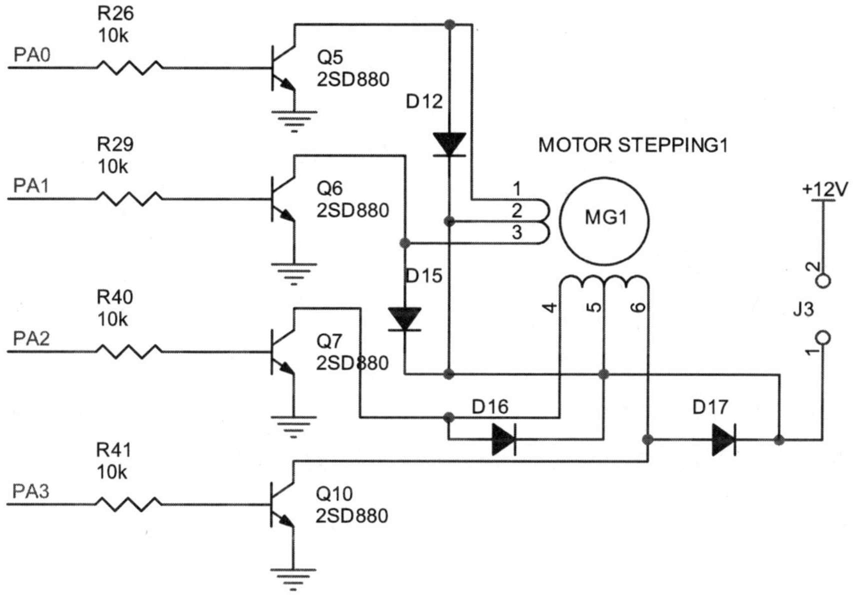

[그림 9-7] TR 제어방식의 Stepping Motor 회로도

5) 전용 IC를 이용한 step motor 구동회로

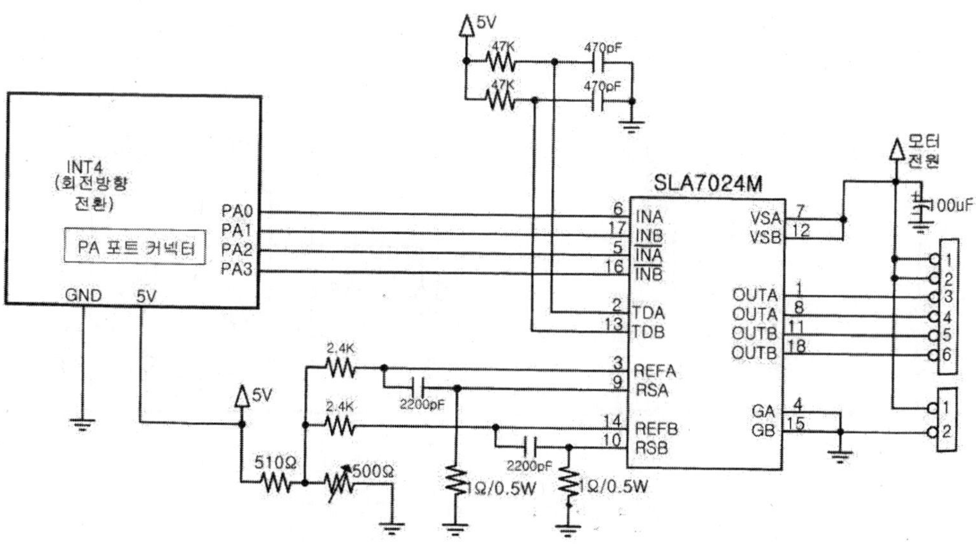

[그림 9-8] Driver IC 제어방식의 회로도

6) 동작원리 및 종류

STEP MOTOR : 펄스신호에 의해 회전각도와 속도를 제어

가) 유니폴라 구동 방식

코일의 센터 탭을 중심으로 한쪽에만 전류를 흘리는 방식

나) 바이폴라 구동 방식

코일의 양단에 전압을 인가하는 방식

다) 유니폴라 1상 여자방식

- 코일의 1개에 상에만 전류를 순차적으로 흐르게 하는 방식
- 소비전력이 작지만 감쇄진동이 크고 동작이 불안정함

라) 바이폴라 1상 여자방식

- 코일의 2개의 상에 동시에 전류를 흐르게 하는 방식(2배 전류)
- 회전력이 커고 감쇄진동이 적으며 넓은 주파수 범위에 적용

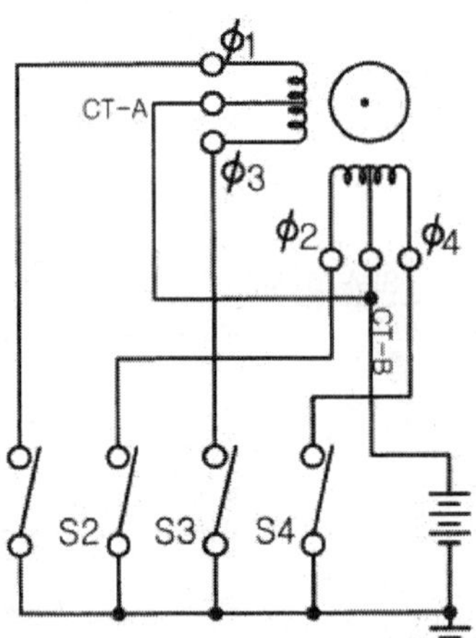

(a) 유니폴라 구동

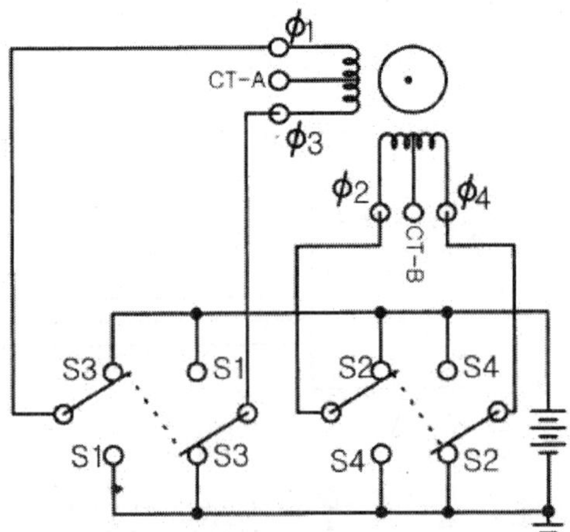

(b) 바이폴라 구동

[그림 9-9] Stepper Motor 구동 원리

★ 유니폴라 구동방식이나 바이폴라 구동방식의 stepping 모터를 구동하려면 Φ1 - Φ2 - Φ3 - Φ4 순서로 디지털 신호를 주어야 한다.

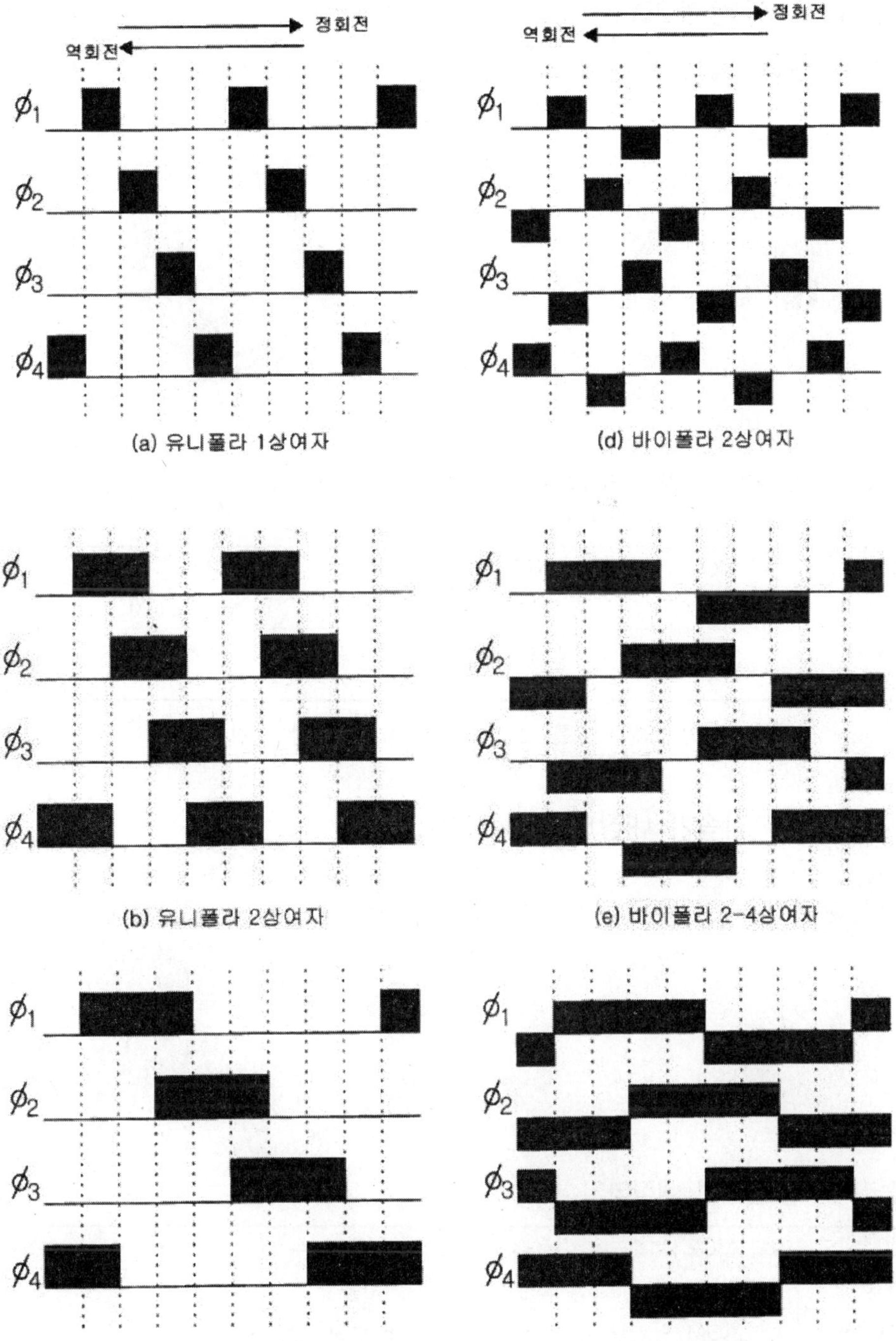

[그림 9-10]

문제) 유니폴라 2상 여자방식은 실습시 9-5-6-a이고 그림에는 9-3-6-c이다. 왜 그럴까?

7) 스테핑 모터 연결방법

■ LA82469-M1T stepping motor

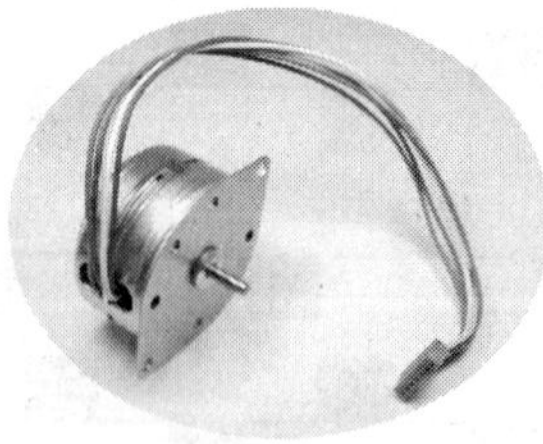

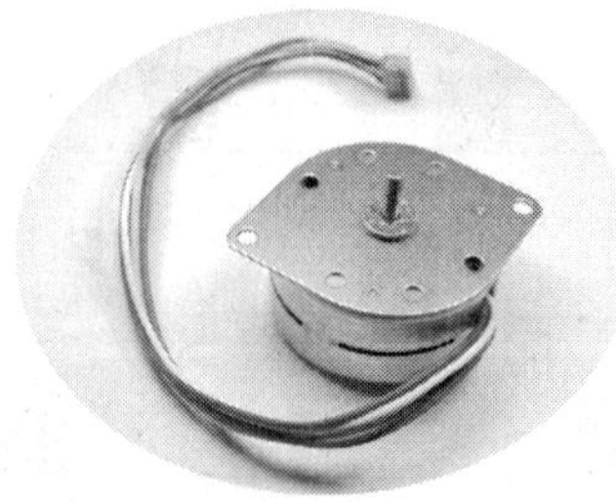

유니폴라 스텝모터는 12V/ 7.5° 피니언 기어가 부착되어 있다.

MG1	MG2	MG3	MG4	MG5	MG6
흰색	녹색A-COM	빨강	갈색	녹색B-COM	노랑
A (φ1)	CT-A	$\overline{A}$(φ3)	B(φ2)	CA-B	$\overline{B}$(φ4)
1	2	3	4	5	6

※ MG는 motor 컨텍터 핀번호(회로도를 보고 연결하면 됨) 뒷장 그림참조

■ GSP-24SW-07 감속기 내장타입 stepping motor

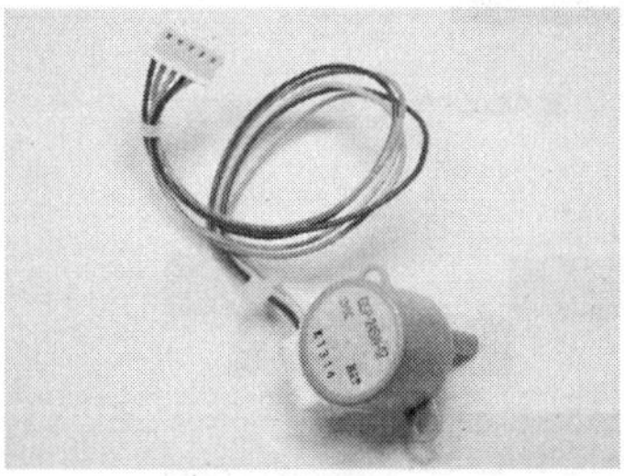

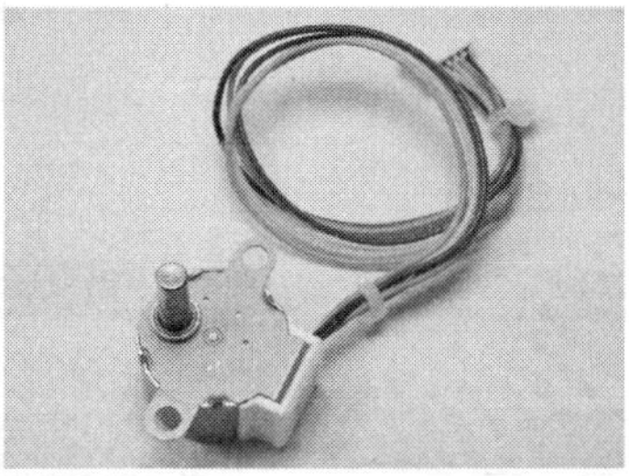

- 유니폴라 모터, 감속기 내장타입

MG1	MG2	MG3	MG4	MG5	MG6
파랑	빨강-COM	노랑	분홍	-	오렌지
A (φ1)	COM	$\overline{A}$(φ3)	B(φ2)		$\overline{B}$(φ4)

※ MG는 motor 컨텍터 핀번호(회로도를 보고 연결하면 됨)

[LA82469-M1T stepping motor connector]

좀 더 정확한 정보는 www.alldatasheet.co.kr를 참조하면 된다.

8) MCU100A KIT Stepping Motor 구동 회로도

2SD880 NPN silicon power transistor는 IC전류를 3A까지 흐르게 할 수 있다.

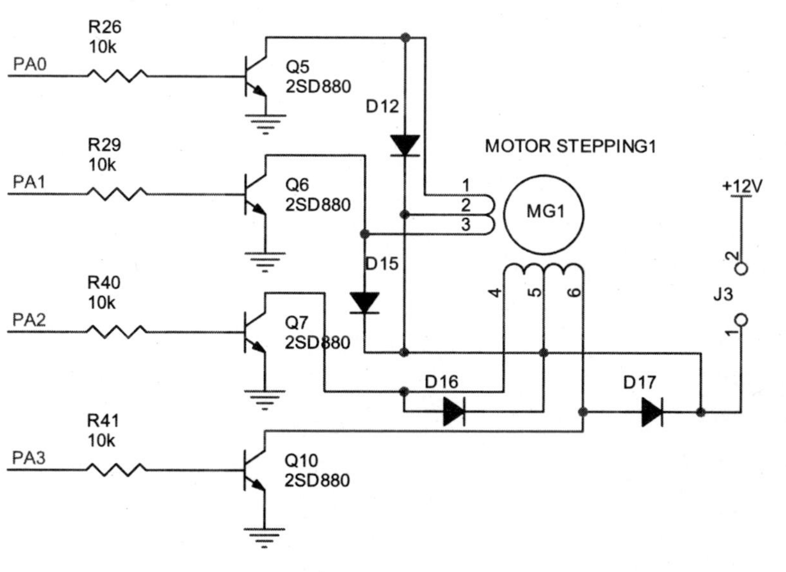

[트랜지스터 제어 방식의 Stepper Motor 회로도]

9) MCU100A KIT Stepping Motor 연결방법

스테핑 모터를 1개만 구동할 때에는 6핀 커넥터 PA0..3에 연결하자.

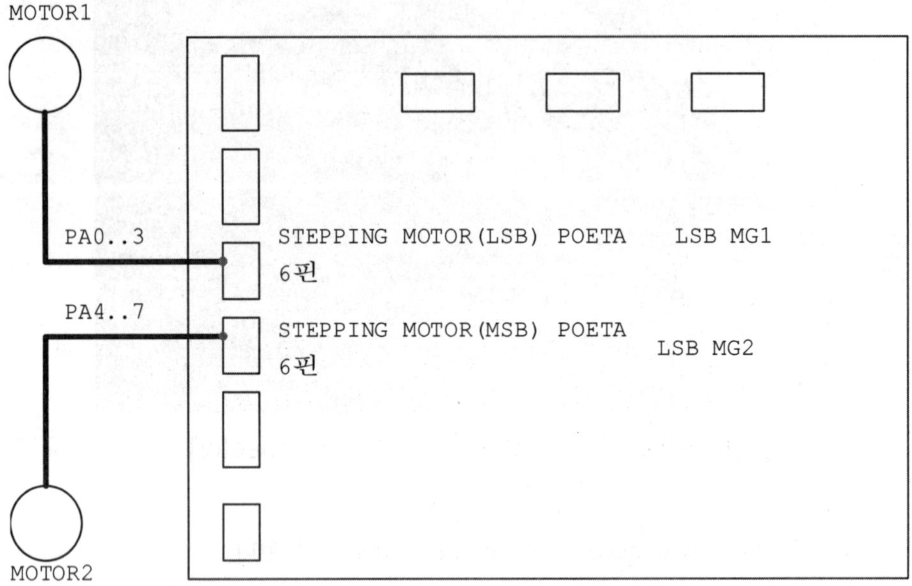

6. Stepping Motor 정회전, 역회전 예제

[예제 stepping.0]

1상 여자구동방식을 이용하여 stepping motor가 1회전(360°)하고 정지되게 프로그램을 작성하시오.

```
#include 〈mega128.h〉
#include 〈delay.h〉
char forward[4] = {0x01,0x04,0x02,0x08};
char *rewind;

void main(void)
 {
   unsigned char n, i;
   rewind = forward;          // 정방향 데이터 포인터 설정
   DDRA = 0xff;  // stepping motor 출력 설정
   DDRC = 0xff;  // led 출력 설정
   n = 0;

   while(n 〈 12)
    {
        for(n = 0 ; n 〈 12 ; n++)  // 7.5도 * 48 = 360도
            {
                for(i = 0 ; i 〈 4 ; i++)
                   {
                      PORTA = *(rewind + i);  // I = 0일 때 7.5, I = 1일 때 15
                      delay_ms(50);
                   }
            }
        PORTC = PORTC · 0xff;    // LED 반전 표시
        delay_ms(500);
    }
}
```

[예제 stepping.1]

1상 여자구동방식을 이용하여 SW8/ INT4를 한번 누르면 정회전, 다시 누르면 역회전 되게 프로그램을 구성하시오.

```
#include 〈mega128.h〉
#include 〈delay.h〉
unsigned char forward[4] = {0x01, 0x04, 0x02, 0x08};     // 정회전
unsigned char rewind[4] = {0x08, 0x02, 0x04, 0x01};      // 역회전
char mot_mod;      // 모터 모드 0 이면 정회전, 1이면 역회전 )
unsigned char *data;
void main(void){
  unsigned char n , i;
  DDRA = 0xff;              // 포트 A 출력 설정
  DDRC = 0xff;              // 포트 C 출력 설정
  mot_mod = 0;              // 모터 정회전
  data = forward;           // 정회전 데이터 포인터 설정
  // 인터럽트 초기화
  EICRB = 0b00000010;       // INT4 falling edge
  EIMSK = 0b00010000;       // int4 enable'
  SREG = 0x80;
  while(1){
      for(n = 0 ; n 〈 12 ; n++){
          for(i = 0 ; i 〈 4 ; i++){
              PORTA = *(data + i);
              delay_ms(10);
          }
      }
      PORTC = PORTC · 0xff;    // LED 반전 표시
      delay_ms(1);
}}
// 외부 인터럽트 4 서비스 루틴
interrupt [EXT_INT4] void aa_int4(void){
  mot_mod = mot_mod · 1;
  if(mot_mod == 0){
    data = rewind;
  }
  else{
      data = forward;
  }
}
```

[예제 stepping.1-1]

아파트 입구에는 승용차 관리를 위해 차단기가 설치되어 있고 SW8/INT4를 한 번 누르면 90° 정회전하여 차단기가 열려 차량이 진입하고, 다시 누르면 90° 역회전하여 승용차 진입이 차단되게 하고자 한다. 프로그램을 작성하시오.

```
#include <mega128.h>
#include <delay.h>
unsigned char forward[4] = {0x11, 0x44, 0x22, 0x88};     // 정회전
unsigned char rewind[4] = {0x88, 0x22, 0x44, 0x11};      // 역회전
char mode;                  // 모드 0이면 정회전, 1이면 역회전)
unsigned char *data;
unsigned char n , i;
void main(void){
   DDRA = 0xff;             // 포트 A 출력 설정
   DDRC = 0xff;             // 포트 C 출력 설정
   PORTC = 0xff;
   mode = 0;                // 모터 정회전
   data = forward;          // 정회전 데이터 포인터 설정
   EICRB = 0b00001010;      // int 4 : 하강 에지
   EIMSK = 0b00110000;      // int4,5 인에이블'
   SREG = 0x80;

  while(1);
}

interrupt [EXT_INT4] void aa_int4(void)
{
   n = 0;
   while(n < 3){
   for(n = 0 ; n < 3 ; n++){
         for(i = 0 ; i < 4 ; i++){
            PORTA = *(data + i);
            delay_ms(100);
          }
     }
  }
  if(mode == 0){            // 정회전
        data = rewind;
        mode = 1;           // 모터 역회전
     }
  else {                    // 역회전
        data = forward;
        mode = 0;           // 모터 정회전
     }
}
```

[예제 stepping.2]

2상 여자구동방식을 이용하여 SW8/ INT4를 활용, 한번 누르면 정회전, 다시 누르면 역회전 되게 프로그램을 구성하시오.(외부인터럽트 INT4 사용)

```
#include 〈mega128.h〉
#include 〈delay.h〉
char forward[4] = {0x09, 0x05, 0x06, 0x0a};     // 정회전
char rewind[4] = {0x0a, 0x06, 0x05, 0x09};      // 역회전
char mode;        // 모터 모드 0 이면 정회전, 1이면 역회전)
unsigned char *data;

void main(void){
   char n, i;
   DDRA = 0xff;              // 포트 A 출력 설정
   DDRC = 0xff;              // 포트 C 출력 설정
   PORTC = 0xff;
   mode = 0;                 // 모터 정회전 모드 값
   data = forward;           // 정회전
   // 인터럽트 초기화
   EICRB = 0b00000010;       // int 4 하강 에지
   EIMSK = 0b00010000;       // int4 enable
   SREG = 0x80;
   while(1){
      for(n = 0 ; n 〈 12 ; n++){
         for(i = 0 ; i 〈 4 ; i++){
               PORTA = *(data + i);
               delay_ms(50);
              }
      }
    PORTC = PORTC · 0xff;    // LED 반전 표시
    delay_ms(200);
   }
}

interrupt [EXT_INT4] void aa_int4(void)
 {
    mode = mode · 1;
    if(mode == 0){            // 역회전
      data = rewind;          // 데이터 첫 번째 어드레스
   }
    else {                    // 정회전
      data = forward;         // 데이터 첫 번째 어드레스
   }
 }
```

[예제 stepping.3]

2상 여자구동방식을 이용하여 다음과 같이 모터가 구동하도록 프로그램을 구성하라.

0° → 360° (정회전) → 0° (역회전) → 360° … 반복(정회전 → 역회전 …)

```
#include 〈mega128.h〉
#include〈delay.h〉
char forward[4] = {0x09, 0x05, 0x06, 0x0a};     // 정회전
char rewind[4] = {0x0a, 0x06, 0x05, 0x09};      // 역회전
char mode;
char *data;
void main(void)
 {
    char n, i;
    DDRA = 0xff;
    DDRC = 0xff;
    PORTC = 0xff;
    mode = 0;
    data = forward;

 while(1)
  {
     data = forward;
     for(n = 0; n 〈 12; n++)           // 6 이면 180°
        {
           for(i = 0; i 〈 4; i++)
            {
               PORTA = *(data+ i);     // 4 * 12 = 48 * 7.5°  = 360°
               delay_ms(10);
            }
        } delay_ms(20);

     data = rewind;
     for(n = 0; n 〈 12; n++)
        {
           for(i = 0; i 〈 4; i++)
              {
                 PORTA = *(data+i);
                 delay_ms(10);
              }
        }
       delay_ms(20);
       PORTC = PORTC · 0xff;
       delay_ms(20);
  }
}
```

[예제 stepping.4]

2상 여자구동방식을 이용하여 다음과 같이 모터가 구동하도록 프로그램을 구성하라.

시작 → 정회전(5회) → 역회전(5회) → 3초 지연 → 정회전(5회) …… Repeat

```
#include 〈mega128.h〉
#include 〈delay.h〉
char forward[4] = {0x09,0x05,0x06,0x0a};          // 정회전
char rewind[4] = {0x0a,0x06,0x05,0x09};           // 역회전
char *data;

void main(void){
    char m, n, i;
    DDRA = 0xff;
    DDRC = 0xff;
    while(1)
     {
        for(m = 0; m 〈 5; m++)
         {
          data = rewind;
            for(n = 0; n 〈 12; n++)
              {
                for(i = 0; i 〈 4; i++)
                  {
                     PORTA = *(data + i);
                     delay_ms(10);
                  }
             }
        PORTC = PORTC · 0xff;
        delay_ms(6);

        }
       for(m = 0; m 〈 5; m++)
         {
           data = forward;
        for(n = 0; n 〈 12; n++)
            {
               for(i = 0; i 〈 4; i++)
                 {
                    PORTA = *(data + i);
                    delay_ms(10);
                 }
            }
          PORTC = PORTC · 0xff;
          delay_ms(6);
       }
     delay_ms(3000);
   }
}
```

[예제 stepping.5]

2상 여자구동방식을 이용하여 다음과 같이 모터가 구동하도록 프로그램을 구성하라.
스위치 SW4/ INT4, SW8/ INT5, SW14/ INT6, SW15/ INT7을 이용한다.

- 모터구동 function

구분	S/W	기 능	비 고
1	/INT4	START	START = start by initial PAUSE = 일시정지 RUN = PAUSE 후에만 동작 STOP = all of the stop
2	/INT5	PAUSE	
3	/INT6	REWIND	
4	/INT7	STOP	

```
#include <mega128.h>
#include <delay.h>
char forward[4] = {0x09, 0x05, 0x06, 0x0a};
char rewind[4] = {0x0a, 0x06, 0x05, 0x09};
int step, i = 0;

void main(void){
  DDRA = 0xff; PORTA = 0;  DDRE = 0;  PORTE = 0;
  EICRB = 0b10101010;
  EIMSK = 0b11110000;
  SREG = 0x80;
  while(1){
    if(step == 0) PORTA = 0;

    if(step == 1)
     {
       for(i = 0; i < 4; i++)
         {
            PORTA = forward[i];
            delay_ms(6);
         }
     }

    if(step == 2)
      {
        for(i = 0; i < 4; i++)
          {
            PORTA = rewind[i];
              delay_ms(6);
```

```
                }
            }
        }
}

interrupt [EXT_INT4] void aa_int4(void)
 {
     step = 1;
 }
interrupt [EXT_INT5] void aa_int5(void)
 {
     step = step · 1;
 }
interrupt [EXT_INT6] void aa_int6(void)
 {
     step = 2;
 }
interrupt [EXT_INT7] void aa_int7(void)
 {
     step = 0;
 }
```

[예제 stepping.6]

1-2상 구동방식을 이용하여 SW8/ INT4를 한번 누르면 정회전, 다시 누르면 역회전 되게 프로그램을 구성하여라.

```
  #include <mega128.h>
  #include <delay.h>
  char forward[8]={0x09, 0x01, 0x05, 0x04, 0x06, 0x02, 0x0a, 0x08};
  char rewind[8]={0x08, 0x0a, 0x02, 0x06, 0x04, 0x05, 0x01, 0x09};
  char mode = 0;                // 0:정회전,  1:역회전
  unsigned char *data;
void main(void){
   char n, i;
   DDRA = 0xff;  DDRC = 0xff;  PORTC = 0xff;
   mode = 0;
   data = forward;
   EICRB = 0b00000010;
   EIMSK = 0b00010000;
   SREG = 0x80;
while(1){
      for(n = 0; n < 50; n++){
            for(i = 0; i < 8; i++)  // 1-2상 여자구동방식 데이터 8개
               {
                 PORTA = *(data + i);
                 delay_ms(4);
               }
         }
      PORTC = PORTC · 0xff;    // LED 반전 표시
      delay_ms(10);
   }
}
// 외부 인터럽트 4 서비스 루틴
interrupt [EXT_INT4] void aa_int4(void){
   if(mode == 0){          // 정회전
      data = rewind;       // 데이터 첫번째 어드레스
      mode = 1;            // 역방향 모드
     }
   else{                   // 역회전
      data = forward;      // 데이터 첫번째 어드레스
      mode = 0;            // 정회전
     }
 }
```

[예제 stepping.7]

1-2상 구동방식을 이용하여 모터속도를 다음과 같이 되게 프로그램을 구성하시오.

시작 → (속도증가) → 정속 → (속도감소) → (속도증가) → 정속 → (속도감소)

반복 …

```
#include <mega128.h>
#include <delay.h>
char forward[8] = {0x09, 0x01, 0x05, 0x04, 0x06, 0x02, 0x0a, 0x08};
void main(void){
char ms = 0, i = 0;
int n = 0;
DDRA = 0xff;          // 포트 A 출력 설정
DDRC = 0xff;          // 포트 C 출력 설정
while(1){
  for(ms = 10 ; ms > 0 ; ms--){
  PORTC = ms · 0xff;
   for(n = 0 ; n < 10; n++){
      for(i = 0 ; i < 8; i++){
          PORTA = forward[i];
            delay_ms(ms);
          }
       }
    }
  for(ms = 0; ms < 10; ms++){
      for(i = 0 ; i < 8; i++){
          PORTA = forward[i];
          delay_ms(1);
      }
  }
  for(ms = 2 ; ms < 10 ; ms++){
      PORTC = ms · 0xff;
          for(n = 0 ; n < 10 ; n++){
              for(i = 0 ; i < 8 ; i++){
                  PORTA = forward[i];
                  delay_ms(ms);
              }
          }
      }
  }
}
```

CHAPTER

09

DOT MATRIX

1. Dot Matrix 외형 및 내부 구조
2. Dot Matrix 회로
3. Dot Matrix 커넥터 연결
4. Dot Matrix 실습예제

1. Dot Matrix 외형 및 내부구조

DOT MATRIX 내부구조이다. 내부구조를 알아야 데이터 입력방법을 알 수 있다. 왼쪽은 ULN2803 다링톤 NOT GATE가 회로에 연결되어 있고 상단은 UDN2981 다링톤이 연결되어 있다.

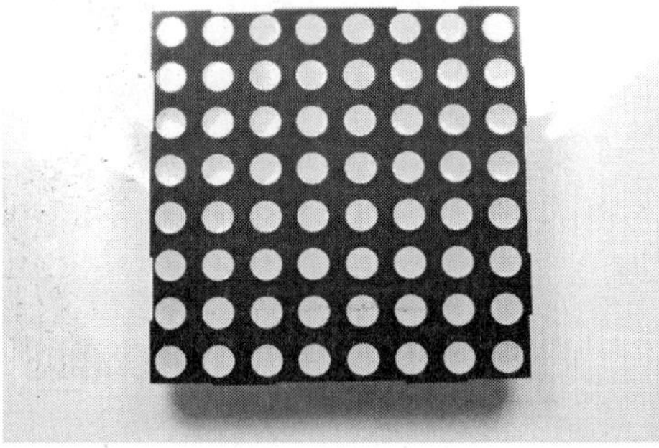

KM-2388CSRG(cathode type)

- DOT MATRIX 내부 구조

TO PORTC

TO PORTB

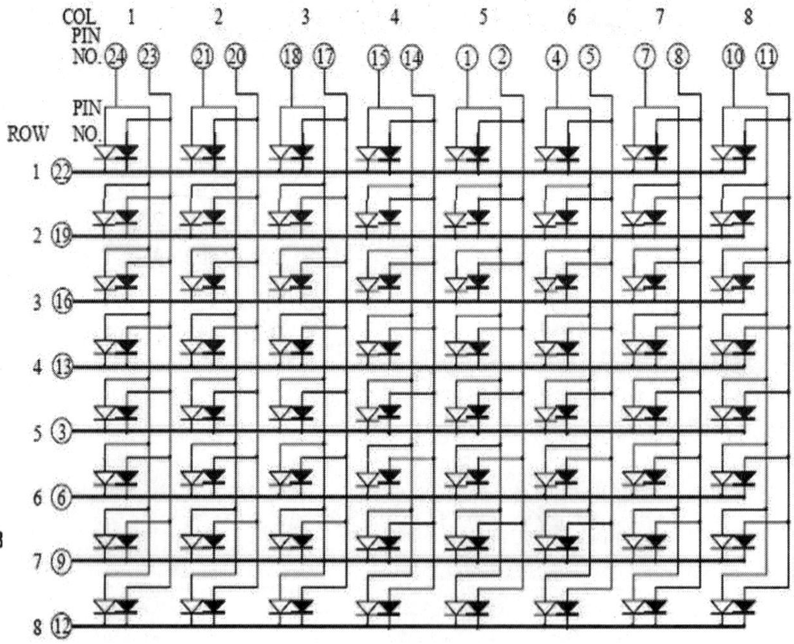

※ 왼쪽은 PORTB(COM)가 연결되어 있고 상단에는 PORTA, C를 연결하면 된다.
ROW 1~8값을 0X00로 주고 COL값을 0X01을 주면 첫 번째 라인 LED ON된다.

2. Dot Matrix 회로

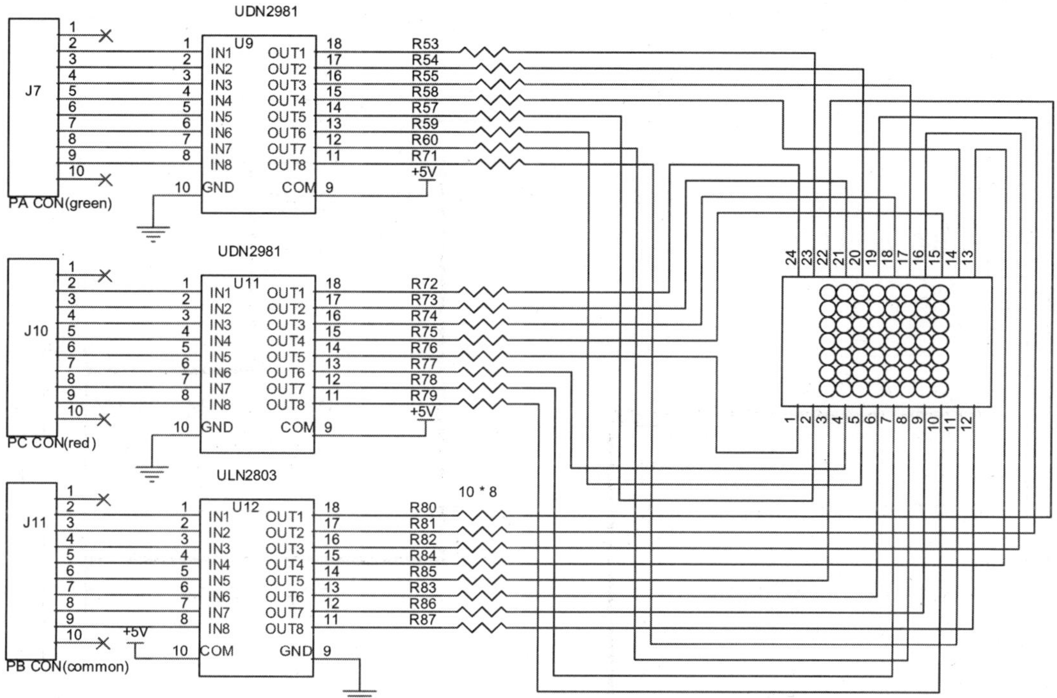

[그림 12-1] Dot Matrix 제어 회로

PORTA = RED LED

PORTC = GREEN LED

PORTB = COMMON

RED LED를 ON하기 위해서는 PORTA = 0xff를 주고 PORTB = 0xff를 주면 된다.

실습예제를 통해 dot led 위치를 파악하고 프로그램을 이해하자.

3. Dot Matrix 커넥터 연결

다음 그림과 같이 커넥터를 연결한 후 예제를 실행하세요.

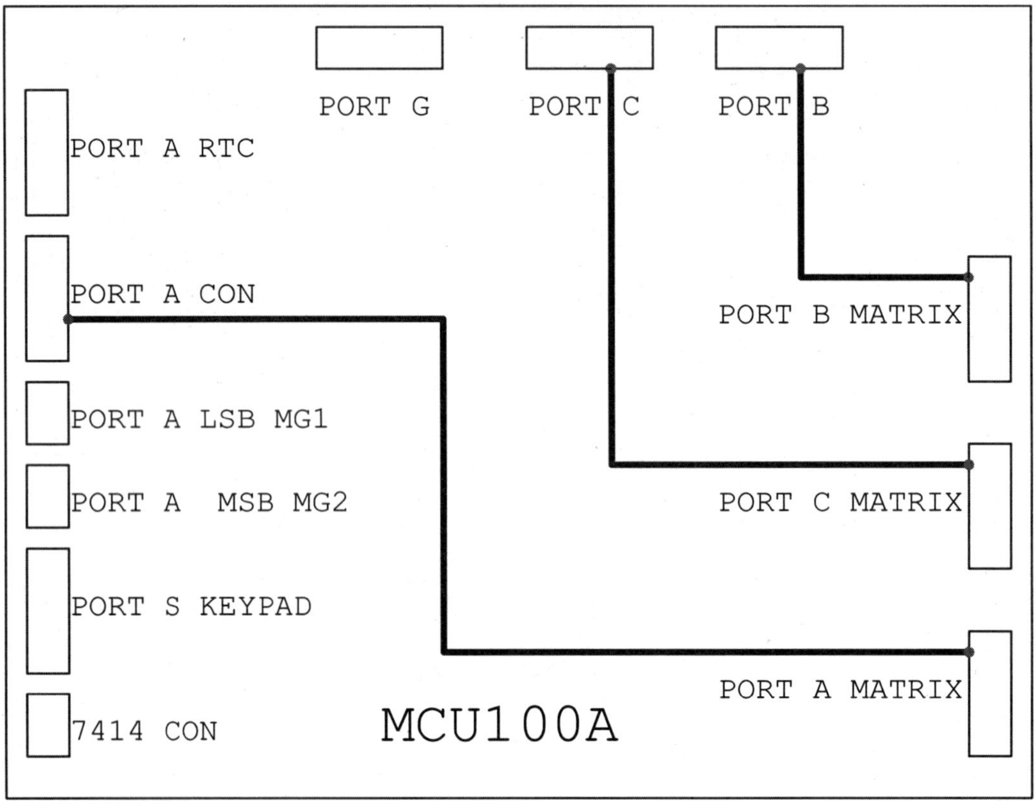

[connecter 연결도]

PORTA와 C는 H를 주고 PORTB는 L을 주어야 DOT matrix의 led가 on 된다.

[connecter 연결도]에서 PORTA, B, C는 CPU에 직접(1 : 1) 연결되어 있으며 PORTA MATRIX, PORTB MATRIX, PORTC MATRIX는 점프(jump)선을 연결하면 cpu에서 데이터가 DOT matrix led에 출력된다.

4. Dot Matrix 실습예제

4.1 Dot Matrix (8 × 8)

[예제 dot matrix.1] DOT Matrix (8 × 8) 실습예제

Dot matrix(8*8)왼쪽 상단 LED 1개만 반복 on, off 되게 프로그램을 작성하여라.

```
#include <mega128.h>
#include <delay.h>
void main(void)
 {
   DDRB = 0xff;   // COM
   DDRC = 0xff;   // GREEN

   while(1)
       {
         PORTC =  0b10000000;  // 가장 우측 led H(MSB)
         PORTB =  0b00000001;  // 1=1행, 2=2행, 4=3행
         delay_ms(500);
         PORTC = 0;  // led 0이면 off
         PORTB = 1;
         delay_ms(500);
       }
}
```

[실습예제]

문제1) DOT on/off 하기

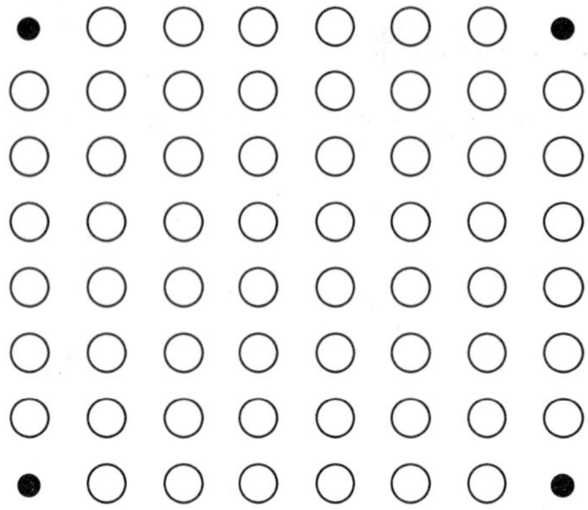

문제2) 정사각형 만들기

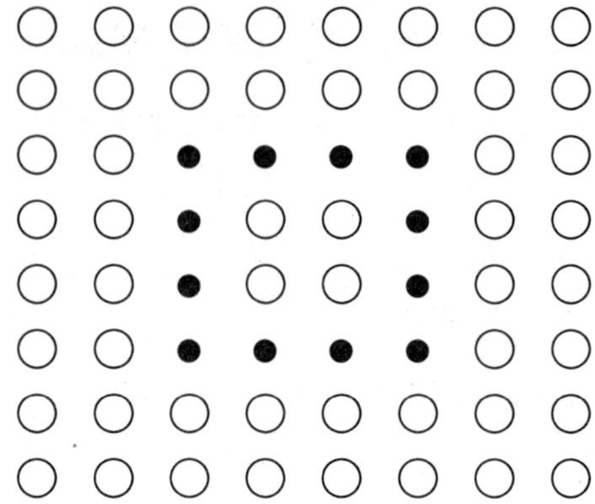

문제3) A on/off

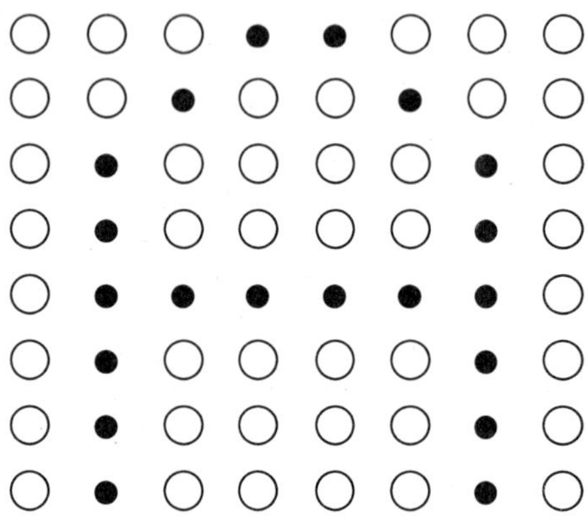

문제4) B on/off

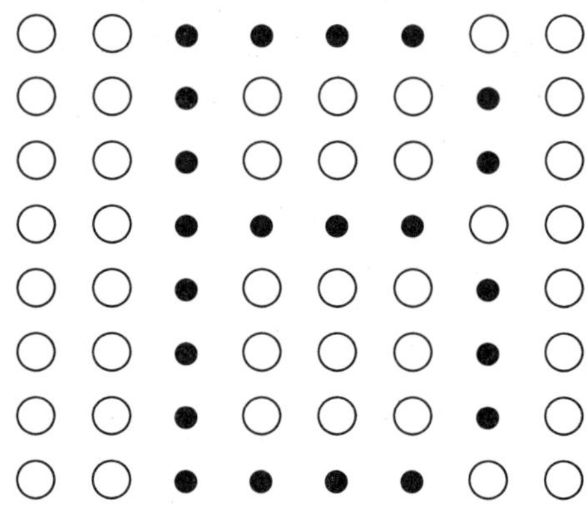

[예제 dot matrix.2] DOT Matrix (8 × 8) 실습예제

Dot matrix (8*8)에 영문자 "A"를 디스플레이 하는 프로그램을 작성하여라.

```
#include <mega128.h>
#include <delay.h>
int dot[8] = {0x18,0x24,0x42,0x42,0x7e,0x42,0x42,0x42};     // 데이터 값
int comm[8] = {0x01,0x02,0x04,0x08,0x10,0x20,0x40,0x80}; // 행 설정

void main(void){
  int i;
  DDRB = 0xff;    // COM
  DDRC = 0xff;    // GREEN

  while(1)
   {
     for(i = 0; i < 8; i++)
       {
         PORTC = dot[i];
         PORTB = comm[i];
         delay_ms(1);
       }
   }
 }
//    0 0 0 1 1 0 0 0      0x18
//    0 0 1 0 0 1 0 0      0x24
//    0 1 0 0 0 0 1 0      0x42
//    0 1 0 0 0 0 1 0      0x42
//    0 1 1 1 1 1 1 0      0x7e
//    0 1 0 0 0 0 1 0      0x42
//    0 1 0 0 0 0 1 0      0x42
//    0 1 0 0 0 0 1 0      0x42
```

[예제 dot matrix.3] DOT Matrix (8 × 8) 실습예제

DOT MATRIX에 영어 알파벳 대문자 A, B가 반복으로 디스플레이 되게 프로그램을 구현하여라.

```
#include <mega128.h>
#include <delay.h>

int i, j, k = 0;
int dot[2][8] = {{0x18,0x24,0x42,0x42,0x7e,0x42,0x42,0x42},          // A
                 {0x7c,0x42,0x42,0x7c,0x42,0x42,0x42,0x7c}};          // B
int comm[8] = {0x01, 0x02, 0x04, 0x08, 0x10, 0x20, 0x40, 0x80};
void main(void)
 {
    DDRB = 0xff;  // COMM 가로 01(1행),02(2행),04(3행),08(4행)
    DDRC = 0xff;  // GREEN 세로

    while(1)
      {
         for(j = 0; j < 2; j++)  // j=0이면 A, j=1이면 B
            {
               for(k = 0; k < 50; k++) // 속도 조절
                  {
                     for(i = 0; i < 8; i++)
                        {
                           PORTB = comm[i];
                           PORTC = dot[j][i];
                           delay_ms(1);
                        }
                  }
            }
      }
 }
```

[예제 dot matrix.4] DOT Matrix (8 × 8) 실습예제

DOT MATRIX에 영어 알파벳 대문자 A ~ Z, 소문자 a ~ z까지 디스플레이 되게 프로그램을 구현하여라.

```
#include <mega128.h>
#include <delay.h>
#define S 2
#define COUNT 30

int comm[8] = {0x01, 0x02, 0x04, 0x08, 0x10, 0x20, 0x40, 0x80}; //PORTB
int i, j, k = 0;
int dot[53][8] = {{0x18,0x24,0x42,0x42,0x7e,0x42,0x42,0x42},  // Az
                 {0x7c,0x42,0x42,0x7c,0x42,0x42,0x42,0x7c},  // B
                 {0x3c,0x42,0x42,0x40,0x40,0x42,0x42,0x3c},  // C
                 {0x78,0x44,0x42,0x42,0x42,0x42,0x44,0x78},  // D
                 {0x7e,0x40,0x40,0x7e,0x40,0x40,0x40,0x7e},  // E
                 {0x7e,0x40,0x40,0x7e,0x40,0x40,0x40,0x40},  // F
                 {0x3c,0x42,0x42,0x40,0x4e,0x42,0x42,0x3c},  // G
                 {0x42,0x42,0x42,0x7e,0x42,0x42,0x42,0x42},  // H
                 {0x1c,0x08,0x08,0x08,0x08,0x08,0x08,0x1c},  // I
                 {0x1c,0x08,0x08,0x08,0x08,0x08,0x28,0x10},  // J
                 {0x44,0x48,0x50,0x60,0x60,0x50,0x48,0x44},  // K
                 {0x40,0x40,0x40,0x40,0x40,0x40,0x40,0x7e},  // L
                 {0x42,0x66,0x5a,0x42,0x42,0x42,0x42,0x42},  // M
                 {0x42,0x62,0x52,0x4a,0x46,0x42,0x42,0x42},  // N
                 {0x3c,0x42,0x42,0x42,0x42,0x42,0x42,0x3c},  // O
                 {0x7c,0x42,0x42,0x42,0x7c,0x40,0x40,0x40},  // P
                 {0x3c,0x42,0x42,0x42,0x42,0x4a,0x46,0x3e},  // Q
                 {0x7c,0x42,0x42,0x7c,0x50,0x48,0x44,0x42},  // R
                 {0x3c,0x42,0x40,0x3c,0x02,0x02,0x42,0x3c},  // S
                 {0x3e,0x08,0x08,0x08,0x08,0x08,0x08,0x08},  // T
                 {0x42,0x42,0x42,0x42,0x42,0x42,0x42,0x3c},  // U
                 {0x42,0x42,0x42,0x42,0x42,0x42,0x24,0x18},  // V
                 {0x42,0x42,0x42,0x42,0x42,0x42,0x5a,0x24},  // W
                 {0x42,0x42,0x24,0x18,0x18,0x24,0x42,0x42},  // X
                 {0x22,0x22,0x22,0x14,0x08,0x08,0x08,0x08},  // Y
                 {0x7e,0x02,0x04,0x08,0x10,0x20,0x40,0x7e},  // Z
                 {0x00,0x00,0x18,0x04,0x1c,0x24,0x24,0x1a},  // a
                 {0x00,0x00,0x20,0x20,0x38,0x24,0x24,0x58},  // b
                 {0x00,0x00,0x00,0x18,0x24,0x20,0x24,0x18},  // c
                 {0x00,0x00,0x04,0x04,0x1c,0x24,0x24,0x1a},  // d
                 {0x00,0x00,0x00,0x18,0x24,0x3c,0x20,0x18},  // e
                 {0x00,0x00,0x08,0x14,0x10,0x38,0x10,0x10},  // f
                 {0x00,0x00,0x18,0x24,0x24,0x1c,0x04,0x18},  // g
                 {0x00,0x00,0x20,0x20,0x28,0x34,0x24,0x24},  // h
                 {0x00,0x00,0x08,0x00,0x08,0x08,0x08,0x08},  // i
                 {0x00,0x00,0x08,0x00,0x08,0x08,0x28,0x10},  // j
```

```
                {0x00,0x00,0x20,0x24,0x28,0x30,0x28,0x24},  // k
                {0x00,0x00,0x08,0x08,0x08,0x08,0x08,0x08},  // l
                {0x00,0x00,0x00,0x54,0x2a,0x2a,0x2a,0x2a},  // m
                {0x00,0x00,0x00,0x2c,0x12,0x12,0x12,0x12},  // n
                {0x00,0x00,0x00,0x18,0x24,0x24,0x24,0x18},  // o
                {0x00,0x00,0x38,0x24,0x24,0x38,0x20,0x20},  // p
                {0x00,0x00,0x1c,0x24,0x24,0x1c,0x04,0x04},  // q
                {0x00,0x00,0x00,0x2c,0x30,0x20,0x20,0x20},  // r
                {0x00,0x00,0x18,0x24,0x10,0x08,0x24,0x18},  // s
                {0x00,0x00,0x00,0x10,0x38,0x10,0x10,0x18},  // t
                {0x00,0x00,0x00,0x00,0x24,0x24,0x24,0x1a},  // u
                {0x00,0x00,0x00,0x00,0x22,0x22,0x14,0x08},  // v
                {0x00,0x00,0x00,0x00,0x2a,0x2a,0x2a,0x14},  // w
                {0x00,0x00,0x00,0x22,0x14,0x08,0x14,0x22},  // x
                {0x00,0x00,0x00,0x22,0x14,0x08,0x10,0x20},  // y
                {0x00,0x00,0x00,0x3e,0x04,0x08,0x10,0x3e},  // z
                {0x00,0x00,0x00,0x00,0x00,0x00,0x00,0x00}}; // SPACE
void main(void)
 {
  DDRB = 0xff;    // COMM  가로
  DDRC = 0xff;    // GREEN  세로

  while(1)
    {
       for(j = 0; j < 53; j++)
          {
             for(k = 0; k < COUNT; k++)  // 시간지연
                {
                   for(i = 0; i < 8; i++)
                      {
                         PORTB = comm[i];
                         PORTC = dot[j][i];
                         delay_ms(S);
                      }
                }
          }
    }
 }
```

[예제 dot matrix.4-1] DOT Matrix (8 × 8) 실습예제

[예제 dot matrix.4]를 이용하여 ATmega128 문자가 DOT MATRIX에 디스플레이 되게 프로그램을 구현하여라.

```
#include <mega128.h>
#include <delay.h>
#define S 2
#define COUNT 30
int i, j, k = 0;
int comm[8] = {0x01,0x02,0x04,0x08,0x10,0x20,0x40,0x80};
int dot[53][8] = {{0x18,0x24,0x42,0x42,0x7e,0x42,0x42,0x42},  // A 0
                  {0x7c,0x42,0x42,0x7c,0x42,0x42,0x42,0x7c},  // B 1
                  {0x3c,0x42,0x42,0x40,0x40,0x42,0x42,0x3c},  // C 2
                  {0x78,0x44,0x42,0x42,0x42,0x42,0x44,0x78},  // D 3
                  {0x7e,0x40,0x40,0x7e,0x40,0x40,0x40,0x7e},  // E 4
                  {0x7e,0x40,0x40,0x7e,0x40,0x40,0x40,0x40},  // F 5
                  {0x3c,0x42,0x42,0x40,0x4e,0x42,0x42,0x3c},  // G 6
                  {0x42,0x42,0x42,0x7e,0x42,0x42,0x42,0x42},  // H 7
                  {0x1c,0x08,0x08,0x08,0x08,0x08,0x08,0x1c},  // I 8
                  {0x1c,0x08,0x08,0x08,0x08,0x08,0x28,0x10},  // J 9
                  {0x44,0x48,0x50,0x60,0x60,0x50,0x48,0x44},  // K 10
                  {0x40,0x40,0x40,0x40,0x40,0x40,0x40,0x7e},  // L 11
                  {0x42,0x66,0x5a,0x42,0x42,0x42,0x42,0x42},  // M 12
                  {0x42,0x62,0x52,0x4a,0x46,0x42,0x42,0x42},  // N 13
                  {0x3c,0x42,0x42,0x42,0x42,0x42,0x42,0x3c},  // O 14
                  {0x7c,0x42,0x42,0x42,0x7c,0x40,0x40,0x40},  // P 15
                  {0x3c,0x42,0x42,0x42,0x42,0x4a,0x46,0x3e},  // Q 16
                  {0x7c,0x42,0x42,0x7c,0x50,0x48,0x44,0x42},  // R 17
                  {0x3c,0x42,0x40,0x3c,0x02,0x02,0x42,0x3c},  // S 18
                  {0x3e,0x08,0x08,0x08,0x08,0x08,0x08,0x08},  // T 19
                  {0x42,0x42,0x42,0x42,0x42,0x42,0x42,0x3c},  // U 20
                  {0x42,0x42,0x42,0x42,0x42,0x42,0x24,0x18},  // V
                  {0x42,0x42,0x42,0x42,0x42,0x42,0x5a,0x24},  // W
                  {0x42,0x42,0x24,0x18,0x18,0x24,0x42,0x42},  // X
                  {0x22,0x22,0x22,0x14,0x08,0x08,0x08,0x08},  // Y
                  {0x7e,0x02,0x04,0x08,0x10,0x20,0x40,0x7e},  // Z
                  {0x00,0x00,0x18,0x04,0x1c,0x24,0x24,0x1a},  // a
                  {0x00,0x00,0x20,0x20,0x38,0x24,0x24,0x58},  // b
                  {0x00,0x00,0x00,0x18,0x24,0x20,0x24,0x18},  // c
                  {0x00,0x00,0x04,0x04,0x1c,0x24,0x24,0x1a},  // d
                  {0x00,0x00,0x00,0x18,0x24,0x3c,0x20,0x18},  // e
                  {0x00,0x00,0x08,0x14,0x10,0x38,0x10,0x10},  // f
                  {0x00,0x00,0x18,0x24,0x24,0x1c,0x04,0x18},  // g
```

```
            {0x00,0x00,0x20,0x20,0x28,0x34,0x24,0x24},  // h
            {0x00,0x00,0x08,0x00,0x08,0x08,0x08,0x08},  // i
            {0x00,0x00,0x08,0x00,0x08,0x08,0x28,0x10},  // j
            {0x00,0x00,0x20,0x24,0x28,0x30,0x28,0x24},  // k
            {0x00,0x00,0x08,0x08,0x08,0x08,0x08,0x08},  // l
            {0x00,0x00,0x00,0x54,0x2a,0x2a,0x2a,0x2a},  // m
            {0x00,0x00,0x00,0x2c,0x12,0x12,0x12,0x12},  // n
            {0x00,0x00,0x00,0x18,0x24,0x24,0x24,0x18},  // o
            {0x00,0x00,0x38,0x24,0x24,0x38,0x20,0x20},  // p
            {0x00,0x00,0x1c,0x24,0x24,0x1c,0x04,0x04},  // q
            {0x00,0x00,0x00,0x2c,0x30,0x20,0x20,0x20},  // r
            {0x00,0x00,0x18,0x24,0x10,0x08,0x24,0x18},  // s
            {0x00,0x00,0x00,0x10,0x38,0x10,0x10,0x18},  // t
            {0x00,0x00,0x00,0x00,0x24,0x24,0x24,0x1a},  // u
            {0x00,0x00,0x00,0x00,0x22,0x22,0x14,0x08},  // v
            {0x00,0x00,0x00,0x00,0x2a,0x2a,0x2a,0x14},  // w
            {0x00,0x00,0x00,0x22,0x14,0x08,0x14,0x22},  // x
            {0x00,0x00,0x00,0x22,0x14,0x08,0x10,0x20},  // y
            {0x00,0x00,0x00,0x3e,0x04,0x08,0x10,0x3e},  // z
            {0x00,0x00,0x00,0x00,0x00,0x00,0x00,0x00}};  //

int value[6] = {0,19,38,30,32,26};
void main(void){
  DDRB = 0xff;    // COMM  가로
  DDRC = 0xff;    // GREEN  세로
  while(1){
        for(j = 0; j < 6; j++){
              for(k = 0; k < COUNT; k++){    // 시간지연
                      for(i = 0; i < 8; i++){
                          PORTB = comm[i];
                          PORTC = dot[value[j]][i]; // value[j] [i]
                          delay_ms(S);
                      }
              }
        }
  }
}
```

4.2 Dot Matrix (8 × 8) 응용예제

[예제 dot matrix.5] DOT Matrix (8 × 8) 응용예제 - elevator 층수표시

S/W8, 14, 15, 16를 활용하여 S/W가 눌려질 때 dot matrix에 엘리베이터 층수를 표시하는 프로그램을 구현하여라. **누른 키를 떼면 값이 유지되지 않는 문제발생 ?**

```
#include <mega128.h>
#include <delay.h>
#define SPEED 2
int comm[8] = {0x01, 0x02, 0x04, 0x08, 0x10, 0x20, 0x40, 0x80};
// Scan Line Data 세로줄
int dot[4][8]  = {{0x08, 0x18, 0x28, 0x08, 0x08, 0x08, 0x08, 0x3c},    // 1
                 {0x3c, 0x42, 0x02, 0x04, 0x08, 0x10, 0x20, 0x7e},    // 2
                 {0x1c, 0x22, 0x02, 0x04, 0x02, 0x22, 0x22, 0x1c},    // 3
                 {0x02, 0x22, 0x22, 0x22, 0x3e, 0x02, 0x02, 0x02}};  // 4
void main(void){
  int i, key;
  DDRB = 0xff;            // COMM 가로
  DDRC = 0xff;            // RED 세로
  DDRE = 0;               // PE4-7핀 입력 설정

 while(1)
  {
    key = PINE & 0xf0;             // 포트 E 읽어 오기
    switch(key)
      {
        case 0b11100000:           // SW8이 눌리면 "1" 출력
          {
            for(i = 0; i < 8; i++)
              {
                PORTB = comm[i];
                PORTC = dot[0][i];  // 가로 첫 째줄, 세로 [i] 번째 줄
                delay_ms(SPEED);
                PORTC = 0x00;
              }break;
          }

       case 0b11010000:            // SW14이 눌리면 "2" 출력
         {
           for(i = 0; i < 8; i++)
             {
             PORTB = comm[i];
             PORTC = dot[1][i];
```

```
                delay_ms(SPEED);
                PORTC = 0x00;
            }break;
        }
    case 0b10110000:    // SW15이 눌리면 "3" 출력
        {
            for(i = 0; i < 8; i++)
                {
                    PORTB = comm[i];
                    PORTC = dot[2][i];
                    delay_ms(SPEED);
                    PORTC = 0x00;
                }break;
        }
    case 0b01110000:    // SW16이 눌리면 "4" 출력
        {
            for(i = 0; i < 8; i++)
                {
                    PORTB = comm[i];
                    PORTC = dot[3][i];
                    delay_ms(SPEED);
                    PORTC = 0x00;
                }break;
            }
        }
    }
}
```

[예제 dot matrix.5-1] DOT Matrix (8 × 8) 응용예제-elevator 층수표시

[예제 dot matrix.5]를 이용하여 S/W가 눌려질 때 dot matrix에 엘리베이터 층수를 표시하는 프로그램을 구현하여라. **(입력한 숫자가 유지되게 수정한 것)**

```
#include <mega128.h>
#include <delay.h>
#define SPEED 2
int comm[8] = {0x01, 0x02, 0x04, 0x08, 0x10, 0x20, 0x40, 0x80};
// Scan Line Data 세로줄
int dot[4][8] = {{0x08, 0x18, 0x28, 0x08, 0x08, 0x08, 0x08, 0x3c},  // 1
                 {0x3c, 0x42, 0x02, 0x04, 0x08, 0x10, 0x20, 0x7e},  // 2
                 {0x1c, 0x22, 0x02, 0x04, 0x02, 0x22, 0x22, 0x1c},  // 3
                 {0x02, 0x22, 0x22, 0x22, 0x3e, 0x02, 0x02, 0x02}}; // 4
void main(void){
 int i, key, Num;
 Num = 0;
 DDRB = 0xff;             // COMM 가로
 DDRC = 0xff;             // RED 세로
 DDRE = 0b00000000;       // PE4-7핀 입력 설정
 while(1){
     key = PINE & 0xf0;               // 포트 E 읽어 오기
     if((PINE & 0xf0) != 0xf0){       // 키의 상태변화가 있으면
       switch(key)
           {
             case 0b11100000:         // SW8이 눌리면 "1" 출력
               {
                for(i = 0; i < 8; i++){
                   PORTB = comm[i];
                   PORTC = dot[0][i]; // 가로 첫째줄, 세로 [i] 번째 줄
                   delay_ms(SPEED);
                   PORTC = 0x00;
                   Num = 0;
                }
               break;
             }
         case 0b11010000:             // SW14이 눌리면 "2" 출력
             {
                for(i = 0; i < 8; i++){
                   PORTB = comm[i];
                   PORTC = dot[1][i];
                   delay_ms(SPEED);
                   PORTC = 0x00;
                   Num = 1;
```

```
            }break;
        }
    case 0b10110000:            // SW15이 눌리면 "3" 출력
        {
            for(i = 0; i < 8; i++){
                PORTB = comm[i];
                PORTC = dot[2][i];
                delay_ms(SPEED);
                PORTC = 0x00;
                Num = 2;
            }break;
        }
    case 0b01110000:            // SW16이 눌리면 "4" 출력
        {
            for(i = 0; i < 8; i++){
                PORTB = comm[i];
                PORTC = dot[3][i];
                delay_ms(SPEED);
                PORTC = 0x00;
                Num = 3;
            }break;
} } }
else
 {
 for(i = 0; i < 8; i++){
      PORTB = comm[i];          // 행을 선택
      PORTC = dot[Num][i]; 행(0,1,2,3)값과 원소값(0,1,2,3,4,5,6,7)
      delay_ms(SPEED);
      PORTC = 0x00;
                        }
                }
        }
}
```

[예제 dot matrix.6] DOT Matrix (8 × 8) 응용예제

DOT-Matrix Program 왼쪽으로 흐르는 알파벳 대자 실습 (예1)

```
//////////////////////////////////////////////////////////////////////////////////////////////////////
////////
// Title :  8x8 DOt-Matrix Program 왼쪽으로 흐르는 알파벳 대문자 소문자 //
// Programer : Han Yun Kyoung                                  //
// Date : 2009. 07. 21                                         //
//////////////////////////////////////////////////////////////////////////////////////////////////////
///////

#include <mega128.h>
#include <delay.h>
#define S 1
#define COUNT 70
typedef unsigned char  u08;
u08 col[8] = { 0x80, 0x40, 0x20, 0x10, 0x08, 0x04, 0x02, 0x01 };
u08 row[6][8] ={{0x18, 0x24, 0x42, 0x42, 0x7e, 0x42, 0x42, 0x42},
              {0x7c, 0x42, 0x42, 0x7c, 0x42, 0x42, 0x42, 0x7c},
              {0x3c, 0x42, 0x42, 0x40, 0x40, 0x42, 0x42, 0x3c},
              {0x78, 0x44, 0x42, 0x42, 0x42, 0x42, 0x44, 0x78},
              {0x00, 0x60, 0x90, 0x10, 0x20, 0x40, 0xf0, 0x00},
              {0x00, 0x06, 0x09, 0x01, 0x02, 0x04, 0x0f, 0x00}};
void main(void)
{
  u08 ch[8];
  int i, j, k, l, m;

  DDRA = 0xff;             // RED 세로
  DDRB = 0xff;             // COMM 가로

  for (;;)
    {
      for( k = 0; k < 6; k++ )
        {
          for( j = 0; j < 100; j++ )
            {
              for( i = 0; i < 8; i++ )
                {
                  PORTB = col[i];
                  PORTA = row[k][i];
                  delay_ms(1);
                }
            }
```

```
                for( m = 0 ; m < 8; m++ )
                   {
                 for(l = 0 ; l < 10; l++)
                    {
                     for( i = 0 ; i < 8; i++ )
                        {
                          ch[m] = row[k] [i] << m;
                          PORTB = col[i];
                          PORTA = ch[m];
                          delay_ms(1);
                        }
                    }
             delay_ms(10);
             }
        }
    }
}
```

[예제 dot matrix.7] DOT Matrix (8 × 8) 응용예제

SW8, 14, 15, 16를 누를 때 DOT MATRIX에 4, 5, 6, 7 숫자를 표시하는 프로그램을 구현하여라.

```
#include <mega128.h>
#include <delay.h>
int comm[8] = {0x01, 0x02, 0x04, 0x08, 0x10, 0x20, 0x40, 0x80};
int dot[4][8] = {{0x42, 0x42, 0x42, 0x42, 0x7e, 0x02, 0x02, 0x02},   // 4
                 {0x7e, 0x40, 0x40, 0x7c, 0x02, 0x02, 0x02, 0x7c},   // 5
                 {0x7e, 0x40, 0x40, 0x7e, 0x42, 0x42, 0x42, 0x7e},   // 6
                 {0x7e, 0x02, 0x02, 0x02, 0x02, 0x02, 0x02, 0x02}};  // 7
int j, k;
void main(void)
{
   DDRB = 0xff;
   DDRE = 0b00000010;
   DDRF = 0xf0;
   DDRC = 0xff;
   PORTF = 0b11100000;

   EICRB = 0b10101010;
   EIMSK = 0b11110000;
   SREG = 0x80;
   while(1);
}
interrupt [EXT_INT4] void ex_int4(void)
{
   for(j = 0; j < 50; j++)
     {
        for(k = 0; k < 8; k++)
          {
             PORTB = comm[k];
             PORTC = dot[0][k];
             delay_ms(1);
             PORTC = 0x00;
          }
     }
}
interrupt [EXT_INT5] void ex_int5(void)
{
    for(j = 0; j < 50; j++)
         {
            for(k = 0; k < 8; k++)
               {
```

```
                PORTB = comm[k];
                PORTC = dot[1][k];
                delay_ms(1);
                PORTC = 0x00;
             }
      }
}
interrupt [EXT_INT6] void ex_int6(void)
 {
     for(j = 0; j < 50; j++)
      {
         for(k = 0; k < 8; k++)
           {
              PORTB = comm[k];
              PORTC = dot[2][k];
              delay_ms(1);
              PORTC = 0x00;
           }
      }
 }
interrupt [EXT_INT7] void ex_int7(void)
 {
     for(j = 0; j < 50; j++)
         {
            for(k = 0; k < 8; k++)
              {
                PORTB = comm[k];
                PORTC = dot[3][k];
                delay_ms(1);
                PORTC = 0x00;
              }
         }
}
```

[예제 dot matrix.8] DOT Matrix (8 × 8) 응용예제

DOT MATRIX에 문자 "ATmega128" 글씨를 우에서 좌로 이동되게 프로그램을 구현하여라.

```
#include <mega128.h>
#include <delay.h>
#define S 2
#define COUNT 10

int comm[8] = {0x01, 0x02, 0x04, 0x08, 0x10, 0x20, 0x40, 0x80};
int i,  j = 8, k = 0, p = 0;
int dot[9][8] = {{0x18,0x24,0x42,0x42,0x7e,0x42,0x42,0x42},    // A
                 {0x3e,0x08,0x08,0x08,0x08,0x08,0x08,0x08},    // T
                 {0x00,0x00,0x00,0x54,0x2a,0x2a,0x2a,0x2a},    // m
                 {0x00,0x00,0x00,0x18,0x24,0x3c,0x20,0x18},    // e
                 {0x00,0x00,0x18,0x24,0x24,0x1c,0x04,0x18},    // g
                 {0x00,0x00,0x18,0x04,0x1c,0x24,0x24,0x1a},    // a
                 {0x08,0x18,0x08,0x08,0x08,0x08,0x08,0x1C},    // 1
                 {0x3C,0x42,0x02,0x04,0x08,0x10,0x20,0x7E},    // 2
                 {0x3C,0x42,0x42,0x3C,0x42,0x42,0x42,0x3C}};   // 8

void main(void){
  DDRB = 0xff;   // COMM 가로
  DDRC = 0xff;   // GREEN 세로
  while(1){
    for(p = 0; p < 9; p++)
     {
       for(j = 0; j < 8; j++)
         {
           for(k = 0; k < COUNT; k++)  // 시간지연
             {
               for(i = 0; i < 8; i++)
                 {
                   PORTB = comm[i];
                  PORTC = dot[p][i] << j  |  dot[p+1][i] >> (8-j);
                  delay_ms(S);
  }}}}}}
```

CHAPTER

10

초음파 센서 거리측정

1. 초음파 센서를 이용한 거리측정
2. 초음파 센서거리를 이용한 led 제어

1. 초음파 센서를 이용한 거리측정

[예제 ultra.1] 초음파를 이용한 거리측정

SRF-04 초음파 센서를 활용하여 거리를 측정하는 프로그램을 구현하여라.

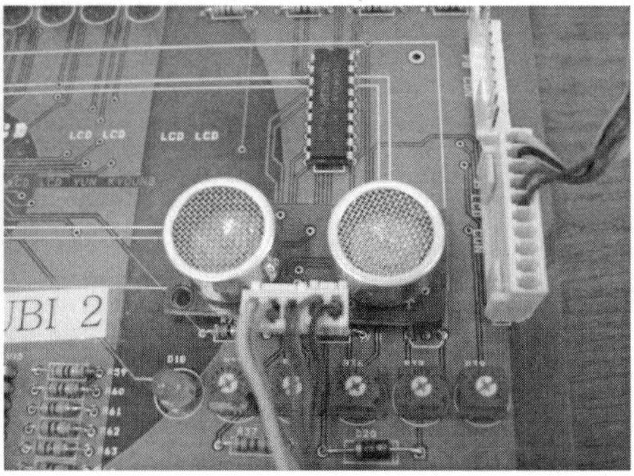

LCD connecter		SRF-04		비 고
pin	port	pin	port	
2	VCC	1	VCC	
5	PD1	2	ECHO	
4	PD0	3	TRIGGER	
3	NC	4	NC	
1	GND	5	GND	

```
#include <mega128.h>
#include <delay.h>
#define TRIGGER PORTD.0
int distance,catch;
void fnd_display();
char seg_pat[10]={0x3f,0x06,0x5b,0x4f,0x66,0x6d,0x7d,0x07,0x7f,0x6f};

void main(void)
 {
  DDRB = 0XFF;
  DDRF = 0XF0;
  DDRD = 0X01;
  TRIGGER = 0;
```

```
  EIMSK   = 0X02;
  EICRA = 0X08;
  TIMSK = 0X01;
  TCCR0 =0X00;
  while(1){
     SREG = 0x00;
     EIFR = 0xff;
     TIFR =0Xff;
     ASSR = 0X00;
     distance = 0;
     TCNT0 =139;
     TRIGGER =1;
     delay_ms(1);
     TRIGGER = 0;
     SREG = 0X80;
     TCCR0 = 0X02;
     catch = 0;

 while(1)
  {
        if(catch == 1)break;
  else if(distance>=300)break;
  }
 fnd_display();
   }
 }

void fnd_display()
 {
   int i, N1000, N100, N10, N1, buf = 0;
   N1000 = distance/1000;
   buf = distance%1000;
   N100 = buf/100;
   buf = buf%1000;
   N10 = buf/10;
   N1 = buf%10;
   for(i = 0; i < 100; i++){
      PORTF = 0XE0;
      PORTB =seg_pat[N1];
      delay_us(500);
     PORTF = 0xf0;
     PORTF = 0b11010000;
     PORTB =seg_pat[N10];
     delay_us(500);
     PORTF = 0xf0;
```

```
        PORTF = 0b10110000;
        PORTB = seg_pat[N100];
        delay_us(500);
        PORTF = 0xf0;
        PORTF = 0b11100000;
        PORTB = seg_pat[N1000];
        delay_us(500);
        PORTF = 0xf0;
    }
}
interrupt [TIM0_OVF] void timer_int0(void)
{
    TCNT0 = 139;
    distance++;
}
interrupt [EXT_INT1] void external_int1(void)
{
    TCCR0 =0X00;
    catch =1;
}
```

2. 초음파 센서거리를 이용한 led 제어

[예제 ultra.2] 초음파를 거리를 이용한 led 제어

SRF-04 초음파 센서를 활용하여 거리를 측정하고 다음과 같이 led를 제어하는 프로그램을 구현하여라.

led	led 0	led 1	led 2	led 3
거리	0 〈 300	300 〈 500	500 〈 600	600 이상

```
#include <mega128.h>
#include <delay.h>
#define TRIGGER PORTD.0
int distance,catch;
int fnd_display(void);
char seg_pat[10]={0x3f,0x06,0x5b,0x4f,0x66,0x6d,0x7d,0x07,0x7f,0x6f};
char led[]={0xfe,0xfd,0xfb,0xf7,0xef,0xdf,0xbf,0x7f};

void main(void)
 {
  int N10;
  DDRC = 0xff;
  PORTC = 0xff;
  DDRB = 0Xff;
  DDRF = 0Xf0;
  DDRD = 0X01;
  TRIGGER = 0;
  EIMSK  = 0X02;
  EICRA = 0X08;
  TIMSK = 0X01;
  TCCR0 =0X00;

while(1)
  {
    SREG = 0x00;
    EIFR = 0xff;
    TIFR =0Xff;
    ASSR = 0X00;
    distance = 0;
    TCNT0 =139;
    TRIGGER =1;
```

```
    delay_ms(1);
    TRIGGER = 0;
    SREG = 0X80;
    TCCR0 = 0X02;
    catch = 0;

 while(1)
   {
     if(catch == 1)
     break;
     else if(distance >= 300)
     break;
   }

 N10 = fnd_display();

 if(N10 == 0 || N10 == 1 || N10 == 2)
    {
      PORTC = led[0];
      delay_ms(20);
      PORTC = 0xff;
    }
 else if(N10 == 3 || N10 == 4)
    {
      PORTC = led[1];
      delay_ms(20);
      PORTC = 0xff;
    }
 else if(N10 == 5 || N10 == 6)
    {
      PORTC = led[2];
      delay_ms(20);
      PORTC = 0xff;
    }
 else if(N10 == 7 || N10 == 8)
    {
      PORTC = led[3];
      delay_ms(20);
      PORTC = 0xff;
    }
  }
}
 int fnd_display(void)
```

```
{
    int i,N1000,N100,N10,N1,buf = 0;

    N1000 = distance/1000;
    buf = distance%1000;

    N100 = buf/100;
    buf = buf%1000;
    N10 = buf/10;
    N1 = buf%10;

  for(i = 0; i < 50; i++)
    {
      PORTF = 0Xe0;
      PORTB = seg_pat[N1];
      delay_us(500);
      PORTF = 0xf0;

      PORTF = 0b11010000;
      PORTB =seg_pat[N10];
      delay_us(500);
      PORTF = 0xf0;

      PORTF = 0b10110000;
      PORTB = seg_pat[N100];
      delay_us(500);
      PORTF = 0xf0;
      PORTF = 0b11100000;
      PORTB = seg_pat[N1000];
      delay_us(500);
      PORTF = 0xf0;
   }
  return N10;
}
interrupt [TIM0_OVF] void timer_int0(void)
{
  TCNT0 = 139;
  distance++;
}
interrupt [EXT_INT1] void external_int1(void)
{
  TCCR0 = 0X00;
  catch =1;
}
```

CHAPTER

11

KEYPAD 실습 회로도

1. 74LS138을 이용한 KEYPAD 회로도
2. 74LS138을 이용한 KEYPAD 실습예제

1. 74LS138을 이용한 KEYPAD 회로도

key pad 회로도는 KEY(SWITCH) 25개의 상태변화를 체크하여 키 값을 FND에 표시해주는 회로도이다. 스위치의 위치 값만 읽혀지면 주변회로 등 쉽게 적용 될 수 있다. elevator 센서감지, 주파수 검출기, 음악음표 등 다양하게 응용될 수 있다.

74LS138은 입력신호 ABC에 따라 출력 ($\overline{Y0}$,$\overline{Y1}$..)의 값을 선택하는 decoder/multiplexer 회로이다. R10, R11, R14, R12는 풀업저항이며 ABC = 0일 때 $\overline{Y0}$ = 0 되고 SW1을 누르면 가로행(SW1) 입력은 0이 된다.

[4) 74LS138 스위치 상태변화 진리표]를 보고 이해하기 바란다.

1) 회로도

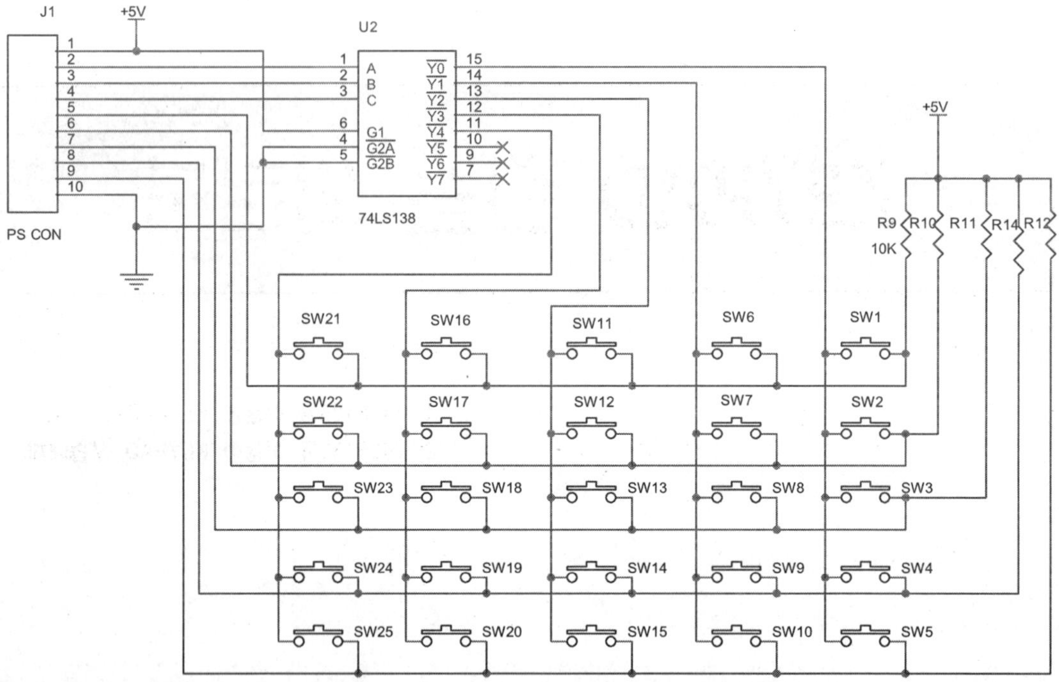

2) 74LS138 진리표

입력신호 ABC에 따라 출력 Y0, Y1 … Y7의 값을 선택하는 decoder/multoplexer 회로이다. enable 제어선은 G1, G2이며 G1 = H, G2 = L일 때 정상동작 된다.

DM74LS138

Inputs					Outputs							
Enable		Select										
G1	G2 (Note 1)	C	B	A	YO	Y1	Y2	Y3	Y4	Y5	Y6	Y7
X	H	X	X	X	H	H	H	H	H	H	H	H
L	X	X	X	X	H	H	H	H	H	H	H	H
H	L	L	L	L	L	H	H	H	H	H	H	H
H	L	L	L	H	H	L	H	H	H	H	H	H
H	L	L	H	L	H	H	L	H	H	H	H	H
H	L	L	H	H	H	H	H	L	H	H	H	H
H	L	H	L	L	H	H	H	H	L	H	H	H
H	L	H	L	H	H	H	H	H	H	L	H	H
H	L	H	H	L	H	H	H	H	H	H	L	H
H	L	H	H	H	H	H	H	H	H	H	H	L

G2 = G2A + G2B

3) Logic Diagram

DM74LS138

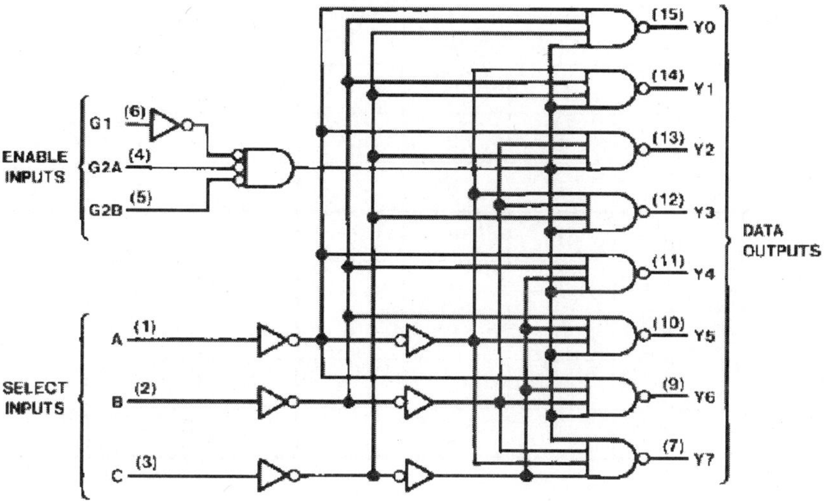

4) 74LS138 스위치 상태변화 진리표

구 분	PC7	PC6	PC5	PC4	PC3	for문row = 0,1,2,3,4			비 고
	cpu에서 입력상태변화를 읽음					C (PC2)	B (PC1)	A (PC0)	
SW1	1	1	1	1	0	0	0	0	
SW2	1	1	1	0	1	0	0	0	
SW3	1	1	0	1	1	0	0	0	
SW4	1	0	1	1	1	0	0	0	
SW5	0	1	1	1	1	0	0	0	
SW6	1	1	1	1	0	0	0	1	
SW7	1	1	1	0	1	0	0	1	
SW8	1	1	0	1	1	0	0	1	
SW9	1	0	1	1	1	0	0	1	
SW10	0	1	1	1	1	0	0	1	
SW11	1	1	1	1	0	0	1	0	
SW12	1	1	1	0	1	0	1	0	
SW13	1	1	0	1	1	0	1	0	
SW14	1	0	1	1	1	0	1	0	
SW15	0	1	1	1	1	0	1	0	
SW16	1	1	1	1	0	0	1	1	
SW17	1	1	1	0	1	0	1	1	
SW18	1	1	0	1	1	0	1	1	
SW19	1	0	1	1	1	0	1	1	
SW20	0	1	1	1	1	0	1	1	
SW21	1	1	1	1	0	1	0	0	
SW22	1	1	1	0	1	1	0	0	
SW23	1	1	0	1	1	1	0	0	
SW24	1	0	1	1	1	1	0	0	
SW25	0	1	1	1	1	1	0	0	

- ATmega128과 각 PORT connector 직접연결도

PORTA, B, C, G는 ATmega128에 1 : 1로 연결되어 있다.

즉 ATmega128에서 출력되는 프로그래밍 데이터는 각 PORT를 통해 DOT MATRIX에 공급되므로 점프선을 이용하여 연결해 주어야 한다.

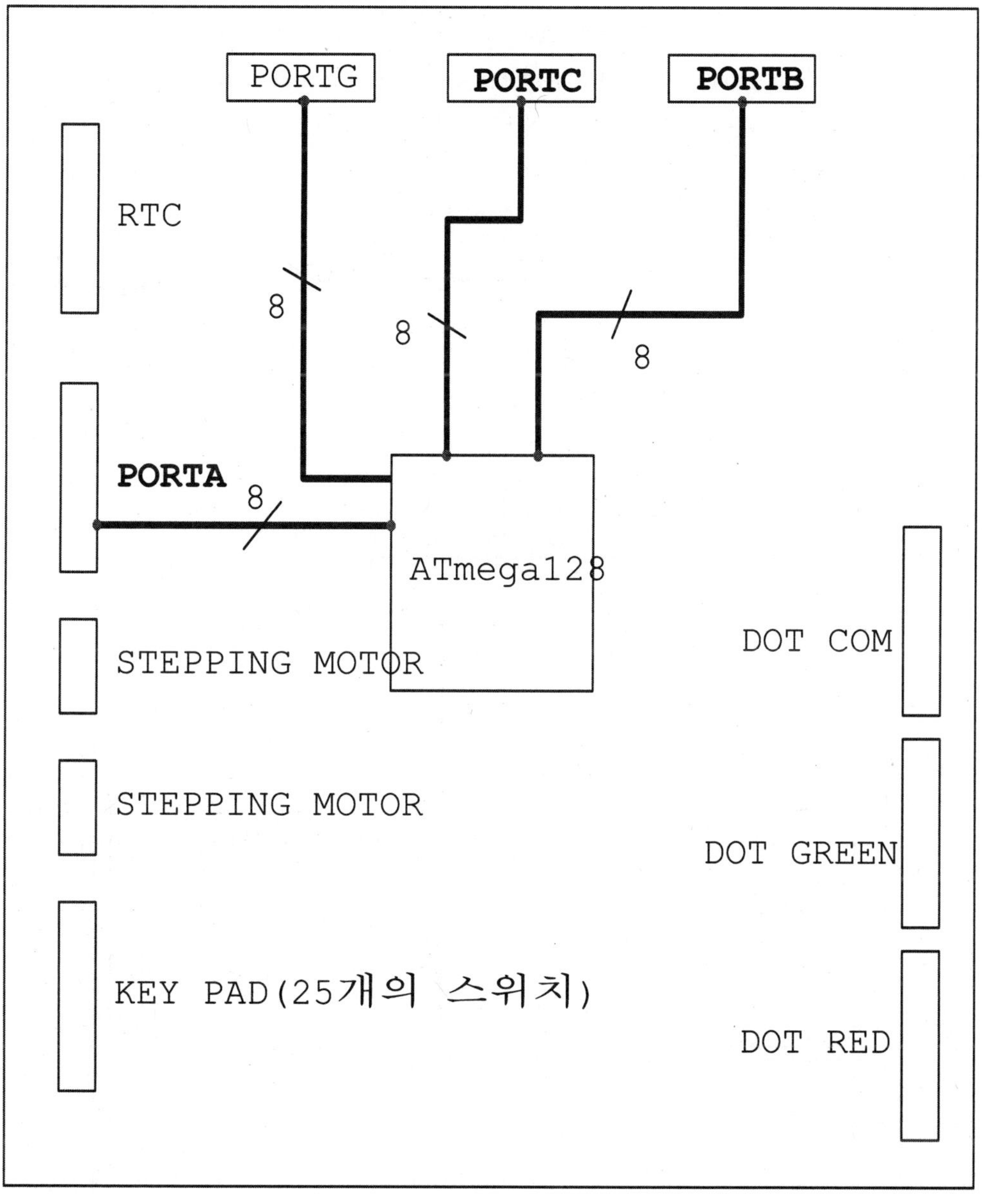

2. 74LS138을 이용한 KEYPAD 실습예제

2.1 keypad 값을 읽어 FND에 표시(DISPLAY)

[예제 key pad.1] key pad값을 읽어 FND에 표시

key pad를 누를 때마다 FND에 숫자가 display 되도록 프로그램을 구현하여라.
회로도 SW1(key pad 좌표1)을 누르면 FND에 1 표시, SW2(key pad 좌표2)를 누르면 FND에 2 표시, SW3(key pad 좌표3)를 누르면 FND에 3 표시, SW25(key pad 좌표25)를 누르면 FND에 25 표시가 된다.

※ PORTS S KEYPAD connecter를 PORTC에 연결한다.

- key pad 좌표

21	16	11	6	1
22	17	12	7	2
23	18	13	8	3
24	19	14	9	4
25	20	15	10	5

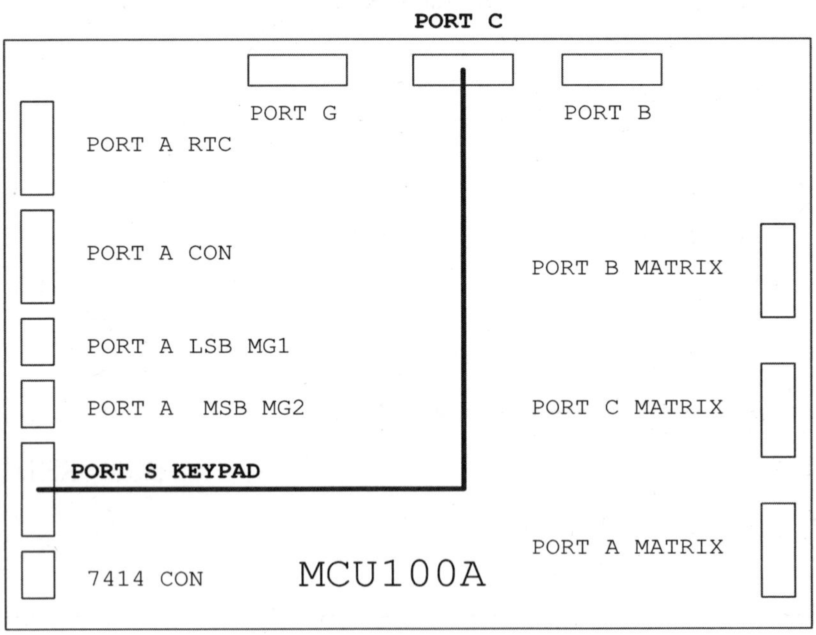

[커넥터 연결 방법]

```
#include <mega128.h>
#include <delay.h>
unsigned char keybuf = 0, newkey = 0;
char seg_dis[10]={0x3f,0x06,0x5b,0x4f,0x66,0x6d,0x7d,0x07,0x7f,0x6f};
unsigned char n1 = 0, n10 = 0;
void scankey(void);

void main(void){
 DDRB = 0xff;   // fnd data 출력설정
 DDRF = 0xff;   // fnd 제어 출력설정
 DDRC = 0x07;   // 입력 bit7,6,5 출력 bit43210

 while(1){
    scankey();
    newkey = keybuf;

    n10 = newkey / 10;      // 10자릿수 계산(몫)
    n1 = newkey % 10;       // 1자릿수 계산(나머지)
    PORTF = 0b11100000;     // fnd 켜기 bit4
    PORTB = seg_dis[n1];    // 1자릿수 FND에 넣을 값
    delay_ms(5);
    PORTF = 0b11010000;     // fnd 켜기 bit5
    PORTB = seg_dis[n10];   // 10자릿수 FND에 넣을 값
    delay_ms(5);
  }
}

void scankey(void)
{
 unsigned char tmp, row, cul;
 //tmp(임시저장값), row(0~4까지의 값), cul(row값에 // 키 횡 계산값)

for(row = 0; row < 5 ;row++)
 {
  // do-while문은 do실행하고 while(조건)이 일치하면 다음문장실행
  // 누르지 않으면 temp = 11111000이고, 25(sw27)를 누르면 01111000
  // while((PINC & 0xf8) != tmp) ()값과 temp 같으면 다음문장실행

do
  {
   PORTC = 0xf8 | row ; // row=000,001,010,011,100,000... 반복
   tmp = PINC & 0xf8 ;  // PORTC bit7,6,5,4,3 읽어 tmp에 저장
  }
while(tmp != (PINC & 0xf8)); // PORTC 상태변화를 다시 읽어 tmp와 비교
```

```
// PINC & 0xf8와 tmp 읽은 값이 일치하지 않으면 리턴
// PINC & 0xf8와 tmp 읽은 값이 일치하면 다음문장 실행

if(tmp != 0xf8)    // 두 번 읽은 값이 일치하고 키눌림이 있는 경우이면 아래로
  {{                // tmp != 0xf8  키의 누름이 있는 경우 다음 문장실행

           if(tmp == 0b11110000) cul = 1; // 가로행 첫1행(bit3)
      else if(tmp == 0b11101000) cul = 2; // 가로행 첫2행(bit4)
      else if(tmp == 0b11011000) cul = 3; // 가로행 첫3행(bit5)
      else if(tmp == 0b10111000) cul = 4; // 가로행 첫4행(bit6)
      else if(tmp == 0b01111000) cul = 5; // 가로행 첫5행(bit7)

      keybuf = (row * 5) + cul;   // row = 1이면 (1*5) +cul(스위치값)
 } } } }
```

※ 참고자료 do-while문
다음 문장은 do-while문이다. 참고하세요.
► do문을 먼저 실행 후 조건 수식(while)을 계산하는 구문

예제) do-while문 학교 다닐 때 c언어 교재에 항상 있는 실습예제 다시 보세요.

```
#include <stdio.h>
void main(){
  char ch;
  printf("아무 키나 눌러주세요. q를 누르면 종료합니다.\n");
  do{
   scanf("%c",&ch);
    }
  // do-while 문장 예제는 q를 만나지 못하면 프로그램을 종료하지 못함
  while(ch != 'q');  // ch값이 q이면 printf("프로그램을 종료합니다.");실행
  printf("프로그램을 종료합니다.");
}
```

※ for 문은 반복횟수를 정확히 파악하는 경우, while문은 반복횟수를 정확히 알지 못할 때 주로 사용한다.

2.2 key pad를 누를 때마다 dot matrix에 숫자 표시

[예제 key pad.2] key pad를 누를 때마다 dot matrix에 숫자표시

key pad를 누를 때마다 dot matrix에 숫자가 display 되도록 프로그램을 구현하여라.
회로도 SW1을 누르면 LCD에 "1" 표시, SW2를 누르면 "2" 표시, SW3을 누르면 LCD에 "3" 표시, SW4를 누르면 "4"가 표시하도록 한다.

21	16	11	6	1
22	17	12	7	2
23	18	13	8	3
24	19	14	9	4
25	20	15	10	5

key pad 좌표

- PORT 연결 방법(MCU100A)

PORTA con ⇔ PA, PORTS keypad ⇔ PC, PORTB con ⇔ PB

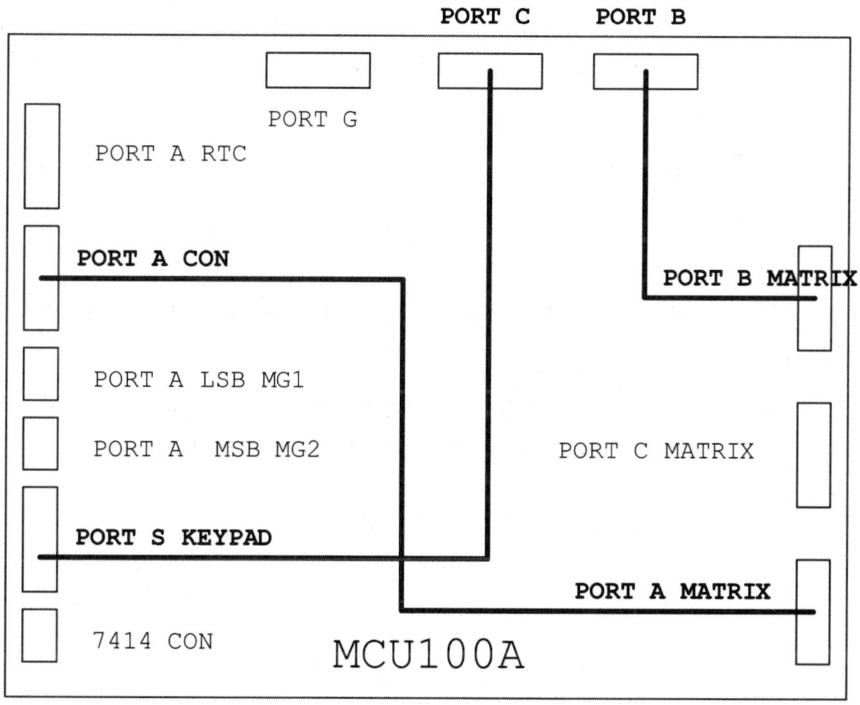

[커넥터 연결 방법]

- KEY PAD를 이용한 DOT MATRIX 회로도

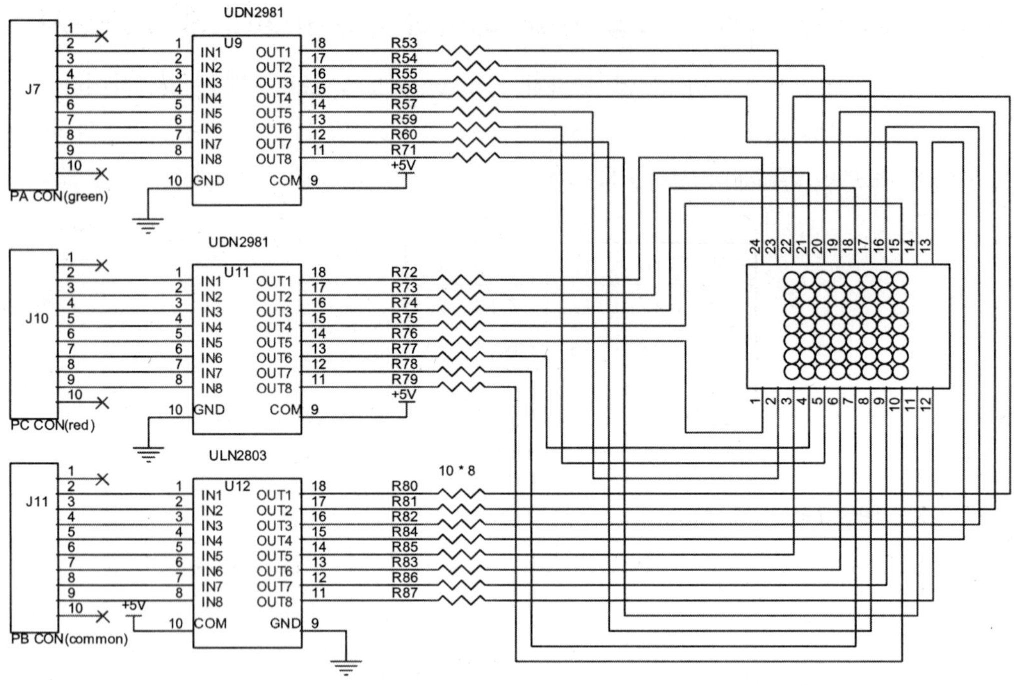

PORTA = RED LED

PORTC = GREEN LED

PORTB = COMMON

dotmatrix를 모두 on 하기 위해서는 PORTC(data) = 0xff를 주면 모두 1이 입력되고 PORTB(common) = 0x00을 주면 모든 dotmatrix가 켜진다.

방향설정 DDRC = 0xff, DDRB = 0xff를 해 주어야 한다.

실습예제를 통해 dot led 위치를 파악하고 프로그램을 이해하자.

```
#include <mega128.h>
#include <delay.h>
#define s2
#define count 10
unsigned char keybuf =0, ;

int str[62][8] = {{0x00, 0x18, 0x24, 0x24, 0x24, 0x24, 0x18, 0x00},    // 0
                  {0x00, 0x1C, 0x18, 0x18, 0x18, 0x18, 0x3C, 0x00},    // 1
                  {0x00, 0x3C, 0x20, 0x30, 0x08, 0x04, 0x3C, 0x00},    // 2
                  {0x00, 0x3C, 0x20, 0x3C, 0x20, 0x20, 0x3C, 0x00},    // 3
                  {0x00, 0x04, 0x14, 0x14, 0x3C, 0x10, 0x10, 0x00},    // 4
                  {0x00, 0x3C, 0x04, 0x04, 0x3C, 0x20, 0x20, 0x3C},    // 5
                  {0x00, 0x3C, 0x04, 0x04, 0x04, 0x3C, 0x24, 0x3C}     // 6
                  {0x00, 0x3C, 0x24, 0x20, 0x10, 0x08, 0x08, 0x00},    // 7
                  {0x00, 0x3C, 0x24, 0x3C, 0x24, 0x24, 0x3C, 0x00},    // 8
                  {0x00, 0x3C, 0x24, 0x3C, 0x20, 0x20, 0x3C, 0x00},    // 9
                  {0x00, 0x18, 0x3C, 0x66, 0x42, 0x7E, 0x42, 0x42},    // A
                  {0x00, 0x3C, 0x44, 0x44, 0x3C, 0x44, 0x44, 0x3C},    // B
                  {0x3C, 0x42, 0x02, 0x02, 0x02, 0x02, 0x42, 0x3C},    // C
                  {0x3E, 0x42, 0x42, 0x42, 0x42, 0x42, 0x3E, 0x00},    // D
                  {0x00, 0x7E, 0x02, 0x02, 0x3E, 0x02, 0x02, 0x7E},    // E
                  {0x00, 0x7E, 0x02, 0x02, 0x3E, 0x02, 0x02, 0x02},    // F
                  {0x00, 0x7C, 0x02, 0x02, 0x72, 0x42, 0x42, 0x3C},    // G
                  {0x00, 0x42, 0x42, 0x7E, 0x42, 0x42, 0x42, 0x00},    // H
                  {0x00, 0x3C, 0x18, 0x18, 0x18, 0x18, 0x3C, 0x00},    // I
                  {0x00, 0x3C, 0x10, 0x10, 0x10, 0x12, 0x0C, 0x00},    // J
                  {0x44, 0x24, 0x14, 0x0C, 0x0C, 0x14, 0x24, 0x44},    // K
                  {0x00, 0x02, 0x02, 0x02, 0x02, 0x02, 0x7E, 0x00},    // L
                  {0x00, 0xC6, 0xAA, 0x92, 0x82, 0x82, 0x82, 0x00},    // M
                  {0x00, 0x42, 0x46, 0x4A, 0x52, 0x62, 0x42, 0x00},    // N
                  {0x3C, 0x42, 0x81, 0x81, 0x81, 0x81, 0x42, 0x3C},    // 0
                  {0x00, 0x1E, 0x22, 0x22, 0x22, 0x1E, 0x02, 0x02},    // P
                  {0x00, 0x1C, 0x22, 0x22, 0x22, 0x62, 0x5C, 0x00},    // Q
                  {0x00, 0x1C, 0x22, 0x22, 0x2E, 0x12, 0x22, 0x22},    // R
                  {0x3C, 0x42, 0x02, 0x02, 0x3C, 0x40, 0x40, 0x3E},    // S
                  {0x7E, 0x18, 0x18, 0x18, 0x18, 0x18, 0x18, 0x00},    // T
                  {0x42, 0x42, 0x42, 0x42, 0x42, 0x42, 0x3C, 0x00},    // U
                  {0x42, 0x42, 0x42, 0x42, 0x42, 0x24, 0x18, 0x00},    // V
                  {0x00, 0x00, 0x92, 0x92, 0x92, 0x54, 0x28, 0x00},    // W
                  {0x42, 0x42, 0x24, 0x18, 0x18, 0x24, 0x42, 0x42},    // X
                  {0x42, 0x42, 0x24, 0x18, 0x18, 0x18, 0x18, 0x00},    // Y
                  {0x00, 0x7E, 0x40, 0x20, 0x10, 0x08, 0x04, 0x7E},    // Z

                  {0x00, 0x1C, 0x22, 0x22, 0x22, 0x5C, 0x00, 0x00},    // a
```

```
        {0x00, 0x04, 0x04, 0x1C, 0x24, 0x24, 0x1C, 0x00},    // b
        {0x00, 0x18, 0x24, 0x04, 0x24, 0x18, 0x00, 0x00},    // c
        {0x00, 0x20, 0x20, 0x38, 0x24, 0x24, 0x18, 0x00},    // d
        {0x00, 0x1C, 0x22, 0x1E, 0x02, 0x3C, 0x00, 0x00},    // e
        {0x00, 0x30, 0x08, 0x3C, 0x08, 0x08, 0x08, 0x00},    // f
        {0x00, 0x1C, 0x22, 0x22, 0x3C, 0x20, 0x1E, 0x00},    // g
        {0x04, 0x04, 0x04, 0x34, 0x4C, 0x44, 0x44, 0x00},    // h
        {0x00, 0x18, 0x00, 0x18, 0x18, 0x18, 0x18, 0x00},    // i
        {0x00, 0x20, 0x00, 0x20, 0x20, 0x24, 0x18, 0x00},    // j
        {0x00, 0x24, 0x14, 0x0C, 0x0C, 0x14, 0x24, 0x00},    // k
        {0x00, 0x24, 0x14, 0x0C, 0x0C, 0x14, 0x24, 0x00},    // l
        {0x00, 0x00, 0x38, 0x54, 0x54, 0x54, 0x00, 0x00},    // m
        {0x00, 0x00, 0x38, 0x24, 0x24, 0x24, 0x00, 0x00},    // n
        {0x00, 0x18, 0x24, 0x24, 0x24, 0x18, 0x00, 0x00},    // o
        {0x00, 0x18, 0x24, 0x24, 0x1C, 0x04, 0x04, 0x00},    // p
        {0x00, 0x38, 0x24, 0x24, 0x3C, 0x20, 0x00, 0x00},    // q
        {0x00, 0x04, 0x34, 0x0C, 0x04, 0x04, 0x00, 0x00},    // r
        {0x00, 0x38, 0x04, 0x18, 0x20, 0x1C, 0x00, 0x00},    // s
        {0x00, 0x08, 0x1C, 0x08, 0x08, 0x08, 0x18, 0x00},    // t
        {0x00, 0x00, 0x24, 0x24, 0x24, 0x38, 0x00, 0x00},    // u
        {0x00, 0x00, 0x22, 0x22, 0x14, 0x08, 0x00, 0x00},    // v
        {0x00, 0x00, 0x44, 0x54, 0x54, 0x28, 0x00, 0x00},    // w
        {0x00, 0x22, 0x14, 0x08, 0x14, 0x22, 0x00, 0x00},    // x
        {0x00, 0x22, 0x14, 0x08, 0x08, 0x0C, 0x00, 0x00},    // y
        {0x00, 0x00, 0x3C, 0x10, 0x08, 0x3C, 0x00, 0x00}};   // z

int arr[8]={0x01,0x02,0x04,0x08,0x10,0x20,0x40,0x80};  // PORTB를 반복값
int i;  // for문을 돌리기 위한 값

void scankey(void)
{
unsigned char tmp, row, cul; // tmp(임시저장값), row(0~4까지의 값), cul(row값에 따른 키 계산값)

for(row = 0; row < 5 ;row++)
{
 do
  {
   PORTC = 0xf8 | row; /* row에 1을 쓴다 */
   tmp = PINC & 0xf8 ; /* 첫번째 읽은 포트3의 비트7~비트3값을 tmp에 저장 */
  }

while( (PINC & 0xf8) != tmp );
/* 첫 번째와 두 번째 읽은 값이 일치하지 않으면 다시 읽는다 */
```

```
if(tmp != 0xf8) { /* 두번 읽은 값이 일치하고 키 눌림이 있는 경우라면 아래로 */
  tmp += row;
   {
     tmp = (tmp >> 3) & 0x1f;
          if(tmp == 0x1e) cul = 1;
     else if(tmp == 0x1d) cul = 2;
     else if(tmp == 0x1b) cul = 3;
     else if(tmp == 0x17) cul = 4;
     else if(tmp == 0x0f) cul = 5;

     keybuf = (row * 5) + cul;
 }}}}
void main(void)
 {
   DDRB = 0xff;
   DDRC = 0x07;     // 포트c 설정
   SREG = 0x80;
while(1){
     scankey();
     for(i = 0; i < 8; i++){
          PORTB = arr[i];
          PORTA = str[keybuf][i];
          delay_ms(2);
       }
     }
  }
```

2.3 key pad 25개 값을 읽어 LCD에 표시하기

[예제 key pad.3] key pad 25개 값을 읽어 LCD에 표시하기

key pad를 누를 때마다 PORTD LCD에 숫자가 display 되도록 프로그램을 구현하여라. 교재 회로도 SW1을 누르면 LCD에 "1", SW2를 누르면 LCD에 "2", SW3을 누르면 LCD에 "3", SW4을 누르면 LCD에 "4" 표시하도록 한다.

21	16	11	6	1
22	17	12	7	2
23	18	13	8	3
24	19	14	9	4
25	20	15	10	5

key pad 좌표

※ key pad PS 커넥터(교육용 키트 **왼쪽 아래**)를 PORTC에 연결한다.

- 아래 그림 참조

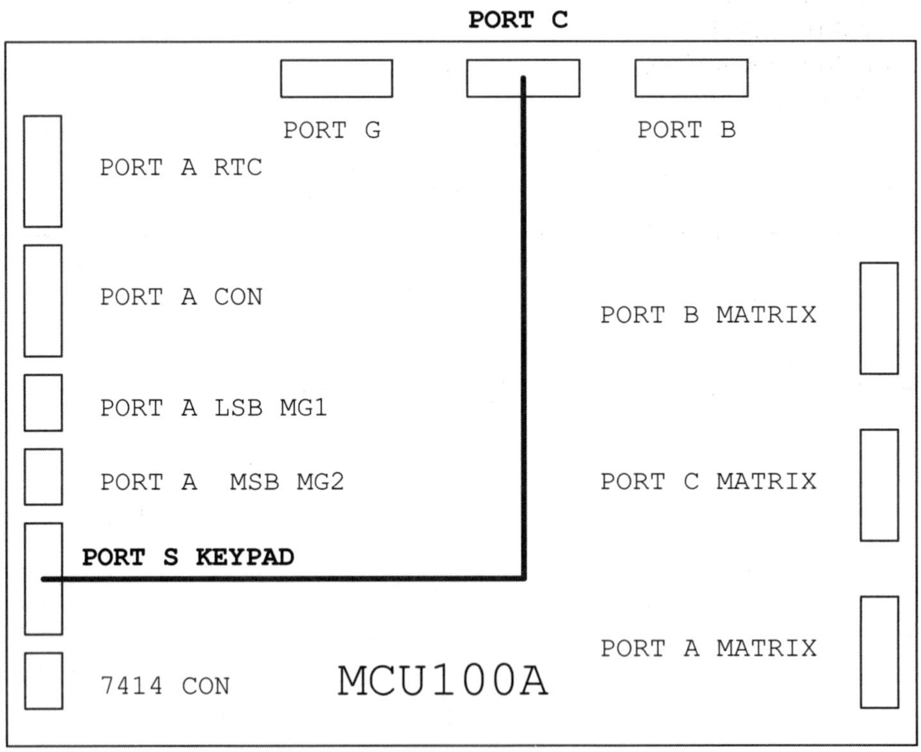

[커넥터 연결 방법]

```
#include <mega128.h>
#include <delay.h>
#include <stdio.h>

#asm
   .equ __lcd_port = 0x12 ;PORTD  // LCD를 PORTD에 연결
#endasm
#include <lcd.h>
unsigned char keybuf = 0, newkey = 0;
// keybuf(현재 눌린 키값 저장), oldkey(이전 눌렸던 킷값), newkey(keybuf 변수저장)
char lcd_buffer[16];  // lcd 글자수

void scankey(void){
  unsigned char tmp, row, cul;
  // tmp(임시저장값), row(0~4까지의 값), cul(row값에 따른 키 계산값)
  for(row  = 0 ; row < 5 ; row++){
    do
      {
        PORTC = 0xf8 | row; // row에 000,001 .. 100을 쓴다.
        tmp = PINC & 0xf8;  // 첫 번째 읽은 포트3의 비트7~3 tmp저장
      }
   while(tmp != (PINC & 0xf8));
                         // 첫 번째와 두 번째 읽은 값이 일치하지 않으면 다시 읽는다.
   if(tmp != 0xf8)           // 키의 변화가 있으면
     {
        {
           tmp = (tmp >> 3) & 0x1f;
                if(tmp == 0x1e)  cul = 1;
           else if(tmp == 0x1d)  cul = 2;
           else if(tmp == 0x1b)  cul = 3;
           else if(tmp == 0x17)  cul = 4;
           else if(tmp == 0x0f)  cul = 5;
           keybuf = (row * 5) + cul;
         }
     }
  }
}

 void main(void){
   DDRC = 0x07;  // bit7,6,5,4,3 입력설정 / bit2,1,0은 74LS138 ABC입력
   lcd_init(16);     // lcd 초기화 값
   while(1){
     scankey();
     if(keybuf != newkey) // 키의 누르는 값이 있으면 실행
```

```
        {
            newkey = keybuf;
            lcd_init(16);      // lcd 초기화값
        }
        sprintf(lcd_buffer,"Input Key is %u", newkey);
        // lcd 글자수 버퍼값에  "Input Key is %u" 입력
        lcd_gotoxy(0, 0);        // 첫 번째 커스, 첫 번째 행 설정
        lcd_puts(lcd_buffer);  // lcd에 lcd_buffer 값 diaplay
    }
}
```

※ sprint 함수 이해하기

예) char a[100];

```
int n = 50;
sprintf(a, "number = %d",n);
```

a란 배열에 "number = 50"이 저장된다.

CHAPTER

12

Analog 비교기

1. Analog 비교기

ATmega128의 아날로그 비교기는 AIN0(양극 입력신호)와 AIN1(음극 입력신호)의 전압값을 비교하여 AIN0(양극 입력신호)의 값이 높으면 출력 ACO = 1, AIN1(음극 입력신호)의 값이 높으면 출력 ACO = 0이 나타나며 비교된 값에 따라 아날로그 비교기 인터럽트를 발생시킬 수 있고 T/C1의 입력 캡쳐 트리거 신호로도 사용된다.

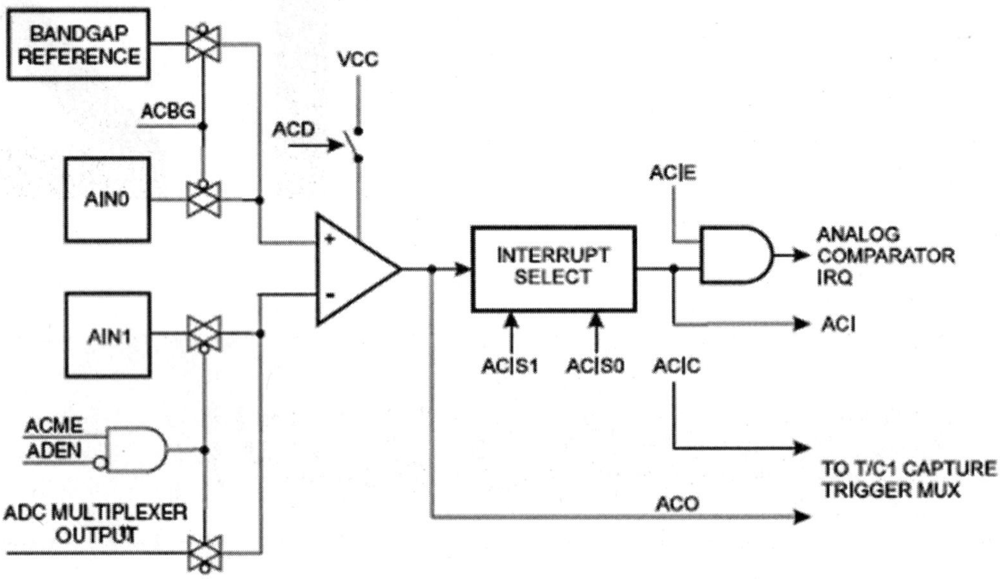

[그림 15-1] Analog 비교기 Diagram

외부에서 들어오는 +AIN0(pin4) 값과 -AIN1(pin5) 값을 비교하여 기준값과의 차이전압을 비교한다.

1. +AIN0 〉 -AIN1 이면 AC0 = 1
2. +AIN0 〈 -AIN1 이면 AC0 = 0

AIN0에는 양극성 입력전압을 사용할 수 있고 내부기준전압(bandgap reference voltage, 1.23V)를 사용할 수도 있다.

AIN1에는 음극성 입력전압을 사용할 수 있고 ADC0~ADC7을 선택하여 하나의 입력신호로 사용할 수 있다.

■ Analog 비교기 관련 Resister

- ACSR(Analog Comparator Control and Staus Register)

ACSR								0x08(0x28)
bit	7	6	5	4	3	2	1	0
	ACD	ACBG	ACO	ACI	ACIE	ACIC	ACIS1	ACIS0
	R/W	R/W	R	R/W	R/W	R/W	R/W	R/W

BIT7 ACD(Analog Comparator Disable) = 1이면 아날로그 비교기의 동작을 정지(전원차단, 소비전력감소)한다.

BIT6 ACBG(Analog Comparator Bandgap select) = 1이면 **내부기준전압** 1.23V가 공급되며 ACBG = 0이면 AIN0에 입력되는 전압을 선택한다.

BIT5 ACO(Analog Comparator Output)는 아날로그 비교기 출력값으로 ACO와 직접 연결되어 있으며 clock과 동기되어 발생하며 인터럽트를 발생시킬 수 있고 T/C1의 입력캡처신호로 사용된다.

BIT4 ACI(Analog Comparator Interrupt Flag)는 ACO와 ACIS1,0 BIT에 의해 결정 ACIE = 1, SREG = 0x80일 때 Interrupt 처리되고 Interrupt 처리 후 하드웨어에 의해 자동 clear 된다.

BIT3 ACIE(Analog Comparator Interrupt Enable)는 아날로그 비교기의 Interrupt를 개별적으로 Enable 하는 비트이며 ACIE = 1이면 인터럽트가 시작되고 인터럽트가 처리되기 시작하면 자동으로 클리어 된다.

ACIE = 0일 때 Interrupt 금지시킨다.

BIT2 ACIC(Analog Comparator Input Capture Enable)는 입력캡처 트리거신호로 사용되는 것을 허용한다. ACIC = 1 Input Capture와 연결되고 Noise 제거기능이 사용되며 Interrupt를 발생하기 위해서는 TIMSK 레지스터의 TICIE1 = 1로 하여야 한다. ACIC = 0이면 Input Capture 기능과는 관계없다.

BIT 1, 0 ACIS(Analog Comparator Interrupt Mode Select)1 ~ 0의 아날로그 비교기 인터럽트 모드를 선택한다.

ACIS1	ACIS0	Interrupt mode
0	0	Toggle 출력에 대한 Comparator Interrupt 발생
0	1	예약
1	0	Falling edge에 대한 Comparator Interrupt 발생
1	1	Rising edge에 대한 Comparator Interrupt 발생

■ SFIOR(Special Function I/O Resister)

SFIOR레지스터는 아날로그 비교기 입력신호를 설정하는데 사용한다.

SFIOR								0x20(0x40)
bit	7	6	5	4	3	2	1	0
	TSM	-	-	-	ACME	PUD	PSR0	PSR321
R/W	R/W				R/W	R/W	R/W	R/W

BIT3 ACME(Analog Comparator Multiplexer Enable)는 AIN1 즉 음극성 입력전압에 A/D 변환신호가 사용될 수 있도록 허용한다.

ACME = 0이면 AIN0에는 음극입력전압이 사용된다.

ACME = 1이고 ADCSRA 레지스터의 ADEN = 0로 설정하면 A/D 변환동작이 정지되며 AIN1에 ADC0 ~ ADC7의 입력신호가 사용된다. ADC0 ~ ADC7의 값을 입력으로 사용하기 위해서는 ADMUX 레지스터의 MUX2 ~ 0비트를 설정하면 된다.

■ ACME(Analog Comparator Multiplexed Enable)

ACME	ADEN	MUX2..0	아날로그 비교기음극성 입력단자
0	X	XXX	AIN1
1	1	XXX	AIN1
1	0	000	ADC0
1	0	001	ADC1
1	0	010	ADC2
1	0	011	ADC3
1	0	100	ADC4
1	0	101	ADC5
1	0	110	ADC6
1	0	111	ADC7

2. Analog 비교기 예제

[예제 comp.1] Analog 비교기 실습

SW33을 ON한 후 AIN1 핀에 연결된 가변저항 R36을 조절하여 임의적으로 전압을 일정하게 설정한 후 AIN0 핀에 연결된 가변저항 R37을 서서히 돌려 AIN0 〉= AIN1이면 LED가 순차 점멸하도록 프로그램을 작성하라. 여기서 프로그램은 아날로그 비교기의 출력신호인 ACO를 계속 체크하는 polling 방식을 이용한다.

// AIN0 〉= AIN1 이면 LED 순차 점멸 --〉 ACO = 1 출력

// AIN0 〈 AIN1 이면 정지 ------------------〉 ACO = 0 출력

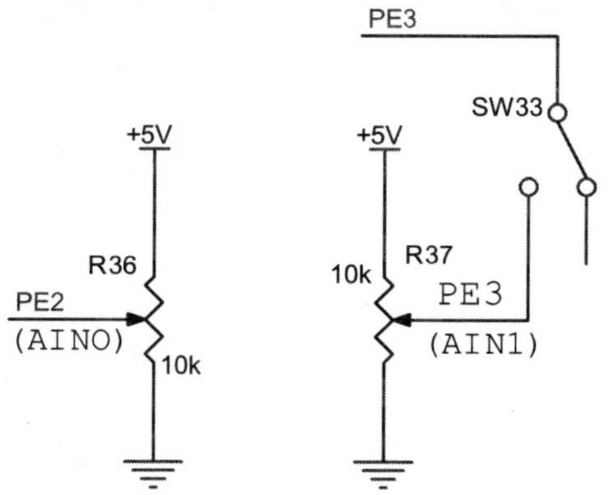


```
#include <mega128.h>
void Delay(unsigned int);
void main(void)
{
  char led = 0xfe;
  DDRC = 0xff;              // 포트 C 출력 설정
  DDRE = 0b00000010;        // AIN0(PE2), AIN1(PE3) 입력 설정
  ACSR = 0x00;              // ACD=0, ACBG=0 양의 전압, ACIS1=0, ACIS0=0 토글출력
  SFIOR = 0x00;             // ACME=0, AIN1 음의 전압
  PORTC = led;
   while(1)                 // ACSR bit5 ACO가 1이면 LED 순차점멸
     {
       if(ACSR & 0x20)      // (AIN0 >= AIN1) 이면 ACO = '1' 이면 interrupt
        {
          led <<= 1;
          led |= 0x01;
```

```
            if(led == 0xff)  led = 0xfe;
            PORTC = led;
            Delay(5);
        }
      }

// 시간 지연 함수
void Delay(unsigned int cnt)
 {
    unsigned int  i, j;
    for(i = 0;i < cnt; i++){
    j = 60000;
    while(j--);
  }
 }
```

[예제 comp.2] Analog 비교기 실습예제

SW33을 ON한 후 AIN1 핀에 연결된 가변저항 R36을 조절하여 임의적으로 전압을 일정하게 설정한 후 AIN0 핀에 연결된 가변저항 R37을 천천히 가변하여

① AIN0 〉= AIN1이면 FND에 숫자가 99진 되게 하고 LED를 좌로 shift 한다.
② AIN0 〈 AIN1이면 FND 숫자가 정지되게 하는 프로그램을 작성하라.

아날로그 비교기의 출력신호인 ACO를 계속 체크하는 polling 방식을 적용한다.

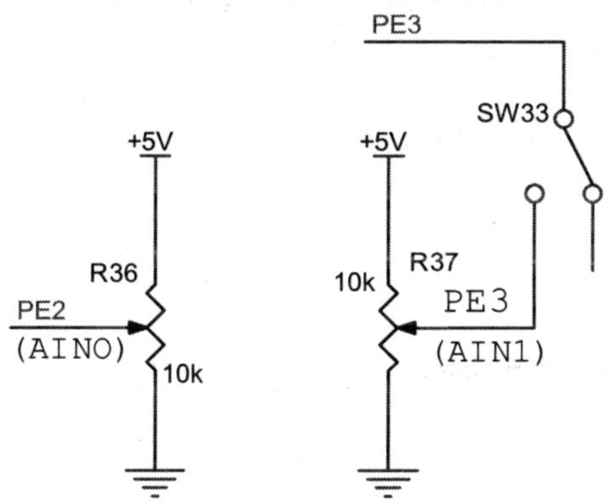


```
#include <mega128.h>
#include <delay.h>
char seg[10]= {0x3f,0x06,0x5b,0x4f,0x66,0x6d,0x7d,0x07,0x7f,0x6f};
void main(void)
 {
   char led = 0xfe;
   int i, s1, s10 = 0;

   DDRC = 0xff;
   DDRB = 0xff;
   DDRF = 0xf0;
   DDRE = 0b00000010;
   //ACSR bit5 ACO가 1이면 LED 좌로 shift
   ACSR = 0x00;      // ACD = 0 전원공급, ACBG = 0 AIN0 양의 전압
   SFIOR = 0x00;

   PORTC = led;

    while(1)
     {
```

```
        for(i = 0; i < 100; i++)
         {
             PORTF = 0xd0;
             PORTB = seg[s10];
             delay_ms(5);

             PORTF = 0xe0;
             PORTB = seg[s1];
             delay_ms(5);
         }

        if(ACSR & 0x20)      // 비트5 ACO=1 & 0X20 이면
         {
            s1++;
            if(s1 == 10) s1 = 0, s10++;
            if(s10 == 10) s10 = 0;

            led <<= 1;
            led |= 0x01;
            if(led == 0xff) led = 0xfe;
            PORTC=led;
        }
    }
}
```

[예제 comp.3] Analog 비교기 실습예제

AIN0 〉= AIN1이면 port C에 연결되어 있는 하위 LED 4개를 ON시키고 AIN0 〈 AIN1이면 PORTC에 연결되어 있는 상위 LED 4개를 ON시키는 프로그램을 작성하라.
단, ACO 토글 출력에 대해 아날로그 비교기 출력의 인터럽트가 발생하도록 하자.

AIN0 〉= AIN1 ---〉 PORTC 4,5,6,7 LED ON
AIN0 〈 AIN1 ---〉 PORTC 0,1,2,3 LED ON

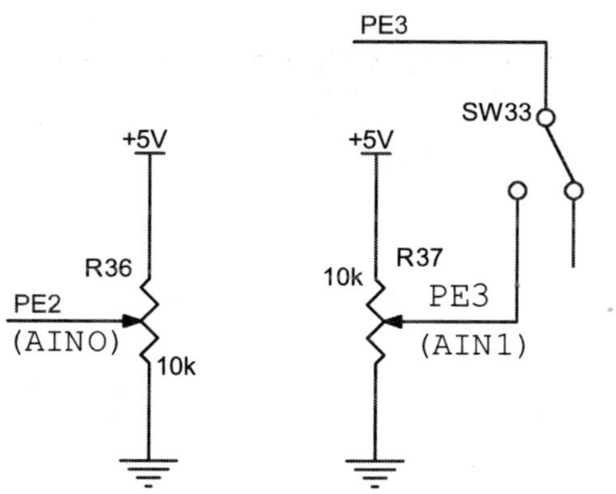


```
#include 〈mega128.h〉
void main(void)
  {
    DDRC = 0xff; // PORT C 출력설정
    DDRE = 0b00000010;                    // AIN0(PE2), AIN1(PE3) 입력 설정
    ACSR = 0b00001000;                    // bit3 ACIE='1', 토글출력 트리거
    if(ACSR & 0x20)  PORTC = 0xf0;        // AIN0 〉= AIN1
    else PORTC = 0x0f;                    // AIN0 〈 AIN1
    SREG = SREG | 0x80;                   // 전역 인터럽트 플래그 셋
    while(1);
  }
// 아날로그 비교기 인터럽트 처리 함수
interrupt [ANA_COMP] void ana_comp(void)
{
  if(ACSR & 0x20) PORTC = 0xf0;           // AIN0 〉= AIN1
  else PORTC = 0x0f;                      // AIN0 〈 AIN1
}
```

[예제 comp.4] Analog 비교기 실습예제

AIN0 〉= AIN1이면 Dotmatrix에 "0", AIN0 〈 AIN1이면 Dotmatrix에 "1"을 표시하도록 프로그램을 작성하라. 단, ACO 토글 출력에 대해 아날로그 비교기 출력의 인터럽트가 발생하도록 하자.

```
#include <mega128.h>
#include <delay.h>
int dot[2][8]= {{0x3c, 0x42, 0x42, 0x42, 0x42, 0x42, 0x42, 0x3c},
               {0x08, 0x18, 0x08, 0x08, 0x08, 0x08, 0x08, 0x1c}};

int com[8] = {0x01, 0x02, 0x04, 0x08, 0x10, 0x20, 0x40, 0x80};
int i;

void main(void)
 {
   DDRB = 0xff;
   PORTB = 0x00;
   DDRC = 0xff;
   PORTC = 0x00;
   DDRE = 0b00000010;

   ACSR = 0x08;  // bit3  ACIE='1'이면 ACIS1,0=0이면 토글출력 비교인터럽트
   SREG =  0x80;

   while(1)
    {
      if(ACSR & 0x20)
       {
         for(i = 0; i < 8; i++)
          {
            PORTC = dot[1][i];
            PORTB = com[i];
            delay_ms(2);
          }
       }
     else
       {
        for( = 0; i < 8; i++)
          {
            PORTC = dot[0][i];
            PORTB = com[i];
            delay_ms(2);
          }
```

```
        }
    }
}

interrupt [ANA_COMP] void ana_comp(void)
 {
   if(ACSR & 0x20)
      {
        for(i = 0; i < 8; i++)
          {
             PORTC = dot[1][i];
             PORTB = com[i];
             delay_ms(2);
          }
      }
   else
     {
       for(i = 0; i < 8; i++)
         {
           PORTC = dot[0][i];
           PORTB = com[i];
           delay_ms(2);
         }
     }
  }
```

[예제 comp.5] Analog 비교기 실습예제

AIN0 〉= AIN1이면 dotmatrix에 1, AIN0 〈 AIN1이면 dotmatrix에 2을 표시하도록 프로그램을 작성하라. 단, ACO 토글 출력에 대해 아날로그 비교기 출력의 인터럽트가 발생하도록 하자.

```
#include <mega128.h>
#include <delay.h>
#define dot_1 0
#define dot_2 1
char comm[8] = {0x01,0x02,0x04,0x08,0x10,0x20,0x40,0x80};
char dot[2][8] = { {0x10, 0x18, 0x14, 0x10, 0x10, 0x10, 0x10, 0x7e }, // 1 new
                   {0x3c, 0x42, 0x42, 0x40, 0x20, 0x10, 0x08, 0x7e}}; // 2 new
void print(int n, int time)
 {
  int i,l;
  for(l = 0;l < time;l++)
   {
    for(i = 0;i < 8;i++)
      {
        PORTB=comm[i];
        PORTA=dot[n][i];
        delay_ms(1);
      }
    }
  }
void main(void)
 {
   DDRC = 0xff;              // 포트 C 출력 설정
   DDRE = 0b00000010;        // AIN0(PE2),AIN1(PE3) 입력 설정
   DDRA=0xff;                // PORTA를 출력으로 설정한다.
   DDRB=0xff;                // PORTB를 출력으로 설정한다.
   ACSR = 0x08;              // 인터럽트 인에이블 ACIE = '1'토글출력 트리거
// LED 출력 초기화
   if(ACSR & 0x20)
      {
        PORTC = 0xf0;        // AIN0 >= AIN1
        print(dot_1,100);
      }
   else
     PORTC = 0x0f;           // AIN1 < AIN1
     print(dot_2,100);
   {

}
```

```
    SREG = SREG | 0x80;                    // 전역 인터럽트 플래그 셋
    while(1);
}

// 아날로그 비교기 인터럽트 처리 함수
interrupt [ANA_COMP]void ana_comp(void)
{
    if(ACSR &0x20)
        {
            PORTC = 0xf0;    // AIN0 >= AIN1
            print(dot_1,100);
        }
     else
        {
           PORTC = 0x0f;     // AIN0 < AIN1
           print(dot_2,100);
         }
}
```

CHAPTER

13

A/D 변환기

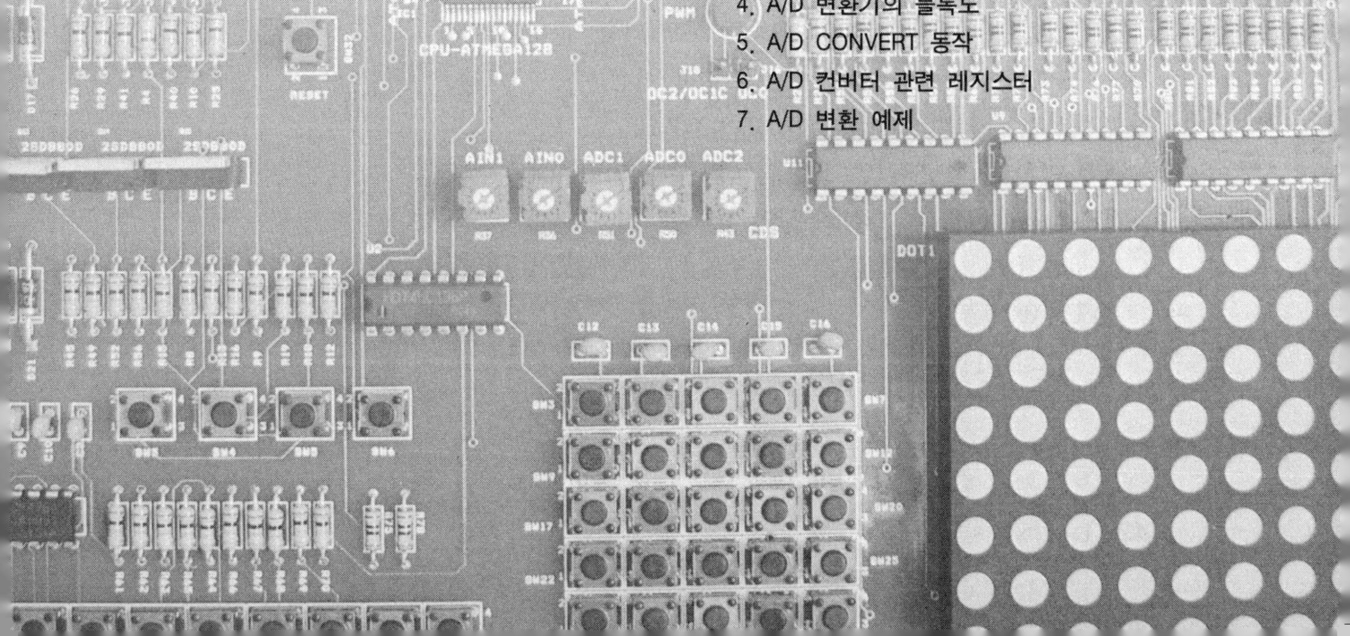

1. A/D 컨버터란 무엇인가?

연속적인 신호인 아날로그 신호를 부호화된 디지털 신호로 변환하는 일이다. 아날로그 디지털 변환을 수행하는 기계 장치를 아날로그 디지털 변환기(AD Convertor)라고 하는데, 이 장치는 온도, 압력, 음성, 영상 신호, 전압 등의 실생활에서 연속적으로 측정되는 신호를 컴퓨터에 입력하여 디지털화 시키는 장치이다.

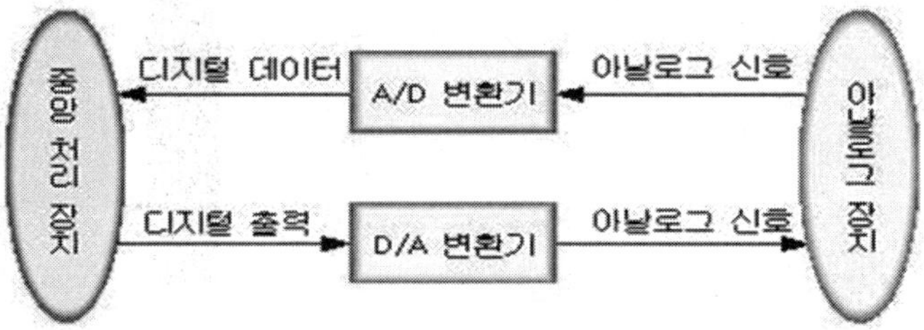

[그림 16-1] AD 및 DA 변환기의 관계도

2. A/D 컨버터의 특징

- ATmega128 : 10bit 분해능의 A/D 변환기를 8채널 가지고 있음.
- 10비트 *분해능
- *축차비교형(변환시간 수십 us의 종속형 A/D Converor)
- 내부 아날로그 멀티플렉서 탑재
- *샘플 앤 홀드회로 탑재로 인하여 A/D 동작동안 전압 고정화
- 단극성 아날로그 입력/차동입력 선택
- 차동입력에서 10배 ~ 200배의 증폭 A/D 가능
- PORTF는 아날로그 비교기 기능으로도 사용 가능
- 변환시간 (13us ~ 260us - 50kHz ~ 200kHz)
- **A/D 변환기 : PORTF0 ~ PORTF7를 통해 입력(ADC0 ~ ADC7)**
  ① Analog 전압 → Digital 전압 10bit로 변환
  ② 0 ~ 1023
  ③ 0 ~ 0x3ff
  ④ -512 ~ 511

참고자료

DAC나 ADC의 성능을 표시할 때 "얼마나 빠르게 샘플링 하느냐"하는 것과 "얼마나 정밀하게 변환을 하느냐"하는 두 가지 요소가 가장 중요하다. 이때 분해능을 양자화라고도 하는데, 가령 8bit를 사용하면 256등분을 할 수 있고, 16bit를 사용하면 65536등분을 할 수 있다. 이 값을 분해능이라 하고 이것을 최소/최대 x 100으로 해주면 오차 백분율이 되는 것이다. 8bit의 경우는 1/256 x 100 = 0.39% 이상의 오차를 갖는데 비해 16bit면 0.0015% 이상의 오차를 갖는다는 의미이다.

■ 여러 종류의 ADC 내부 BLOCK도이다. 가장 빠른 것은 FLASH TYPE이다.

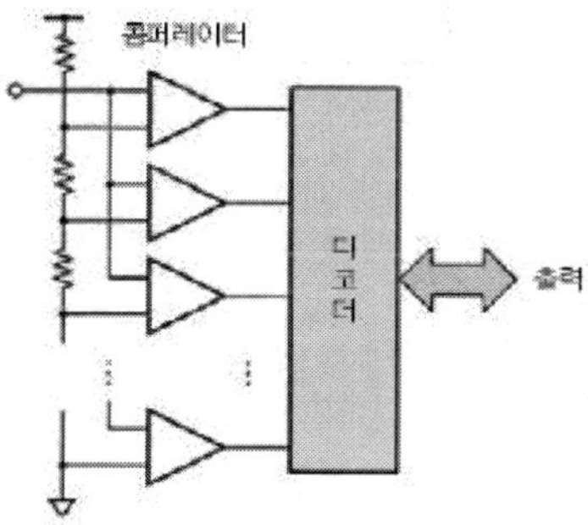

플래시형 A-D 컨버터의 내부 블록도

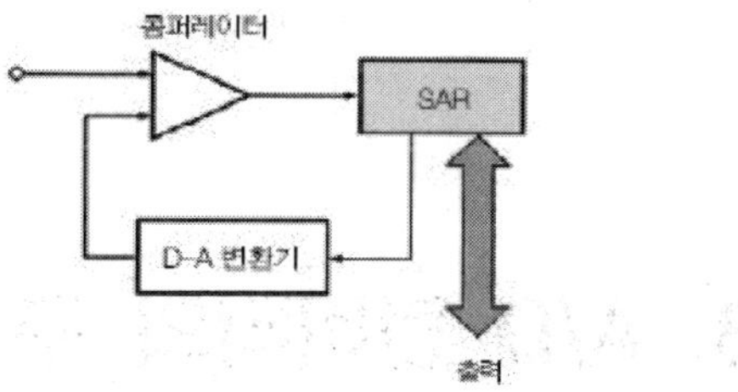

축차 비교형 A-D 컨버터의 내부 블록도

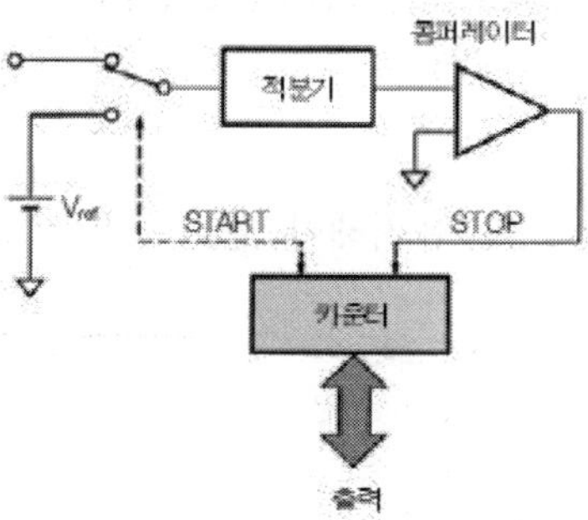

2중적분형 A-D 컨버터의 내부 블록도

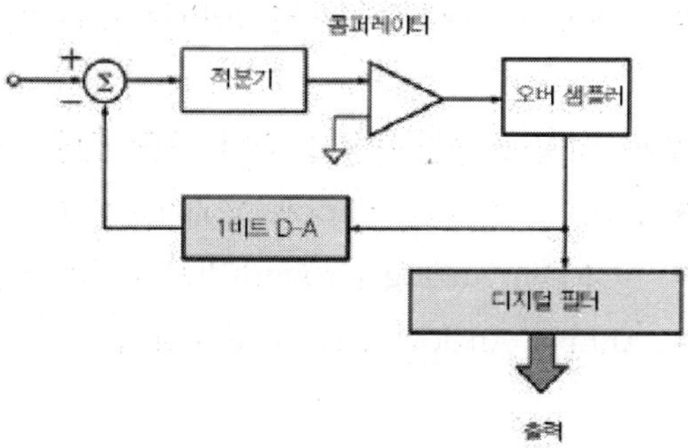

$\triangle\Sigma$형 A-D 컨버터의 내부 블록도

FLASH TYPE의 경우는 한 번에 ADC변환이 가능하므로 따로 S & H 회로가 필요 없다. 하지만 축차비교형의 경우 변환을 위해 8 clock(8bit의 경우)이 필요하고, 변환과정동안 입력은 일정한 값을 유지해야 한다. 그렇기 때문에 변환 시작 전에 S & H회로에서 입력을 샘플링하여 그 값을 C에 충전시켜 전압값을 유지시킬 필요가 있다. 여기에 샘플엔드홀드(S & H)회로가 필요한 것이다.

- sample and hold 회로

ADC실행 중에 입력전압이 변동하게 되면 ADC 데이터가 파동치는 값으로 되어 정확한 값을 얻기가 힘들다. ADC의 시작부터 종료까지는 입력전압을 같은 전압으로 유지시켜 줄 필요가 있어 샘플회로를 사용한다.

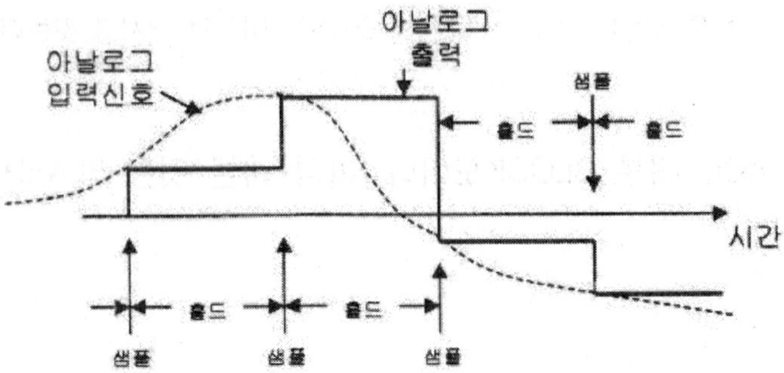

3. A/D 컨버터의 구성

- 범용 PORTF의 특수 기능
  - ADC0 ~ ADC7 : 8채널 10비트 A/D 컨버터의 아날로그 입력단자(PORTF)

- ADC 정확도 성능향상을 위한 독립 전원 구성
  - AVCC : Analog Supply Voltage(VCC의 전압의 ±0.3V 유지해야 함)
  - AGND : Analog Ground(반드시 GND와 연결)
  - AREF : Analog Reference Voltage

- 입력전압의 범위
  - 일반 모드 입력전압의 범위(0V ~ Vref)
  - 차동입력 모드 입력전압의 범위(-Vref ~ Vref)

- Vref의 범위
  - 전원전압 VCC를 초과할 수 없다.
    (VREF = VGND ~ VCC, 내부기준전압 2.56V)

4. A/D 변환기의 블록도

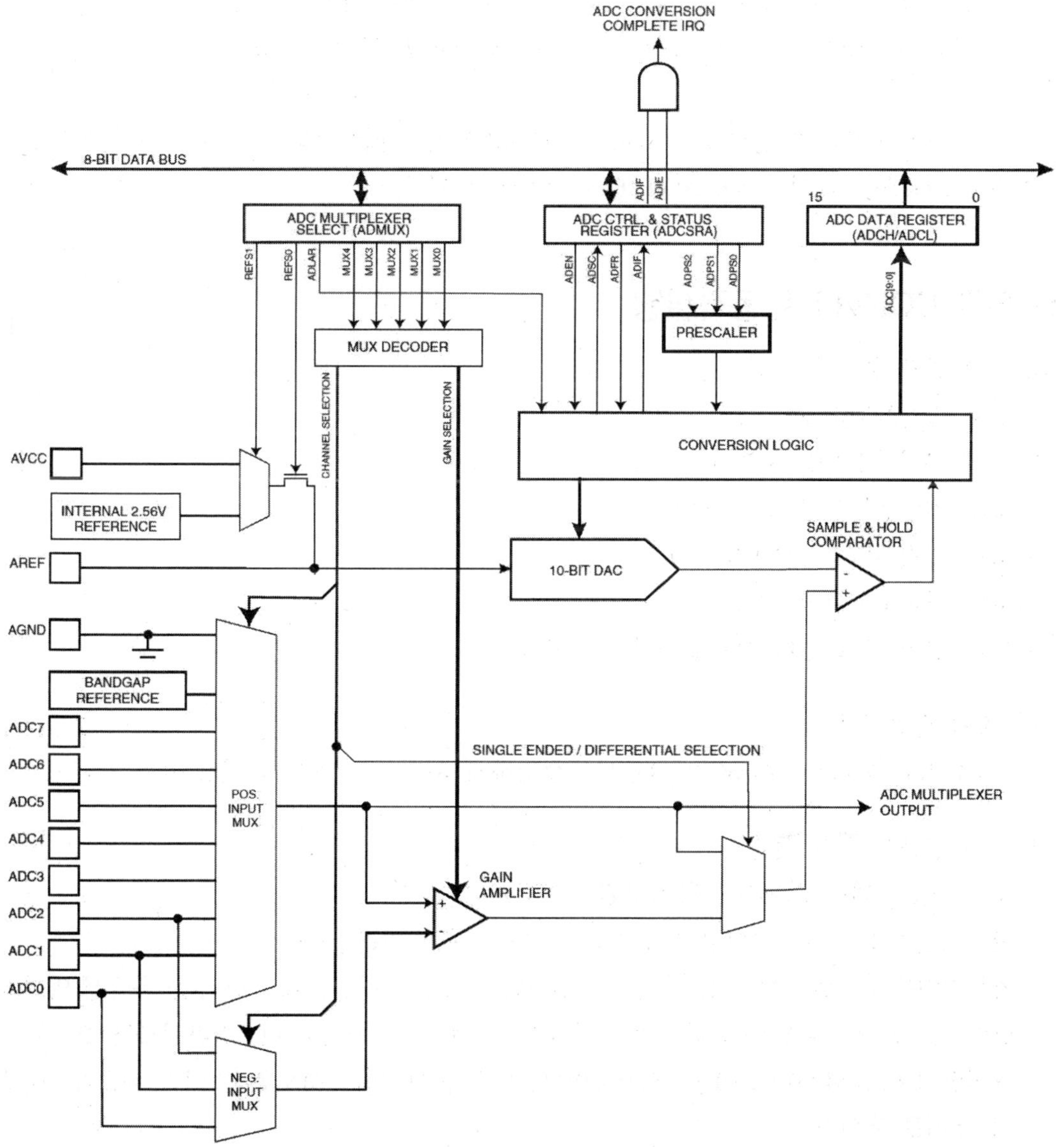

[그림 16-2] A/D 변환기 Block Diagram

5. A/D CONVERT 동작

- 단일변환 모드(Single conversion mode) : ADC 동작을 한번만 수행
- 프리런닝 모드(Free running mode) : ADC 동작을 반복적으로 수행

A/D 변환이 완료되면 변환값이 ADCH/L 레지스터에 업데이트되고 A/D 변환 인터럽트가 요청되며 ADCSRA 레지스터의 ADIF flag 값이 1이 된다.

1) A/D CONVERT 동작실행

① A/D 변환 초기화 설정

- ADC 활성화 (ADEN = 1)
- ADC 클럭설정 (ADPS 2~0)
- ADC 기준전압설정 (REF 1~0)
- ADC 입력채널설정 (MUX 4~0)
- ADC 동작모드설정 (ADFR)
- ADC 변환 완료 인터럽트 활성화 (ADIE)

② A/D 변환시작

- ADCSRA 레지스터 ADSC(bit6)= 1로 설정하게 되면 AD 변환이 시작된다.

③ A/D 변환값 결과 설정

- ADC 변환결과는 ADCH/L에 저장된다.

단극성입력에 Vin은 아날로그 입력전압이며 Vref는 기준전압이다.
차동입력에서는 Vpos는 차동 아날로그 입력의 양극성 입력전압이고 Vneg는 음극성 입력전압이다. GAIN은 아날로그 전압의 이득(1, 10, 200 중의 하나)이다. 변환결과는 2의 보수 표현방법으로 -512(0x0200) ~ +511(0x01FF) 범위를 가지며 GAIN값이 1이면 차동입력전압이 접지를 뜻한다.

$$\text{ADCH/L} = \frac{VIN * 1024}{VREF}$$

[단극성 입력]

$$\text{ADCH/L} = \frac{(Vpos - Vneg) * GAIN * 512}{Vref}$$

[차동입력]

④ A/D 변환 완료

- ADC 변환이 완료되면 변환값을 ADCH, ADCL에 저장하게 된다.

⑤ A/D 변환 완료 인터럽트 요청

- ADC Conversion Complete Interrupt를 요청한다.

⑥ ADC 상태플래그 셋

- ADIF = 1

⑦ ADC 다음동작 결정

- 단일/연속동작인지 구분하여 다음 동작 수행을 결정한다.(ADFR)

2) A/D 변환 오차

가) 양자화 오차 (Quantization error)

- 아날로그 값을 디지털 값으로 변환하면서 생기는 변환의 한계
- 대처방안 : 분해능이 높은 ADC사용으로 극복한다.

나) 오프셋 오차 (Offset error)

- 변환 결과가 이상적인 디지털 값에서 일정한 양만큼 벗어난 상태
- 대처방안 : 변환된 디지털 값에 일정치 값을 가산 하거나 감산해서 교정한다.

다) 이득 오차 (Gain error)

- 변환 결과가 이상적인 디지털 값에서 일정한 비율만큼 벗어난 상태
- 대처방안 : 변환된 디지털 값에 일정치 값을 곱하거나 나누어서 교정한다.

라) 비선형 오차 (Integral non-linearity error)

- 변환 결과가 교정될 수 없는 상태
- 대처방안 없음

마) 차동 비선형 오차 (Differential non-linearity error)

- 변환 결과가 교정될 수 없는 상태
- 대처방안 없음

3) A/D Convertor 잡음 제거 방법

A/D Convertor의 경우에는 노이즈에 매우 민감하기 때문에 ATmega128 내에서도 AVCC, AREF, AGND와 같은 ADC 전원구성도 따로 하였으며 사용자 또한 몇 가지 사항을 주의하여 사용해야 한다.

AVCC = 독립적인 아날로그 회로 전원단자
AREF = 기준전원 입력단자
AGND = 아날로그 회로 접지단자

- 아날로그 입력선은 최소한 짧게 하고 잡음의 영향이 없도록 회로를 구성한다.
- 아날로그 전원단자 AVCC에 VCC를 인가할 때는 LC필터를 거쳐 안정화시킨다.
- 아날로그 회로의 모든 접지는 AGND에 접지하여 한 포인트에서만 GND와 접속한다.
- ADC 동작중에는 병렬 I/O 포트의 논리상태를 스위칭하지 않는다.
- 잡음에 민감한 아날로그 소자의 ADC의 경우에는 ADC Noise Reduction mode를 사용한다.
- 잡음이 심하여 결과값의 변동이 심하면 디지털 필터를 사용하거나 평균치를 구하여 사용한다.

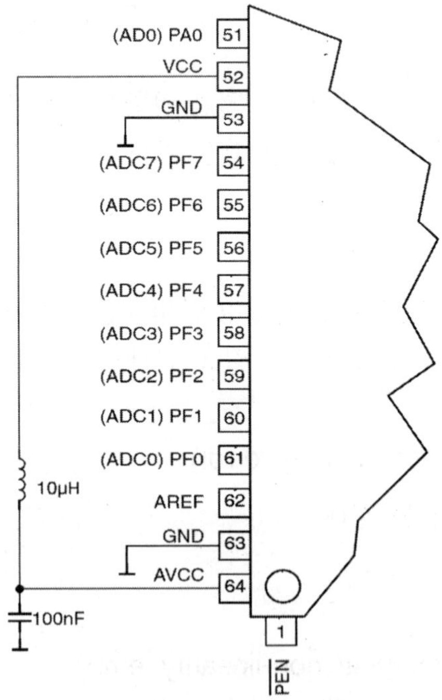

[그림 16-3] AVCC의 LC필터를 통한 VCC 인가 방법

6. A/D 컨버터 관련 레지스터

A/D 컨버터를 제어하기 위해서는 ADC관련 레지스터 ADMUX, ADCSRA, ADCH/L 사용법을 알아야 한다.

1) ADMUX(ADC Multiplexer Selection Register)

Bit	7	6	5	4	3	2	1	0	
	REFS1	REFS0	ADLAR	MUX4	MUX3	MUX2	MUX1	MUX0	ADMUX
Read/Write	R/W	R/W	R/W	R/W	R/W	R/W	R/W	R/W	
Initial Value	0	0	0	0	0	0	0	0	

- Bit 7, 6 - REFS1, REFS0 (Reference Selection Bit)

REFS1	REFS0	기 준 전 압
0	0	외부 AREF 단자로 입력된 전압을 사용
0	1	*외부 AVCC 단자 입력된 전압을 사용
1	0	-
1	1	*내부의 2.56V를 사용

* 외부 AREF 핀에 콘덴서를 접지와 연결해서 사용한다.

[ADC에서 사용하는 기준전압을 설정]

- Bit 5 - ADLAR (ADC Left Adjust Result)

ADLAR = 0 변환 결과값을 ADCH/L에 저장할 때 하위 10비트 끝을 맞추어 저장
ADLAR = 1 변환 결과값을 ADCH/L에 저장할 때 상위 10비트 끝을 맞추어 저장

- Bit 4, 3, 2, 1, 0 - MUXn (Analog Channel and Gain Selection Bit)

아날로그 입력채널 : 단극성 입력범위 MUX4~0: 00000~00111
차동입력채널 : "+" 차동입력, "-" 차동입력, 내부증폭 gain(이득)

[표 16-1] ADC 변환 값 Table

MUX4..0	Single Ended Input	Positive Differential Input	Negative Differential Input	Gain
00000	ADC0			
00001	ADC1			
00010	ADC2			
00011	ADC3	N/A		
00100	ADC4			
00101	ADC5			
00110	ADC6			
00111	ADC7			
01000[1]		ADC0	ADC0	10x
01001		ADC1	ADC0	10x
01010[1]		ADC0	ADC0	200x
01011		ADC1	ADC0	200x
01100		ADC2	ADC2	10x
01101		ADC3	ADC2	10x
01110		ADC2	ADC2	200x
01111		ADC3	ADC2	200x
10000		ADC0	ADC1	1x
10001		ADC1	ADC1	1x
10010	N/A	ADC2	ADC1	1x
10011		ADC3	ADC1	1x
10100		ADC4	ADC1	1x
10101		ADC5	ADC1	1x
10110		ADC6	ADC1	1x
10111		ADC7	ADC1	1x
11000		ADC0	ADC2	1x
11001		ADC1	ADC2	1x
11010		ADC2	ADC2	1x
11011		ADC3	ADC2	1x
11100		ADC4	ADC2	1x
11101		ADC5	ADC2	1×
11110	1.23V			
1111	0V			

2) ADCSRA(ADC Control and Status Register A)

Bit	7	6	5	4	3	2	1	0	
	ADEN	ADSC	ADFR	ADIF	ADIE	ADPS2	ADPS1	ADPS0	ADCSRA
Read/Write	R/W	R/W	R/W	R/W	R/W	R/W	R/W	R/W	
Initial Value	0	0	0	0	0	0	0	0	

- Bit 7 – ADEN (ADC Enable) (ADEN = 1 ADC동작, ADEN = 0 ADC정지)
- Bit 6 – ADSC (ADC Start Conversion) **(ADSC=1이면 ADC 변환시작)**
  단일변환 모드일 때 단 한번만 동작/free running mode일 때 변환동작 반복
- Bit 5 – ADFR (ADC Free Running Select)
  ADFR = 1 : free running mode
  ADFR = 0 : 단일변환모드
- Bit 4 – ADIF (ADC Interrupt Flag)
  ADIE=1, SREG=0x80이면 ADC 변환완료 인터럽트요청, 인터럽트 처리 후 자동 "0"
- Bit 3 – ADIE (ADC Interrupt Enable) ADIE=1 : ADC Interrupt 허용)
- Bit 2, 1, 0 – ADPS 2~0 (ADC Prescaler Select Bit)
- ADC에 인가되는 클럭의 분주비를 설정한다.

ADPS2	ADPS1	ADPS0	분주비
0	0	0	2
0	0	1	2
0	1	0	4
0	1	1	8
1	0	0	16
1	0	1	32
1	1	0	64
1	1	1	128

3) ADCH/L(ADC Data Register)

ADC의 변환결과를 저장한다.

- ADLAR = 0

Bit	15	14	13	12	11	10	9	8	
	–	–	–	–	–	–	ADC9	ADC8	ADCH
	ADC7	ADC6	ADC5	ADC4	ADC3	ADC2	ADC1	ADC0	ADCL
	7	6	5	4	3	2	1	0	
Read/Write	R	R	R	R	R	R	R	R	
	R	R	R	R	R	R	R	R	
Initial Value	0	0	0	0	0	0	0	0	
	0	0	0	0	0	0	0	0	

- ADLAR = 1

Bit	15	14	13	12	11	10	9	8	
	ADC9	ADC8	ADC7	ADC6	ADC5	ADC4	ADC3	ADC2	ADCH
	ADC1	ADC0	–	–	–	–	–	–	ADCL
	7	6	5	4	3	2	1	0	
Read/Write	R	R	R	R	R	R	R	R	
	R	R	R	R	R	R	R	R	
Initial Value	0	0	0	0	0	0	0	0	
	0	0	0	0	0	0	0	0	

4) A/D 변환 프리스케일러와 변환 타이밍

ADC Prescaler

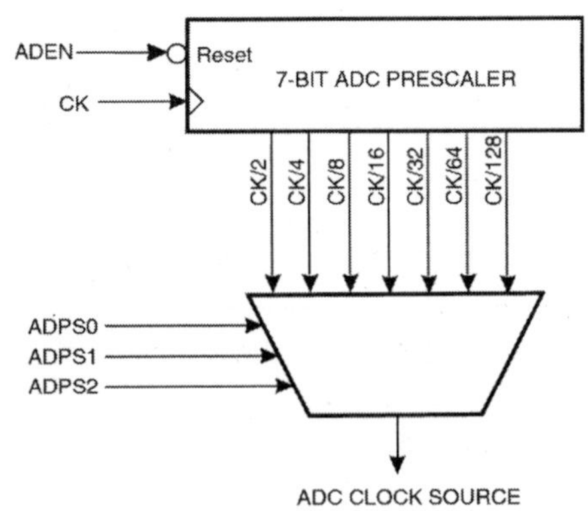

A/D 변환을 위해 클럭 주파수(clk_ADC)는 50KHz ~ 200KHz 범위로 사용하여야 하며 ADCSRA 레지스터의 ADEN = 1로 설정하는 경우에만 프리스케일러는 동작된다.

■ 단일변환모드

A/D 변환을 수행하기위해 ADEN = 1로 설정한 후 최초변환에는 25개의 clock이 소요되며 다음에는 13개의 clock이 소요된다. 또한 변환시간에는 13.5 클럭주기와 1.5 클럭주기 안에 샘플/홀드 동작시간이 포함되어 있다.

동 작 모 드	변환시작 후의 clock	변환시간
firs t conversion	13.5	25
first conversion 이후 단극입력	1.5	13
first conversion 이후 차동입력	1.5 ~ 2.5	13 ~ 14

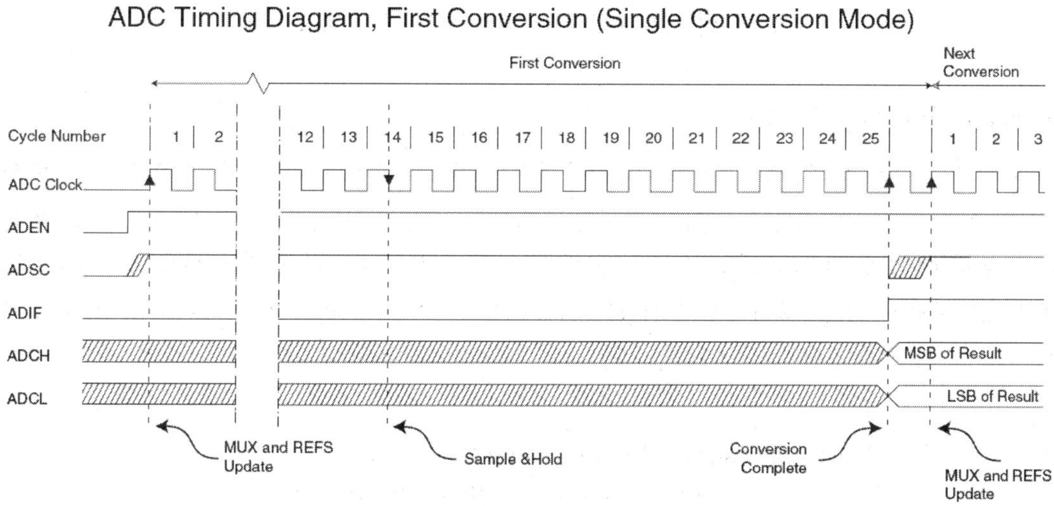

[ADEN = 1 설정한 후 first conversion 동작 타이밍]

ADCSRA 레지스터의 ADEN = 1로 설정 후 ADSC = 1로 AD 변환이 시작되며 ADC_clk이 상승 edge 상태에서 변환이 시작된다. 샘플/홀드회로를 포함한 ADC는 25개의 클럭이 소요되며 ADCH/L 레지스터에 저장된다. 변환이 완료되면 ADIF = 1로 되어 A/D변환 완료 인터럽트가 요청되고 ADSC bit는 자동으로 clear 된다. 변환값을 cpu가 읽은 후 다시 A/D 변환을 하게 하려면 ADSC = 1로 설정하면 A/D변환이 이루어진다.

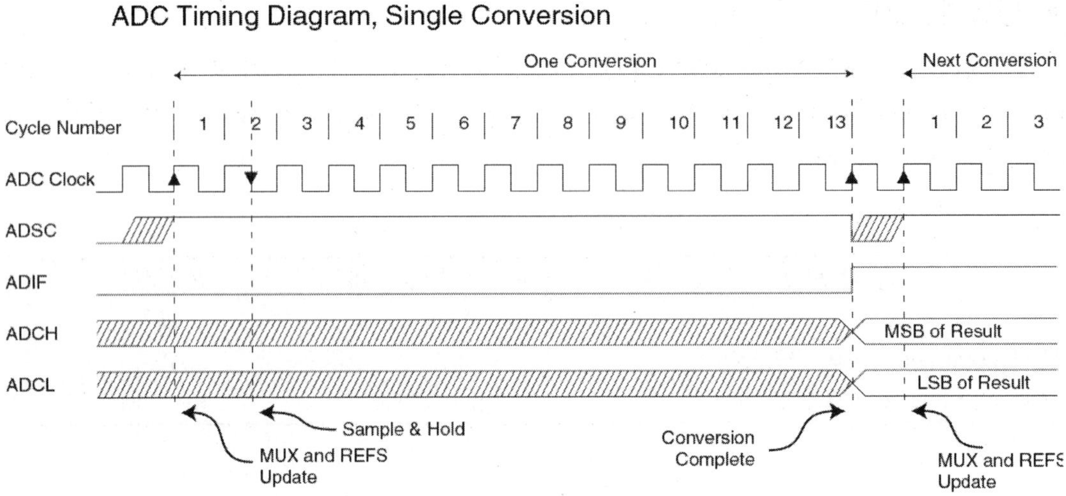

[ADEN = 1 설정한 후 first conversion 이후 동작 타이밍]

■ FREE Running Mode

FREE Running 모드는 ADSC = 1로 설정하면 반복적으로 A/D 변환이 이루어진다. 그림에서 보듯이 ADSC = 1로 설정하고 13개의 클럭이 동작되는 동안 A/D 변환이 이루어진다. A/D 변환된 값은 ADCH/L에 저장되며 그 다음 동작이 자동으로 반복된다. 차동입력을 사용하는 경우에는 아날로그 신호 GAIN을 처리하는데 시간이 좀 더 소요되며 A/D 변환 시작 후 125us 정도 경과 후 설정한 값을 변경하는게 바람직하다.

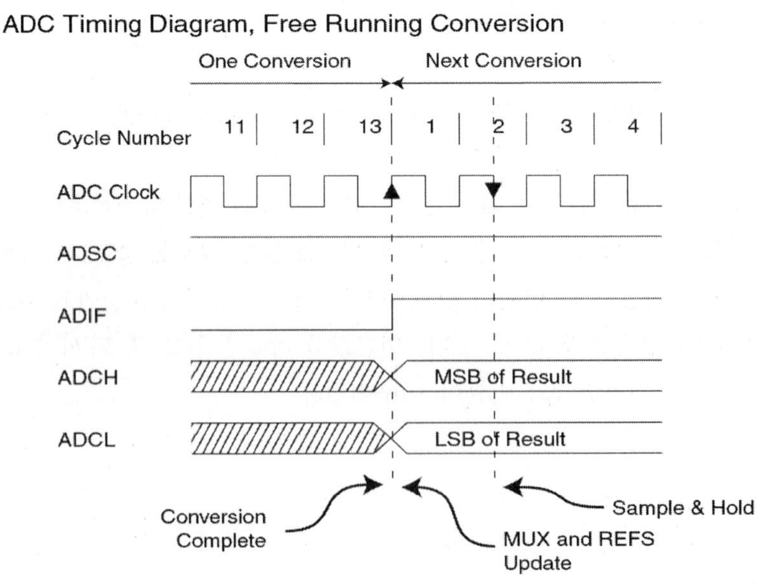

7. A/D 변환 예제

[예제 ADC.1] ADC0에 입력되는 전압 FND 표시(단극성 입력)

PF0 ADC0에 가변저항 R50 10k가 연결되어 있으며 이단자를 통해 입력되는 전압을 3개의 FND에 소수 2자리까지 전압값으로 표시하는 프로그램을 작성하라.

ADC0에 연결된 가변저항을 가변시키며 표시되는 전압값을 확인하자.

// 설 명 : ADC0 전압 소수 두 자리까지 표시

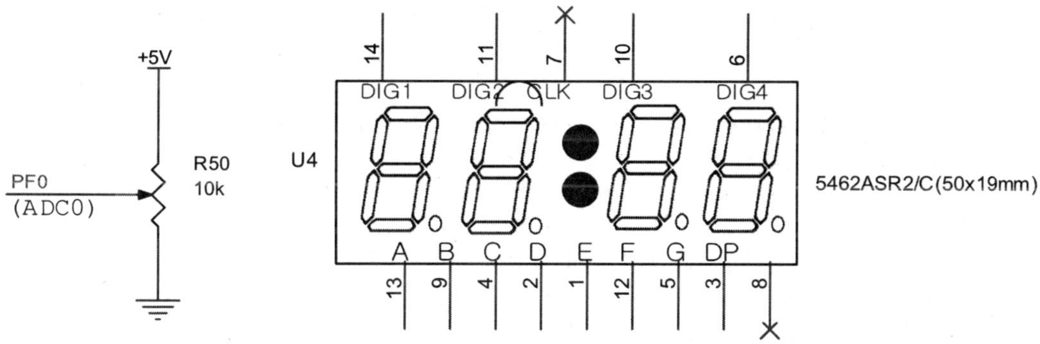


```
#include <mega128.h>
#include <delay.h>
char seg_pat[16]={0x3f,0x06,0x5b,0x4f,0x66,0x6d,0x7d,0x07,0x7f,0x6f};
void  AD_disp(int);                    // A/D 변환값 표시
void main(void)
 {
     int ad_val;
     DDRB = 0xff;                      // 포트 B 출력 설정
     DDRF = 0xf0;                      // PF4-PF7 출력, PF0-PF3 입력
     ADMUX = 0x00;                     // ADC0 단극성 입력 선택
     ADCSRA = 0x87;                    // ADEN=1동작허용, 16MHz/128분주=125kHz
     delay_ms(5);
     while(1)
       {
         ADCSRA = 0xc7;                // ADEN=1, ADSC=1 변환시작 128분주
         while((ADCSRA & 0x10) == 0);              // ADIF=1이 될 때까지
         ad_val = (int)ADCL + ((int)ADCH<< 8);     // A/D변환값 읽기
          // ad_val = (ad_val & 0xfffc);              // 떨림방지
         AD_disp(ad_val);                          // A/D 변환값 표시
       }
   }
```

```
// A/D 변환값 표시
void AD_disp(int val)
 {
   float  fval;
   int  ival, buf;
   char N100, N10, N1;

   fval = (float)val * 5.0 / 1023.0;            // if val=1022 이면 fval=4.99511
   ival = (int)(fval  * 100.0 + 0.5);           // fval=4.99511 이면 ival=500.011

   N100 = ival / 100;                           // 정수부 추출
   buf = ival % 100;
   N10 = buf / 10;                              // 소수 첫째 자리 추출
   N1 = buf % 10;                               // 소수 둘째 자리 추출

   PORTF = 0b11100000;          // SEG 1(소수 둘째 자리 표시)
   PORTB = seg_pat[N1];
   delay_ms(1);

   PORTF = 0b11010000;          // SEG 2(소수 첫째 자리 표시)
   PORTB = seg_pat[N10];
   delay_ms(1);

   PORTF = 0b10110000;          // SEG 3(정수부 표시)
   PORTB = seg_pat[N100];
   delay_ms(1);
 }
```

[예제 ADC.2] free running mode를 이용한 ADC1 입력전압 FND에 표시

// 설 명 : ADC1(R51) 전압 읽어 표시하기
// ADFR=1이면 free running mode, ADFR=0이면 단일변환모드

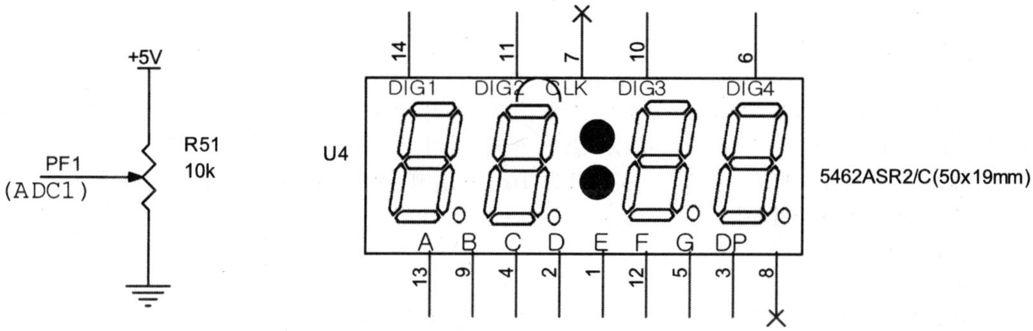


```
#include <mega128.h>
#include <delay.h>
char seg_pat[16]= {0x3f,0x06,0x5b,0x4f,0x66,0x6d,0x7d,0x07,0x7f,0x6f};

void AD_disp(int);
void main(void)
 {
    int ad_val;

    DDRB = 0xff;            // 포트 B 출력 설정
    DDRF = 0xf0;            // PF4-PF7 출력, PF0-PF3 입력
    ADMUX = 0x01;           // ADC1 단극성 입력 선택
    ADCSRA = 0xe7;          // ADEN=1,ADSC=1,ADFR=1,16MHz/128 -> 125kHz
    delay_ms(5);

    while(1)
      {
        ad_val = (int)ADCL + ((int)ADCH << 8);        // A/D값 읽기
        AD_disp(ad_val);                              // A/D값 표시
        delay_ms(2);
      }
    }

 // A/D 변환값 표시
 void AD_disp(int val)
  {
      float fval;
      int ival, buf;
```

```
    char N100, N10, N1;

    fval = (float)val * 5.0 / 1023.0;
    ival = (int)(fval  * 100.0 + 0.5);

    N100 = ival / 100;              // 정수부 추출
    buf = ival % 100;

    N10 = buf / 10;                 // 소수 첫째 자리 추출
    N1 = buf % 10;                  // 소수 둘째 자리 추출
    PORTF = 0b11100000;             // SEG 1(소수 둘째 자리 표시)
    PORTB = seg_pat[N1];
    delay_ms(5);

    PORTF = 0b11010000;             // SEG 2(소수 첫째 자리 표시)
    PORTB = seg_pat[N10];
    delay_ms(5);
    PORTF = 0b10110000;             // SEG 3(정수부 표시)
    PORTB = seg_pat[N100];
    delay_ms(5);
}
```

[예제 ADC.3] 차동입력 +ADC0, -ADC1 A/D 변환 전압 표시

차동입력 **R50 +ADC0, R51 -ADC1**을 **A/D 변환**하고 FND에 표시하라.
단, 이득은 1로 하고 '-'의 경우에는 FND 맨 왼쪽에 '-'로 표시하라.

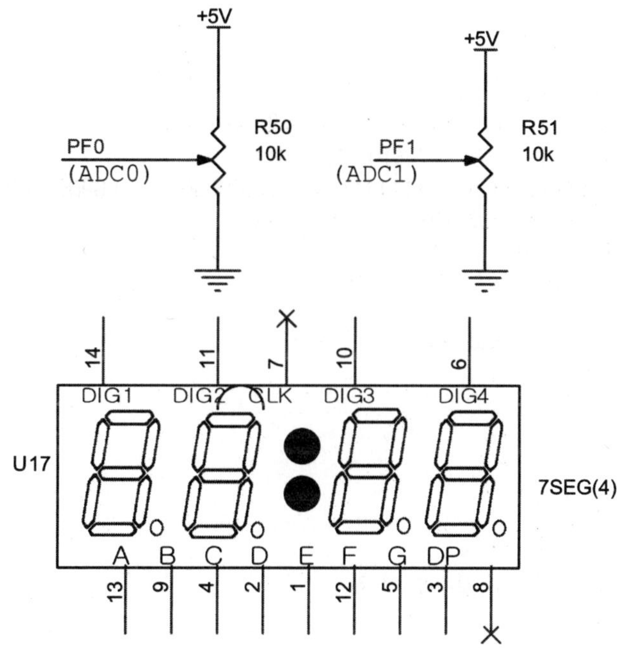


```
#include <mega128.h>
#include <delay.h>
char seg_pat[17]={0x3f,0x06,0x5b,0x4f,0x66,0x6d,0x7d,0x07,0x7f,0x6f,0x77,0x7c,
0x39,0x5e,0x79,0x71,0x40};
void  Diff_AD_disp(int);        // 차동입력 전압 A/D 변환값 표시

void main(void)
{
   int ad_val;
   DDRB = 0xff;                 // 포트 B 출력 설정
   DDRF = 0xf0;                 // PF4-PF7 출력, PF0-PF3 입력

   ADMUX = 0x10;                // +ADC0, -ADC1 차동입력  gain*1
   ADCSRA = 0x87;               // ADEN=1, 16MHz/128분주 = 125kHz
   delay_ms(5);

   while(1)
     {
        ADCSRA = 0xc7;      // ADEN=1, ADSC = 1 ADC start
        while((ADCSRA & 0x10) == 0);    // ADIF=1이 될 때까지
        ad_val = (int)ADCL + ((int)ADCH << 8);
```

```
        ad_val = ad_val & 0xfffc;
        Diff_AD_disp(ad_val);    // 차동입력 표시
    }
}
// 차동입력 전압 A/D 변환  표시
void Diff_AD_disp(int val)
{
  float  fval;
  int ival, buf;
  char N100, N10, N1, sign = 0;
  // +ADC 〉= -ADC :  0  1  2 3  ....  508 509 510 511
  // +ADC 〈  -ADC : -1 -2 -3 .... -510 -511 -512
  //10비트2의보수:  1111111111  1111111110 ....1000000001 1000000000
  // 16비트 값 AA : 1023 1022 1021 ..... 513 512
  // 실제 표시할 값 = -(1024 - AA)
  if(val 〉 512)     // -값
    {
        fval = (float)(1024 - val);+
        sign = 1;
    }
  else fval = (float)val;

  fval = fval * 5.0 / 512.0;
  ival = (int)(fval  * 100.0 + 0.5);

  N100 = ival / 100;       // 정수부 추출
  buf = ival % 100;

  N10 = buf / 10;          // 소수 첫째 자리 추출
  N1 = buf % 10;           // 소수 둘째 자리 추출

  PORTF = 0b11100000;     // SEG 1(소수 둘째 자리 표시)
  PORTB = seg_pat[N1];
    delay_ms(1);

  PORTF = 0b11010000;     // SEG 2(소수 첫째 자리 표시)
  PORTB = seg_pat[N10];
    delay_ms(1);

  PORTF = 0b10110000;     // SEG 3(정수부 표시)
  PORTB = seg_pat[N100];
    delay_ms(1);

  if(sign == 1)
   {
     PORTF = 0b01110000;  // SEG 4( '-'  표시)
     PORTB = seg_pat[16];
     delay_ms(1);
   }
}
```

[예제 ADC.4] 차동입력 +ADC0, -ADC1 A/D 변환 전압 표시

차동입력 **R50 +ADC0, R51 -ADC1을 A/D 변환**하고 LCD에 표시하라.
단, 이득은 1로 하고 '-'의 경우에는 LCD의 맨 왼쪽에 '-'로 표시하라.

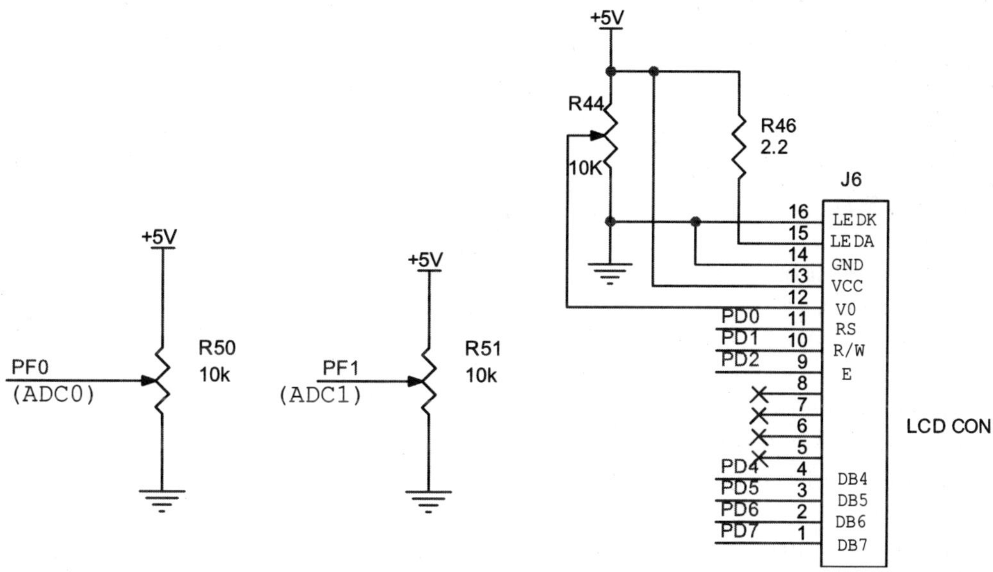


```
#include <mega128.h>
#include <delay.h>
#include <stdio.h>  // sprintf함수를 이용하기 위한 헤더파일
#asm
  .equ __lcd_port=0x12 ;PORTD
#endasm
#include <lcd.h>
char string[30];         // LCD에 표시될 문자열 저장 배열
void Diff_AD_disp(int);
void main(void)
 {
   int ad_val;
   DDRB = 0xff;
   DDRF =0xf0;
   ADMUX = 0x10; // MUX 10000 ADC0 ADC1    X1
   ADCSRA = 0x87; // ADEN=1 A/D 동작허용 ADPS 128분주
   delay_ms(5);
   lcd_init(16);  // LCD초기화
   while(1)
    {
      ADCSRA = 0xC7;  // ADEN=1 A/D허용, ADSC=1 A/D시작
```

```
        while((ADCSRA & 0x10) == 0);
        ad_val = (int)ADCL + ((int)ADCH << 8);
        Diff_AD_disp(ad_val);
    }
  }
void Diff_AD_disp(int val)
 {
   float fval;
   int ival, buf;
   int N100, N10, N1, flag = 0;
   char sign = '+'; // 부호값
   if(val > 512)
     {
        fval = (float)(1024 - val);
        flag = 1;
        sign = '-';
     }
   else fval = (float)val;
   fval = fval * 5.0 / 512.0;
   ival = (int)(fval * 100.0 + 0.5);

   N100 = ival / 100;
   buf = ival % 100;
   N10 = buf / 10;
   N1 = buf % 10;

   sprintf(string,"A/D C Voltage is %c%d.%d%dV", sign, N100, N10, N1);
   lcd_gotoxy(0, 0);          // LCD 첫째 줄 표시 세팅
   delay_ms(100);
   lcd_puts(string);          // lcd에 값을 뿌려줌
 }
```

[예제 ADC.5] LM35DZ를 이용한 디지털 온도계 표시(LCD)

ADC3에 연결된 LM35DZ를 이용한 디지털 온도계가 표시될 수 있도록 프로그램을 구현하여라.

※ 주의 : codevision AVR에서 configure project( )에서 Compiler-(s)printf Features값을 float, width, precision으로 바꿔주어야 한다.

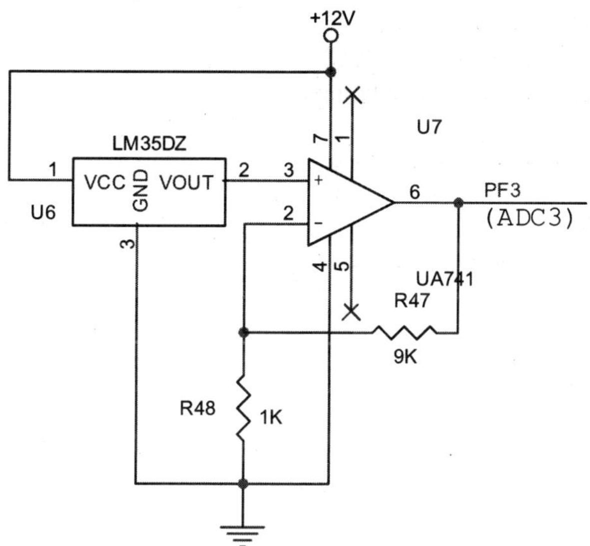

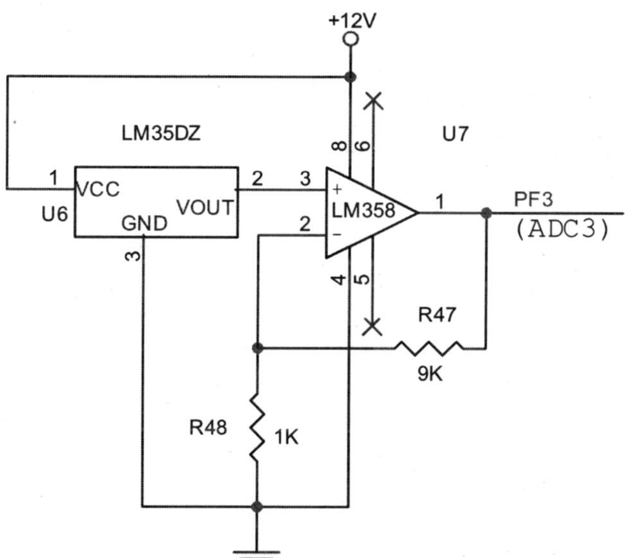

[UA741을 사용하는 회로(위), LM358(아래)을 사용하는 회로]

```
#include <mega128.h>
#include <delay.h>
#include <stdio.h>
#asm
  .equ __lcd_port=0x12;PORTD  // PORTD에 LCD 연결
#endasm
#include <lcd.h>
#define ADC_VREF_TYPE 0x03
// AD 변환 결과 읽기 사용자 함수(자동생성)
unsigned int read_adc(unsigned char adc_input)
 {
    ADMUX = adc_input | ADC_VREF_TYPE;
    // AD 변환 시작
    ADCSRA |= 0x40;
    // AD 변환이 완료될 때까지 기다림
    while ((ADCSRA & 0x10) == 0);
    ADCSRA |= 0x10;
    return ADCW;
  }
void main(void)
 {
    // 지역변수 선언
    int adc_val;
    char text[16];
    float temp;
    // ADC 초기화
    // ADC 클록 주파수 : 125.000 kHz
    // ADC 기준 전압 : AREF PIN (5V)
    ADMUX = ADC_VREF_TYPE;
    ADCSRA = 0x86;
    SFIOR &= 0xef;
    // LCD 모듈 초기화
    lcd_init(16);
    while (1)
     {
       lcd_clear();
       lcd_gotoxy(0,0);
       lcd_putsf("LM35 Temperature");
       // A/D변환값 읽어오기
       adc_val = read_adc(0);
       //온도 = AD값 * 분해능 * 10(OP AMP 증폭률)
       temp = adc_val * 0.0048828125 * 10;
      // LCD line2에 출력
       sprintf(text, "TEMP = %4.2f \xdfC ", temp);
```

```
        lcd_gotoxy(0,1);
        lcd_puts( text );
        // 잠시 대기
        delay_ms(1000);
    }
}
```

CHAPTER

14

USART (범용 동기 비동기 송수신장치)

1. USART
2. USART 제어
3. USART 통신 예제

1. USART (Universal Synchronous and Asynchronous serial Receiver and Transmitter)

■ ATmega128 TX, RX pin 2,3 pin 27,28(2-wire를 이용)

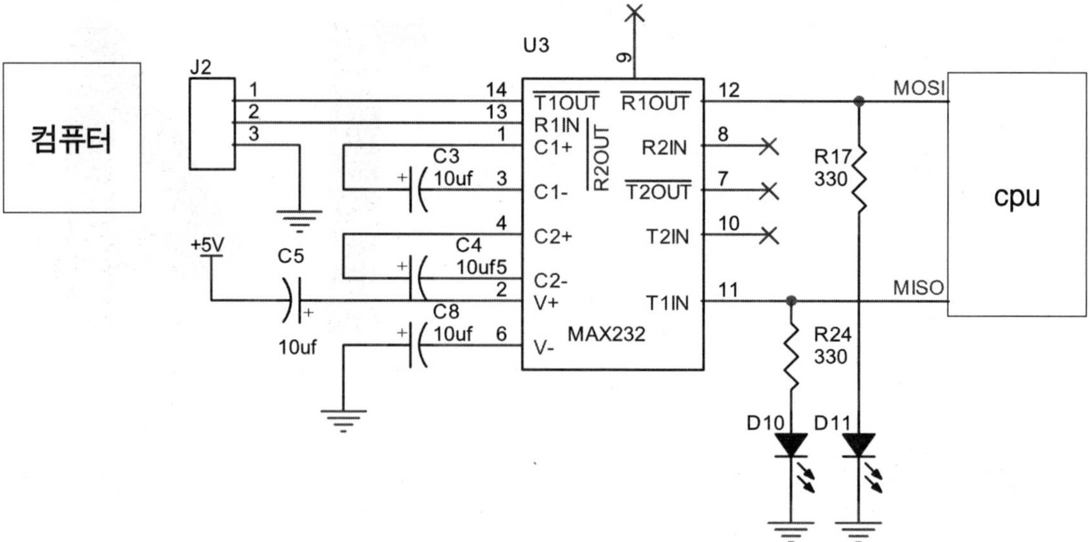

[그림 17-1] USART를 위한 MAX232 회로

Atmega128은 USART0 ~ USART1번 두 개의 직렬 통신 포트를 가지고 있다. 이 통신들의 경우 동기 및 비동기 전송모드에서 모두 전이중 통신이 가능하고, 멀티프로세서 통신모드로 동작하는 것도 가능하다

동기식 모드시 마스터로 동작하는 경우 전송속도를 결정하는데 있어서 내부클럭을 사용지만 슬레이브 모드시 동작할 때 XCKn 단자로 입력되는 외부클럭 신호에 의하여 동작된다. 비 동기식 모드에서는 항상 내부 시스템 클럭에 의하여 보레이트(baud rate)가 결정된다.

cf. **baud rate** : 데이터 통신에서 직렬전송의 변조속도를 1초 동안에 전송되는 신호의 수로 나타낸 값이다. baud는 변조속도, 즉 컴퓨터의 디지털 신호를 전화선을 통해 전달될 수 있는 아날로그 신호로 바꿔주는 속도를 나타낸다. 프랑스의 발명가 Jean Maurice Emile Baudot 만든 단위로 예전에는 전신기를 조작할 때 초당 전송하는 클록의 숫자를 나타낼 때 사용했던 단위이지만 현재는 1초에 변조할 수 있는 횟수를 나타낸다.

cf. **bps** : 1초에 보낼 수 있는 비트수, 일정 시간동안 전송된 data의 양

현재 대부분의 Usart 통신의 경우 비동기식 모드를 사용하는 것이 대부분이다. Atmega128의 Uart(시리얼통신)는 **수신완료, 송신완료, 송신데이이터 준비완료 3가지 인터럽트를 사용**할 수 있다.

- USART I/O 데이터 레지스터(UDR0, UDR1)

  이 레지스터는 경우 보통 송수신 데이터 버퍼의 기능을 수행하고 있다.

- USART 제어 및 상태 레지스터A(UCSR0A, UCSR1A)

  이 레지스터의 경우 송수신 동작을 제어하거나 송수신 상태를 저장하는 기능을 수행한다.
  보통 이 레지스터의 경우 각종 플래그 비트를 지니고 있다.

- USART 제어 및 상태 레지스터B(UCSR0B, UCSR1B)

  이 레지스터는 송수신 동작을 제어하거나 전송 데이터를 9비트로 설정한 경우에 전송 데이터의 9번재 비트값을 저장하는 기능을 수행한다.
  상태제어 레지스터B는 수신 인터럽트 및 송신 인터럽트를 인에이블 하는 비트를 가지고 있다.

- USART 제어 및 상태 레지스터(UCSR0C, UCSR1C)

  상태 레지스터A, B와 같이 송수신 동작을 제어하는 기능을 수행한다.
  이 레지스터의 경우 패리티 모드 설정 및 전송 길이를 설정하는 기능을 한다.

- USART 제어 및 상태 레지스터(UBRR0H/L, UBRR1H/L)

  포트의 송수신 속도를 설정하는 기능을 수행한다.
  Uart 통신시 중요한 부분을 담당하는 레지스터이다.

2. USART 제어

ATmega128 : 직렬통신포트 USART0 및 USART1 전이중통신 관련 회로를 가짐

USART(Universal Synchronous and Asynchronous serial Receiver and Transmitter)

1) USART 특징

- 동기모드 : Master(내부클럭), Slave(외부클럭 : XCKn)
- 비동기모드 : 내부클럭 사용
- 전이중 통신
- 멀티프로세서 통신
- 높은 정밀도의 보레이트 발생기 내장
- 전송데이터 5~9비트 설정
- 스톱비트 1~2 설정
- 패리티비트 설정(사용, 미사용, 짝수패리티, 홀수패리티 선택)
- 에러검출기능(패리티에러, 오버런에러, 프레임에러)
- 노이즈필터링(3번 샘플링 동작)

2) USART 구성

가) 클럭발생부 : 보레이트발생기, 외부클럭입력 회로

- 비동기 일반모드 : 내부클럭으로 보레이트 발생
- 비동기 2배속모드 : 내부클럭으로 2배의 보레이트 발생
- 동기 마스터 모드
- 동기 슬레이브 모드

나) 송신부 : 송신버퍼, 송신 시프트 레지스터, 패리티발생기

다) 수신부 : 수신버퍼, 수신 시프트 레지스터, 패리티검사기

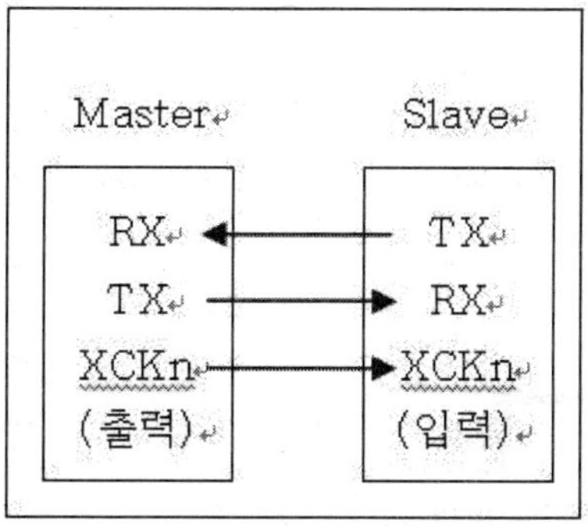

[그림 17-2] USART의 동기모드 작동시 XCKn의 역할

3) USART 인터럽트-3가지 인터럽트

가) 수신완료 인터럽트(RX complete)

- 데이터가 수신되어 수신 시프트 레지스터에서 수신버퍼(UDRn) 레지스터로 전달될 때 인터럽트가 걸린다.
- 이때에는 수신버퍼(UDRn)에 cpu가 아직 읽지 않은 데이터가 존재하는 상태 (수신버퍼(UDRn)에 데이터가 존재하는 상태)

나) 송신완료 인터럽트(TX complete)

- 송신 시프트 레지스터에 있는 송신 데이터가 모두 전송되어 비어있고 송신 버퍼(UDRn)도 비어있을 때 인터럽트가 발생된다.
- 송신버퍼에(UDRn) 아직 새로운 송신 데이터가 라이트 되지 않은 상태 (송신버퍼(UDRn)에 데이터가 존재하지 않은 상태)

다) 송신데이터 준비완료 인터럽트(TX Data register empty)

- 송신 시프트 레지스터로 UDRn 값이 전송되어 송신버퍼(UDRn)가 비어 있을 때 인터럽트가 발생한다.
- 송신 버퍼가 비어 있어서 새로운 송신 데이터를 받을 준비가 된 상태

4) USART 동작

아래의 동작 블록은 USART의 클럭 발생부, 송신수, 수신부의 내부 블록도이다. 각 부의 동작 원리를 이해하면 USART의 전체적인 동작을 이해할 수 있다.

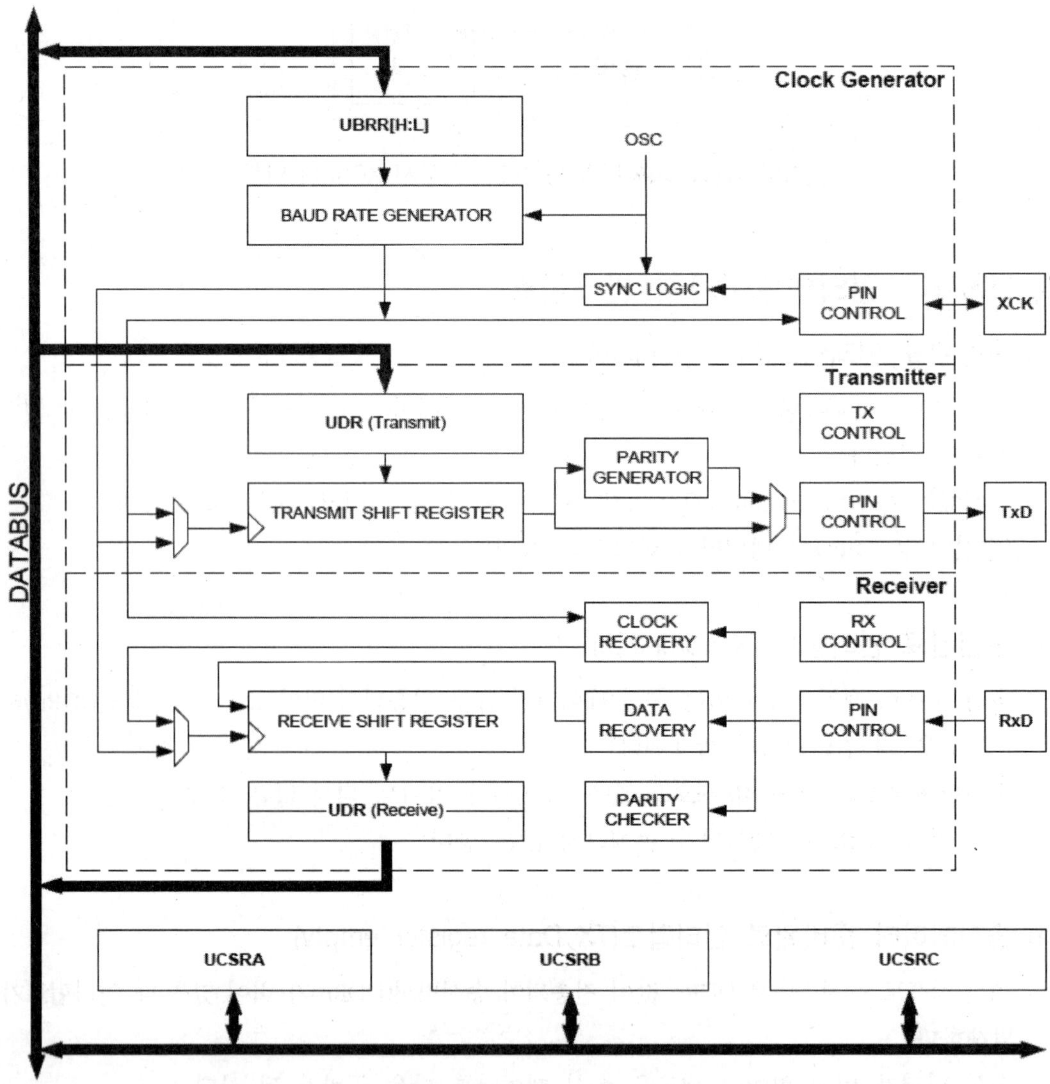

[그림 17-3] USART의 각 구성부의 동작 블록도

5) 전송데이터 포맷

- ATmega128의 USART는 전송데이터의 포맷을 여러 형태로 설정할 수 있도록 되어 있다.
- Start bit : 1
- Data bit 크기 : 5비트, 6비트, 7비트, 8비트 or 9비트(0~8) 량
- Parity bit : No, Even or Odd Parity
- Stop bit : 1 or 2 데이터의 끝을 표시하기도 하고 수신측 여유시간 주기 위함

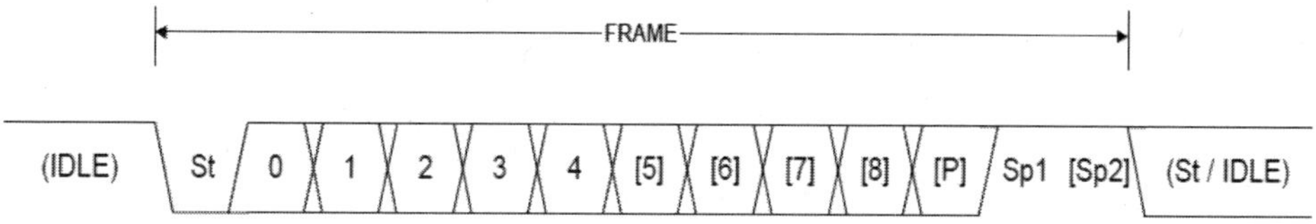

St	Start bit, always low.
(n)	Data bits (0 to 8).
P	Parity bit. Can be odd or even.
Sp	Stop bit, always high.
IDLE	No transfers on the communication line (RxD or TxD). An IDLE line must be high.

[그림 17-4] Data Format Frame

6) 비동기모드에서의 1비트 샘플링

- 수신데이터의 정확한 검출을 위하여 1비트의 샘플링이 이루어진다.
- 검출을 하기 위해서 1비트당 16배 주파수(2배속모드 : 8배주파수)를 이용한다.
- 16배 주파수 중 중앙부(8,9,10)에 3번 샘플링하여 2번 이상인 값으로 처리한다.

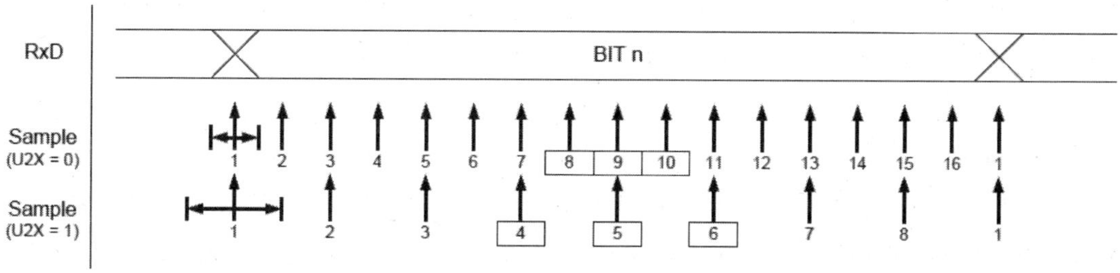

[그림 17-5] Data or Parity bit Sampling 동작

7) USARTn(n=0,1) 관련 레지스터

USART 0과 1을 제어하기 위해서는 USART 0/1 관련 레지스터(UDRn, UCSRnA, UCSRnB, UCSRnC, UBRRnH, UBRRn)의 사용법을 알아야 한다.

- USART 통신 개념도(CPU 기준 TXD, RXD)

컴퓨터 키보드에서 A라는 값을 입력하여 CPU(UDR0)를 통해 모니터에 디스플레이 하는 USART 통신 개념도이다.

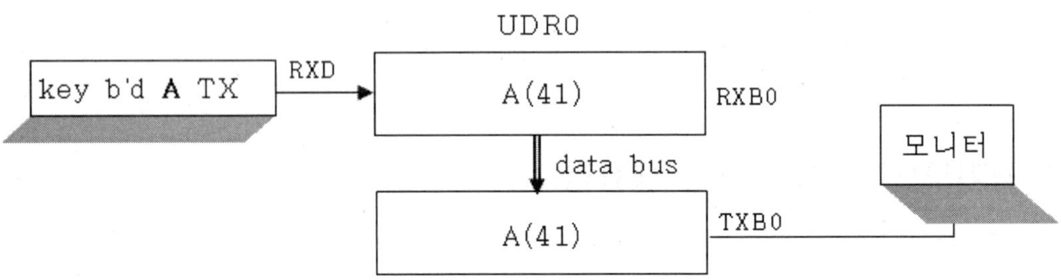

- UCSR0A 레지스터(RXC0)

① 수신한 data A가 있으면 RXC0 = 1, CPU가 읽어가서 비어 있으면 RXC0 = 0

② RXC0 = 1이면 수신 인터럽트 발생함

- USART 데이터 전송

송신버퍼는 UCSRn 레지스터 비트 5 UDREn = 1인 경우에만 write할 수 있고 UDREn = 0인 경우에는 UDRn에 데이터를 write 하더라도 송신부에서 무시한다. UDRn 레지스터 송신버퍼(TXB0)에 write 된 데이터는 TRANSMIT SHIFT REGISTER가 비워져 있는 경우 송신버퍼(TXB0) 데이터가 자동으로 TRANSMIT SHIFT REGISTER로 옮겨지고 TXDn 핀을 통해 전송된다. (ATmeg 128 핀 3번 TXD0에서 컴퓨터로 전송)

키보드에서 입력된 값을 송, 수신하는 동작순서를 정리해 보면

① 컴퓨터 키보드에서 입력된 8비트 데이터는 RXDn핀을 통해 RECEIVE SHIFT REGISTER로 옮겨지고 UDRn 레지스터 RXB0에 저장된다.
② UCSR0A 레지스터의 비트 7의 RXC0 수신버퍼에 읽혀지지 않는 수신문자가 저장되어 있으면 자동으로 1이 된다.
③ CPU가 UDRn 레지스터 RXB0 값을 읽어 비워 있게 되면 RXC0 값은 자동으로 0(clear)된다.

가) UDRn$_{(n=0,1)}$(Usart 0 I/O Data Register)

Bit	7	6	5	4	3	2	1	0	
	RXBn[7:0]								UDRn (Read)
	TXBn[7:0]								UDRn (Write)
Read/Write	R/W	R/W	R/W	R/W	R/W	R/W	R/W	R/W	
Initial Value	0	0	0	0	0	0	0	0	

- UDRn(n=0,1)레지스터는 송/수신 데이터 값을 저장하는 버퍼역할을 하게 된다.
- UDRn은 TXBn(송신버퍼)/RXBn(수신버퍼) 레지스터로 구성되어 있는데 동일한 번지를 가지고 있지만 내부적으로 서로 다른 레지스터로서
  ① UDRn 레지스터에 수신 data 버퍼 값을 읽으면 RXBn(수신버퍼)에 저장된다.
  ② UDRn 레지스터에 송신 data 버퍼값을 쓰면 TXBn(송신버퍼)에 저장된다.
- 송신할 때는 TXBn의 데이터를 전송한다.
- 수신할 때는 RXBn에 수신된 데이터를 저장하게 된다.

나) UCSRn$_{(n=0,1)}$A(USART Control and Status Register A)

Bit	7	6	5	4	3	2	1	0	
	RXCn	TXCn	UDREn	FEn	DORn	UPEn	U2Xn	MPCMn	UCSRnA
Read/Write	R	R/W	R	R	R	R	R/W	R/W	
Initial Value	0	0	1	0	0	0	0	0	

USART의 송수신 동작을 제어하거나 상태를 저장하는 레지스터이며 각각의 비트에 대해 알아보자.

■ Bit 7 - RXC0(USART Receive Complete) (n=0,1)

RXCn = 1 : UDRn의 수신버퍼(RXBn)에 데이터가 존재하는 상태

즉 cpu가 데이터를 아직 안 읽은 상태 **수신 완료 interrupt 요청**

RXCn = 0 : UDRn의 수신버퍼(RXBn)를 cpu가 데이터를 읽어서 비워져 있는 상태

■ Bit 6 - TXCn(USART Transmit Complete)

TXCn = 1 : 송신시프트 레지스터에 있는 송신데이터가 모두 전송되고 UDRn레지스터의 송신 버퍼(TXB0)가 비워져 있는 상태(write 되지 않은 상태)이면 1

송신이 완료되면 인터럽트를 요청하는데 인터럽트 처리 후 자동으로 clear 된다.

■ Bit 5 - UDREn(USART Data Register Empty)

UDREn = 1 송신버퍼가 비어 있어서 새로운 송신데이터를 받을 준비가 된 상태이면 1이며 **송신 준비완료 인터럽트를 요청하고 0으로 자동 clear 된다.**

■ Bit 4 - FEn(USART Frame Error)

FEn = 1 : 수신버퍼에 저장할 데이터를 수신할 때 프레임 에러가 발생한 상태이며 수신버퍼 UDRn 값을 읽을 때 사용되며 UCSRnA에 FE0에 값을 쓰면 clear 된다.

 # 프레임에러는 수신문자의 첫 번째 스톱 비트가 0으로 검출되면 발생한다.

■ Bit 3 - DORn(USART Data Overrun Error)

DORn = 1 : 수신할 때 오버런(Overrun) 에러가 발생한 상태

 # over run error

수신버퍼에 현재 읽지 않은 데이터가 들어있는 상태에서 수신 시프트 레지스터에 새로운 데이터가 수신 완료되고 다시 그 다음 수신 데이터인 3번째 데이터의 스타트 비트가 검출된 것이다.

■ Bit 2 - UPEn(USART Parity Error)

UPEn = 1 : 수신 버퍼에 저장되어 있는 데이터를 수신하는 동안 패리티 에러가 발생한 상태

 # parity error

정보의 전달 과정에서 오류가 생겼는지를 검사하기 위해 원래의 정보에 덧붙이는 비트를 패리티 비트라 하며 데이터비트와 패리티비트를 계산하여 even, odd를 판별하여 에러인지 아닌지 구분한다. (거의 쓰이지 않음.)

■ Bit 1 - U2Xn(Double the USART Transmission Speed)

U2Xn = 1 : 비동기 모드에서만 유효한 것으로서 클럭의 분주비를 16에서 8로 절반만큼 낮추어 전송속도를 2배 높이는 기능을 수행한다.

- Bit 0 - MPCMn(USART Multi-Processor Communication Mode)
  MPCMn = 1 : 멀티프로세서 통신모드로 설정한다.

다) UCSRn$_{(n=0,1)}$B(USART Control and Status Register B)

USART0, 1직렬통신에 송수신 동작을 제어하거나 전송 데이터를 9비트로 설정한 경우에 9번째 비트값(MSB)을 저장하는 기능을 수행한다.

Bit	7	6	5	4	3	2	1	0	
	RXCIEn	TXCIEn	UDRIEn	RXENn	TXENn	UCSZn2	RXB8n	TXB8n	UCSRnB
Read/Write	R/W	R/W	R/W	R/W	R/W	R/W	R	R/W	
Initial Value	0	0	0	0	0	0	0	0	

Bit	7	6	5	4	3	2	1	0	
	–	UMSELn	UPMn1	UPMn0	USBSn	UCSZn1	UCSZn0	UCPOLn	UCSRnC
Read/Write	R/W	R/W	R/W	R/W	R/W	R/W	R/W	R/W	
Initial Value	0	0	0	0	0	1	1	0	

- Bit 7 - RXCIEn(USART RX Complete Interrupt Enable)
  수신완료 인터럽트를 개별적으로 허용하는 비트이며 UCSRnA 레지스터의 RXCn 값이 1로 되는 경우 수신완료 인터럽트를 발생시킨다.

- Bit 6 - TXCIEn(USART TX Complete Interrupt Enable)
  송신완료 인터럽트를 개별적으로 허용하는 비트이며 UCSRnA 레지스터의 TXCn 값이 1로 되는 경우 수신완료 인터럽트를 발생시킨다.

- Bit 5 - UDRIEn(USART Data Register Empty Interrupt Enable)
  송신 데이터 레지스터 준비완료 인터럽트를 개별적으로 허용하는 비트이며 UCSRnA 레지스터의 UDRn 값이 1로 되는 경우 송신 데이터 레지스터 준비완료 인터럽트를 발생시킨다.

- Bit 4 - RXENn(USART Receiver Enable)
  RXENn 핀이 직렬 데이터 **수신 단자로 동작 하도록 설정**하며 FEn, DORn, UPEn의 동작상태를 활성화 하도록 한다.
  UCSRnB의 RXENn 비트가 1이면 수신부가 동작하도록 한다.

- **Bit 3 - TXENn(USART Transmitter Enable)**

  TXDn 핀이 직렬 데이터 **송신 단자로 동작하도록 설정**하며 UCSRnB의 TXENn 비트가 1이면 송신부가 동작하도록 한다.

  송신부 데이터가 남아 있을 경우 전송 완료될 때까지 0이 된다.

- **Bit 2 - UCSZn2(USART Character Size)**

  UCSRnC의 UCSZn1~0 비트와 함께 전송 문자의 데이터 비트수를 설정한다.

- **Bit 1 - RXB8n(USART Receive Data Bit 8)**

  전송 데이터수가 9bit(MSB)로 설정된 경우 수신된 9번째 데이터 비트를 저장하게 된다.

- **Bit 0 - TXB8n(USART Transmit Data Bit 8)**

  전송 데이터수가 9비트로 설정된 경우 송신될 9번째 비트(MSB)를 저장하게 된다.

라) UCSRn(n=0,1) C(USART Control and Status Register C)

Bit	7	6	5	4	3	2	1	0	
	–	UMSELn	UPMn1	UPMn0	USBSn	UCSZn1	UCSZn0	UCPOLn	UCSRnC
Read/Write	R/W	R/W	R/W	R/W	R/W	R/W	R/W	R/W	
Initial Value	0	0	0	0	0	1	1	0	

- **Bit 6 - UMSELn(USART Mode Select)**

  USMSELn = 1 : 동기전송모드

  USMSELn = 0 : 비동기전송모드

- **Bit 5, 4 - UPMn1, UPMn0(USART Parity Mode)**

UPMn1	UPMn0	패리티모드
0	0	패리티 체크 기능을 사용하지 않음
0	1	-
1	0	짝수 패리티 방식 활성화
1	1	홀수 패리티 방식 활성화

- **Bit 3 - USBSn(USART Stop Bit Select)**

  USBSn = 1 : Stop Bit를 2개로 설정

  USBSn = 0 : Stop Bit를 1개로 설정

■ Bit 2, 1 - UCSZn1, UCSZn0(USART Character Size)
UCSRnB의 UCSZn2 비트와 함께 전송 문자의 데이터 비트 수를 설정한다.

UCSZn2	UCSZn1	UCSZn0	전송 데이터 길이
0	0	0	5비트
0	0	1	6비트
0	1	0	7비트
0	1	1	8비트
1	0	0	-
1	0	1	-
1	1	0	-
1	1	1	9비트

■ Bit 0 - UCPOLn(USARTn Clock Polarity)
UCPOLn bit는 동기전송모드에서만 사용된다.
UCPOLn = 1 : 송신데이터는 XCKn 클럭의 하강 edge에서 새로운 값이 출력
수신데이터는 XCKn 클럭의 상승 edge에서 검출
UCPOLn = 0 : 송신데이터는 XCKn 클럭의 상승 edge에서 새로운 값이 출력
수신데이터는 XCKn 클럭의 하강 edge에서 검출

마) UBRRn$_{(n=0,1)}$H/L(USART 0,1 Baud Rate Register)

16비트 중 12비트(2^{12} = 4095)만 사용하며 USART0 또는 USART1의 직렬통신의 송신과 수신 속도를 설정하는데 사용된다.

이 레지스터는 clock의 분주비로 동작되고 전송속도의 BAUD rate를 설정한다.(BAUD rate의 단위는 bit per second) 또한 16비트 레지스터 값을 쓰려면 상위 바이트 UBRRnH를 먼저 쓰고 하위 바이트 UBRRnL을 써야 한다.

Bit	15	14	13	12	11	10	9	8	
	–	–	–	–	UBRRn[11:8]				UBRRnH
	UBRRn[7:0]								UBRRnL
	7	6	5	4	3	2	1	0	
Read/Write	R	R	R	R	R/W	R/W	R/W	R/W	
	R/W	R/W	R/W	R/W	R/W	R/W	R/W	R/W	
Initial Value	0	0	0	0	0	0	0	0	
	0	0	0	0	0	0	0	0	

- USART의 송/수신 속도를 설정한다.
- 원하는 통신속도를 맞추기 위하여 UBRR 설정 시 아래의 [표]를 참고하길 바란다.

(주의) UBRRnH 설정 후 UBRRnL를 나중에 WR 해야 한다.

[표 17-1] 외부 오실레이터 기준 맞춘 보레이트 설정

Baud Rate (bps)	f_{osc} = 16.0000 MHz			
	U2X = 0		U2X = 1	
	UBRR	Error	UBRR	Error
2400	416	-0.1%	832	0.0%
4800	207	0.2%	416	-0.1%
9600	103	0.2%	207	0.2%
14.4k	68	0.6%	138	-0.1%
19.2k	51	0.2%	103	0.2%
28.8k	34	-0.8%	68	0.6%
38.4k	25	0.2%	51	0.2%
57.6k	16	2.1%	34	-0.8%
76.8k	12	0.2%	25	0.2%
115.2k	8	-3.5%	16	2.1%
230.4k	3	8.5%	8	-3.5%
250k	3	0.0%	7	0.0%
0.5M	1	0.0%	3	0.0%
1M	0	0.0%	1	0.0%
Max [1]	1 Mbps		2 Mbps	

// 통신속도 계산 방식(비동기식 일반모드)

- BAUD rate 공식

$$\text{BAUD} = \frac{fosc}{16(UBRR+1)}$$

- UBRR 레지스터값을 계산하는 공식

$$\text{UBRRn} = \frac{fosc}{16(BAUD)} - 1$$

// 관련 용어 정의
BAUD = Baud Rate (Bit Per Second, BPS)
Fosc = System Oscillator Clock frequency(16MHZ)

예제 1) 천천히 풀어 보세요. ·*·
주파수가 16MHz이고 전송속도가 9600bps일 때 UBRRn 값을 구하시오.

$$\text{UBRRn} = \frac{16000000}{16(9600)} - 1$$
$$≒ 103$$

예제 2) 천천히 풀어 보세요. ·*·
주파수가 16MHz이고 전송속도가 57,600bps일 때 UBRRn 값을 구하시오.

UBRRn = UBRR의 값(0 ~ 4095)

$$\text{UBRRn} = \frac{16000000}{16(57600)} - 1$$
$$= 17.36111 - 1$$
$$= 16.36111$$
$$≒ 16$$

8) RS 232C 회로구성

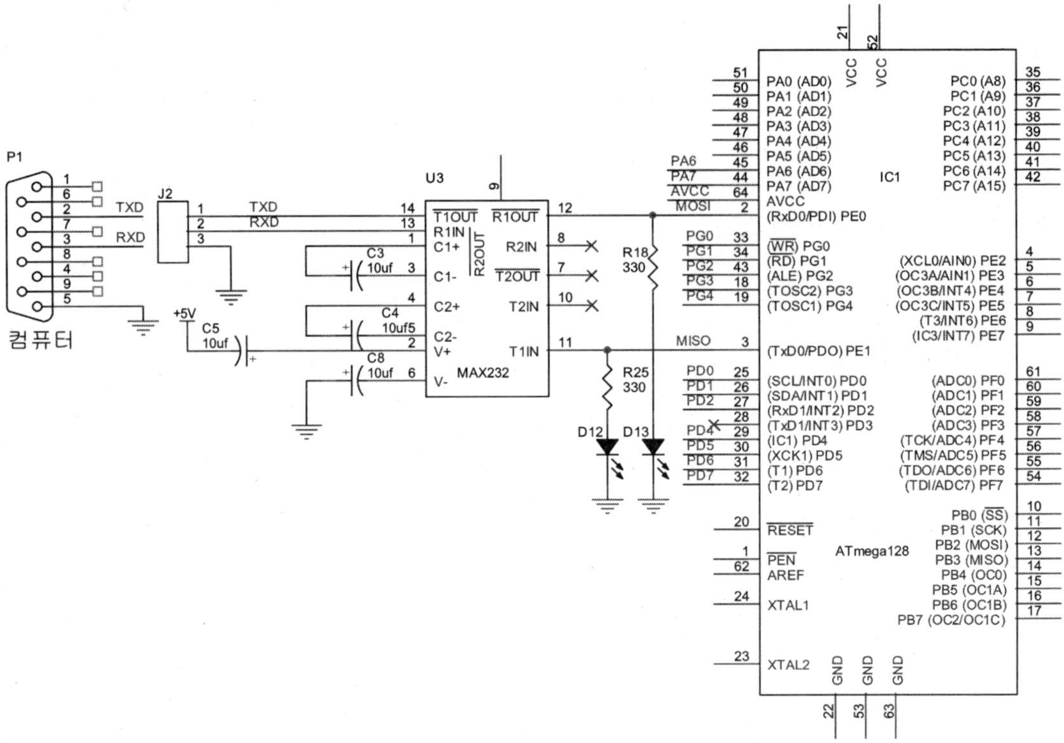

P1 커넥터는 컴퓨터로 연결되는 RS-232C 통신포트이며 ATmega128 CPU와 max232C 통신을 하고 있다.

※ RS 232C(Recommanded Standard)

컴퓨터가 주변 인터페이스 기기들과 자료를 주고받기 위하여 국제적으로 표준화한 데이터 통신규격을 말한다. 권장규격(RS: Recommanded Standard)이라 하여 RS-232C라 하지만 공식적인 명칭은 EIA-232-C로서 CCITT의 권고에 따라 미국의 EIA(미국전자공업협회)가 정한 규격이며 20[Kbaud] 이하의 속도로 15m 이내에서 직렬로 자료를 전송할 수 있다.

직렬통신 종류는 RS232(15m), 422(1.2Km), 485통신(1.2Km)이 있다.

■ USART 통신 실습을 하기 위해서는

① compiler the project( ) ② make the project( ) ③ run the terminal

★중요★ ( ) 후에 key값 또는 키트의 reset 버튼을 누르면 주어진 프로그램이 실행된다.

3. USART 통신 실습

3.1 USART 송수신 예제

다음과 같이 RS-232 단자를 컴퓨터 뒷면에 연결하고 MCU100에 J2 단자에 연결하여야 한다.

커넥터 연결은 왼쪽이 검정색(BLK), 중간이 빨간색(RED), 오른쪽이 흰색(WHT)이 되게 연결하고 실습한다.

- USART 통신을 위한 커넥터 연결방법

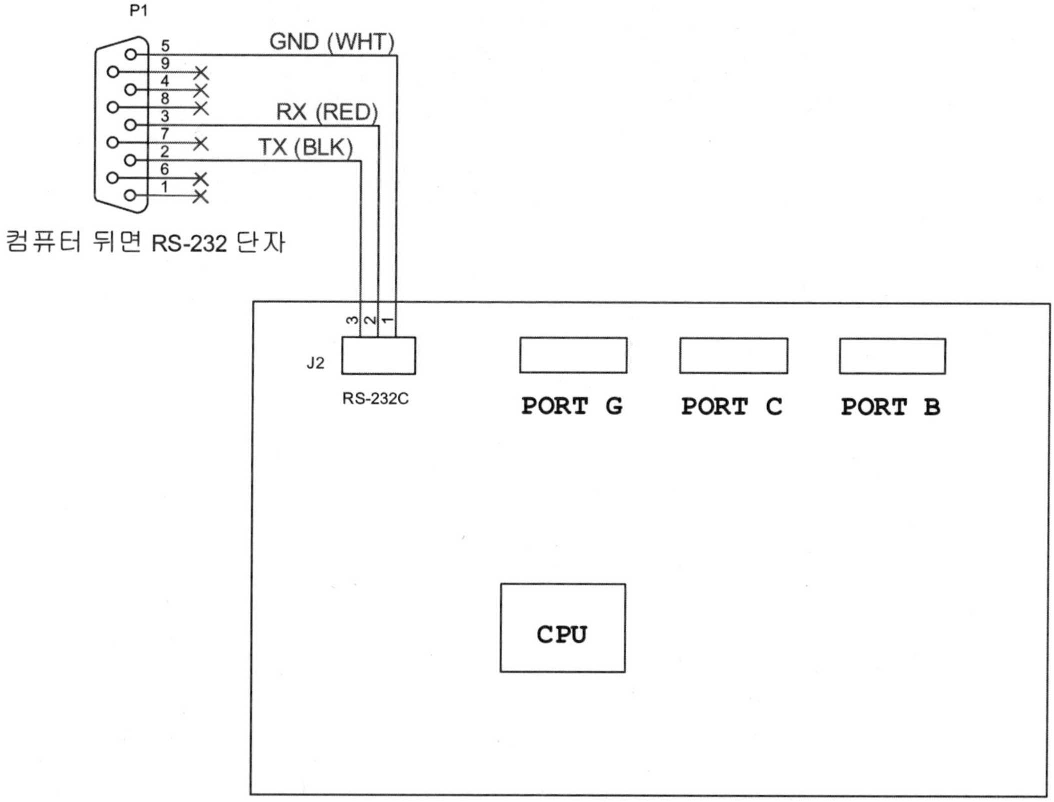

- 직렬 데이터 직렬전송 구성형태

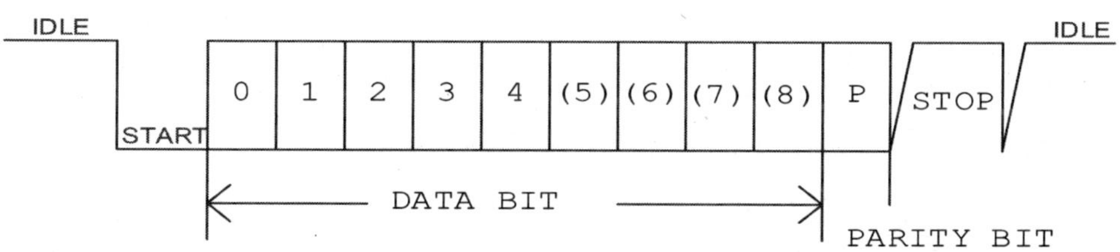

- 전송 data boud rate setting

Terminal Settings은 codevision에서 setting-Terminal을 클릭하고 다음과 같은 창이 보이면 usart 통신 프로그램에서 주어진 값을 설정한다.

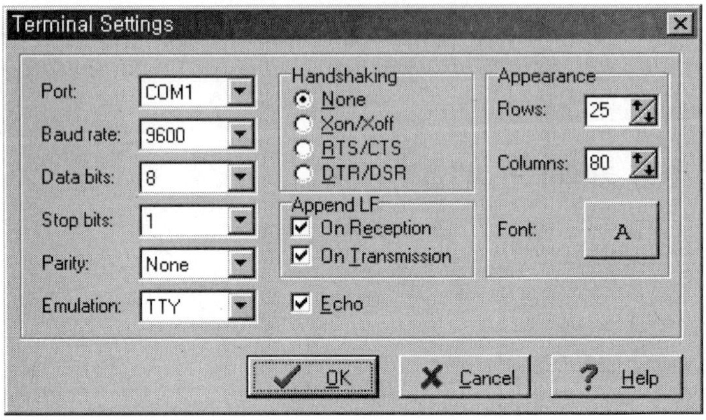

usart 통신을 할 때 port, baud rate, data bit, stop bit 값이 프로그램 값과 Terminal Settings 값이 다르면 통신이 되지 않으므로 올바르게 설정하고 사용하자.

3.2 컴퓨터 key b'd를 이용한 USART LED 제어

[예제 usart.1] 컴퓨터 key를 이용한 USART0 led 제어실험

USART0를 이용하여 PORTC의 LED를 컴퓨터 키보드 "a"와 "s" 두 키 입력을 ATmega128에서 RX 수신을 받아 LED를 on/off 하는 프로그램을 작성하여라.

① compiler the project( ) ② make the project( ) ③ run the terminal

★중요★ ( ) 후에 "a"와 "s" 키만 입력함(Do not use enter key)

```
#include <mega128.h>
#include <delay.h>
char Usart0_Rx(void); // RX 수신완료 함수
void main(void){
  DDRC = 0xff;
  UCSR0A = 0x00; // 초기 설정이 현재 하려는 예제의 설정에 필요 없음
  UCSR0B = 0x18; // 수신허용 RXEN0=1, 송신허용 TXEN0 = 1(미사용이나 설정)
  UCSR0C = 0x06; // 전송 문자의 데이터 비트수 8비트
  UBRR0H = 0;    // 9600으로 설정하기 때문에 상위 값에는 값이 필요없음
  UBRR0L = 103;  // BAUD 9600값은  UBRR0 = 103
  while(1){
    if(Usart0_Rx() == 'a')       // 수신된 값이 아스키코드값 a(0x61)와 같으면 참
      {
        PORTC.0 = 0x00;          // LED on
      }
    if(Usart0_Rx() == 's'){      // 수신된 값이 아스키코드값 s(0x73)와 같으면 참

        PORTC = 0xff;            // LED off
      }
  }
}
// UCSR0A 레지스터 데이터가 있으면(또는 입력되면) 자동으로 RXC0 = 1이 되고
// cpu는 UDR0 값 읽고 cpu가 값을 가지고 가면 자동 clear 됨
char Usart0_Rx(void){
  while(!(UCSR0A & 0x80)); // UCSR0A=RXC0(7)TXC0(6)UDRE0(5)FE0(4) ...
  return UDR0;
}
// key 입력 a이면 UDR0 입력되고 RXC0=1이 되고 cpu는 a값을 가지고 가고 UDR0는 비어있는
상태가 되고 RXC0=0 로 자동 clear 됨
```

3.3 컴퓨터 key b'd를 이용한 USART 스테핑 모터제어 예제

[예제 usart.2] 컴퓨터 key를 이용한 USART 스테핑 모터제어 실험

컴퓨터 키보드 "a"와 "s" 값을 입력 받으면 UDR0에서 값을 수신 받아 스테핑 모터를 정회전, 역회전 하고 PORTB와 연결된 LED를 깜빡이게 프로그램을 작성하시오. 통신속도는 9600 baud rate로 한다.

```
#include <mega128.h>
#include <delay.h>

char Usart0_Rx(void);          // RX 수신 완료 함수
unsigned char CW2[4] =  {0x09,0x05,0x06,0x0a};        // 정방향 출력 데이터
unsigned char CCW2[4] = {0x0a,0x06,0x05,0x09};        // 역방향 출력 데이터

unsigned char *CW_CCW2;
unsigned char m, n, i;

void main(void){
  UCSR0A = 0;               // 초기 설정이 현재 하려는 예제의 설정에 필요 없음
  UCSR0B = 0x18;            // RX, TX  enable
  UCSR0C = 0x06;            // 전송 문자의 데이터 비트수 8비트
  UBRR0H = 0x00;            // 9600으로 설정하기 때문에 상위 값에는 값이 필요 없음
  UBRR0L = 103;             // 보레이트 9600값, 16진수=0x67
  SREG = 0x80;

  DDRA = 0xff;
  DDRC = 0xff;
  PORTC = 0xff;

  while(1)
    {
      if(Usart0_Rx() == 'a') // 수신된 값이 아스키코드값 a(0x61)와 같으면 참
        {
          for(m = 0; m < 10; m++)
           {
             CW_CCW2 = CCW2;
               for(n = 0; n < 12; n++)
                {
                 for(i = 0; i < 4; i++)
                   {
                      PORTA = *(CW_CCW2 + i);
                    delay_ms(30);
                   }
```

```
                    }
                PORTC = PORTC · 0xff;
                delay_ms(50);

              }
            delay_ms(50);
          }
if(Usart0_Rx() == 's')  // 수신된 값이 아스키코드값 s(0x73)와 같으면 참
 {
    for(m = 0; m < 10; m++)
       {
          CW_CCW2 = CW2;
            for(n = 0; n < 12; n++)
              {
                for(i = 0; i < 4; i++)
                   {
                      PORTA = *(CW_CCW2 + i);
                      delay_ms(30);
                   }
              }
            PORTC = PORTC · 0xff;
            delay_ms(100);
       }
    delay_ms(5000);
   }
 }
}

// 비트7 수신완료(수신버퍼에 읽혀지지 않은 수신문자가 들어 있으면 1
// 버퍼가 비어있으면 0으로 클리어 되는 상태를 나타내는 플래그 UCSR0A의 비트7)
char Usart0_Rx(void)
{
  while(!(UCSR0A & 0x80));  // RXC0 = 1 이면 0, RXC0 = 0 이면 1
  return UDR0;              // 수신된 UDR0값을 리턴 해 준다
}
```

3.4 컴퓨터 key b'd를 이용한 USART 제어 예제

[예제 usart.3] 컴퓨터 key를 이용한 USART FND 제어실험

컴퓨터 key 보드에서 입력한 값을 FND에 출력하는 프로그램을 작성하여라.
입력 값은 0 ~ 9, A ~ F, a ~ f 범위로 대소문자 구분한다.

```
#include <mega128.h>
char seg_pat[16] = {0x3f,0x06,0x5b,0x4f,0x66,0x6d,0x7d,0x07,0x7f,0x6f,
                    0x77,0x7c,0x39,0x5e,0x79,0x71};
void main(void){
   char tsunami, val_fnd;    // USART 초기화
   UCSR0A = 0x00;
   UCSR0B = 0b00010000;    // 수신 인에이블 RXEN = 1
   UCSR0C = 0b00000110;    // 비동기 데이터 8비트 모드
   UBRR0H = 0;             // X-TAL = 16MHz 일때, BAUD = 9600
   UBRR0L = 103;
   DDRB = 0xff;
   DDRF = 0xff;
   PORTF = 0;
   val_fnd = 0;

while(1){
  PORTB = seg_pat[val_fnd];
  if((UCSR0A & 0x80) != 0)  // RXC0=1 이면 다음 실행
   {
      tsunami = UDR0;        // 입력된 문자 tsunami 0은 0x30

      if(tsunami >= '0' && tsunami <= '9') val_fnd = tsunami - '0';
      //  0 < 9  AA ('0' = 0x30) (cf. 4장 fnd table 참조)
      else if(tsunami >= 'a' && tsunami <= 'f') val_fnd = tsunami - 'a' + 10;
      else if(tsunami >= 'A' && tsunami <= 'F') val_fnd = tsunami - 'A' + 10;
      }
   }
}
```

[예제 usart.4] 컴퓨터 key를 이용한 USART FND 제어실험

컴퓨터 key 보드에서 입력한 값을 FND에 출력하는 프로그램을 작성하여라.
key 입력값은 모든 범위이며 ASCII 값을 FND에 출력한다.

FND값이 이상하다. 왜 그럴까?

```
#include <mega128.h>
char Getch(void);              // 1바이트 수신
void main(void)
{
  UCSR0A = 0x0;
  UCSR0B = 0b00011000;  // 송,수신 인에이블 TXEN = 1, RXEN=1
  UCSR0C = 0b0000110;   // 비동기 데이터 8비트 설정
  UBRR0H = 0;           // UBRRL = 103 은 9600 BAUD
  UBRR0L = 103;         // X-TAL = 16MHz 일 때, BAUD = 9600
  DDRF =0xff;
  PORTF = 0;
  PORTB = 0x3f;
  DDRB = 0xff;

 while(1){
      Getch();          // 1바이트 수신
      PORTB = UDR0;
   }                    // while문은 null text 될 때까지 반복
}

char Getch(void)
{
  while(!(UCSR0A & 0x80));  // RXC0(7) = 1
  return UDR0;              // USART I/O 레지스터 리턴
}
```

[예제 usart.5] 컴퓨터 key를 이용한 USART FND 제어실험

컴퓨터 key 보드에서 입력한 값을 lcd에 출력하는 프로그램을 작성하여라.
key 입력값은 모든 범위이며 ASCII 값을 FND에 출력한다. 값이 이상하다. 왜?

```
#include <mega128.h>
char Getch(void);                // 1바이트 수신
#asm
   .equ __lcd_port = 0x12 ;PORTD
#endasm
#include <lcd.h>
#include <stdio.h>
char lcd_buffer[16];
unsigned char data = 0;
void main(void){
  UCSR0A = 0x0;
  UCSR0B = 0b00011000;     // 송,수신 인에이블 TXEN = 1, RXEN=1
  UCSR0C = 0b0000110;      // 비동기 데이터 8비트 설정
  UBRR0H = 0;              // UBRRL = 103 은 9600 BAUD
  UBRR0L = 103;            // X-TAL = 16MHz 일 때, BAUD = 9600
  DDRF =0xff;
  PORTF = 0;
  PORTB = 0x3f;
  DDRB = 0xff;
  lcd_init(16);            // lcd 초기화값

 while(1){
       Getch();            // 1바이트 수신
       data = UDR0;
       lcd_init(16);       // lcd 초기화값
       sprintf(lcd_buffer,"Input Key is %u", data);
                           // lcd 글자수 버퍼값에 출력값 입력
            lcd_gotoxy(0,0);         // 첫 번째 라인에 출력셋
            lcd_puts(lcd_buffer);    // lcd에 값을 뿌려줌
   }                                 // while문은 널문자가 될 때까지 반복
}
char Getch(void){
  while(!(UCSR0A & 0x80));           // RXC0(7) = 1
  return UDR0;                       // USART I/O 레지스터 리턴
}
```

[예제 usart_stepping.6]

key b'd를 이용하여 'a'를 누르면 정회전, 's' 역회전, 'd' stop, 'pause' 일시정지가 되도록 모터구동 프로그램을 구현하여라.

※ PORTA : MOTOR * 2EA 구동됨.

구분	S/W	key b'd	기 능	비 고
1	INT4	A	정회전	START = initial start RUN = PAUSE 후에만 동작 STOP = all of stop
2	INT5	W	PAUSE	
3	INT6	D	역회전	
4	INT7	S	STOP	

```
#include <mega128.h>
#include <delay.h>
unsigned char CW1[4] = {0x81, 0x24, 0x42, 0x18};
unsigned char CW2[4] = {0x18, 0x42, 0x24, 0x81};
unsigned char CW_S[4] = {0x00, 0x00, 0x00, 0x00};
char rx, rx_mem;             // 수신 문자 코드 저장
unsigned char *CW_CCW1;  // 배열값을 받을 포인터 변수
char flag;                   // rx의 입력값에 따라 정방향 역방향으로 돌릴 플래그값
void main(void)
 {
   unsigned char i;
   DDRA = 0xff;
   DDRC = 0xff;
   PORTC = 0xff;

   UCSR0A = 0x00;
   UCSR0B = 0b10010000;  // RXCIE0(7)  RXEN0(4) 수신비트 enable
   UCSR0C = 0b00000110;  // ucsz11 ucsz10 비동기 데이터 8비트 모드
   UBRR0H = 0 ;
   UBRR0L = 103;            // 9600[bps], 68은 14400[bps]
   EICRB = 0b00000010;
   EIMSK = 0b00010000;
   SREG = 0x80;

   flag = 0;                // 모터 정지(초기)
    while(1){
      for(i = 0; i < 4; i++)
        {
          PORTA = *(CW_CCW1 + i);
          delay_ms(30);
        }
```

```
    }
}
interrupt [USART0_RXC] void usart0_rxc(void)
 {
    rx = UDR0;
    if (rx_mem == 'a' || rx_mem == 'd')
     {
        if (rx == 'w')
        {
            flag = flag · 1;
            rx = rx_mem;
        }
     }
    if (flag == 0)
     {
        rx_mem = rx;
        if(rx_mem == 'a')
         {
           CW_CCW1 = CW1;
         }
        else if(rx_mem == 'd')
         {
            CW_CCW1 = CW2;
         }
    }
    else if(flag == 1)
     {
       CW_CCW1 = CW_S;
     }

    if (rx == 's')
     {
       CW_CCW1 = CW_S;
       rx = ' ';
       rx_mem = ' ';
       flag = 0;
    }
}
```

3.5 컴퓨터 key b'd를 이용한 USART DOT MATRIX 제어

[예제 usart.7] 컴퓨터 key를 이용한 USART DOT MATRIX 제어실험

PC key 보드에서 입력한 값이 DOT MATRIX에 DISPLAY 되게 프로그램을 작성하여라.
전송속도 BAUD = 9600, DataBit = 8 bit, StopBit = 1, Parity = None

- 그림과 같이 10핀 커넥터를 연결하면 된다.

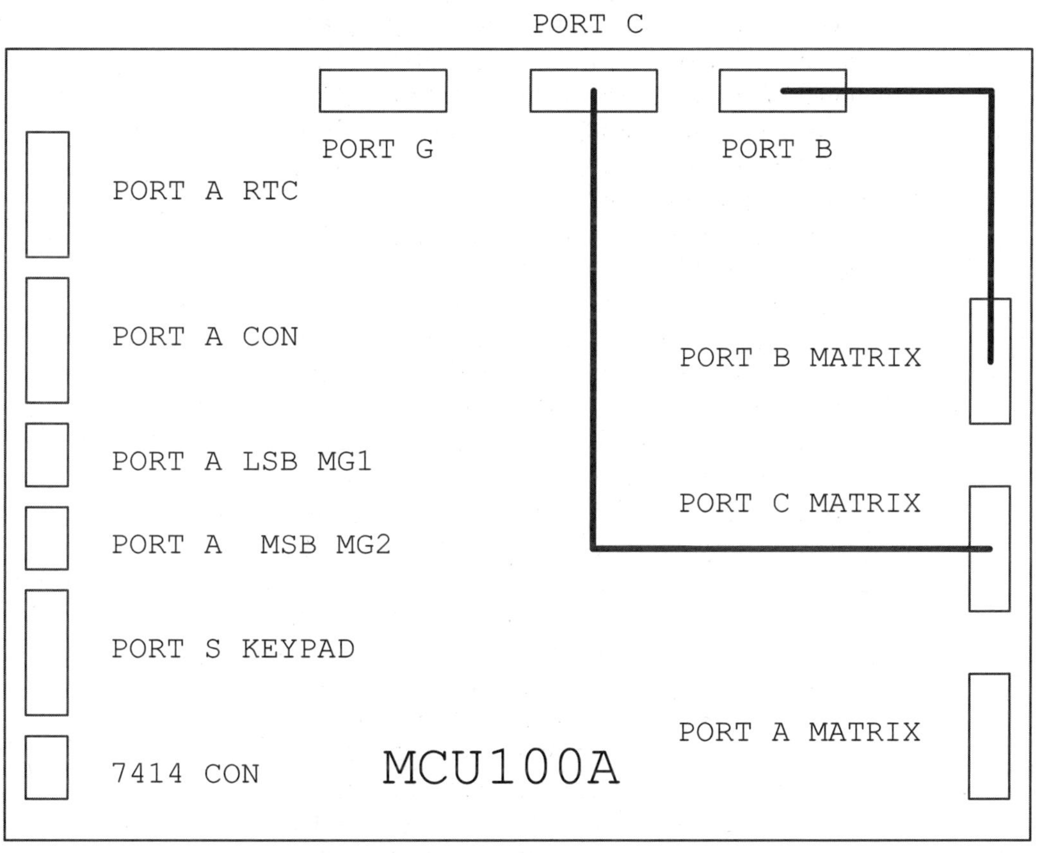

[USART 통신을 위한 10핀 커넥터를 연결방법]

```
#include <mega128.h>
#include <delay.h>
#define s 2
#define count 10
int dot[62][8] = {{0x00, 0x18, 0x24, 0x24, 0x24, 0x24, 0x18, 0x00},
                  {0x00, 0x1C, 0x18, 0x18, 0x18, 0x18, 0x3C, 0x00},
                  {0x00, 0x3C, 0x20, 0x30, 0x08, 0x04, 0x3C, 0x00},
                  {0x00, 0x3C, 0x20, 0x3C, 0x20, 0x20, 0x3C, 0x00},
                  {0x00, 0x04, 0x14, 0x14, 0x3C, 0x10, 0x10, 0x00},
                  {0x00, 0x3C, 0x04, 0x04, 0x3C, 0x20, 0x20, 0x3C},
                  {0x00, 0x3C, 0x04, 0x04, 0x04, 0x3C, 0x24, 0x3C},
                  {0x00, 0x3C, 0x24, 0x20, 0x10, 0x08, 0x08, 0x00},
                  {0x00, 0x3C, 0x24, 0x3C, 0x24, 0x24, 0x3C, 0x00},
                  {0x00, 0x3C, 0x24, 0x3C, 0x20, 0x20, 0x3C, 0x00},    // 9
                  {0x00, 0x18, 0x3C, 0x66, 0x42, 0x7E, 0x42, 0x42},    // A
                  {0x00, 0x3C, 0x44, 0x44, 0x3C, 0x44, 0x44, 0x3C},
                  {0x3C, 0x42, 0x02, 0x02, 0x02, 0x02, 0x42, 0x3C},
                  {0x3E, 0x42, 0x42, 0x42, 0x42, 0x42, 0x3E, 0x00},
                  {0x00, 0x7E, 0x02, 0x02, 0x3E, 0x02, 0x02, 0x7E},
                  {0x00, 0x7E, 0x02, 0x02, 0x3E, 0x02, 0x02, 0x02},
                  {0x00, 0x7C, 0x02, 0x02, 0x72, 0x42, 0x42, 0x3C},
                  {0x00, 0x42, 0x42, 0x7E, 0x42, 0x42, 0x42, 0x00},
                  {0x00, 0x3C, 0x18, 0x18, 0x18, 0x18, 0x3C, 0x00},
                  {0x00, 0x3C, 0x10, 0x10, 0x10, 0x12, 0x0C, 0x00},    // J
                  {0x44, 0x24, 0x14, 0x0C, 0x0C, 0x14, 0x24, 0x44},
                  {0x00, 0x02, 0x02, 0x02, 0x02, 0x02, 0x7E, 0x00},
                  {0x00, 0xC6, 0xAA, 0x92, 0x82, 0x82, 0x82, 0x00},
                  {0x00, 0x42, 0x46, 0x4A, 0x52, 0x62, 0x42, 0x00},
                  {0x3C, 0x42, 0x81, 0x81, 0x81, 0x81, 0x42, 0x3C},
                  {0x00, 0x1E, 0x22, 0x22, 0x22, 0x1E, 0x02, 0x02},
                  {0x00, 0x1C, 0x22, 0x22, 0x22, 0x62, 0x5C, 0x00},
                  {0x00, 0x1C, 0x22, 0x22, 0x2E, 0x12, 0x22, 0x22},
                  {0x3C, 0x42, 0x02, 0x02, 0x3C, 0x40, 0x40, 0x3E},
                  {0x7E, 0x18, 0x18, 0x18, 0x18, 0x18, 0x18, 0x00},
                  {0x42, 0x42, 0x42, 0x42, 0x42, 0x42, 0x3C, 0x00},
                  {0x42, 0x42, 0x42, 0x42, 0x42, 0x24, 0x18, 0x00},    // V
                  {0x00, 0x00, 0x92, 0x92, 0x92, 0x54, 0x28, 0x00},
                  {0x42, 0x42, 0x24, 0x18, 0x18, 0x24, 0x42, 0x42},
                  {0x42, 0x42, 0x24, 0x18, 0x18, 0x18, 0x18, 0x00},
                  {0x00, 0x7E, 0x40, 0x20, 0x10, 0x08, 0x04, 0x7E},    // Z
                  {0x00, 0x1C, 0x22, 0x22, 0x22, 0x5C, 0x00, 0x00},    // a
                  {0x00, 0x04, 0x04, 0x1C, 0x24, 0x24, 0x1C, 0x00},
                  {0x00, 0x18, 0x24, 0x04, 0x24, 0x18, 0x00, 0x00},
                  {0x00, 0x20, 0x20, 0x38, 0x24, 0x24, 0x18, 0x00},
```

```
                {0x00, 0x1C, 0x22, 0x1E, 0x02, 0x3C, 0x00, 0x00},
                {0x00, 0x30, 0x08, 0x3C, 0x08, 0x08, 0x08, 0x00},
                {0x00, 0x1C, 0x22, 0x22, 0x3C, 0x20, 0x1E, 0x00},    // g
                {0x04, 0x04, 0x04, 0x34, 0x4C, 0x44, 0x44, 0x00},
                {0x00, 0x18, 0x00, 0x18, 0x18, 0x18, 0x18, 0x00},
                {0x00, 0x20, 0x00, 0x20, 0x20, 0x24, 0x18, 0x00},
                {0x00, 0x24, 0x14, 0x0C, 0x0C, 0x14, 0x24, 0x00},
                {0x00, 0x24, 0x14, 0x0C, 0x0C, 0x14, 0x24, 0x00},
                {0x00, 0x00, 0x38, 0x54, 0x54, 0x54, 0x00, 0x00},
                {0x00, 0x00, 0x38, 0x24, 0x24, 0x24, 0x00, 0x00},
                {0x00, 0x18, 0x24, 0x24, 0x24, 0x18, 0x00, 0x00},    // o
                {0x00, 0x18, 0x24, 0x24, 0x1C, 0x04, 0x04, 0x00},
                {0x00, 0x38, 0x24, 0x24, 0x3C, 0x20, 0x00, 0x00},
                {0x00, 0x04, 0x34, 0x0C, 0x04, 0x04, 0x00, 0x00},
                {0x00, 0x38, 0x04, 0x18, 0x20, 0x1C, 0x00, 0x00},    // s
                {0x00, 0x08, 0x1C, 0x08, 0x08, 0x08, 0x18, 0x00},
                {0x00, 0x00, 0x24, 0x24, 0x24, 0x38, 0x00, 0x00},
                {0x00, 0x00, 0x22, 0x22, 0x14, 0x08, 0x00, 0x00},
                {0x00, 0x00, 0x44, 0x54, 0x54, 0x28, 0x00, 0x00},
                {0x00, 0x22, 0x14, 0x08, 0x14, 0x22, 0x00, 0x00},
                {0x00, 0x22, 0x14, 0x08, 0x08, 0x0C, 0x00, 0x00},
                {0x00, 0x00, 0x3C, 0x10, 0x08, 0x3C, 0x00, 0x00}};

int comm[8] = {0x01, 0x02, 0x04, 0x08, 0x10, 0x20, 0x40, 0x80};
int i = 0, j = 0, k = 0;
void main(void)
 {
   char aa, cd;
   UCSR0A = 0;
   UCSR0B = 0x18;
   UCSR0C = 0x06;
   UBRR0H = 0;
   UBRR0L = 103;
   DDRC = 0xff;
   DDRB = 0xff;
   while(1)
    {
      if((UCSR0A & 0x80) != 0)
        {
          aa = UDR0;
          if(aa >= '0' && aa <= '9')    cd = aa - '0';
          else if(aa >= 'a' && aa <= 'z')  cd = aa - 'a' + 36;
          else if(aa >= 'A' && aa <= 'z')  cd = aa - 'A' + 10;
        }
```

```
        for(j = 0; j < 2; j++)
          {
            for(k = 0; k < count; k++)
              {
                for(i = 0; i < 8; i++)
                  {
                    PORTB = comm[i];
                    PORTC = dot[cd][i];
                    delay_ms(2);
                  }
              }
          }
      }
}
```

3.6 USART통신-DS18S20 온도를 실시간 컴퓨터 모니터링 예제

[예제 usart.8] 온도측정 실시간 컴퓨터 모니터링 제어예제

USART 통신을 이용하여 DS18S20 온도를 측정하고 결과를 LCD에 표시해주고 실시간으로 컴퓨터에 모니터링 하는 프로그램을 작성하여라.

- 전송속도 BAUD = 9600, DataBit = 8 bit, StopBit = 1, Parity = None
  - DS18S20 온도측정 : 회로에 PORTC.0 jump 연결
  - LCD에 디스플레이 : PORTD
  - USART통신을 활용 컴퓨터 모니터에 실시간으로 모니터링
  - 온도, lcd 회로도

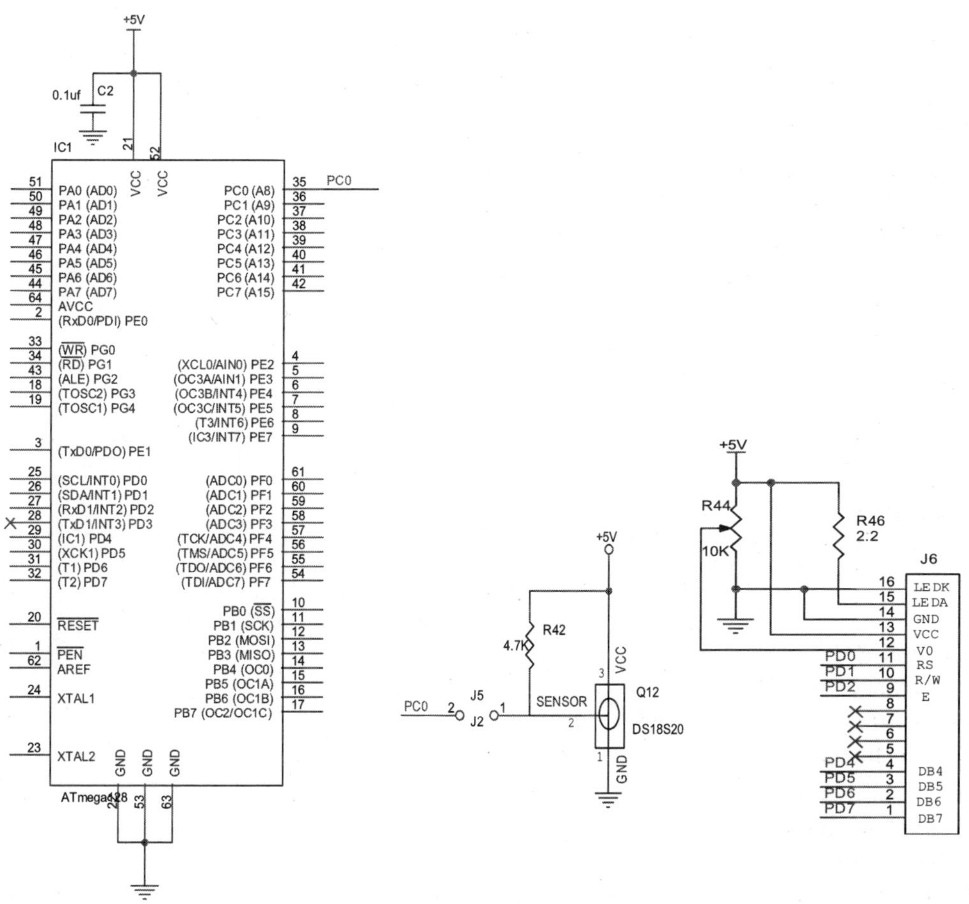

```
// 온도센서는 PORTC.0에 연결되고 LCD는 PORTD에 연결되어 있다.
#include <mega128.h>
#include <delay.h>
#include <stdio.h>
// 1 Wire Bus 함수, PORTC.0에 센서 연결
#asm
   .equ __w1_port=0x15 ;PORTC
   .equ __w1_bit=0
#endasm
#include <1wire.h>
// DS1820 온도센서 함수
#include <ds1820.h>
// 1 Wire bus에 연결할 수 있는 최대 DS1820의 수
#define MAX_DS1820 8
// LCD를 PORTD에 연결
#asm
   .equ __lcd_port=0x12;PORTD
#endasm
#include <lcd.h>
unsigned char ds1820_devices;
unsigned char ds1820_rom_codes[MAX_DS1820][9];
void Putch(char);           // USART통신 입력부분
char string[33];            // 문자열 저장 배열
char *pStr;                 // 문자열 포인터
void main(void)
 {
   unsigned char i;         // 반복문
   unsigned char j;         // 영상 +, 영하 -
   int temp; //온도

   lcd_init(16);
   // 1 Wire Bus에 연결된 센서의 수를 찾음
   ds1820_devices = w1_search(0xf0,ds1820_rom_codes);

   // LCD에 센서수를 출력
   sprintf(string,"%u DS1820\nDevice detected",ds1820_devices);
   lcd_puts(string);        // LCD에 값 입력
   delay_ms(1000);

   // USART 초기화
   UCSR0A = 0x00;
   UCSR0B = 0b00001000;     // 송신 인에이블 TXEN = 1
   UCSR0C = 0b00000110;     // 비동기 데이터 8비트 모드
   UBRR0H = 0;              // X-TAL = 16MHz일 때, BAUD = 9600
```

```
    UBRR0L = 103;

    lcd_init(16); // LCD 초기화

while(1)
 {
   for (i = 0; i < ds1820_devices; )
    {
     temp=ds1820_temperature_10(&ds1820_rom_codes[i][0]);
     j = '+';                    // 영상(+)값
     if (temp < 0)
      {
        j = '-';                 // 영하(-)값
        temp = -temp;
      };
     // LCD 첫 번째 줄에 온도 출력
     if (i == 0 | i == 2 | i == 4 | i == 6)
      {
       sprintf(string,"Temper%u=%c%i.%u\xdfC ", ++i, j, temp/10, temp%10);
       lcd_gotoxy(0, 0);
      }

     // LCD 두 번째 줄에 온도 출력
     else if(i == 1 | i == 3 | i == 5 | i == 7)
      {
       sprintf(string, "Temp%u = %c%i.%u\xdfC ", ++i, j, temp/10, temp%10);
       lcd_gotoxy(0,1);
      }
     delay_ms(1000);
     };
    pStr = string;              // 문자열포인터 주소값에 문자열을 넣는다.
    lcd_puts(string);
    delay_ms(1000);
    while(*pStr) Putch(*pStr++);  // 문자열 전송
  }
}

void Putch(char data)
{
  while(!(UCSR0A & 0x20));
  UDR0 = data;                 // 받은 문자열을 터미널에 뿌려준다.
}
```

3.7 USART통신-온도, 스테핑 모터회전수 실시간 모니터링

[예제 usart.9] 온도, 모터 회전수 실시간 컴퓨터 모니터링 제어예제

USART 통신을 이용하여 ① DS18S20 온도를 사용하여 ② 스테핑 모터 회전수를 LCD에 표시해주고 실시간으로 컴퓨터에 모니터링 하는 프로그램을 작성하여라.

- 전송속도 BAUD = 9600, databit = 8 bit, stopbit = 1, parity = none
  - DS18S20 온도측정 : 회로에 PORTC.0 jump 연결됨
  - LCD 디스플레이 : PORTD에 연결됨
  - 스테핑 모터: PORTA에 연결됨

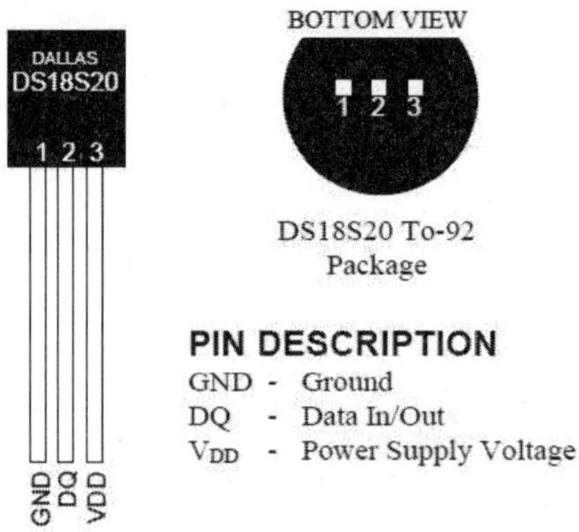

2^6	2^5	2^4	2^3	2^2	2^1	2^0	2^{-1}	LSB
MSb			(unit = °C)				LSb	
S	S	S	S	S	S	S	S	MSB

TEMPERATURE	DIGITAL OUTPUT (Binary)	DIGITAL OUTPUT (Hex)
+85°C	0000 0101 0101 0000	0550h*
+125°C	0000 0000 1111 1010	00FAh
+25.0°C	0000 0000 0011 0010	0032h
+0.5°C	0000 0000 0000 0001	0001h
0°C	0000 0000 0000 0000	0000h
-0.5°C	1111 1111 1111 1111	FFFFh
-25.0°C	1111 1111 1100 1110	FFCEh
-55°C	1111 1111 1001 0010	FF92h

*The power on reset register value is +85°C

$$TEMPERATURE = TEMP\_READ - 0.25 + \frac{COUNT\_PER\_C - COUNT\_REMAIN}{COUNT\_PER\_C}$$

```
#include <mega128.h>
#include <delay.h>
#include <stdio.h>
// 1 Wire Bus 함수, PORTC.0에 센서 연결
#asm
   .equ __w1_port = 0x15; PORTC
   .equ __w1_bit = 0
#endasm
#include <1wire.h>
// DS1820 온도센서 함수
#include <ds1820.h>
// 1 Wire bus에 연결할 수 있는 최대 DS1820의 수
#define MAX_DS1820 8
// LCD를 PORTD에 연결
#asm
   .equ __lcd_port = 0x12 ;PORTD
#endasm
#include <lcd.h>
unsigned char CW1[4] = {0x99, 0x55, 0x66, 0xaa}; // 모터 정회전
unsigned char *CW_CCW1; // 배열값을 받을 포인터 변수
int spd = 10; //모터 스피드
unsigned char ds1820_devices;
unsigned char ds1820_rom_codes[MAX_DS1820][9];

void Putch(char);              // USART통신 입력부분
char *string ,string_add[55]; // 문자열 저장 배열과 포인터
char *TempSensor[25];          // 온도저장 배열 포인터
char *Moter[25];               // 모터 저장 배열 포인터
char *tmp;                     // 온도, 모터 배열 임지저장 포인터
char *pStr;                    // 문자열 포인터

void main(void)
  {
     unsigned char i, m, a = 0; // 반복문
     unsigned char j;          // 영상 +, 영하 -
     int temp;                 // 온도
     int r = 0;                // 1회전 누적값
     // 배열포인터 맨 앞부분 주소에 문자값을 저장할 배열값의 주소값을 넣는다.
     string = &string_add[0];
     DDRA = 0xff;              // A포트 초기화
     DDRC = 0xff;              // C포트 초기화
     PORTC = 0xff;
     CW_CCW1 = CW1;     // 모터를 구동할 배열값을 포인터 주소에 넣는다.
```

```
   lcd_init(16);              // LCD초기화

   // 1 Wire Bus에 연결된 센서의 수를 찾음
   ds1820_devices = w1_search(0xf0,ds1820_rom_codes);

  // LCD에 센서수를 출력
   sprintf(string,"%u DS1820\nDevice detected",ds1820_devices);
   lcd_puts(string);//LCD에 값 입력
   delay_ms(30);

  // USART 초기화
  UCSR0A = 0x00;
  UCSR0B = 0b00001000;          // 송신 인에이블 TXEN = 1
  UCSR0C = 0b00000110;          // 비동기 데이터 8비트 모드
  UBRR0H = 0;                   // X-TAL = 16MHz 일때, BAUD = 9600
  UBRR0L = 103;

  lcd_init(16);

  while(1)
   {
     // 센서 구동부
     for (i = 0; i < ds1820_devices; )
       {
         temp = ds1820_temperature_10(&ds1820_rom_codes[i][0]);
         j = '+';            // 영상(+)값
         if (temp < 0)
          {
            j = '-';         // 영하(-)값
            temp = -temp;
          };
         // LCD 첫번째 줄에 온도 출력
         if (i == 0 | i == 2 | i == 4 | i == 6)
          {
sprintf(TempSensor,"Temp%u = %c%i.%u\xdfC ", ++i, j, temp/10, temp%10);
            lcd_gotoxy(0, 0);
         }
       delay_ms(100);
       };

       // 모터구동부
       for(m = 0; m < 4; m++)
        {
          PORTA = *(CW_CCW1 + m);
          delay_ms(spd);
```

```
            a++;// 48번 누적값
         }
        if(a == 48)
         {
            r++;//1회전값
            a = 0;
         }
        sprintf(Moter,"Rotation %u", r);
        lcd_gotoxy(0, 0);

        // 배열 결합부
        tmp = TempSensor; // TempSensor에 들어간 문자열 배열을 tmp포인터
                          // 주소에 임시 저장
        while (*tmp) // 0x00이 아니면 while문 반복, 마지막 0x00을 만나면 빠져나간다.
        *string++ = *tmp++; // 한 문자씩 string포인터에 넣는다

        tmp = Moter;
        while(*tmp)
        *string++ = *tmp++;

        *string = 0x00;      // TmepSensor값과 Moter값이 합쳐진 string 변수의 마지막
                             // 뒷자리에 0x00을 집어넣는다.
        string = &string_add[0];  // 문자열 포인터를 맨 뒷자리에서 앞자리로 옮긴다.
        lcd_puts(string);    // LCD 출력

        pStr = string;       // 문자열포인터 주소값에 문자열을 넣는다.
                             // USART통신 터미널에 표현할 값
        while(*pStr) Putch(*pStr++);   // 문자열 전송
    }
 }
void Putch(char data)
 {
   while(!(UCSR0A & 0x20));
   UDR0 = data;  // 받은 문자열을 터미널에 뿌려준다.
 }
```

CHAPTER

15

AVR ATmega128 실무활용 응용편

[led_3 color.1] 3color LED 제어실습

다음과 같은 3색 led 회로가 설계되었을 때 순차점멸 하도록 프로그램을 작성하시오.

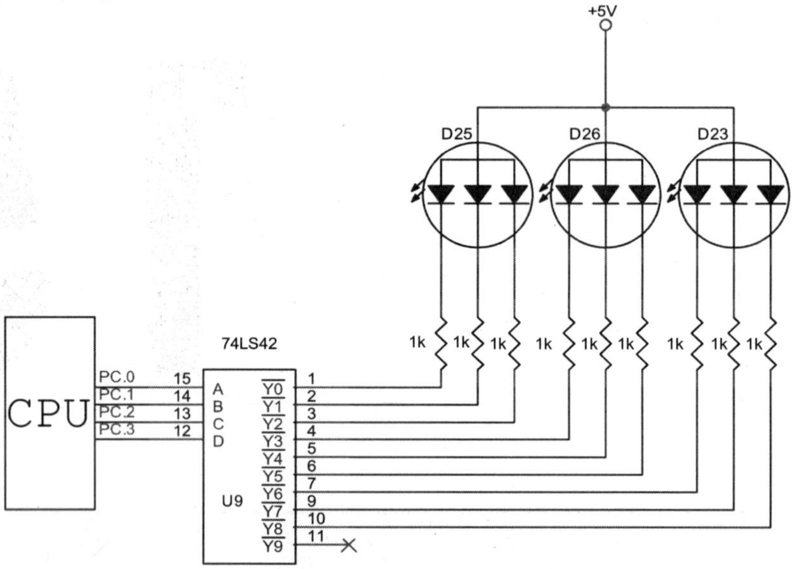

[3 color led 회로도]

```
#include <mega128.h>
#include <delay.h>

void main(void)
 {
     unsigned char i = 0;  // 모든 led 초기값 off
     DDRC = 0xff;          // led port 방향설정

     while(1)              // 무한 반복
      {
         if(i == 8) i = 0xff;
         PORTC = (++i);    // i값을 증가하고 반전
         delay_ms(500);
      }
 }
```

[dc motor.1] DC MOTOR 정, 역회전 구동제어

오른쪽 DC MOTOR3(J14)에 DC모터(+5V용)을 연결되어 있다. INT4, INT5, INT6을 이용하여 ① INT4을 누르면 정회전 ② INT5 누르면 역회전 ③ INT6을 누르면 정지되게 프로그램을 작성하시오.

어댑터 전류가 적은 경우(1A 이하)에는 DC모터가 짧게 구동 후 구동이 정지될 수 있다.

※ MOTOR CON(J13)과 PORTA(J9)를 연결하여야 한다.

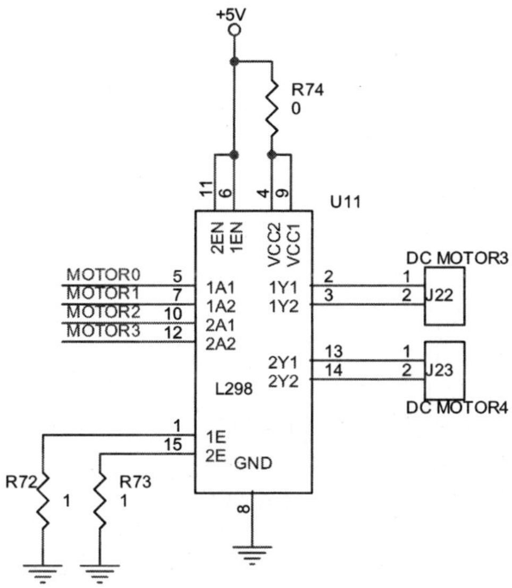


```
#include <mega128.h>
#include <stdio.h>
#include <lcd.h>
#include <delay.h>
// PORTD에 LCD 모듈 연결
#asm
        .equ __lcd_port = 0x12; PORTD
#endasm

unsigned int Button_State;
void main(void){
        // PORTA를 입출력으로 설정
        // PORTA = 0x0f;
        DDRA = 0xff;

        // LCD 모듈 초기화
        lcd_init(16);
```

```
EIMSK = 0b01110000;       // 외부 인터럽트 4, 5, 6 인에이블
EICRB = 0b00101010;       // 외부 인터럽트 4, 5, 6 : 하강 에지
//인터럽트 허용
#asm("sei")
//LCD 출력
lcd_clear();
lcd_gotoxy(0,0);
lcd_putsf("DC MOTOR CONTROL");
lcd_gotoxy(0,1);
lcd_putsf("SW1:CW   SW2:CCW");

Button_State = 0;

while(1){
    switch(Button_State){
       case 0:
         {
            PORTA.0 = 0;
            PORTA.1 = 0;
            lcd_gotoxy(0,0);
            lcd_putsf("MOTOR STOP");
            lcd_gotoxy(0,1);
            lcd_putsf("SW1:CW   SW2:CCW");
         }
        break;
        // 정회전
        case 1:{
              PORTA.0 = 1;
              PORTA.1 = 0;
              lcd_gotoxy(0,0);
              lcd_putsf("DC MOTOR CONTROL");
              lcd_gotoxy(0,1);
              lcd_putsf("SW1:CW    RUNNING");
         }
        break;
        // 역회전
        case 2:{
            PORTA.0 = 0;
            PORTA.1 = 1;
            lcd_gotoxy(0,0);
            lcd_putsf("DC MOTOR CONTROL");
            lcd_gotoxy(0,1);
            lcd_putsf("SW2:CCW   RUNNING");
         }
```

```
                break;

                default:
                break;
            }
        delay_ms(300);
    }
}

interrupt [EXT_INT4] void ext_int4(void){
        Button_State = 1;
        lcd_clear();
}
interrupt [EXT_INT5] void ext_int5(void){
        Button_State = 2;
        lcd_clear();
}
interrupt [EXT_INT6] void ext_int6(void){
        Button_State = 0;
        lcd_clear();
}
```

[dc motor.2] DC MOTOR 정, 역회전 구동제어

DC MOTOR3(J14)와 DC MOTOR4(J19)에 DC모터(+5V용)을 연결되어 있다. INT4, INT5, INT6, INT7를 이용하여 누르고 있는 동안에만 INT4를 누르면 두개 모터 정회전, INT5 누르면 두개 모터 역회전, INT6을 누르면 1번 모터 정회전, INT7을 누르면 2번 모터 정회전 구동되게 프로그램을 작성하시오.

※ 오른쪽 커넥터 MOTOR CON(J13)과 왼쪽 커넥터 PORTA(J9)를 점프 와이어로 연결하여야 한다.

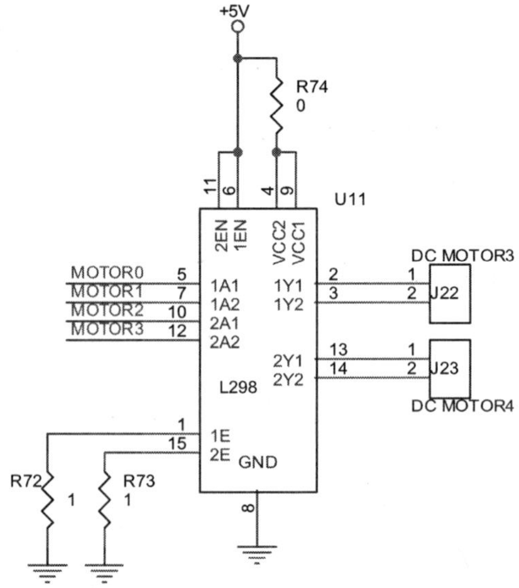

- 스위치 동작 진리표

구분	스위치 상태	구동 모터	비 고
1	INT4 누르고 있는 동안에만	두개 모터 정회전	
2	INT5 누르고 있는 동안에만	두개 모터 역회전	
3	INT6 누르고 있는 동안에만	1번 모터 정회전	
4	INT7 누르고 있는 동안에만	2번 모터 정회전	

```
#include <mega128.h>
#include <delay.h>
#include <stdio.h>
void main(){
 char cmd = 0 ;
 PORTA = 0;  DDRA = 0xff ; PORTC = 0; DDRC = 0xff;
```

```
    while(1){
        cmd = PINE & 0xf0;

      switch (cmd)
                        {
          case 0b11110000 :
            {
              PORTA = 0 ;              // 정지
              PORTC = 1;
            }
          break ;
          case 0b11100000 :
           {
              PORTA = 0b00001001;  // 0000 1001 전진
              PORTC = 0x09 ;         // 0000 1001 전진
           }
          break ;
          case 0b11010000 :
           {
              PORTA = 0b00000110;  // 0000 0110 후진
              PORTC = 0x06 ;         // 0000 0110 후진
           }
          break ;
          case 0b10110000 :
           {
              PORTA = 0b00000001;  // 0000 0001 우
              PORTC = 1 ;            // 0000 0001 우
           }
            break ;
          case 0b01110000 :
           {
              PORTA = 0b00001000;  // 0000 1000 좌
              PORTC = 8 ;            // 0000 1000 좌
           }
          break ;
        }
        delay_ms (1) ;
    }
}
```

[interrupt timer.1] 인터럽트 발생시 T/C 0의 TCNT0 동작확인

T/C0의 출력비교매치 인터럽트 동작 중 TCNT0 레지스터 동작 상태를 확인하는 실습이다. 동작을 확인하기 위해 led를 1칸씩 이동하게 하고 FND에 숫자가 동시에 동작되도록 프로그램을 작성하시오. 출력비교 레지스터 OCR1A = 10000, 256 분주된 clock을 CTC을 이용하여 출력비교 매치 interrupt를 발생하게 한다.

```
#include <mega128.h>
#include <delay.h>
char seg[10] = {0x3F,0x06,0x5B,0x4F,0x66,0x6D,0x7C,0x27,0x7F,0x67};
int buf = 0,data1 = 0,data2 = 0,data3 = 0;
char led = 0xfe;
void main(){
    DDRF = 0xff;  DDRB = 0xff;  DDRC = 0xff;
    PORTC = led;  TIMSK = 1;   TCCR0 = 7;  TCNT0 = 0;
    SREG = 0x80;
 while(1){
     data1 = TCNT0 / 100;  buf = TCNT0 % 100 ;
     data2 = buf / 10;  data3 = buf % 10 ;

     PORTF = 0b10111111; PORTB = seg[data1];  delay_ms(500);

     PORTF = 0xe0; PORTB = seg[data2];  delay_ms(500);

     PORTF = 0xd0; PORTB = seg[data3]; delay_ms(500);
       }
   }

interrupt [TIM0_OVF]void timer_int0(){
    led = (led << 1 )| 0x01;
    if(led == 0xff) led = 0xfe;
    PORTC = led;
}
```

[pwm timer.1] T/C 2의 PWM을 이용한 DC모터 제어

T/C 2의 CTC 모드를 이용하여 출력비교 인터럽트가 발생할 때마다 LED를 1비트씩 shift 하면서 ON 시키는 프로그램을 작성하라. 인터럽트 주기는 최대가 되도록 하고 초기값은 TCNT2=0으로 하고 1024 분주로 한다.

```
#include <mega128.h>
unsigned char led = 0xfe;
void main(void)
{
   // 포트 초기화
   DDRC = 0xff;              // 포트 C 출력으로 설정
   PORTC = led;              // 포트 C에 초기값 출력
   // 인터럽트 초기화
   TIMSK = 0x80;             // OCIE2=1
   TCCR2 = 0x0d;             // 1024, CTC 모드
   OCR2 = 255;               // 출력 비교 레지스터값
   TCNT2 = 0x00;             // 타이머/카운터0 레지스터 초기값
   SREG = 0x80;              // 전역 인터럽트 인에이블 비트 I 셋.
}
// TCNT2 = OCR2 일때 인터럽트 서비스 루틴
// 인터럽트 발생 주기 1/16us * 1024분주 * 256 = 16.384[ms]
interrupt [TIM2_COMP] void timer_comp2(void)
{
   // LED 순차 점멸
   led <<= 1;
   led |= 0x01;
   if(led == 0xff) led = 0xfe;
   PORTC = led;
}
```

[pwm timer.2] T/C 2의 PWM을 이용한 DC모터 제어

T/C 2의 FAST PWM 모드를 이용하여 출력비교 인터럽트가 발생할 때마다 LED를 1비트씩 shift 하면서 ON 시키는 프로그램을 작성하라. 인터럽트 주기는 최대가 되도록 초기값 TCNT2 = 0, OCR = 255로 하고 1024 분주로 한다.

PWM 주파수를 구해보면

$$foc2\_pwm = \frac{15.625Khz}{256} = 61.035[HZ]$$

```
#include <mega128.h>
#include <delay.h>
unsigned char led = 0xfe;
void main(void)
{
  // 포트 초기화
  DDRC = 0xff;              // 포트 C 출력으로 설정
  PORTC = led;              // 포트 C에 초기값 출력
  DDRB = 0xff;              // 포트 B 출력으로 설정

  // 인터럽트 초기화
  TIMSK = 0x80;             // OCIE2=1
  TCCR2 = 0x6d;             // 1024, FAST PWM 모드, COM21,C0M20 = 10
  OCR2 = 255;               // 출력 비교 레지스터값
  TCNT2 = 0;                // 타이머/카운터0 레지스터 초기값
  SREG = 0x80;              // 전역 인터럽트 인에이블 비트 I 셋
}

// TCNT2 = OCR2  인터럽트 서비스 루틴
// 인터럽트 발생 주기 1/16us * 1024분주 * 256 = 16.384[ms]
interrupt [TIM2_COMP] void timer_comp2(void)
{
  // LED 순차 점멸
  led <<= 1;
  led |= 0x01;
  if(led == 255) led = 254;
  PORTC = led;
}
```

[pwm timer.3] T/C 1의 PWM을 이용한 DC모터 제어

T/C 1의 PWM 모드에 대한 실험으로 모드3을 이용하여 SW8이 눌려지면 OC1C에 연결되어 있는 모터의 on 시간이 길어지게 하고 SW14가 눌려지면 모터의 on 시간이 짧아지도록 프로그램을 작성하라.(PC PWM : mode 3/10비트/1024분주)

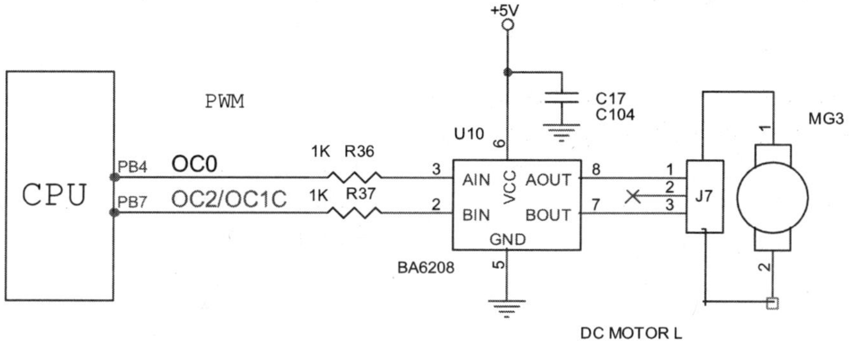

- 모터를 구동하기 위한 진리표

3pin (Ain)	2pin (Bin)	8pin (Aout)	7pin (Bout)
H	L	H	L
L	H	L	H
H	H	L	L
L	L	OPEN	OPEN

Note : **HIGH level input is 2.0 V or more.**
LOW level input is 0.8 V or less.

```
#include <mega128.h>
unsigned int pwm = 0x0200;          // 현재의 출력비교 레지스터 값 저장
void main(void){
  DDRB = 0xff;                      // OC1C(PB7) 출력 설정
  // 외부 인터럽트 초기화
  EIMSK = 0b00110000;               // 외부INT4 = 1, INT5 = 1
  EICRB = 0b00001010;               // 외부 인터럽트 하강 에지
  SREG = 0x80;                      // 전역 인터럽트 인에이블 비트 I 셋
  // 타이머/카운터1 초기화
  TCCR1A = 0b00001011;              // 모드 3, 10 비트 PC PWM
  TCCR1B = 0x05;                   // 프리스케일러 = CK/1024
  TCCR1C = 0;
  TCNT1 = 0;
  OCR1CH = (pwm & 0xff00) >> 8; // OCR1CH = 02
  OCR1CL = pwm & 0x00ff;            // OCR1CL = 00
```

```
}

// 외부 인터럽트 요구 4 서비스 루틴(SW8 처리)
interrupt [EXT_INT4] void external_int4(void){   // 200-40= 1C0
  if(pwm > 0x0050) pwm -= 0x0040;                // 0x0050보다 크면 감소
  OCR1CH = (pwm & 0xff00) >> 8;                  // OCR1CH 값 갱신
  OCR1CL = pwm & 0x00ff;                         // OCR1CL 값 갱신
}

// 외부 인터럽트 요구 5 서비스 루틴(SW14 처리)
interrupt [EXT_INT5] void external_int5(void){
  if(pwm < 0x03B0) pwm += 0x0040;                // 0x03B0 보다 작으면 0x0040 증가
  OCR1CH = (pwm & 0xff00) >> 8;                  // OCR1CH 값 갱신
  OCR1CL = pwm & 0x00ff;                         // OCR1CL 값 갱신
}
```

[interrupt frequency.1] 인터럽트를 이용 발진 주파수 측정표시

ATmega128 CPU를 이용하여 NE555 발진 주파수를 측정하고자 한다. 발진 주파수 회로를 이용하여 PORTE.7에 연결되어 있는 LCD에 주파수 값을 표시하도록 프로그램을 완성하시오. NE555에서 PE.7을 통해 자동 발진주파수가 입력되면 인터럽트가 발생되게 한다. 단, INT7/PE.7에 주파수 신호값이 입력되도록 한다.

※ 실습시 NE555 pin3 출력과 PE7을 연결해야 함.

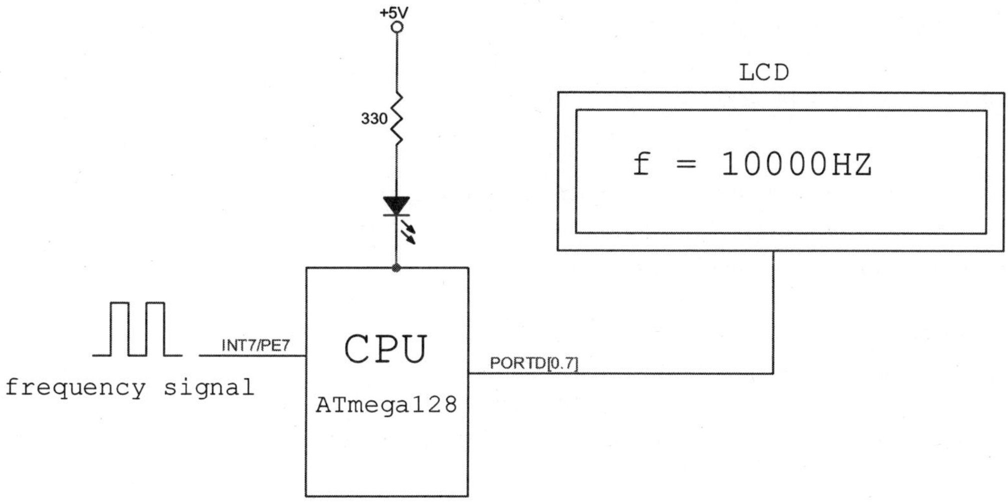


```
#include <mega128.h>
#include <delay.h>
#include <lcd.h>
#include <stdio.h>

#asm
        .equ __lcd_port = 0x12; PORTD
#endasm

unsigned int count = 0;
unsigned int measuringvalue = 0;

void main(void)
{
    lcd_init(16);
    lcd_clear();

    SREG = 0x80;            // 전역 인터럽트 인에이블 비트 셋
```

```
   EICRB = 0b10000000; // falling edge
   EIMSK = 0b10000000; // INT7 설정

   TIMSK = 4;            // 타이머 카운터 1 TOIE1 = 1 ;
   TCCR1A = 0;
   TCCR1B = 5;           // normal mode, 1024분주
   TCNT1 = 49911;        // T/C 1 레지스터 초기값
 }

// INT7로 주파주를 받는 함수
interrupt [EXT_INT7] void ext_int7(void)
{
  count ++;  // interrupt 한번 input 될 때마다 +1 증가
}

// T/C 1초마다 INT7 로 들어온 신호를 합하여 주파수를 측정
// 1/16us * (65536 - 49911) * 1024(분주비) = 1초
interrupt [TIM1_OVF] void time1(void)
{
  char info[16];
  measuringvalue = count;    // 측정 주파수
  count = 0;                 // 측정 주파수 리셋
  TCNT1 = 49911;             // 타이머/카운터1 레지스터 초기값

  lcd_clear();
  lcd_gotoxy(0,0);
  sprintf(info, "Frequency = %dHz",measuringvalue);

  lcd_puts(info);
  delay_us(5);
}
```

[interrupt frequency.2] 발진 주파수 측정값_LCD, FND 표시

ATmega128 CPU를 이용하여 발진 주파수를 측정하고자 한다. 발진주파수 회로는 NE555 회로를 사용하고(출력 핀3번) PORTE.7에 연결되어 있는 FND와 LCD에 주파수 값을 표시하도록 프로그램을 완성하시오.
단, INT7/SW16(PE7)에 주파수 신호값이 입력되도록 한다.

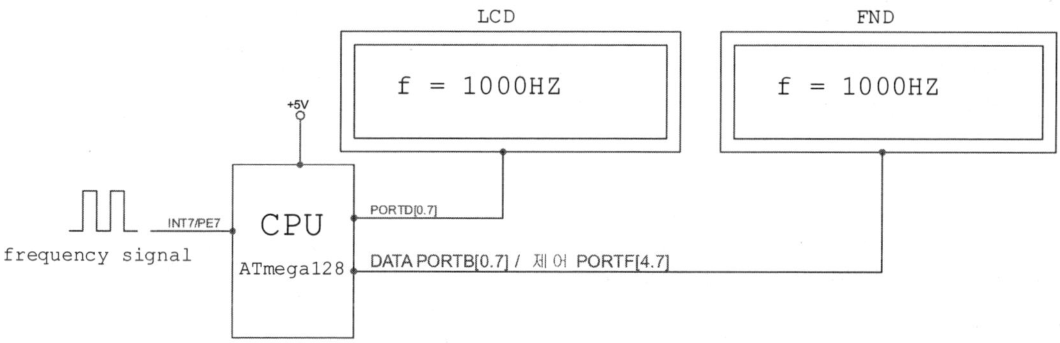

[발진 주파수 측정회로]

```
#include <mega128.h>
#include <delay.h>
#include <lcd.h>
#include <stdio.h>

#asm
        .equ __lcd_port = 0x12; PORTD
#endasm

unsigned long    count = 0;
unsigned long    measuringvalue = 0;
char seg_pat[10]= {0x3f,0x06,0x5b,0x4f,0x66,0x6d,0x7d,0x07,0x7f,0x6f};
void fnd_disp();
// main  함수
void main(void)
{
  DDRE = 0;
  DDRD = 0xff;              // LCD 출력을 위한 포트 설정
  PORTD = 0xfb;
  DDRB = 0xff;              // 포트 B 출력 설정
  DDRF = 0xf0;              // PF4-PF7 출력, PF0-PF3 입력

  EICRB = 0b10000000;       // 외부 인터럽트 4,5,6,7 사용 설정
```

```
    EIMSK = 0b10000000;     // 초기화 도중 스위치 입력 방지위한 설정

    TIMSK = 4;              // TOIE1 = 1;
    TCCR1A = 0;
    TCCR1B = 5;             // 일반모드, 프리스케일 = CK/1024
    TCNT1 = 49911;          // 타이머/카운터1 레지스터 초기값
    SREG = 0x80;            // 전역 인터럽트 인에이블 비트 셋

while(1)
    {
       fnd_disp();
       delay_ms(3);
    }
}

// INT7로 주파주를 받는 함수
interrupt [EXT_INT7] void ext_int7_isr(void)
{
    count ++;       // 한 개의 펄스가 입력되면 ++1 증가
}

// T/C로 1초마다 INT7로 들어온 신호를 합하여 주파수를 측정
// (65536 - 49911) * 1024분주 * 1/16us = 1s
interrupt [TIM1_OVF] void timer1_ovf(void)
{
    char info[16];
    measuringvalue = count;     // 측정 주파수
    count = 0;                  // 측정 주파수 리셋

    TCNT1 = 49911;              // 타이머/카운터1 레지스터 초기값

    lcd_clear();
    sprintf(info, "Frequency = %dHz", measuringvalue);
    lcd_gotoxy(0,0);
    lcd_puts(info);
    delay_us(5);

}

void fnd_disp()
{
       unsigned long ival, buf;
       char N1000,N100, N10, N1;
       ival = measuringvalue;
```

```
    N1000 = ival / 1000;          // 정수부 추출
    buf = ival % 1000;

    N100 = ival / 100;            // 정수부 추출
    buf = ival % 100;

    N10 = buf / 10;
    N1 = buf % 10;

    PORTF = 0b01110000;
    PORTB = seg_pat[N1000];
    delay_ms(5);

    PORTF = 0b10110000;
    PORTB = seg_pat[N100];
    delay_ms(5);

    PORTF = 0b11010000;
    PORTB = seg_pat[N10];
    delay_ms(5);

    PORTF = 0b11100000;
    PORTB = seg_pat[N1];
    delay_us(5);
}
```

[rc_servo_fnd.1] RC SERVO 모터구동 제어실습

서보모터를 이용하여 INT4를 누르면 45˚, INT5를 누르면 90˚(+45˚), INT6을 누르면 135˚(+45˚), INT7을 누르면 180˚(+45˚)되게 프로그램을 작성하고 FND에 각도가 표시되게 프로그램을 작성하시오. 즉 45° → 90° → 135° …

① 서보모터는 PORTC.7를 통해 출력된다.(서보모터를 PORTC에 연결한다.)

② 서보 모터각은 FND에 표시되고 PORTB를 통해 데이터 출력, PORTF를 통해 FND를 제어하도록 한다.

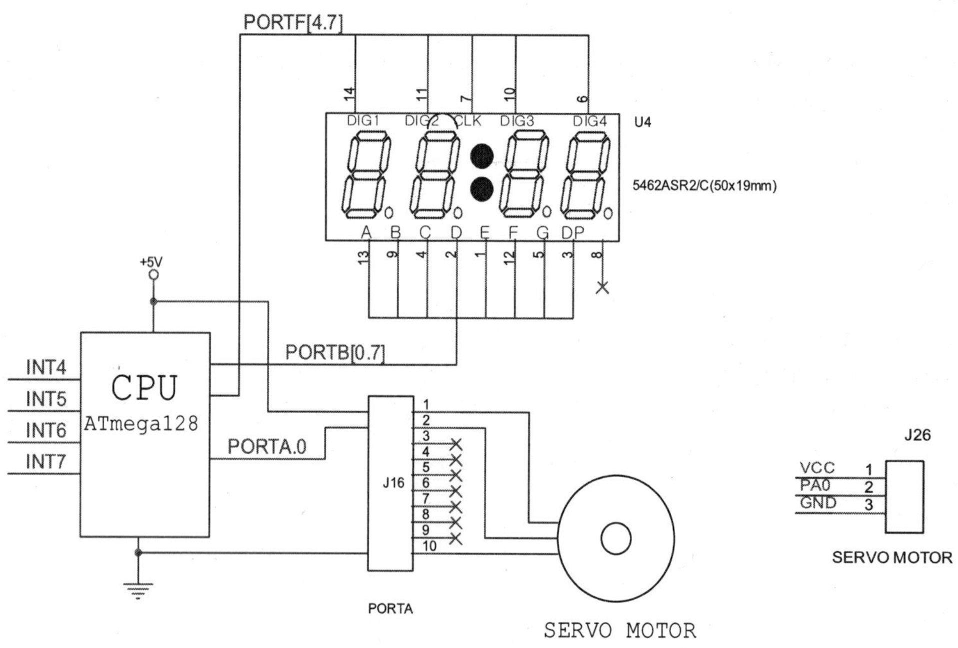

[SERVO MOTOR 구동회로]

```
#include <mega128.h>
#include <delay.h>
#include <stdio.h>

// 서보 모터 관련
#define   MOVE_INIT        0
#define   MOVE45           9
#define   MOVE90          13
#define   MOVE135         17
#define   MOVE180         21
#define   LOAD_MOTOR1     PORTC.7
```

```
unsigned char Motor_state1;
unsigned char Motor1_pulse;
unsigned char Motor_state2;
unsigned char Motor2_pulse;
unsigned char cnt = 0;
char seg_pat[10]={0x3f,0x06,0x5b,0x4f,0x66,0x6d,0x7d,0x07,0x7f,0x6f};

void fnd_disp(int);

void  Motor_initial(void)
{
  LOAD_MOTOR1 = 1;       // 서보 모터 ON
  Motor_state1 = 0;
  delay_ms(400);
}

void Ext_int_init(void)
{
  EICRB = 0b10101010;    // 외부 인터럽트 INT4-7 Enable
  EIMSK = 0b11110000;    // 외부 인터럽트 INT4-INT7 하강에지선택
}

void main(void)
{
    int value = 0;
  DDRC = 0xFF;           // 포트 C 출력 설정
  DDRB = 0xff;           // 포트 B 출력 설정
  DDRF = 0xf0;           // PF4-PF7 출력, PF0-PF3 입력
  SREG = 0x80;           // Global Interrupt Enable
  Ext_int_init();        // 외부 인터럽트4-7 설정
  TIMSK = 1;             // TOIE0 = '1';
  TCCR0 = 2;             // 일반모드, 프리스케일 = CK/8
  TCNT0 = 56;            // 타이머/카운터0 레지스터 초기값
  Motor_initial();       // 모터 초기상태로

while(1)
  {
      switch(Motor_state1)
      {
          case MOVE45:
          {
              value = 45;
          }
          break;
```

```
            case MOVE90:
            {
                value = 90;
            }
            break;
            case MOVE135:
            {
                value = 135;
            }
            break;
            case MOVE180:
            {
                value = 180;
            }
            break;
        }
        fnd_disp(value);
        delay_ms(2);
    }
}

// 타이머/카운터 0 인터럽트 주기
// 이론치 (256-56) x 8분주 x 1/16us = 100us, 실측치 약 100us
interrupt [TIM0_OVF] void timer_int0(void)
{
    // LED 순차 점멸
    TCNT0 = 56;                          // 타이머/카운터0 초기값 재설정
    cnt++;
    if(cnt == 200)
    {
            // 20ms 경과
        LOAD_MOTOR1 = 1;

        cnt = 0;
        Motor1_pulse = Motor_state1;    // Motor2_pulse 갱신
        Motor2_pulse = Motor_state2;    // Motor2_pulse 갱신
    }
    else
    {
        // PWM 펄스 체크
        if(Motor1_pulse != 0)
            Motor1_pulse--;
        else
            LOAD_MOTOR1 = 0;
    }
```

```
}
interrupt [EXT_INT4] void sw1_in(void)
{
  Motor_state1 = MOVE45;

}
interrupt [EXT_INT5] void sw2_in(void)
{
  Motor_state1 = MOVE90;
}
interrupt [EXT_INT6] void sw3_in(void)
{
      Motor_state1 = MOVE135;
}
interrupt [EXT_INT7] void sw4_in(void)
{
    Motor_state1 = MOVE180;
}

void fnd_disp(int val)
 {
     int ival, buf;
     char N100, N10, N1;

     ival = val;

     N100 = ival / 100;                    // 정수부 추출
     buf = ival % 100;

     N10 = buf / 10;                       // 소수 첫째 자리 추출
     N1 = buf % 10;                        // 소수 둘째 자리 추출

     PORTF = 0b10110000;                   // SEG 3(정수부 표시)
     PORTB = seg_pat[N100];
     delay_ms(5);

     PORTF = 0b11010000;                   // SEG 2(소수 첫째 자리 표시)
     PORTB = seg_pat[N10];
     delay_ms(5);

     PORTF = 0b11100000;                   // SEG 1(소수 둘째 자리 표시)
     PORTB = seg_pat[N1];
     delay_ms(5);
}
```

[rc servo.2] RC SERVO 모터구동 제어실습

서보 모터를 이용하여 INT4를 누르면 45°, INT5를 누르면 90°, INT6을 누르면 135°, INT7을 누르면 180°가 되게 프로그램을 작성하고 주어진 각도가 LCD에 표시되게 프로그램을 작성하시오.

① 서보 모터는 PORTC.7을 통해 출력된다.
② 서보 모터각은 PORTD를 통해 LCD에 표시되도록 한다.

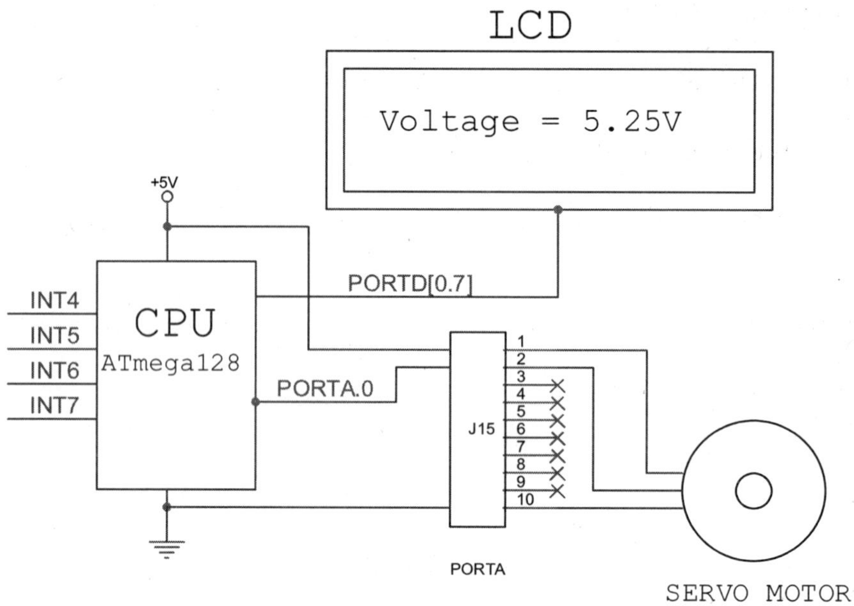

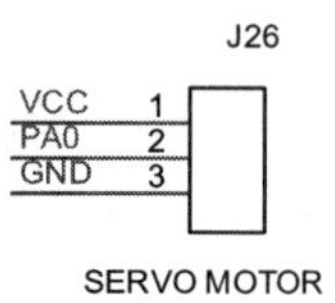


```
#include <mega128.h>
#include <delay.h>
#include <lcd.h>
#include <stdio.h>

#asm
        .equ __lcd_port = 0x12; PORTD
#endasm

// 서보 모터 관련
```

```
#define          MOVE_INIT         0
#define          MOVE45            9
#define          MOVE90            13
#define          MOVE135           17
#define          MOVE180           21
#define          LOAD_MOTER1                   PORTC.7

unsigned char Moter_state1;
unsigned char Moter1_pulse;
unsigned char Moter_state2;
unsigned char Moter2_pulse;
unsigned char cnt=0;

void  Motor_org(void){
  LOAD_MOTER1 = 1;        // 서보 모터 ON
  Moter_state1 = 0;
    delay_ms(400);
}

void Ext_int_Init(void){
  EICRB = 0b10101010;     // 외부 인터럽트 INT4-7 Enable
  EIMSK = 0b11110000;     // 외부 인터럽트 INT4-INT7 하강 에지 선택
}

// 타이머/카운터 0 인터럽트 주기
// 이론치 (256-56) x 8분주 x 1/16us = 100us, 실측치 약 100us
interrupt [TIM0_OVF] void timer_int0(void){
  // LED 순차 점멸
  TCNT0 = 56;              // 타이머/카운터0 초기값 재설정
  cnt++;
  if(cnt == 200){
        // 20ms 경과
      LOAD_MOTER1 = 1;

      cnt = 0;
      Moter1_pulse = Moter_state1;  // Moter2_Fulse 갱신
      Moter2_pulse = Moter_state2;  // Moter2_Fulse 갱신
  }
  else
  {
      // PWM 펄스 체크
      if(Moter1_pulse != 0)
          Moter1_pulse--;
      else
```

```
            LOAD_MOTER1 = 0;
    }
}
interrupt [EXT_INT4] void sw1_in(void){
    Moter_state1 = MOVE45;
    lcd_gotoxy(0,0);
      lcd_putsf(" ANGLE MOVE 45   ");

}
interrupt [EXT_INT5] void sw2_in(void){
    Moter_state1 = MOVE90;
    lcd_gotoxy(0,0);
      lcd_putsf(" ANGLE MOVE 90   ");
}
interrupt [EXT_INT6] void sw3_in(void){
         Moter_state1 = MOVE135;
         lcd_gotoxy(0,0);
      lcd_putsf(" ANGLE MOVE 135 ");
}
interrupt [EXT_INT7] void sw4_in(void){
      Moter_state1 = MOVE180;
      lcd_gotoxy(0,0);
      lcd_putsf(" ANGLE MOVE 180 ");
}

void main(void){
      SREG = 0x80;
      DDRC = 0xff;                    // Global Interrupt Enable
      lcd_init(16);
      lcd_clear();
      Ext_int_Init();                 // 외부 인터럽트4-7 설정
      TIMSK = 0x01;                   // TOIE0 = '1';
      TCCR0 = 0x02;                   // 일반모드, 프리스케일 = CK/8
      TCNT0 = 56;                     // 타이머/카운터0 레지스터 초기값
      Motor_org();                    // 모터 초기상태로

      lcd_gotoxy(0,0);
      lcd_putsf("   ANGLE MOVE ?    ");
     while(1){
    }
}
```

[CdS_fnd.1] CdS 변화된 값을 FND에 표시

CdS에 PF2(ADC2)의 가변저항 R43 VR10k이 연결되어 있다. PF2(ADC2)에 입력되는 전압 값을 읽어 FND에 표시하는 프로그램을 작성하라.
CdS에 연결된 가변 저항값을 변화시키면 FND에 전압값이 표시된다.

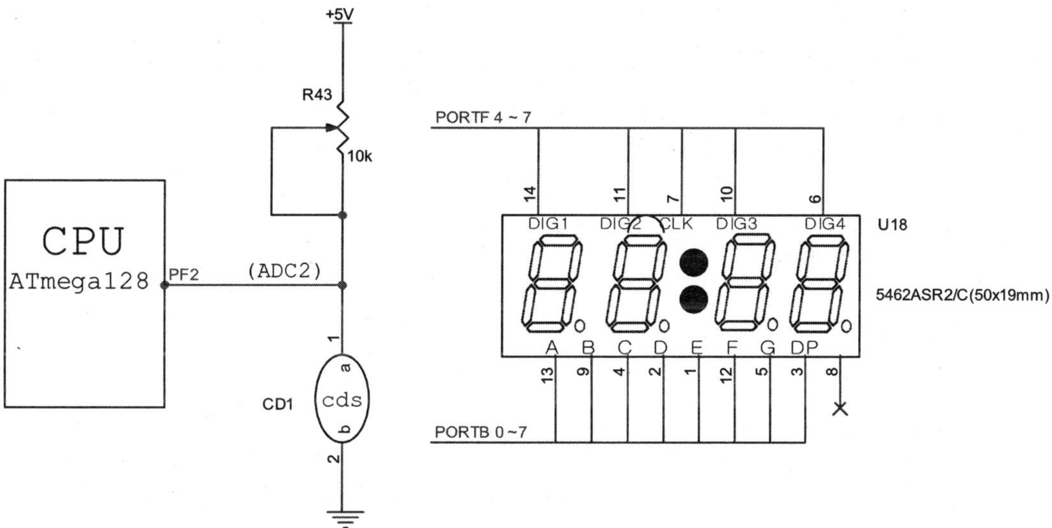


```
#include <mega128.h>
#include <delay.h>
char seg_pat[10]= {0x3f,0x06,0x5b,0x4f,0x66,0x6d,0x7d,0x07,0x7f,0x6f};

void fnd_disp(int);
void main(void)
{
    int ad_val;
// DDRD = 0xff;
    DDRB = 0xff;            // 포트 B 출력 설정
    DDRF = 0xf0;            // PF4-PF7 출력, PF0-PF3 입력
    ADMUX = 2;              // ADC2 단극성 입력 선택
    ADCSRA = 0b11100111 // ADEN=1,ADSC=1,ADFR=1  16M/128->125kHz
    //delay_ms(1);
    //PORTD = 7;
    while(1)
    {
        ad_val = (int)ADCL + ((int)ADCH << 8);  // A/D값 읽기
        ad_val = (ad_val & 0xfff0);   // 떨림방지
        fnd_disp(ad_val);             // A/D값 표시
```

```
        // delay_ms(500);
    }
}
// A/D 변환값 표시
void fnd_disp(int val)
 {
     float fval;
     int ival, buf;
     char N100, N10, N1;

     fval = (float)val * 5.0 / 1023.0;
     ival = (int)(fval  * 100.0 + 0.5);

     N100 = ival / 100;      // 정수부 추출
     buf = ival % 100;

     N10 = buf / 10;         // 소수 첫째 자리 추출
     N1 = buf % 10;          // 소수 둘째 자리 추출

     PORTF = 0b10110000;  // SEG 3(정수부 표시)
     PORTB = seg_pat[N100];
     delay_ms(1);

     PORTF = 0b11010000;  // SEG 2(소수 첫째 자리 표시)
     PORTB = seg_pat[N10];
     delay_ms(1);


     PORTF = 0b11100000;  // SEG 1(소수 둘째 자리 표시)
     PORTB = seg_pat[N1];
     delay_ms(1);
}
```

[CdS_lcd.2] CdS 변화된 값을 LCD 표시

ADC2/PF2에 가변저항 R43 VR10k 연결되어 있으며 이 PORT를 통해 입력되는 전압값을 LCD에 표시하는 프로그램을 작성하라.

ADC2/PF2의 가변저항을 변화시키면 LCD에 전압값이 표시된다.

※ sprintf 함수 float fval를 사용함으로 -C compiler-(s)printf features- float.width.precision 으로 변환해야 함.

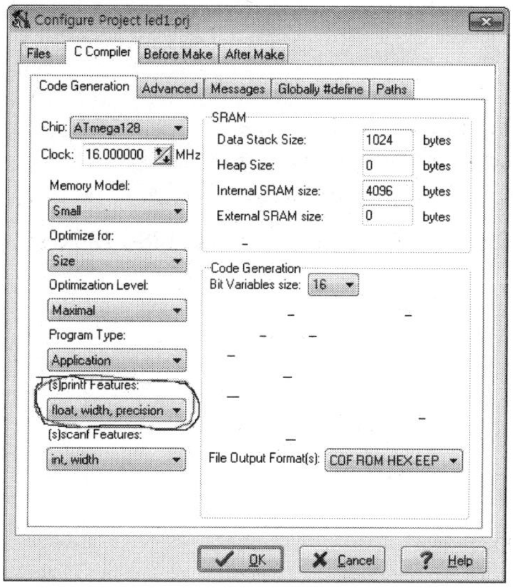

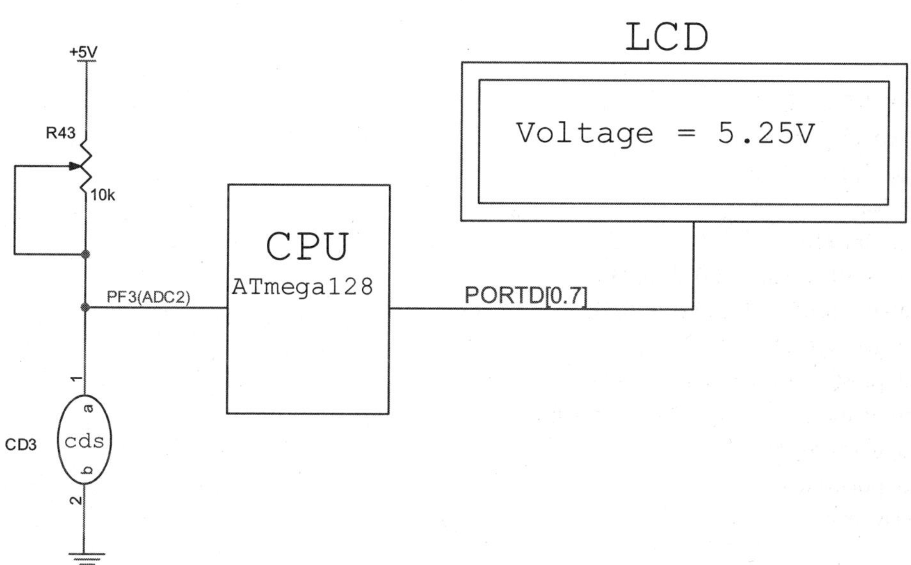

```
#include <mega128.h>
#include <delay.h>
#include <lcd.h>
#include <stdio.h>
#asm
  .equ __lcd_port = 0x12; PORTD
#endasm
void Lcd_disp(int);
void main(void){
  int ad_val;
  lcd_init(16);
  lcd_clear();
  DDRB = 0xff;           // 포트 B 출력 설정
  DDRF = 0xf0;           // PF4-PF7 출력, PF0-PF3 입력
  ADMUX = 0x02;          // ADC2 단극성 입력 선택
  ADCSRA = 0xe7;         // ADEN=1,ADSC=1,ADFR=1 6M/128->125kHz
  delay_ms(5);

  while(1)
   {
     ad_val = (int)ADCL + ((int)ADCH << 8);  // A/D값 읽기
     ad_val = (ad_val & 0xfff0);    // 떨림방지

     Lcd_disp(ad_val);      // A/D값 표시
     delay_ms(500);
   }
}

// A/D 변환값 표시
void Lcd_disp(int val){
   float fval;
   int ival;
   char Info[16];
   fval = (float)val * 5.0 / 1023.0;
   ival = (int)(fval * 100.0 + 0.5);
   lcd_gotoxy(0,0);
   lcd_putsf("  CdS Voltage     ");
   sprintf(Info, "  Volt = %.1fV", fval);
   lcd_gotoxy(0,1);
   lcd_puts(Info);
   delay_ms(5);
}
```

[pro ultra.1] 초음파를 이용한 거리측정

SRF-04 초음파 센서를 활용하여 거리를 측정하는 프로그램을 구현하여라.

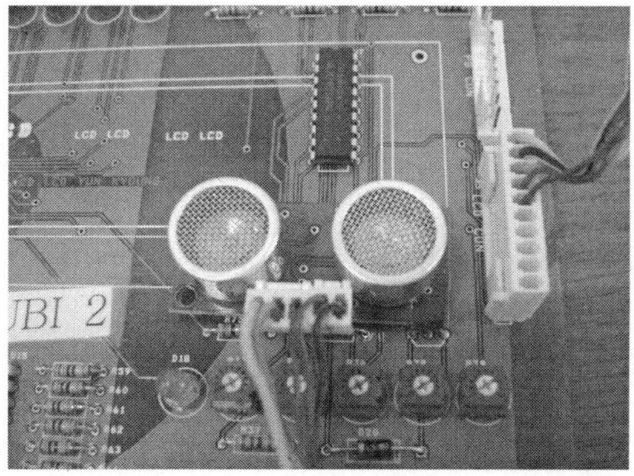

LCD connecter		SRF-04		비 고
pin	port	pin	port	
2	VCC	1	VCC	
5	PD1	2	ECHO	
4	PD0	3	TRIGGER	
3	NC	4	NC	
1	GND	5	GND	

```
#include <mega128.h>
#include <delay.h>
#define TRIGGER PORTD.0
int distance,catch;
void fnd_display();
char seg_pat[10]={0x3f,0x06,0x5b,0x4f,0x66,0x6d,0x7d,0x07,0x7f,0x6f};

void main(void)
 {
  DDRB = 0XFF;
  DDRF = 0XF0;
  DDRD = 0X01;
  TRIGGER = 0;
  EIMSK  = 0X02;
  EICRA = 0X08;
  TIMSK = 0X01;
  TCCR0 =0X00;
```

```
  while(1){
    SREG = 0x00;
    EIFR = 0xff;
    TIFR =0Xff;
    ASSR = 0X00;
    distance = 0;
    TCNT0 =139;
    TRIGGER =1;
    delay_ms(1);
    TRIGGER = 0;
    SREG = 0X80;
    TCCR0 = 0X02;
    catch = 0;

 while(1)
  {
        if(catch == 1)break;
  else if(distance>=300)break;
  }
 fnd_display();
   }
 }

void fnd_display()
 {
   int i, N1000, N100, N10, N1, buf = 0;
   N1000 = distance/1000;
   buf = distance%1000;
   N100 = buf/100;
   buf = buf%1000;
   N10 = buf/10;
   N1 = buf%10;
   for(i = 0; i < 100; i++){
     PORTF = 0XE0;
     PORTB =seg_pat[N1];
     delay_us(500);
    PORTF = 0xf0;
    PORTF = 0b11010000;
    PORTB =seg_pat[N10];
    delay_us(500);
    PORTF = 0xf0;

    PORTF = 0b10110000;
    PORTB = seg_pat[N100];
    delay_us(500);
```

```
        PORTF = 0xf0;
        PORTF = 0b11100000;
        PORTB = seg_pat[N1000];
        delay_us(500);
        PORTF = 0xf0;
    }
}
interrupt [TIM0_OVF] void timer_int0(void)
{
    TCNT0 = 139;
    distance++;
}
interrupt [EXT_INT1] void external_int1(void)
{
    TCCR0 =0X00;
    catch =1;
}
```

[pro ultra.2] 초음파를 거리를 이용한 led 제어

SRF-04 초음파 센서를 활용하여 거리를 측정하고 다음과 같이 led를 제어하는 프로그램을 구현하여라.

led	led 0	led 1	led 2	led 3
거리	0 〈 300	300 〈 500	500 〈 600	600 이상

```
#include <mega128.h>
#include <delay.h>
#define TRIGGER PORTD.0
int distance,catch;
int fnd_display(void);
char seg_pat[10]={0x3f,0x06,0x5b,0x4f,0x66,0x6d,0x7d,0x07,0x7f,0x6f};
char led[]={0xfe,0xfd,0xfb,0xf7,0xef,0xdf,0xbf,0x7f};

void main(void)
 {
  int N10;
  DDRC = 0xff;
  PORTC = 0xff;
  DDRB = 0Xff;
  DDRF = 0Xf0;
  DDRD = 0X01;
  TRIGGER = 0;
  EIMSK  = 0X02;
  EICRA = 0X08;
  TIMSK = 0X01;
  TCCR0 =0X00;

while(1)
  {
    SREG = 0x00;
    EIFR = 0xff;
    TIFR =0Xff;
    ASSR = 0X00;
    distance = 0;
    TCNT0 =139;
    TRIGGER =1;
    delay_ms(1);
    TRIGGER = 0;
```

```
    SREG = 0X80;
    TCCR0 = 0X02;
    catch = 0;

 while(1)
   {
     if(catch == 1)
     break;
     else if(distance >= 300)
     break;
   }

 N10 = fnd_display();

 if(N10 == 0 || N10 == 1 || N10 == 2)
    {
      PORTC = led[0];
      delay_ms(20);
      PORTC = 0xff;
    }
 else if(N10 == 3 || N10 == 4)
    {
      PORTC = led[1];
      delay_ms(20);
      PORTC = 0xff;
    }
 else if(N10 == 5 || N10 == 6)
    {
      PORTC = led[2];
      delay_ms(20);
      PORTC = 0xff;
    }
 else if(N10 == 7 || N10 == 8)
    {
      PORTC = led[3];
      delay_ms(20);
      PORTC = 0xff;
    }
  }
}
 int fnd_display(void)
  {
    int i,N1000,N100,N10,N1,buf = 0;

    N1000 = distance/1000;
```

```
    buf = distance%1000;

    N100 = buf/100;
    buf = buf%1000;
    N10 = buf/10;
    N1 = buf%10;

  for(i = 0; i < 50; i++)
    {
      PORTF = 0Xe0;
      PORTB = seg_pat[N1];
      delay_us(500);
      PORTF = 0xf0;

      PORTF = 0b11010000;
      PORTB =seg_pat[N10];
      delay_us(500);
      PORTF = 0xf0;

      PORTF = 0b10110000;
      PORTB = seg_pat[N100];
      delay_us(500);
      PORTF = 0xf0;
      PORTF = 0b11100000;
      PORTB = seg_pat[N1000];
      delay_us(500);
      PORTF = 0xf0;
   }
  return N10;
}
interrupt [TIM0_OVF] void timer_int0(void)
{
  TCNT0 = 139;
  distance++;
}
interrupt [EXT_INT1] void external_int1(void)
{
  TCCR0 = 0X00;
  catch =1;
}
```

[pro ultra_fnd.3] 초음파 센서값을 거리측정 FND 표시

SRF-04 초음파 센서를 활용하여 거리를 측정 하고자 한다. 측정한 거리값을 FND에 표시하는 프로그램을 작성하여라.

(Echo pulse = PE4(입력), Trigger pulse = PE6(출력))

```
#include <mega128.h>
#include <delay.h>

#define TRIGGER PORTE.6

int distance, catch;
void fnd_display();

// 10진수에 대한 7-Segment 출력 패턴
char seg_pat[10]= {0x3f, 0x06, 0x5b, 0x4f, 0x66, 0x6d, 0x7d, 0x07, 0x7f, 0x6f};

void main(void)
{
  // 포트 초기화
  DDRB = 0xff;          // B 포트 출력(7-Segment LED a,b,c,d,e,f,g 제어)
  DDRF = 0xf0;          // F 포트 상위 4비트 출력(7-Segment ON/OFF 제어)
  DDRE = 0b01000000;    // PE7 출력, PE6 입력 : 외부인터럽트 1

  DDRC = 0xff;
  PORTC = 0xff;

  TRIGGER = 0;          // PD0(Trigger Input) <- 0

  // 인터럽트 초기화
  EIMSK = 0b00010000;   // 외부 인터럽트7 인에이블(PE7 핀)
  EICRB = 0b00000010;   // 인터럽트 7 센스제어 : 하강 에지

  // 인터럽트 초기화
  TIMSK = 0x01;         // TOIE0 = '1'
  TCCR0 = 0x0;          // 타이머0 정지?
  while(1)
   {
    SREG = 0x0;         // 전역 인터럽트 인에이블 비트 I 리셋
    EIFR = 0xff;        // 외부 인터럽트 플래그 리셋
    TIFR = 0xff;        // 타이머/카운터 인터럽트 플래그 리셋
    ASSR = 0x0;         // 타이머/카운터0 타이머 동작

    distance = 0;       // 거리값 리셋
```

```
    TCNT0 = 139;             // 타이머/카운터0 초기값설정(1cm 측정시간)

    TRIGGER = 1;             // PE6(Trigger Input) <-  1
    delay_ms(1);
    TRIGGER = 0;             // PE6(Trigger Input) <-  0

    SREG = 0x80;             // 전역 인터럽트 인에이블 비트 I 셋
    TCCR0 = 0x02;            // 일반모드, 프리스케일 = 8분주, 타이머 런

    catch = 0;               // 반사파 수신 여부
    while(1)
     {
       if(catch == 1)
       break;                // 반사파 수신
       else if(distance >= 300)
       break;                // 3m 이상이면 탈출
     }
   fnd_display();            // 7-Segment에 거리값 표시
  }
}

// 7-Segment 표시부
void fnd_display()
{
  int i, N1000, N100, N10, N1, buf=0;

  N1000 = distance / 1000;     // 1000자리 추출
  buf = distance % 1000;

  N100 = buf / 100;            // 100자리 추출
  buf = buf % 100;

  N10 = buf / 10;              // 10자리 추출
  N1 = buf % 10;               // 1자리 추출

  for(i=0; i<100; i++){
     PORTF = 0b11100000;       // 7-Segment SEG1 ON (PF4=0)
     PORTB = seg_pat[N1];      // 1자리 표시
     delay_us(200);
     PORTF = 0b11110000;

     PORTF = 0b11010000;       // 7-Segment SEG2 ON (PF5=0)
     PORTB = seg_pat[N10];     // 10자리 표시
     delay_us(200);
     PORTF = 0b11110000;
```

```
        PORTF = 0b10110000;        // 7-Segment SEG3 ON (PF6=0)
        PORTB = seg_pat[N100];     // 100자리 표시
        delay_us(200);
        PORTF = 0b11110000;

        PORTF = 0b01110000;        // 7-Segment SEG4 ON (PF7=0)
        PORTB = seg_pat[N1000];    // 1000자리 표시
        delay_us(200);
        PORTF = 0b11110000;
    }
}
// 타이머/카운터 오버플로우 0 서비스 루틴
// 음속 340m/sec  --> 29.41us / 1cm  --> 58.82us/왕복1cm
// 인터럽트 발생 주기 1/16 * 8 * (256 - 139) us = 58.5 us
interrupt [TIM0_OVF] void timer_int0(void){
    TCNT0 = 139;               // 타이머/카운터0 레지스터 초기값
    distance++;                // 거리값 +1 증가
}

// 외부 인터럽트 요구 1 서비스 루틴
interrupt [EXT_INT4] void external_int4(void){
    TCCR0 = 0x0;               // 타이머0 정지
    catch = 1;                 // 반사파 수신
}
```

[pro ultra_lcd.4] 초음파 센서값을 이용한 거리측정_lcd 표시

SRF-04 초음파 센서를 활용하여 거리를 측정하고 LCD에 표시하는 프로그램을 작성하여라.
(단, Echo pulse = PE4, Trigger pulse = PE6)

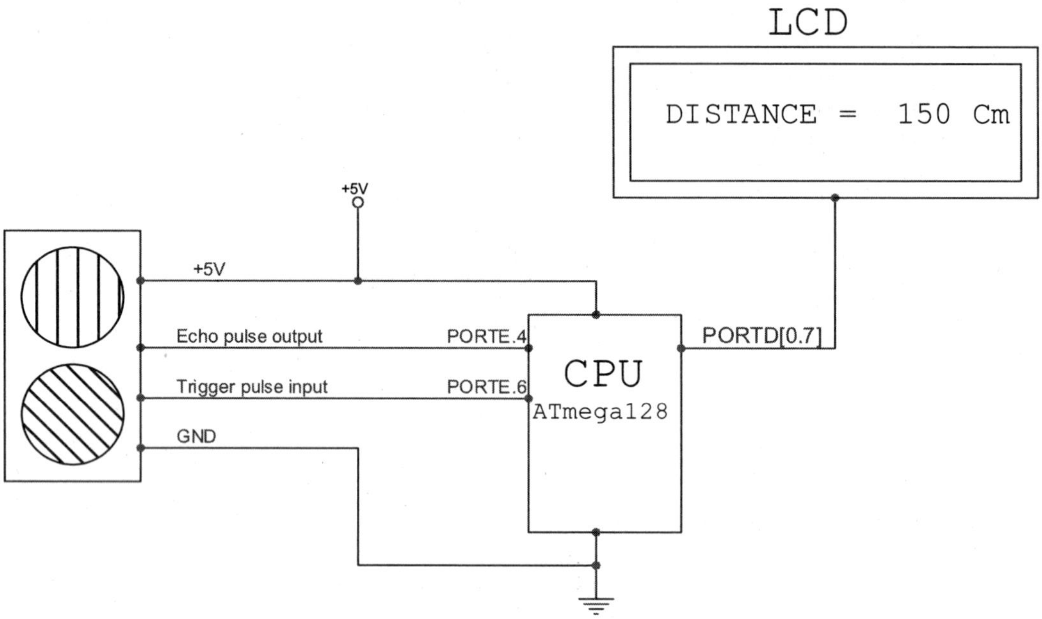


```
#include <mega128.h>
#include <delay.h>
#include <lcd.h>
#include <stdio.h>

#define TRIGGER          PORTE.6

#asm
        .equ __lcd_port = 0x12; PORTD
#endasm

int      distance, catch;
void     lcd_display();

void main(void)
{
  // 포트 초기화

  DDRE = 0b01000000;
```

```
    TRIGGER = 0;            // PD0(Trigger Input) <-  0

    // 인터럽트 초기화
    EIMSK = 0b00010000;     // 외부 인터럽트7 인에이블(PE7 핀)
    EICRB = 0b00000010;     // 인터럽트 7 센스제어 : 하강 에지
    // 인터럽트 초기화
    TIMSK = 0x01;           // TOIE0 = '1'
    TCCR0 = 0x0;            // 타이머0 정지?

    lcd_init(16);
    lcd_clear();
    while(1)
     {
        SREG = 0x0;         // 전역 인터럽트 인에이블 비트 I 리셋
        EIFR = 0xff;        // 외부 인터럽트 플래그 리셋
        TIFR = 0xff;        // 타이머/카운터 인터럽트 플래그 리셋
        ASSR = 0x0;         // 타이머/카운터0 타이머 동작

        distance = 0;       // 거리값 리셋
        TCNT0 = 139;        // 타이머/카운터0 초기값 설정(1cm 측정시간)

        TRIGGER = 1;        // PE6(Trigger Input) <-  1
        delay_ms(1);
        TRIGGER = 0;        // PE6(Trigger Input) <-  0

        SREG = 0x80;        // 전역 인터럽트 인에이블 비트 I 셋.
        TCCR0 = 0x02;       // 일반모드, 프리스케일 = 8분주, 타이머 런

       catch = 0;           // 반사파 수신 여부
        while(1)
         {
           if(catch == 1)
           break;           // 반사파 수신
           else if(distance >= 300)
           break;           // 3m 이상이면 탈출
        }
        lcd_display();      // 7-Segment에 거리값 표시
   }
}

void lcd_display()
{
      char Info[16];
      lcd_gotoxy(0,0);
      lcd_putsf("ULTRA DISTANCE   ");
```

```
    sprintf(Info, "distance = %3d", distance);
    lcd_gotoxy(0,1);
    lcd_puts(Info);
    delay_us(100);
}

// 타이머/카운터 오버플로우 0 서비스 루틴
// 음속 340m/sec  --> 29.41us / 1cm  --> 58.82us/왕복1cm
// 인터럽트 발생 주기 1/16us  * 8(N) * (256 - 139) = 58.5 us
interrupt [TIM0_OVF] void timer_int0(void)
{
  TCNT0 = 139;              // 타이머/카운터0 레지스터 초기값
  distance++;               // 거리값 +1 증가

}

// 외부 인터럽트 요구 1 서비스 루틴
interrupt [EXT_INT4] void external_int4(void)
{
  TCCR0 = 0x0;              // 타이머0 정지

  catch = 1;                // 반사파 수신
}
```

[pro ultra_fnd_lcd.5] 초음파 센서 거리측정_lcd, FND 표시

SRF-04 초음파 센서를 활용하여 거리를 측정하고 LCD와 FND에 표시하는 프로그램을 작성하여라.

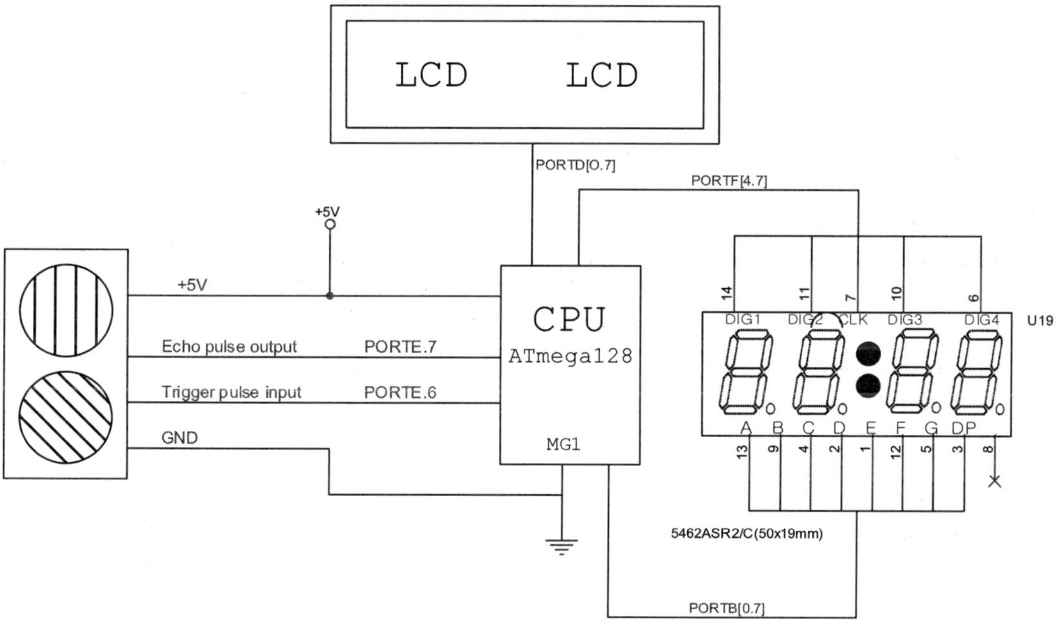


```
#include <mega128.h>
#include <delay.h>
#include <lcd.h>
#include <stdio.h>
#define TRIGGER  PORTE.6

#asm
    .equ __lcd_port = 0x12; PORTD
#endasm

int  distance, catch;
void  display();

// 10진수에 대한 7-Segment 출력 패턴
char seg_pat[10]={0x3f,0x06,0x5b,0x4f,0x66,0x6d,0x7d,0x07,0x7f, 0x6f};

void main(void)
{
  // 포트 초기화
```

```
DDRE = 0b01000000;      // E 포트 입력(PE4 출력, PE6 입력 : 외부인터럽트1)

DDRB = 0xFF;            // B 포트 출력(7-Segment LED a,b,c,d,e,f,g 제어)
DDRF = 0x0F0;           // F 포트 상위 4비트 출력(7-Segment ON/OFF 제어)

DDRC = 0xff;
PORTC = 0xff;


TRIGGER = 0;            // PD0(Trigger Input) <-  0

// 인터럽트 초기화
EIMSK = 0b00010000;     // 외부 인터럽트7 인에이블(PE7 핀)
EICRB = 0b00000010;     // 인터럽트 7 센스제어 : 하강 에지

// 인터럽트 초기화
TIMSK = 0x01;           // TOIE0 = '1'
TCCR0 = 0x0;            // 타이머0 정지?

lcd_init(16);
  lcd_clear();
while(1)
{
    SREG = 0x0;         // 전역 인터럽트 인에이블 비트 I 리셋
    EIFR = 0xff;        // 외부 인터럽트 플래그 리셋
    TIFR = 0xff;        // 타이머/카운터 인터럽트 플래그 리셋
      ASSR = 0x0;       // 타이머/카운터0 타이머 동작

    distance = 0;       // 거리값 리셋
    TCNT0 = 139;        // 타이머/카운터0 초기값 설정(1cm 측정시간)

    TRIGGER = 1;        // PE6(Trigger Input) <-  1
    delay_ms(1);
    TRIGGER = 0;        // PE6(Trigger Input) <-  0

    SREG = 0x80;        // 전역 인터럽트 인에이블 비트 I 셋.
    TCCR0 = 0x02;       // 일반모드, 프리스케일 = 8분주, 타이머 런


      catch = 0;        // 반사파 수신 여부
    while(1)
    {
        if(catch == 1)
            break;              // 반사파 수신
```

```
            else if(distance >= 300)
                break;                  // 3m 이상이면 탈출
        }
        display();                      // 7-Segment에 거리값 표시
    }
}
void display()
{
    int i, N1000, N100, N10, N1, buf=0;
    char Info[16];

    N1000 = distance / 1000;            // 1000자리 추출
    buf = distance % 1000;

    N100 = buf / 100;                   // 100자리 추출
    buf = buf % 100;

    N10 = buf / 10;                     // 10자리 추출
    N1 = buf % 10;                      // 1자리 추출


    for(i=0; i<100; i++)
    {
        PORTF = 0b11100000;             // 7-Segment SEG1 ON (PF4=0)
        PORTB = seg_pat[N1];            // 1자리 표시
        delay_us(200);
        PORTF = 0b11110000;

      PORTF = 0b11010000;               // 7-Segment SEG2 ON (PF5=0)
        PORTB = seg_pat[N10];           // 10자리 표시
        delay_us(200);
        PORTF = 0b11110000;

      PORTF = 0b10110000;               // 7-Segment SEG3 ON (PF6=0)
        PORTB = seg_pat[N100];          // 100자리 표시
        delay_us(200);
        PORTF = 0b11110000;

      PORTF = 0b01110000;               // 7-Segment SEG4 ON (PF7=0)
        PORTB = seg_pat[N1000];         // 1000자리 표시
        delay_us(200);
        PORTF = 0b11110000;
    }

    lcd_gotoxy(0,0);
```

```
      lcd_putsf("   UPS DISTANCE   ");
      sprintf(Info, "DISTANCE : %3d", distance);
      lcd_gotoxy(0,1);
      lcd_puts(Info);
      delay_us(50);

}

// 타이머/카운터 오버플로우 0 서비스 루틴
// 음속 340m/sec  --> 29.41us / 1cm  --> 58.82us/왕복1cm
// 인터럽트 발생 주기 1/16 * 8 * (256 - 139) us = 58.5 us
interrupt [TIM0_OVF] void timer_int0(void)
{
   TCNT0 = 139;               // 타이머/카운터0 레지스터 초기값
   distance++;                // 거리값 +1 증가

}
// 외부 인터럽트 요구 1 서비스 루틴
interrupt [EXT_INT4] void external_int4(void)
{
   TCCR0 = 0x0;               // 타이머0 정지
   catch = 1;                 // 반사파 수신
}
```

쉽게, 더 쉽게! KIT와 예제로 배우는

AVR ATmega128

5판 3쇄 2020년 1월 20일

저 자 윤왕철
발행인 송광헌
발행처 복두출판사
주 소 서울특별시 영등포구 경인로82길 3-4
센터플러스 807호 (우) 07371
전 화 02-2164-2580
FAX 02-2164-2584
등 록 1993. 11. 22. 제 10-902 호

정가 : 30,000원

ISBN : 979-11-5906-049-6 93560

한국과학기술출판협회 회원사

* 본 도서의 자료 업데이트가 있을 경우 본사 홈페이지 자료실에 업로드 됩니다. 정기적으로 들러서 유익한 자료를 받아가시기 바랍니다.